JN190538

中国都市部における社区教育政策

馬麗華 著

大学教育出版

中国都市部における社区教育政策

目　次

序　章　**本研究の課題と方法** …… *1*

第 1 節　課題意識 …… *1*

第 2 節　先行研究の検討 …… *7*

1. 中国における先行研究　*7*
2. 日本における先行研究　*10*

第 3 節　本研究の課題の限定と方法 …… *15*

1. 本研究の課題の限定　*16*
2. 北京市西城区を研究対象とした理由　*19*
3. 本研究の方法　*21*

第 4 節　時期区分の設定 …… *22*

第 1 章　**社区と社区教育の概念の検討** …… *32*

第 1 節　社区の概念 …… *32*

1. コミュニティの古典概念の整理　*33*
2. 中国における社区の歴史展開　*34*
3. 中国における社区定義の先行研究　*36*
4. 本書で扱う社区の概念　*38*

第 2 節　社区教育の概念の検討 …… *41*

1. 諸外国の「コミュニティ・エデュケーション」の形態　*42*
2. 中国における社区教育の歴史的展開　*44*
3. 現代社区教育の定義の先行研究　*51*
4. 本研究で扱う社区教育の概念　*52*

第 2 章　**社区教育政策策定の萌芽期**（1980 年代～ 1992 年） …… *60*

第 1 節　社会管理制度の転換と統一 …… *61*

1.「街道弁事処」の機能強化と「居民委員会」の体制改革　*61*
2.「単位制度」の展開と動揺　*64*
3.「単位」から「社区」への変容　*68*

第 2 節　「社区服務」と徳育の強化に関する中央レベルの施策 …… 71
1. 社区教育基盤を構築する民政部の「社区服務」の構想　71
2. 青少年徳育の強化に関する施策　78
第 3 節　青少年校外教育をめぐる地方レベルの社区教育の実施…… 84
1. 西城区の校外青少年教育の理念構築と展開　85
2. 西城区の 1980 年代の校外青少年教育の特徴　87
第 4 節　社区教育発足の要因と萌芽期の性格………………………… 88
1. 社区教育発足要因のまとめ　89
2. 萌芽期の社区教育の性格　91

第 3 章　**社区教育政策策定の模索期**（1993 年～ 2001 年） ……… 96

第 1 節　基層社会構造の「異質化」 ……………………………… 97
1. 都市部における住宅制度の改革　97
2. 戸籍規制の緩和　100
3. 大規模な人口流動　103
第 2 節　「社区建設」の提起と社区教育の試行通知 ………………… 109
1. 民政部による「社区建設」　110
2. 生涯教育理念に基づく教育施策　113
第 3 節　地方レベルの多元化社区教育への模索期…………………… 121
1. 西城区の社区教育に関する政策規定と理論構築　122
2. 西城区の社区教育施設の設置　124
3. 西城区の社区教育システムの初構築　129
第 4 節　模索期の社区教育性格の分析……………………………… 132
1. 1993 年前後の社区教育性格の相違点　133
2. 社区教育と学校教育との関係による社区教育性格の変化　135

第4章　**社区教育政策策定の展開期**（2002年～）…………………… 141

第1節　高齢化・都市化の進展と社会格差の拡大…………………… 142

1. 中国における高齢化の問題　142
2. 地域間の経済・教育格差　146
3. 情報化と都市化の進展　153

第2節　「学習型社会」政策の提起と社区教育実験区の拡大策 …… 159

1.「学習型社会」の構築に関する規定　160
2. 社区教育に関する公的文書の公布　165

第3節　「学習型社区」構築における社区教育の実態 ……………… 171

1. 西城区における学習型社区構築を目指す政策策定　172
2. 社区教育管理体制と運営メカニズムの整備　174
3.「学習型社区」構築に対する三層社区教育機構の役割　180
4.「学習型社区」構築のための資源整備と学習型組織づくり　183

第4節　展開期の社区教育性格の分析…………………………… 190

1.「学習型社会」構築と社区教育発展との関係　190
2. 展開期の社区教育の性格　192

第5章　**社区教育政策に関する分析及びその問題点** ………… 201

第1節　社区教育施策における中央政府・地方政府の関係………… 201

1. 行政管理を巡る中央・地方関係の構築プロセス　202
2. 社区教育施策における中央・地方の相互作用　204

第2節　社会変容を巡る社区教育政策決定過程における施策目的・利益主体の変動…………………………………… 224

1. 社会の変容と社区教育施策目的の変化　225
2. 社区教育施策における利益主体の変化　237

第3節　住民参加型社区教育の胎動………………………………… 250

1. 教育施策、教育理念と住民参加　252
2. 社区教育組織機能の変遷と住民参加　257
3. 社区教育実践における住民参加の動向　263

第4節　社区教育政策における問題点……………………………… *270*

1. 法整備の必要性　*270*
2. 管理体制と運営メカニズムに関する規定の不明確さ　*272*
3. 評価機能の欠如　*275*
4. 専門職員育成の規定と実践とのギャップ　*277*
5. 財政支援規定の不明瞭と各地資金投入の格差　*280*

終　章　**本研究の成果と残された課題**……………………………… *292*

第1節　本研究の成果……………………………………………… *292*
第2節　本研究の課題……………………………………………… *296*

参考文献………………………………………………………………… *300*

あとがき………………………………………………………………… *310*

序章 本研究の課題と方法

第1節　課題意識

本研究では、教育政策分析と現場のフィールドワークを通して、中国変動社会に伴う都市部社区教育の政策的展開から、政府の関与と権限の移譲、社区住民決定権の拡充に踏み込み、中国的社区教育の各段階の性格を究明する。その上で、政府の社区教育に対する認識・政策動向と社会環境の変容との関係、社区教育政策策定における中央・地方という政府間の相互作用、政策目的と利益主体の変動、政府主導型社区教育から住民参加型社区教育への移行過程における住民参加意識の胎動などと絡めて社区教育政策策定上の問題点を提起する。

社区教育は1980年代に経済が発達した省・市を皮切りに生まれてきた新しいタイプの教育・学習活動であるが、2001年に「全国社区教育実験区」が設けられて以来、この活動は現在中国の半数以上の省・市において全面的に推進されていると見られる。2010年までの11年間で、教育部は4回[1]にわたって「全国社区教育実験区」を設置し、さらに2回にわたって全国実験区から「全国社区教育模範区」を選出した。2010年調整後の「全国社区教育実験区」は103カ所となった（2008年に指定された全国社区教育模範区を含まず）。また、「全国社区教育模範区」については合わせて68カ所設置されている（2008年34カ所、2010年34カ所）。さらに、2011年現在、全国で400の省レベル「社区教育実験区」が設置されている。

では、なぜ政府の施策が社区教育を民衆の間に急速に普及させたのか。社区教育が盛んに推進される要因としては、改革開放以来、市場経済体制の改革、社会政治・経済・科学・文化事業の発展、及び政府の重視を看過できない。

まず、社区教育の展開動向と社会構造の変動とは相関性を持っていると思われる。具体的にいえば、計画経済の下の中国では、政治的な動員と社会的コントロールをするために基本的な道具としての「所属する職場」を意味する「単位」に人の就職、福祉、子供の教育、娯楽、就労、住宅、医療などを引き受けさせていた。しかし、改革開放政策以降、1980年代から驚異的な経済成長には目を見張った一方、旧来の社会的諸制度の変革が徐々に行われている。特に1990年代に入ってからは国営企業の改革、市場化への進展に伴い、人々の就職先が多様化し、住宅制度改革が始まり、「単位」システムも大きな変革を迫られるようになった。それにより、「単位」を中心とした生活共同体は崩れ始め、社会における最も基礎的な単位としての社区共同体の強化が求められ始めた。こうして、教育・学習機会も計画経済下の「単位」から市場経済下の「社区」へと転換されはじめた。「単位人」(「単位」を構成する人々・職場人間)から「社会人」への転換につれ、「社区」の機能が強化され、かつての「単位」が担ってきた教育、福祉、医療などの機能を社区が引き受けるようになった[2)]。特に、人口の流動化とともに、都市における出稼ぎ者の教育機会が十分に保障されていないという問題が生じている。また、高齢化が進み、新興商業圏が目覚しく拡大し、そこに住む新旧住民の意識の違いなども顕著な課題として現れてきた。そこで、行政による条件整備の進みに伴って社区教育が全国各地で展開されるようになってきたのである。

社区教育は「特定の地域範囲内で、全体の社区構成員の資質の向上、生活の質の改善のために、各種の資源を組み合わせ、地域経済の建設と社会発展を推進する教育活動」[3)]で、中央と地域、政府と住民をつなぐために実施されている新らたなタイプの教育形態でもある。そこでは「政府が主導し、主として教育部門が管理し、関連部門が協力し、社会が支持し、社区の自主活動を行い、大衆が参加する」[4)]活動を通し、「社区建設」「学習型社会」構築の一環として、住民生活の質の向上、地域的な行政部局の強化、社会の安定、社区経済の発展を目指している。1980年代から国営企業の改革、住宅制度改革、市場化への進展に伴い、社会組織の多様化、地域経済格差の拡大、人口の流動化、レイオフの増加、高齢化の進展、人材需要の多様化も加速され、社区教育は学校教育では対処しきれない新たな教育需要として要請された。

また、中国都市部社区教育30年の歴史を遡ると社区教育の展開は政府の推進、いわゆる政府の施策に深く影響されていることが窺える。社区教育政策は「調和の取れた社会」と「学習型社会」の実現、社区構成員の質の向上を目指し社区教育の発展を指導するために制定された拠り所と準則として社会変革に伴い進められている。

1980年代から1992年までは、社区教育政策策定の萌芽期であるといえる。この時期で「単位制度」の解体や「単位人」から「社会人」への転換により、社区の機能が強化されるようになった[5]。1984年に民政部（日本の厚生労働省に相当）が初めて「社区服務」（コミュニティ・サービス）概念を提出することに従い、「街道」・「居民委員会」に重点を置いた地域レベルの社会サービスシステム作りが始まった。この段階の社区教育政策はまだ不明確であっても、公布された政策文書（『教育体制改革の決定』（1985年）、『中共中央の小中学校の徳育を強化・改革することに関する通知』（1988年）など）からみれば、社区教育は教育政策文書において初めて用いられ、学校教育の補足として位置づけられていた。そこでは、政府の主導の下で、地方政府も社区教育を重視してきた。例えば北京市西城区を例にすれば、区もまた「教育の社会化、社会の教育化」という理念を課題として検討しその普及に努めた。さらに、区は学校教育における徳育教育を補足するために、「区校外教育調和委員会」を設置した。しかしながら、この委員会には専任者がおらず、組織の実体がなかったため、機能に限界があり、校外教育と社区・社会との連携を十分に実現できなかったといえよう。

1993年から2001年までは、社区教育政策策定の模索期であるといえる。この時期で、生涯学習理念の導入、国営企業の改革、住宅の商品化及び大規模な人口流動の進展によって社区教育の役割があらためて認識されるようになった。1991年に崔乃夫元民政部部長により「社区建設」構想が提起され、1992年に杭州で開催された「全国社区建設理論検討会」を通じて、「社区服務」が「社区建設」構想に拡大された。中央政府が教育政策の枠組みを設定する時、社区教育政策の制定について積極的にそのあり方を模索した。特に、教育部、民政部によって公布された文書において社区教育の役割を明確にし、具体的な実施規則についてまで言及した。『中国教育改革と発展綱要』（1993年）、『21世紀に向けた教育振興行動計画』（1998年）、『民政部の都市社区建設の全国的推進に関する意見』（2000

年)、『一部の地域における社区教育実験工作展開に関する通知』(2000年)、教育部によって開催された「全国社区教育経験交流会議」(2001年) など、からみると、社区教育が政策文書から実践段階にまで広げられていく姿が窺える。教育部による8つの「社区教育実験区」の指定によって、地域では、「社区教育委員会」の設置、教育内容・形式の多様化、理論研究への重視といった傾向とともに、社区教育のあり方を模索しながら徐々に発展させていく趨勢が現れてきた。この時期、社区教育の実践が社区教育理論を推進させる一方、社区教育の理論研究・実践活動の活発化が次第に社区教育の政策の発展を促したといえよう。

2002年から今日に至るまで、理論と実践の進展によって社区教育政策は発展段階に入ってくる。教育格差拡大化、人口流動化、少子高齢化などを社会背景として社区教育が重視されるようになったのである。第16回党大会の報告 (2002年11月)、『2003年～2007年の教育振興行動計画』(2004年)、その後の『教育部の社区教育推進工作に関する若干の意見』(2004年)、『国家中長期教育改革と発展企画綱要 (2010 − 2020)』(2010年) などの政策文書において社区教育の展開にあたり具体的な目標、指導思想、原則、任務、保障対策などが提示された。その中の教育部が公表した『行動計画』では、「知識の更新と技能の向上を重点として、学習型企業、学習型組織、学習型社区と学習型都市の創建」が唱えられ、「社区教育の推進」と「開放式の継続教育モデル」の実現が目指されている。

特に「学習型社会」理念の提出に従って、地域で、「学習型社区」を建設するために、その理念、実施法案、評価プログラムなどを提案するだけでなく、「社区学院」「社区教育学校」「社区居民委員会市民学校」(「居民委員会学習点」ともいわれる) の社区教育の三層ネットワークを設置している。ここには「学習型社区」建設によって全国各地で活発に実施された社区教育活動が系統化されてきている傾向がみられる。

さらに、教育政策分析の枠組みにおいて社区教育政策を検証してみるとその特質がより一層窺える。教育政策を分析する枠組みとしてしばしば示されているのは①課題設定 → ②政策理念形成 → ③政策決定 → ④政策実施 → ⑤政策評価、という流れである。

まず、①の課題設定については、いうまでもなく1980年代当時は社会全体が混乱していた時代であり、地域の文化も、産業も、福祉も極めて貧弱な状態であった。中国成立後から改革開放前までは、計画経済システムのもとで、個人に対する権限が極めて大きい「単位」による一元的支配が行われ、人間本位主義や民主主義の展開が相対的に抑えられてきた。「単位」は中国社会の最も基本的な社会組織として、個人に対する権限が極めて大きいだけではなく、同じ「単位」でも縦断的な関係しか持たず、直轄「単位」である以外、異なる業種や地域にある「単位」間にも連携はまったく持たれていない。

しかし、1980年代以降から「単位」が従業員やその家族メンバーの誕生から墓場まですべての生活要求の供給を担うという仕組みが崩壊し、「単位」と国家の間に存在している強い依存関係も根底から揺らぎはじめた。「単位」は従業員の地域生活にもはや直接に関与することができなくなり、構造改革に迫られ新たな地域生活の安定維持の方策を探ることが緊急課題となり、「街居」を通じて都市住民を統合し、社会安定の確保を図ろうとするようになった。社区教育は「民衆生活の社会的セーフティネット」と「国家権力の支配の永続化のためのいわばセーフティネット」[6]との一つの結節点として政府にも提唱されるようになった。社会安定の構築を目指す最初の社区教育の存在意義は明らかであった。

また、②の政策理念形成については、次のような社区教育の発展に有利な社会条件が存在していた。改革開放後、国家が主に「単位」を通じて個人をコントロールした社会秩序維持のラインが崩れる一方、街道機能の強化につれ、地域社会の社区が再編されるようになった。また建国前から社会教育形態として「平民教育」「郷村教育」「生活教育」という教育理論と実践が1980年代以降の社区教育と継続性を持っていなかったとはいえ、国民の間に定着していたことから、これらに関する若干のイメージは残されていた。そして、1990年代の青少年に向かう「資質教育」の提唱と「個人の自己実現を図るため」の「生涯教育」理念の中国への導入と浸透がよくマッチした。③の政策決定については、当時の社会状況は民政部による「社区服務」「社区建設」を含め、教育部の一連の社区教育政策文書がそれを容易にする条件を提供していたといえる。

さて、問題は④の政策実施のプロセスである。以上の中国社区教育政策の発展のプロセスから見れば、中央と地方の関係が若干理解できる。政策形成においては、全体的に政府が計画・先導するトップダウンする色彩が濃厚である側面を看過できない一方、1980年代半ばで、上海・北京などの先進地域で展開された社区教育の取組みは一部、民衆の自発的社区教育の形態をとっていた。地方では、地域社区教育政策形成に有識者を参加させ、また「社区教育委員会」の実地調査を通じて社区住民の意見を反映させる社区もある。政府の「上意下達」のほか、社区教育の実施現場では国家より地方が先行して社区教育を推進する状況も存在している。この実践形態の変容は中央レベルの政策と地方レベルの政策の相互作用の結果であり、政府の管理と住民の自治管理権限の調整不足であるといえよう。けれども、地域間の軋轢や教育格差が浮上してくるにつれ、行き届いた教育、階級差の少ない社会環境が実現できるとすれば、民が主導し、官はそれを十分に支援していくという官民協働の社区教育政策の制定が必要であると思われる。また社区に対する中央政府・地方政府による伝統的管理統制の経過、及び「社区居民委員会」の政策形成への参加や、住民の声をもとにした自治組織の生成に関するプロセスなどを考察する必要がある。

また、社区教育政策実施の土台である社区は社会の細胞として、今日の中国の都市社会の変化を表す最も重要なキーワードである。社区教育施策は社会の変化と緊密な関係を持っている。社区の外部環境、及びその内部自身の変化に従い、政府は各種の制度と規則を社区に付与する。これらの経済・文化・教育・法律などを含めた制度・規則は社区の展開に影響し、社区及び社区教育を研究する要素にもなっている。「政策は社会現象として具体的な社会経済環境の中で策定されるのが一般的である。公共政策は具体的な複雑の社会環境による産物である」[7)]。社区教育政策はどのような社会変容、特に社会経済、政治などの要素の影響を受け、変わっているかを究明することによって社区教育政策の本質を析出できると思われる。

そして中国において、中央政府と地方政府の根本的な利益は一致しているといえるが、その間に利益の相違性を持っていないとは断言できない。中央政府と地方政府の対決の中で、社区教育政策を巡る政策決定過程における社区教育目的の重視と社区教育施策における利益主体は社会変容に伴いどのように変動しているか。即ち、社区教育政策形成過程において、どのような教育関係団体がどの程度の影響力を持ちえているのか、誰の利益を実現するためであるかを究明するのは社区教育政策研究の一環であると考えられる。

最後に、「調和のとれた社区」を構築するには、政府行政の「主導性」と住民参加の「主体性」を結びつけることが求められている。制度の制限や中国一党制などの特殊な国情においても、社区住民の地域への参加意識を強めていくことはとりわけ重要である。一元的国家的統制を緩和させ、特に「党委が指導し、政府が責任を持ち、社会が協力し、大衆が参加する社会管理システムを健全化する」[8]という呼びかけによって、社区教育の事業展開において住民参加の胎動がどのように現われているのか、この新しい風が社区教育政策策定にどの程度吹いているかなどを究明する必要があると思われる。

このような問題意識を持ち社区教育政策の動向について研究作業を行う。社区教育の政策策定過程の分析により、社区教育が中国で国家レベルの政策として採用され積極的に展開されている理由、及び中国社会構成の変容との関わりを解明することができる。このような社区教育政策の分析は中国の社区教育問題を考察するための基礎的な作業として必要不可欠であると考えられる。とすれば、このような作業は社区教育政策展開の特質を析出し今後の社区教育理論の創造・発展・実践の進化に寄与することに大きな意義をもつと思われる。

第2節　先行研究の検討

以上のような問題意識に基づき、社区教育に関する先行研究の動向を整理しておく。中国における先行研究と日本における先行研究に分けて検討する。中日の先行研究で、どのような研究成果が蓄積され、また、社区教育の政策に関する研究で残された課題とはいかなるものであったであろうか。以下では、従来の研究の到達点と限界を見ていく。

1. 中国における先行研究

(1) 社区教育に関する先行研究のまとめ

中国最大の論文データベースであるCNKI[9]で「社区教育」を検索すると1980年から2010年までの社区教育に関する論文（検索日2010年7月8日）は5,868本があった（修士・博士学位論文、会議文、地域報告文、新聞記事等も含め）。1980年代以来、社区教育の実践の高まりを背景に、中国の社区教育に関して多くの研究が行われていた。特に「八五計画」(1991 ～ 1995)と「九五計画」(1996 ～ 2000) の期間[10]で、社区教育に関する研究課題は国家教育委員会レベルの重点プロジェクトとして扱われたため、一連の相関研究があった[11]。30年以上経って多く蓄積されてきた研究を概観した上で、研究視点から見れば中国における社区教育研究は概ね以下の6点にまとめられる。

第1に、他国との比較の視点からの研究である。例えば楊応崧 (2000) は北欧、アメリカ、韓国、日本の「社区」教育を紹介している。小林文人・末本誠・呉遵民 (2003) は日本の社会教育の事例を紹介し中国社区教育の発展史、特徴、役割などを整理している。第2に、概論の視点からの研究である。例えば葉忠海 (2000年) は社区教育の現場事例を通じ、社区教育の特徴、役割をまとめながら社区教育の発展趨勢を考察している。董華 (2002) は社区教育に関する研究手法について理論研究、実験研究、及び比較研究などを論じている。厉以賢 (2003) は、社区教育について理論と実践という2つの視点から生涯教育、学習社会、社区発展との関係、学校と社区の連携、社区教育の体制、カリキュラムなどに触れながら、社区教育を総体的に紹介している。第3に、理論研究である[12]。例えば、葉忠海・朱濤 (2009) は社区教育の職員に向けて社区教育の理論、目的、機能、本質、教学理論などを論じた。また陳乃林・張志坤 (2009) は中国の社区教育の体制・運営メカニズムを述べ、管理の側面から社区教育に関する条件の整備、企画の制定、学習型組織の構築、社区活動組織、および社区学校の運営などについても論じた。第4に、社区教育の類型に関する研究である。中国では地域的に多様で画一的な設置基準で規定されるものではないため、各地の運営形態にかなりの相違を持っている。これについては後述 (第1章) する。第5に、地域的な研究である。これは現場の政府関係者による報告書や現場調査の報告書が中心である。例えば、北京市朝陽区社区学院によって編集された『関注民生 ― 社区教育研究報告』(2009年) は「全国社区教育模範区」としての朝陽区における社区教育の発展経緯、実践成果及び理論研究などをまとめている。第6に、社区教育内容に関する研究である。これは学校との連携研究、社区学校のカリキュラム研究、社区学院などの施設研究、社区教育の財政研究、学習型社区構築の研究、流動人口に向ける社区教育のあり方の研究などが挙げられる。

以上の先行研究は各自の着目点があるが、社区教育の発展史や現状を系統的に説明しようとしている共通点がある。しかも、管見の限り、社区教育政策に関する研究はあまりなされていない。しかし、生涯学習の視点[13]や学習型社区の構築の視点[14]からの研究が見られるようになった。これは社区教育研究では大きな進歩であると考えられる。

(2) 社区教育政策に関する先行研究の限界

先行研究では、社区教育政策の視点からの代表的な研究として、黄雲龍の研究が挙げられる。黄等（2000）は上海市の社区教育政策文書について詳しく紹介し、それに基づき、上海市社区教育政策の現状と今後の上海市社区教育政策策定に対し意見を提起しようとしていた。また、1990年代の「上海市社区教育政策調査研究」[15]では上海社区教育政策の発展史に基づき、上海市住民への調査を通じ、生涯学習の視点から上海社区教育政策に対して当時の「基本方針」「政策内容」「実施過程」の問題点を指摘している。黄と范の研究では政府の社区教育への介入について「社会環境の変動に伴い政府の介入を調整すべきである」「社会環境変化は社区教育の成熟度によるものであり、社区教育の成熟度は社区住民の自覚性と社区教育組織制度の発展という二つの項目に依拠している」[16]ことを指摘している。結果としては「中国における社区教育の発展では政府の介入が必要である」が、介入の方式は「その地域の実情、社区住民の自覚的な参加意識及び社区教育組織の整備によって」決められるという観点を提起している。これは本研究の視点の一つでもある。即ち、地域間の格差が大きいため、各地域は国と当地域の実情に基づき、自分自身の需要と条件に沿い、それなりの社区教育の施策をする必要がある。そのため、社区教育の施策は住民参加を基盤として政府の介入が不可欠であるというのは本研究の視点の一つである。しかし、これらの研究では、政府の影響力は1990年代の社区教育の展開に対してどのぐらいになっているか、如何に実践と融合しているかは、言及されていない。

それ以降2000年代の社区教育研究の流れの中で、社区教育政策に関して、筆者の知る限り、数少ない研究はその多くが政策策定に意見を提起することを目的として政策の流れや社区教育政策の特徴の分析のみに主眼を置く傾向がある。例えば劉愛霞は30年の社区教育政策に基づき、社区教育政策の問題点を分析している[17]。また、董勇・王河江は政策分析の視点から中国社区教育を検討している[18]。ここで、劉の研究と同じように、「系統的な政策がまだ形成されていない」

「理論的な研究が不十分」、「政策の執行力が不足」などの問題点を指摘している。これらの僅かな研究では特に注目すべきなのは、「社区教育実験過程の政策」に焦点をあてた周嘉方の論文である[19]。周は1980年代から2009年までの主な社区教育政策を整理し、政策的な問題点を指摘しながら今後の政策策定について「長期的な計画を制定すること」「制度の整備を通じ、社区教育政策システムを構築すること」「社区教育の水準を向上すること（特に社区学院、社区学校などの施設づくり）」「人材育成を重視すること」、及び「社区教育組織の社区教育への参加を促進すること」などの意見を提起している。しかし、政策策定の社会背景、実践の状況などにはほとんど触れていない。

社区教育に関する研究は発展途上の中国社区教育の実践、理論の展開及び政策の策定に対して重要な役割を果たしていると考えられる。しかし、これらの中国における先行研究においては、断片的に社区教育について概観されているものの、紹介の域や単なる社区教育の問題点の指摘にとどまり、社区教育政策の展開のプロセスと問題の解明がなされたとはいいがたい。さらに、政策策定における社会環境の変動と政策内容の相関性、国家政策の意図と実施現場との融合性という視点がほとんど欠落していると思われる。

2. 日本における先行研究

日本における中国の社区教育研究は、1990年代の半ばから始まった。日本で最も早く見られた社区教育に関する研究・調査の業績としては、牧野篤の上海市社区教育への考察[20]、中田スウラの北京社区教育・承徳市成人（農民）教育活動を中心とした調査[21]、及び羅李争・蘇鶴鳴翻訳の上海社区教育の動向[22]などのいくつかの研究考察文と紹介文が挙げられる。

これらの先行研究を振り返ってみると、紹介文や翻訳文が多く見られ、かつある地域を対象とする研究成果が特に多く蓄積されている。まず、TOAFAEC[23]により編集され、社区教育の動向を盛んに紹介している『東アジア社会教育研究』が挙げられる。TOAFAECは、日中をはじめとする東アジアの教育研究交流を促進する民間の社会教育研究会として、1996年以降、研究年報『東アジア社会教育研究』を毎年刊行してきた。1996年の創刊号における天津についての論考[24]のような社区教育に関する報告から2011年の16号までの上海・北京などにおける社区教育の動向の紹介、法制度や政策理論に関する翻訳・研究の成果などを含め 30 本以上が収録されている。

ここでは、主に著書、論文及び『東アジア社会教育研究』収録の諸報告を見ていく。先行研究を整理すると、おおよそ①研究成果、②政策文書・中国語の研究成果翻訳文、及び③現場報告などの 3 種類に分類できるといえよう。

（1）研究成果

日本における中国の社区教育研究については一連の業績が挙げられる。まず、何と言っても、中国の社会構造の視点からの代表的な研究として、社区教育の動向について検討した牧野篤の研究が挙げられなければならない。前述のように、牧野は 1992 年、1994 年に上海市社区教育の試みを踏まえながら、中国における教育の地域化に関して考察を行った[25]。その中で、上海市が教育改革の地域化を徹底する措置として社区教育を捉える理由について上海市における教育実態発展の必要性、政府による新たな学校管理方式模索の必要、地域の「精神文明」建設の必要など概ね 3 つの「必要」性をまとめあげたのである[26]。また、社区教育の展開の条件としては、市民の教育への価値観の変化（テスト点数至上主義→創造性の養成）、「簡政放権」における教育行政の必要性、及び人々の文化的・精神的向上の要求などについても眼を走らせている。その後、牧野はまた上海社区教育を事例として、学校と地域社会の連携という視点[27]、「単位」社会主義から個人市場主義への背景の下における中国成人教育施策の変容という視点[28]、さらに都市部社会のセーフティネットという視点[29]から、社区教育に関してさらに検討を加えた。

ここで、以上の研究を包括的にまとめた牧野の『中国変動社会の教育～流動化する個人と市場主義への対応～』[30]に注目して、その牧野の社区教育論を整理してみる。本書では、牧野は、大きく変質する社会構造、民衆の意識及び価値観という背景のもとで中国都市部における社区教育の動向を捉えている。具体的にいえば、教育動向の把握は中国社会が構造的に抱えこんでいる問題の一端を民衆のもつ価値観や意識から考察することにつながるという理念の下で、まず、改革開放政策の策定から 1990 年代後半に至る時期における教育をめぐる変化（教育現象・法制の構造・教育内容・日本教育の受容、及び教育学研究の発展）を取り上げ、その変化と中国の社会構造とどのような関係を形成しているのかを考察した。また、その上で市場経済化の進展に伴い生まれた中国都市部における社区教育について検討したのである。そこでは、主に「社会的なセーフティネット」としての社区教育のあり方を紹介しながら、民衆の利用と行政的な保障の視点から社区教育における中国社会の構造や価値観との関係について検討がなされている。この点において、筆者もその社会構造と社区教育との関係に関する牧野の認識に同感であり、本研究を進める上で学ぶことが多かった。これまで、「国家の目的と民衆の欲望とを一致させる装置として立ち上がってきている」[31]社区教育を「民衆生活の社会的セーフティネット」と「国家権力の支配の永続化ためのいわばセーフティネット」[32]という二重性格をもつものとして位置づけるとともに、社会構造の変動と社区教育の展開についても検討されており、中国における社区教育研究における大きな成果といえる。牧野は社会の構造的変容を最も敏感に反映するのが成人教育であるという認識の下で、主に「中国社会の構造的変化をとらえるために、中国の成人教育の変容を捉えつつ、その背景にある要因」[33]を考察した。しかし、社区教育を成人教育の一部として捉え、社区教育施策の変容と中国社会の変動の相関性については必ずしも詳しく論じてられていたとはいえず、今後の研究に期待したい。

このほかの研究は主に「社区学校」などの施設研究、青少年の校外教育・学校との連携に集中している。施設研究[34]の中では、新保敦子の国民政府時期における「民衆教育館」、建国初の「人民文化館」、1980年代以降の「社区教育学院」・「社区学校」に関する論述、上田孝典の「少年宮」と「社区学校」への考察[35]が注目される。校外教育、学社連携の視点から社区教育を考察する論文[36]ではまず小林平造の論文に目がつく。小林は学校外教育を社区教育の主要部分として、中国における現代的な学校外教育の成立過程について上海市都市部の事例を中心に解明している。また、田代徹也は中国の教育改革の動向から、学校・家庭・社会の連携を意図する社区教育を取り上げ、その詳細を考察することで、日本の現今の教育課題へのヒントを追求したが、残念ながら上海と北京の社区教育の実情（1980年代、1990年代）の紹介に止まっている。また、日本と中国との地域教育の比較研究[37]、「社区居民委員会」から社区教育の発展を取り扱う研究[38]、社区教育が職業教育に重点を置いていく方向に向かうという研究[39]などが挙げられる。

(2) 政策文書、及び中国社区教育に関する研究成果の翻訳

政策文書の翻訳については、福建省の生涯教育条例の翻訳、中国の成人教育・社会教育を巡る通知・通達に関する翻訳[40]及び上海市生涯教育促進条例の翻訳[41]が挙げられる。千野陽一は『全国社区教育実験工作経験交流会議要録』(2001.12.10)と『教育部の社区教育に関する若干の意見』(2004.12.1)という社区教育展開に関する2つの中国教育部の公式文書を翻訳・解説した。千野は、これら二つの文書を通じて、総体的に施設ネットや教育資源の開発及び職員体制などの整備が進む反面、「『下から上へ』の大衆的な教育活動の性格は弱まってきている」、また「『上から下へ』という国家的統制をともなった社区教育の性格を2つの公式文書から読み取る」と指摘した。しかし、解説なので、2つの公式文書の重要な他の特色(社区教育対象の拡大、生涯教育理論の導入など)及び社区教育実践への影響、文書に関する具体的な分析などには触れてはいなかった。

中国社区教育に関する研究成果の翻訳について、社区教育の歩みと地域の動向に関する研究[42]以外に、学習型社会に関する研究、生涯教育法やそこに残された基本問題に関する研究が挙げられる。まず、学習型社会の構築に関する研究については、上海市真如鎮(市社区教育発祥の地)における生涯学習実践から2005年における社区教育の現状について述べながら社区教育が直面している諸問題を分析する陳綺華の「学習型社区へのひたむきな前進～上海市真如鎮に置ける生涯学習実践～」[43](千野陽一訳・解説)が挙げられる。陳はその中で、「行政主導による社区教育方式の明らかな弊害」について、行政当局の管理負担が重いこと、一般社会組織との混同、社区教育委員会の官営的色彩の厚いことなどの問題を提起したが、社区教育展開へのマイナスの影響がどこまで及んでいたかについては言及してはいない。

また、中国における生涯教育に関する研究の日本語訳については、『東アジア社会教育研究』に幾つか収録されている。特に福建省の生涯教育条例と上海市の生涯教育促進条例についての議論が多い。陳宜安(白メイ訳)「立法を通じて学習型社会を推進する ― 福建省終身教育立法に関する若干の基本問題」(2008)や黄欣、呉遵民(千野陽一訳)「国際的視野からみた上海市生涯教育地方立法」や黄欣・呉遵民・池晨穎(肖蘭訳)「上海市生涯教育促進条例の研究と考察」(2011)などの一連の蓄積[44]は中国の生涯教育や社区教育の法制化に重要な意義

を持っていると考えられる。例えば、黄欣、呉遵民は福建省の生涯学習促進条例について「立法という象徴性はもっていたものの、法律の具体的適用には欠陥が見られる」「政府関連部門との有効な意思疎通と協調を欠き、制定過程においても法の権威性と応用性との有機的結合という問題を解決できなかったため、理念性が強く、実施可能性との隔たりが多いという欠陥から免れることはできなかった」[45] と指摘した。

(3) 現場報告

中国の社区教育に関する現場報告では、まず、『中国上海・無錫・蘇州「社区教育」調査報告書～ 2001 年 10 月 9 日 − 14 日～』(2002 年発行) を挙げることができる。この調査報告書は小林文人、末本誠をはじめとする「上海社区教育研究調査団」が 2001 年 10 月に行った 1 週間にわたる現場調査に基づき、上海・無錫・蘇州における社区教育現状の紹介 (翻訳文を含め) に関する成果である。そこでは、上海市金山社区学院 [46] や 3 地域における社区教育に触れただけではなく、社区教育の発展が「共産党と国家が一体となった従来の社会システムに対して、国家がすべてを包摂できなくなり、新たに市民社会の成長に頼ることが必要になって」きたことを意味していること、及び市民社会の成長に依拠して「地域の教育力を高めている」ことが指摘された [47]。この TOAFAEC の調査報告書は日本との比較や 3 都市における調査、インタビュー、視察をまとめた貴重な研究報告であるといえよう。

また、「中国生涯学習研究フォーラム」[48] によって「現代中国における社区教育の躍動～上海市閘北区等調査第一次報告 (2009) ～」がある。この調査は 2009 年 3 月 16 日～ 19 日の 4 日間にわたって行われたもので、特に上海閘北区社区教育の現状とその特徴、上海遠程教育集団の取組みなどが、調査報告書の内容となっている [49]。

このほか、上田孝典をはじめとする中国生涯教育研究フォーラム一部メンバーにまとめられた 2009 年及び 2010 年の「中国・生涯教育をめぐるこの一年の動き」[50]、北京市西城区の社区学院に関する考察、上海市街道の社区教育における実践報告など各地域の社区教育動向に関する調査成果 [51] が挙げられる。ここでは、本書の研究対象とした北京西城区に関する社区教育実践と施策に関する韓民の紹介を挙げえおきたい [52]。そこで、韓民は 2005 年、北京市で進められていた

「社区教育実験状況」について、西城区社区教育の歩みと現状、社区教育協会の結成、及び推進計画と施策について要点を論理的に押さえながら簡潔に分析している。しかし、立案のプロセスの分析がなく、簡単な紹介の域にとどまっているのが惜しまれる。

以上、主な先行研究を検討してきたが、先行研究は社区教育を通史的な研究に位置づけるとともに、実践報告、他国との比較、社区教育の運営システム、人材育成、カリキュラムの設置などについても検討されており、中国の社区教育研究における大きな成果といえる。全体の先行研究を概括すると、以下の3点を指摘できる。第1に、各種の実践について具体的な展開に基づき、報告・紹介するものが多く、社区教育発展の全体状況の把握が十分になされているとはいえるが、実践に関する政策的な分析や概念の分析が不十分であり、特に社区教育概念の研究では社区と社区教育との関係を問うてはいない。第2に、生涯学習理念、学習社会理念に基き、社区教育を推進しようとしている研究が行われているが、いかにその理念を生かすかについては言及されていないし、社会学から社区教育を研究するものがあまりなされていない。第3に、社区教育政策の研究では断片的に中央レベルの政策の分析に基づき、社区教育政策の特徴と問題点をまとめた研究があるが、国家の政策の意図と社会変動とはどのような関係を持っているか伺えられると考えられる。その中で、牧野は改革開放以後の社会変動を背景として成人教育政策の変容を考察したが、社区教育政策を成人教育政策の一部としてしか論じていなかった。即ち、先行研究では中央と地方の関係、国家の政策の意図と現場との融合から社区教育政策やその実行過程を見るとどのように社区教育が位置づけられているか、については検討されていないといえる。

第3節　本研究の課題の限定と方法

以上の先行研究の検討から、中国における社区教育政策の成立と展開に関する研究は社会発展と社区教育発展との関係のあり方、中央レベルの政策と地方レベルの政策との関係のあり方、社区教育政策における住民意識の変化の分析においてまだ不十分であることが明らかになった。

1. 本研究の課題の限定

本研究は中国の社会発展状況と社区教育施策との関係のあり方を1980年代から2000年代（2011年）に至るまでの時期に着目し、中国社会の実態の下で制定された政策の内実（方針・対象・内容・方法）を時系列的に跡づけることを通じ、社区教育施策の政府主導型から住民参加型への試みを実証的な分析によって明らかにすることを主眼とする。

具体的には、中国社区教育の形成と展開の研究の一環として、社区教育政策の歩み、とりわけ各時期における社区教育政策について、当時の社会動向、主要な政策内容の分析と評価を通じ、社区教育の実現過程の析出を目的とする。具体的に、本研究において検討する課題は次のとおりとする。

第1に、中国社区教育の本質を抽出するために社区教育概念の導入とその実態を考察し、その特徴を明らかにする。既述のように、1980年代以降、社区教育研究の中にも、実践・理論の両領域で一定の蓄積が見られる。しかし、従来の研究では中国独自の社区教育の特殊性、歴史性が十分に反映されていなかった。また、政策分析の視角からの中国都市部における社区教育に関する研究はほとんど扱われてこなかった。本研究では、政策分析を手がかりにして歴史の変遷、類似概念の分析及び現場実践と結びつけながら、中国的社区教育の特殊性と一般性を抽出する。

第2に、各時期の社区教育施策の背景・内容及び現場の実施状況を考察し、社会変容との相関性をみながらそれぞれの性格を明らかにする。1980年代以後の社区教育施策に関しては、大きく3つの時期、即ち萌芽期（1980年代～1993年）、模索期（1993年～2002年）、展開期（2002年～2010年）に分けて検討し、各時期の性格を探る。時期区分の基準を1993年の『中国教育の改革と発展綱要』と2002年『全国教育事業第十次5カ年計画』及び第16回党大会としたのは、まず1993年の綱要における「生涯教育」概念の初めての登場は社区教育政策に大きな転換をもたらしており、また、2002年には「学習型社会」の提起により生涯教育体系の構築・「学習型社会」形成の推進は中国社会での共通認識、及び政府と人民大衆が共に進める計画として政策に初めて明記されたからである。

第3に、3段階における中央・地方レベルの社区教育政策策定のプロセスを通し、両者の相互作用の実施過程、及び現場では政策をどう融合したか逆にどう反映したのかを検証する。中国は強権的な中央集権的国家であるといわれるが、地方においても社区教育を推進する体制、計画、評価方法を整えるところが増えている（もちろん、逆に慎重に動いている地域や、社区教育関連予算について財政的な支出ができない地域もある）。改革開放後、計画経済から市場経済への転換により、中国政府が主に「単位」を通じ個人のアイデンティティまで浸透した「国家→単位→個人」という社会秩序維持のラインが崩れる一方、管理体制は「単位」から社区へと展開し始めた。「単位」制の崩壊に伴い、中央政府による一元的支配が弱体化し、中央は社会の安定を維持するため、社会の基層組織である社区を通じ、地方政府と個人を支配するしかない。

これに対し、特に1990年代の地方分権化の後、地方政府にかなりの自由裁量の余地ができ、それぞれ独自の政策を展開していた度合いが高いと考えられる。地域性が強い社区教育の実施においては、各地方政府は中央の方針を貫く際、各自の利益最大化を実現するため、中央政府と共通の利益となる事業等を運営するとともに、どのように地域密着型の事業も行っているか。さらにいえば、社区教育は、強力な中央の指導力を背景に、中央政府が地方に上意下達的に伝達するのか、それとも社会の民主化と密接な関わりを持つ形で展開されるのであろうか。社区教育の政策策定過程の分析により、中央・地方という政府間の相互作用が把握できるだけでなく、それは国家レベルの政策として採用され、積極的に展開されている理由、および中国社会構成の変容との関わりを解明することができる。

また、社区教育の推進に関わる中央レベルの施策を示す教育部と民政部の文書の検証を通じ、教育部と民政部の政策策定の相違性を明らかにしたい。

第4に、社区教育政策を巡る政策決定過程における施策目的・利益主体の変化を明らかにしたい。社会・経済変動、政治流動に伴い、社区教育政策の政策決定目的は変動している。1980年代から2011年現在に至る20数年間、中国政府は改革開放を通じ、社会主義市場経済建設を媒介とし、工業国への脱皮を目指してきた。このような中国社会では、特に都市部において、住民生活に最も近い社区展開の計画が進められ、社区教育政策が社会の諸変革により変化してきた。特に「単位制」の崩壊、「学習型社会」の提起に伴い、社区教育施策は社会安定のための思想善導、国力増強ための経済建設の理論、及び調和の取れた地域社会の実現が深く関わっていたと思われる。

また、社区教育政策決定に関与している機関は、中央レベルの施策からみれば、教育部だけではなく、国務院、民政部、中宣部（中共中央宣伝部の略称）などの多種の中央機関である。社区教育政策を巡る政策決定の目的はその過程において社会・経済変動、政治流動の影響を受けるだけではなく、各中央機関の利益にも関わっている。社会変容との関わりで社区教育政策決定過程における施策目的の変動と利益主体の変化を捉え、そこから中国社区教育施策の動向を探求したい。

第5に、社区教育政策の分析を通じ、社区教育の展開における住民参加型の社区教育の胎動を究明したい。社区教育への住民参加には施設や事業の運営への直接参加に加え、参加主体の育成・支援などを通じたものまで幅広い理解と取組みが必要であるが、制度の制限や中国一党制などの特殊な国情を考慮した上で、ここでは、住民参加を社区教育事業の目的、活動の運営時の当初段階からの個人的な意見の反映、及び非党・非政府の社会民間組織の仕組みづくり、社区教育事業運営への直接参加として定義しておこう。住民の自立意識の形成につれ、社区教育へ参加する住民層は価値観が多元化し、社会的関心、特に自分の生活と密接したことへの関心が深まりつつある。

そして、2004年6月第16回党大会第4回総会で出された「社会建設と管理を強化し、社会管理体制の新機軸を打ち出す」方針、2007年の第17回党大会の報告で呼びかけた「党委が指導し、政府が責任を持ち、社会が協力し、大衆が参加する社会管理システムを健全化する」などの政策の下で、社区教育に関する政策策定の過程は「上から下へ」という国家的統制や個人の権利意識の高まり、「下から上へ」という住民利益の多元化と意識の多様化が絡み合っている。社区は社会の細胞として、調和のとれた社区の構築は調和の取れた社会の建設の基礎になっていると思われる。調和のとれた社区を構築するには、政府行政の「主導性」と住民参加の「主体性」を結びつけることが求められている。人口流動化、高齢化、社会情報化などの情勢のもとで社区教育の社会性と住民中心性も社区教育政策において強調されている。社区教育は住民のニーズに応じ、地域づくり、学習型社会の構築、生涯教育システムの建設の有力な道筋として自由・民主を踏まえた住民参加により展開されるべき社区教育の展開が注目される。住民参加型の社区教育の萌芽や胎動がどのように現れているか、社区教育施策の内容と現場実態から探る。

第6に、社区教育政策策定について、中央と地方の関係、施策目的・利益主体の変動及び住民参加型社区教育の兆しを分析した上で、「政府主導型」の社区教育政策策定の経緯に基づき、社区教育政策における問題点を抽出したい。社区教育は住民の熱意と国家政策の推進により盛んに進展されるが、各地の発展の不均衡、規定と実践のギャップ、政策自身の欠如などは現実の問題である。

2. 北京市西城区を研究対象とした理由

北京市は16の市轄区[53]、2つの県に分けられている。2011年現在、北京市で西城区、東城区、宣武区、崇文区、海淀区、朝陽区、豊台区、石景山区、大興区、順義区などの10個の区は「社区教育、学習型城区」を推進する「先進区」として評価されている。また、東城区、西城区、海淀区、朝陽区、房山区、順義区の6個の区は教育部により「全国社区教育実験区」として指定された。2007年10月に北京市教委は『教育部弁公庁の全国社区教育模範区に関する通知』に基づき、審査と評価を通じて西城区、海淀区、朝陽区を全国社区教育模範区の認定審査に推薦し、2008年2月にこの3区は「全国社区教育模範区」と認定された。北京市は全国でも先頭を切って社区教育活動が推進されている地域である。

その中の西城区は2001年に教育部により全国社区教育実験区として指定され、2002年5月に北京市教育委員会によって北京最初の「社区教育推進と学習型建設模範区」に認定され、さらに2008年には教育部によって「全国社区教育模範区」と命名された。西城区は北京だけでなく、全国でも先頭を切って社区教育活動が推進されている。西城区は区面積が31.66 km^2であり（北京市市区面積は1038 km^2）、戸籍人口数と流動人口数を含めた総人口は87.8万人（2009年）である。北京市の四つの中心区の最大区として55％の地域は市中心部にある。西城区では多くの中央直属の企業と金融機関があり、特に金融街では60カ所の商業性銀行、株式銀行の本社或いは銀行の支社、70カ所の外資機関、80カ所の大手企業などが集まっている。西城区は経済発展、通信の発達が顕著で交通便利な地域である。

区政府は社区教育への投入を重視し、2006年から一人当たり毎年2元の基準で160万元の社区教育経費を支給している[54]。2004年10月から2010年まで西城区は7つの街道（徳勝街街道、展覧路街道、新街口街道、金融街、月壇街道、西長安街道、什刹海街道）と152の「社区居民委員会」に分けられていた[55]。本研究はこの7つの街道を研究対象として調査を行った。全区で活動参加の住民は毎年60万人に達している。

北京における社区教育は中国全体の社区教育の縮図ともいえ、1980年代末までは学校外の青少年教育を補足することに止まり、1990年代から社区教育の対象が広がり、教育の内容も豊富になり、制度もますます整えられてきた。2000年代に入って北京社区教育はより推進され、学習社区の構築に向かってきた。社区教育の管理システム、運営体制については、「区→街→居」（区政府→「街道弁事処」→「居民委員会」）の三層管理の形成に従い、「区レベルの社区教育委員会→街道レベルの社区教育委員会→居民委員会レベルの社区教育主任」の三層社区教育指導システム、及び区レベルの市民総校（社区学院）・「街道」レベルの社区教育学校・「居民委員会」レベルの社区教育育成訓練センターによる社区教育ネットワークと遠隔教育ネットワークが縦横に入り混じる市民ための生涯学習枠組みが初歩的に形成されている。2009年、北京市の16の区、2の県、322の「街道弁事処」・郷鎮政府では区レベルの市民総校は15カ所になり、「街道」レベル、「居民委員会」レベル及び企業・事業組織レベルの文明市民学校は2000年の2,338カ所から4,769カ所に及んでいる[56]。最近、「学習型都市」「学習型社区」の構築に取り込んでいる北京市は第十一五計画（2006年～2010年）において「学習型社区」構築の目標を明確に打ち出した。

本研究は中国の社会変容と社区教育施策との関係、及び社区教育政策に反映した現場実践のあり方（融合・ギャップ）、政策利益主体・政策目的の変化、及び政策における問題点を究明することを主眼とする。中国の首都である北京市に位置しまた「全国社区教育模範区」に選出された西城区は、北京にあるから中央レベルの政策が下級レベルまで貫徹され、地域の独自性が捨されると想定できる。これにより、北京市西城区の社区教育実態の分析を通じ、中央レベルの社区教育政策実施のあり方（政策決定過程、実現過程）、政策の影響を受けている社区教育の性格を把握できると思われ、北京市西城区を研究対象として設定した。

3. 本研究の方法

中国においては、政府は中央政府と地方政府に分けられている。中央政府である国務院は国家最高権力機関の執行機関・行政機関として、全国の地方各級国家行政機関の活動を統一的に指導し、中央と省、自治区、直轄市の国家行政機関の職権に関する具体的区分を規定する。地方政府は地方における国家機関である。本研究で中央レベルの社区教育政策は中央政府により公布された政策を指し、地方レベルの社区教育政策は地方政府により公布された政策を指す。本書の研究対象は北京市西城区に設定するため、北京市市政府レベルの社区教育政策と西城区区政府レベルの社区教育政策細則などを地方レベルの社区教育政策として扱う。

また、『立法法』の規定によると、中国の法律は効力の高さによる順位が以下のように分類されている。即ち、法律＞行政法規＞部規則＞地方法規＞自治条例＞単行条例になっている。社区教育に関する政策は国による法律がまだ公布されていないが、社区教育に関連した事業が主に国の教育部で行われていることや、民政部も社区教育の推進に大きな役割を果たしていると思われる。したがって、現在のところ中央レベルの社区教育政策は民政部・教育部などの部規則に限られている。即ち、国務院や、民政部、教育部などにより公布された社区教育関連文書を中央レベルの社区教育政策文書とする。

そこで、中国における社区教育の性格と関係政策の実施のあり方を明確するという研究目的に立脚して、本書では、民政部による「社区服務」「社区建設」の方針と教育部などの中央レベルの関係政策を手がかりにして、北京市西城区を研究対象とする。主に、文献検討と現場調査を通じ、政策分析に資する観点からは、実態展開の研究によって、社区教育政策の実施過程における中央・地方レベルの政策達成のプロセス、両者の相互作用の結果、及び現場が政策とどう融合したか逆にどう反映したのかを検証する。

（1）文献検討

民政部・教育部制定の関係政策を網羅的に入手し分析する。政策文書の選択では、公的な政策文書、規定、重要な会議の記録に着目し、政策の目標、内容及び政策保障などについて分析を行う。中国では中央政府が政策方針を作り、地方に政策の実現を呼びかけ、地方政府はその方針に応じ、具体的な実行条例を詳細化し管理運営システムなどを作るという流れが大勢である。社区教育政策の動向を把握するため、中央政府による政策文書を分析する上で、その実施状況を地方政府による政策実施の規則や政策から探求する必要である。即ち、本書の政策文書は中央と地方のそれぞれの関連政策内容を含める。その中で中央政府が制定した関係政策は教育部や民政部のホームページから入手できたが、地方政府が制定した関係政策はインターネット上からの入手は不可能であった。そこで、現場調査を通じ地方レベルの政策・規定を入手した。

公的機関・中央機関による刊行物など、影響力の大きいものを重視しながら、その基本的視点・理念・アプローチを明らかにすることに重点を置く。そのために主に社区教育に関する中国語と日本語の著書、及び機関雑誌の掲載論文を収集した。また、関連する中国語の未発表の博士論文と修士論文を「博士修士論文データベース」（中国知網）で入手できた。

(2) 現場調査

2005年9月から2009年9月にかけて、西城区区政府が制定したすべての関係規定を入手した。北京市西城区を拠点とした現場調査で入手した地方政府が制定した関係政策に定められる条文内容を分析することで、社区教育をめぐる政策の変容を具体的に詳述する。

実態については、西城区の社区学院、7つの社区学校、市民学校、「社区居民委員会」、「街道弁事処」、西城区社区教育協会、西城区教委社区教育弁公室、西城区老年大学などを前後して訪問し、職員と学習者へのインタビュー調査を行った。年に2回のフィールドワークで得られた情報及び先行研究に基づき、西城区における社区教育の運営方針、実態及び環境整備を把握することに努めた。北京市西城区に重点を置き、北京市朝陽区、天津河北区、上海閘北区、河北農村部の調査を参考にする。

第4節　時期区分の設定

社区教育史の研究としては、その発展過程に関する2段階や3段階などのいくつかの区分法研究が蓄積されてきた。華東師範大学の葉忠海は社区教育の発展過程を以下の2段階に分けている[57]。1980年代半ばから1993年までは社区教育の発足期とし、その内容は主に小中学校の校外教育及び学校・家庭・社区の3要素からなる徳育体系である。第2段階は1993年から現在までを社区教育の探索実験期とし、それは「全員」・「全過程」・「全領域」の特徴を持つ社区教育体系であるとする。また、社区教育の発展を大きく3つの発展段階に分ける学者もいる。例えば、鄭柱泉は、以下のように分けている[58]。第1段階は1980年代から1980年代末までで、社区教育の自発期として、また、青少年を主な対象として、さらに、学校教育・家庭教育・社会教育の「三結合」を主な活動形式とする段階ととらえ、第2段階は1990年から1999年までで、社区教育の探索期として、教育対象は青少年から成人へ、教育内容は青少年の校外教育から職業教育及び全体住民への精神文明教育へ進められるだけではなく、社区教育の範囲も大都市から中小都市、農村へと拡大し、社区教育の目標も学習化社区の建設から社区の持続発展へ明確しつつあるとする。さらに第3段階は1990年から現在までで、社区教育の実験期として、国務院から教育部へ批准した『21世紀に向けた教育振興行動計画』により、教育部が2000年4月全国で8つの社区教育実験区を設置して以来、中国の社区教育は新しい発展段階に入ったととらえている。

このような研究を念頭に置きながらも、以下、本書では次のような時期区分を設定し、この時期区分に沿って論述を進めていく。

第1期　社区教育政策策定の萌芽期（1980年代～1992年）
第2期　社区教育政策策定の模索期（1993年～2001年）
第3期　社区教育政策策定の展開期（2002年～2011年現在）

第1期は、主に「単位」制の崩壊、社区制の再編のもとで、民政部と教育部の施策によって、一部の都市で社区教育が推進されるなど、社区教育への萌芽が見られる時期である。1980年代の社区教育は、まだ校外徳育補足の色彩が濃厚で「社区服務」式の福祉性が高くて1990年代以降の「地域の経済建設と社会発展を促進する教育活動」としての社区教育とは根本から異なる。しかし、この時期は、芽が出始めた1980年代の社区教育が学校教育を補完する体系から社区教育独自の新たな役割を獲得する方向へ展開し、「単位制度」の解体の下で社区への統治強化を通じ、社会安定、思想統一の目的を実現する時期でもあった。

第2期は、社区教育は学校教育の補足の役割を果たすだけに限らず、地域づくりと生涯学習へ広がる傾向が現れ、1993年の「生涯教育」概念の政策への初導入がそのメルクマールとなる。1993年に「生涯教育」の概念が初めて中国の教育関係政策文書の『中国教育の改革と発展綱要』で使用された。社区建設という概念が1991年民政部によって最初に提起されて以来、いくつかの都市部で社区建設実験活動が始まり、1993年まで、全国の42の都市で実験的に展開された。1993年以降の社区教育の性格は概念、対象、目的、内容、学校と社区の関係、行動・活動の主体、及び政策の背景、評価制度、財政制度、管理体系の側面において1993年前と比べ飛躍的に前進した。例えば、社区教育の対象は小中学生から社区のすべての構成員に広げられ、目的は小中学生への徳育から社区構成員の教養と生活の質の向上へ転換されるようになった。学校教育との関係も1980年代から2001年までの発展パターンは「社区教育 → 学校教育」型から「学校教育 → 社区教育」型に進展し、さらに「社区教育 ⇔ 学校教育」型へ深まった。社区教育という用語は政策で正式には提唱されていないにもかかわらず、行政主催の検討会で社区教育は認識され、社区教育実験区の設定に伴い、経済が発達した地域では社区教育実践活動が次第に行われた。また、1993年から2001年までは社区教育を「地域の経済建設と社会発展」を促進することに繋げ、経済発展を促進する意図と主張が窺える時期であった。

第3期は、社区教育の実験区が積極的に推進・拡大され、2002年の教育部による『全国教育事業第十次五カ年計画』における「社区教育試行地点を拡大する」ことの打ち出し、及び第16回党大会の決議における「学習型社会」の提起により、社区教育と社区管理体制の改革が新しい発展段階に突入した。2002年以後、「学習型社会」の提起と社区教育実験区の拡大により、中国政府は、今までの社区教育の進展を認め、さらに社区教育を広く推進する決意、そして社区教育に関する活動充実と管理の強化に力を注ぐ姿勢が伺える。実態でも、社区教育の内容と対象が多様化され、農民工教育や高齢者教育なども展開され、社区教育の方法としての住民の参加、学習内容の自由な選択を重視するようになった。「地方分権」、及び市場経済の進行に伴い、政府の政策執行姿勢は基層社会管理システムの再構築を通じ、以前のトップダウン的な「計画・先導」から「呼びかけ」と「誘導」へと転換され、地方政府の意図、住民参加の胎動が現れている。いずれにしても、中央主導、行政主導の色彩がまだ濃厚であることは否定できないが、2002年から、社区教育の施策は学習型社会の構築の中核として位置づけられ、住民の要求を主体とし、「地域の絆づくり」の推進、民生の重視へと変化している時期に入っているといえよう。

なお本文中において、政策文書名について基本的に日本語訳を示し、初めて本書で登場した政策文書名の日本語訳の後ろに中国語を（　）内で表記する。また、政策文書の原文を示す時は「　」内に示し、長文の場合は小さい文字で表記する。また、主な略称について以下のようである。

表序-1　主な略称一覧

全称	全国人民代表大会	中国共産党全国代表大会	中国共産党中央委員会
略称	全人大[59]	党大会[60]	中共中央[61]

注

1）この4回の設置経緯については、2001年28カ所、2003年33カ所、2005年20カ所、2007年33カ所となった。2009年8月『新たに全国社区教育実験区名簿を公布することに関する教育部の通知』（『教育部関于重新公布全国社区教育実験区名単的通知』）により、教育部は社区教育の発展と各地で展開された社区教育の実践に関する調査と分析に基づき、各地教育部門との協議を通じて、全国の「社区教育実験区」を調整した。特に一部の「社区教育実験区」の条件を備えていない区及び社区教育の展開を重視しない「実験区」を取消した一方、社区教育を積極的に推進する区を「全国社区教育実験区」として追加した。また、行政区の調整により、例えば北京市の元東城区と崇文区の合併、元西城区と宣武区の合併及び上海の元黄浦区と卢湾区の合併によって、2010年に「全国社区教育実験区」は103カ所になっている。その後、2013年『教育育部弁公庁の第五回全国社区教育実験区リストを公布することに関する通知』では45カ所の「全国社区教育実験区」が確定された。即ち、2001年から2013年にかけて教育部は前後5回、148の「全国社区教育実験区」を設置し、前後2回68の「全国社区教育模範区」を確認した。

2）陳立行「中国都市における地域社会の実像～『単位』社会から『社区』社会への転換～」、菱田雅晴編『現代中国の構造変動5』、東京大学出版会、pp.137～164。

3）2001年12月教育部により公布された『全国社区教育実験工作経験交流会議の要約』による。この文書はその後の社区教育発展の方向を導くものとして重要であると思われる。また、社区の概念について『全国に都市社区建設の推進に関する意見』（民政部、2000年）によれば、「一定地域の範囲内に住む人々によって構成される社会生活共同体」とされ、その範囲は一般的に規模調整を受けた社区居民委員会の管轄区を指すようになった。

4）『教育部の社区教育推進に関する若干の意見』（2004年）による。ここにおいては社区教育原則について社区教育を社区建設、学習型社区・学習型社会の一環として強調されている。これは2005年以降の社区教育発展の方向を占うものとして注目される。

5）劉建軍「告別単位時代 — 組織創新与中国的現代化」『領導文萃』2001（3）、p.20。

6）牧野篤『中国変動社会の教育～流動化する個人と市場主義への対応～』勁草書房、2006年、p.303。

7）FrancesC.Foeler著（許慶豫訳）『教育政策学導論』（Policy Studies for Educational Leaders An Introduction）（第2版）、江蘇教育出版社、2007年、p.50。

8）2007年の共産党第17回代表大会の報告による。

9）CNKI（China National Knowledge Infrastructure）は、中国最大の論文データベースであり「中国知網」と略称されている。その対象となるデータは、学術的雑誌・重要新聞・学位論文・重要学会論文など学術界の中枢をなす媒体から収録されている。主なコンテンツは以下のようである。①中国学術雑誌全文データベース：China Academic Journal Full-text Databases（CAJ）②中国重要新聞データベース：China Core Newspaper Databases（CCND）③中国博士・修士学位論文データベース：China Doctor/Masteris Dissertation Databases（CDMD）④中国重要会議論文データベース：China Proceeding of Conference Databases（CPCD）。

10）「八五計画」は第八次五カ年計画の略称であり、「九五計画」は第九次五カ年計画の略称である。「五カ年計画」が中国ではソ連に倣って導入され、現在も実施されているものである。1953年に最初の五カ年計画が始められ、1958年から第二次五カ年計画期、第三次五カ年計画の開始は3年遅れの1966年になった。その後は、1966年に文化大革命が始まったので、1981年からの第六次五カ年計画期とされる。2000年代に入って2001年から2005年までの第十次五カ年計画と、2006年から2010年までの第十一次五カ年計画があり、現在は第十二次五カ年計画期（2011年 — 2015年）である。

11）例えば、厉以賢により担当された「九五」計画国家重点プロジェクトである「中国特色社区教育的理論和実験」は社区教育の理論と実験について検討し、その後、研究成果を『社区教育原理』、『学習社会的理念与建設』及び『学校与社区的互動』などの著書にまとめた。また、1996年に葉忠海をはじめとする「上海市社区教育研究中心」が設置された。その後、この「研究中心」（研究センター）により社区教育の動きと理論方向に関する報告・論文が出された。

12）60本以上の社区教育理論の著書では、代表的なのは厉以賢『社区教育理論和実験』、葉忠海『社区教育学基礎』、黄雲龍他『社区教育的管理和評価』、沈金栄『社区教育的発展和展望』などが挙げられる。

13) 例えば馬金東主編『終身教育体系下社区教育実践研究』高等教育出版社、2011年6月。
14) 学習型社会建設研究課題組『学習型社会建設的理論与実践 ― 学習型社会建設研究子課題報告集』、高等教育出版論、2010年；学習型社会建設研究課題組『学習型社会建設的理論与実践 ― 学習型社会建設研究総報告』、高等教育出版論、2010年。
15) 上海市社区教育政策調査研究課題組（組長：王順霖；執筆者：范伝偉・曹明珠）「上海市社区教育政策調査研究」『上海高教研究』1998年第11期、pp.20～24。
16) 范伝偉・黄雲龍「政府介入社区教育論」『上海教育科研』1996年第9期、pp.11～13。
17) 劉愛霞「教育政策的概念界定和社区教育政策的特徴分析」『成才与就業』2010年第5期、pp.42～43。
18) 董勇・王河江「政策分析視角下的当代中国社区教育」『新西部』2007年第8期、pp.117～119。
19) 周嘉方「『我国推進社区教育実験過程的政策研究』結題報告」『湖北大学成人教育学院学報』第28巻第1期、2010年2月、pp.16～19；周嘉方「『我国推進社区教育実験過程的政策研究』結題報告（続）」『湖北大学成人教育学院学報』第28巻第2期、2010年4月、pp.7～11。
20) 牧野篤「中国における教育の地域化に関する一考察 ～上海市『社区』教育の試みを一例として～」『中国研究月報49（1）』社団法人中国研究所、1995年1月、pp.1～18。
21) 中田スウラ「現代中国における地域教育活動の展開～北京市『社区』教育・承徳市成人（農民）教育活動を中心に～」『日本社会教育学会紀要（32）』日本社会教育学会、1996年、pp.114～123。
22) 羅李争・蘇鶴鳴訳「上海『社区教育』の動向～新聞記事より～」『東アジア社会教育研究（創刊号）』、1996年、pp.109～111（以下、編者は省略）。
23) TOAFAECは「東京・沖縄・東アジア社会教育研究会」の英語訳のTokyo-Okinawa-East AciaForum on Adult Education and Culturesの略称である。TOAFAECは研究年報『東アジア社会教育研究』の刊行の以外に、定例研究会、国際シンポジウム等の開催も行っている。
24) 黄丹青「中国における社会教育の新たな動向～社区教育～天津市を事例に～」『東アジア社会教育研究（2）』、1997年、pp.47～51。
25) 牧野篤「中国における教育の地域化に関する一考察 ～上海市『社区』教育の試みを一例として～」『中国研究月報49（1）』社団法人中国研究所、1995年1月、pp.1～18。
26) 牧野篤、同上書、p.3。
27) 牧野篤「中国における『学校と地域社会との連携』に関する一考察 ～上海市『教育の総合改革』と『社区』教育の展開～」『名古屋大学大学院教育発達科学研究科紀要（教育科学）（第44巻第2号）』、1998年、pp.27～48。
28) 牧野篤「『単位』社会主義から個人市場主義へ～中国都市部成人教育変容の背景～」『名古

屋大学大学院教育発達科学研究科紀要（教育科学）（第50巻第1号)』、名古屋大学、2003年9月、pp.45～70。

29) 牧野篤「中国都市部社会のセーフティネット・『社区』教育に関する一考察～上海市の『社区』教育を一例として～」、『名古屋大学大学院教育発達科学研究科紀要（教育科学）（第50巻第2号)』、名古屋大学、2004年3月、pp.1～26。

30) 牧野篤『中国変動社会の教育～流動化する個人と市場主義への対応～』勁草書房、2006年4月。

31) 牧野篤、同上、p.3。

32) 牧野篤、同上、p.303。

33) 牧野篤、同上、p.182。

34) 例えば 新保敦子「中国の生涯教育施設の発展と現代化～補習教育から学習社会実現へむけて～」小林文人・佐藤一子編著『世界の社会教育施設と公民館～草の根の参加と学び～』エイデル研究所、2001年、pp.187～200；新保敦子「中国における社区教育の現状と課題～上海の社区学校に焦点を当てて～」『学術研究　教育・生涯教育学編（54)』早稲田大学教育学部、2005年、pp.1～11；上田孝典「中国における地域教育施設～少年宮と社区学校を中心に～」『日本 公民館学会年報（7)』日本公民館学会、2010年、pp.18～29。

35) 上田は地域教育施設が非学歴型教育機会の広がりや保障に役立っているが、「社区教育」理念が「学歴社会の後方支援や職業教育的役割に矮小化されていく」ことを指摘している。

36) 例えば田代徹也「中国の社区（communtiy）教育～学校・家庭・社会の連携～」『大阪城南女子短期大学研究紀要』大阪短期大学、2000年、pp.1～42；小林平造・Shin Sen「現代中国における「学校外教育」の研究」『鹿児島大学教育学部研究紀要教育科学編（58)』鹿児島大学、2006年、pp.249～26；馬 麗華「中国都市部における社区教育の発展と課題～社区教育と学校教育との関係に着目して～」『東京大学大学院教育学研究科紀要（45)』東京大学教育学研究科、2006年、pp.335～343；馬麗華「中国の社区における青少年教育の現状と課題 ～北京市西城区に焦点を当てて～」『生涯学習・社会教育学研究（31)』東京大学教育学研究科生涯学習基盤経営コース2006年、pp.53～62；賈燕妮「中国の学校と社区の連携による『素質教育』の推進：天津市和平区における社区教師制度を手がかりにして」（研究ノート）『教育学論集』第7集、筑波大学大学院人間総合科学研究科教育基礎学専攻、2011年2月、pp.51～71。

37) 例えば伊藤彰男・康鳳麗「日本と中国における地域教育（社区教育）の比較研究」『三重大学教育学部附属教育実践総合センター紀要（25)』三重大学、2005年、pp.1～8；秦ナー「上海と大阪二大都市における地域社会教育に関する比較研究」『東アジア社会教育研究（11)』、2006年、pp.75～87；馬麗華「公民館から中国都市部社区教育への示唆～日本社会教育における公民館の役割とそれを支える要因を視点として～」『日本公民館学会年報（5)』日本公民館学会、2008年、pp.61～72；末本誠「中国の社区教育施設」『平成22年度「生涯学習施策に関する調査研究」、公民館の活用方策に関する調査研究報告書』財団法人ユネスコ・アジア文化センター（ACCU）、2011年3月10日、pp.32～41（ここでは末本は社区教育関連の施設全体を中国のCLCと捉えながら、公民館との相違点や類似点にやや立ち入っている）；ハスゴワ「中国における社区教育の発展と課題～比較教育的視点を含んで～」（2008年の修士学位論文）東京農工大学大学院教育部共生持続社会学専攻、ハスゴワは社区教育の発展史及び北京・上海・南京などの7つ地域の社区教育状況をまとめた。

38）例えば呉迪「中国社区教育の発展における社区居民委員会の役割」『日本公民館学会年報（4）』日本公民館学会、2007年、pp.28～40；呉 迪「社区教育の基層単位としての社区居民委員会の性格に関する考察～武漢市の事例を手がかりに～」『日中社会学研究（17）』日中社会学会、2009年、pp.46～62。

39）例えば肖蘭「中国における再就職支援と成人教育との関連に関する考察～再就職訓練の実態に着目して～」『名古屋大学大学院教育発達科学研究科紀要，教育科学57（2）』名古屋大学大学院教育発達科学研究科、2010年、pp.121～131；肖蘭・農中至「中国における社区教育の学習講座内容に関する考察～上海市閘北区の8街道1鎮を中心に～」『社会教育研究年報』第25号、名古屋大学大学院社会・生涯教育研究室、2011年3月、pp.95～106。

40）例えば千野陽一訳・解説「社区教育展開に関する二つの中国教育部公式文書」『ESD環境史研究：持続可能な開発のための教育（6）』東京農工大学、2007年、pp.4～10；白メイ訳「中国福建省・生涯学習をめぐる動き～資料紹介～」『東アジア社会教育研究（9）』、2004年、pp.97～119；黄丹青訳「中国の成人教育・社会教育をめぐる近年の通知・通達類」『東アジア社会教育研究（5）』、2000年、pp.33～37；呉遵民、高橋草子、豊田美紀、川村美和、末本誠（共訳）「中国・社会団体登記管理条例の動向（国務院令第250号）」『東アジア社会教育研究（4）』、1999年、pp.1～10などである。

41）上田孝典「上海市生涯教育促進条例」『東アジア社会教育研究（16）』、2011年、pp.91～94。

42）例えば葉忠海（呉鳳光訳）「上海市社区教育の歩みと発展の方向」『東アジア社会教育研究（3）』、1998年pp.46～55；候全宝・楊少鳴（陳蓉秦訳・解説、小林平造補訳）「上海桃浦鎮の社区教育」『東アジア社会教育研究（9）』、2004年、pp.82～96。

43）陳綺華（千野陽一訳・解説）「学習型社区へのひたむきな前進～上海市真如鎮に置ける生涯学習実践～」『持続可能な開発のための教育（ESD）研究』（通刊8号）東京農工大学農学部環境教育学研究室水資源計画学研究室・森林経営学研究室、2010年、pp.8～18。

44）また、呉遵民（千野陽一訳）「上海市生涯教育推進の道筋とメカニズムに関する研究」『東アジア社会教育研究（13）』、2008年、pp.16～28；何鵬程・呉遵民（孫冬梅・黄丹青訳）「生涯教育地方立法における上海の実践と構想」『東アジア社会教育研究（14）』、2009年、pp.45～52などがある。

45）黄欣・呉遵民（千野陽一訳）「国際的視野からみた上海市生涯教育地方立法」『東アジア社

会教育研究（15）』、2010 年、pp.36 ～ 40。

46）内田和浩「上海市金山社区学院」『中国上海・無錫・蘇州「社区教育」調査報告書～ 2001 年 10 月 9 日 － 14 日～』東京・沖縄・東アジア社会教育研究会、2002 年 11 月、pp.36 ～ 38。

47）松田武雄「上海社区教育研究の諸課題」『中国上海・無錫・蘇州「社区教育」調査報告書～ 2001 年 10 月 9 日 － 14 日～』東京・沖縄・東アジア社会教育研究会、2002 年 11 月、p.102。

48）これは 2008 年 12 月に小林文人の呼びかけによって日本の社会教育研究者や中国人留学生の有志を中心として作られた研究フォーラムである。

49）『東アジア社会教育研究（14）』、2009 年、pp.189 ～ 217。

50）「中国・生涯学習をめぐるこの 1 年の動き～政策の歴史的経緯と北京・上海の社区教育」『東アジア社会教育研究（15）』、2010 年、pp.12 ～ 20；「中国・生涯学習をめぐるこの一年の動き（2010 ～ 2011）」『東アジア社会教育研究（16）』、2011 年、pp.84 ～ 94。

51）馬麗華「中国都市部における『社区学院』の動向に関する考察～北京市西城区社区学院を事例に～」（研究ノート）『生涯学習・社会教育学研究（33）』東京大学教育学研究科生涯学習基盤経営コース、2008 年、pp.55 ～ 65；顧錫培・趙信炜・符湘林（詹萍　訳）「2007 年上海市徐匯区徐家匯街道社区教育における実践報告」『東アジア社会教育研究（13）』、2008 年、pp.29 ～ 33；呉迪「中国黒龍江省における社区教育の現状と課題～チャムス市前進区・ハルビン市南崗区を事例にして～」『東アジア社会教育研究（12）』、2007 年、pp.140 ～ 149；李偉成「広州市社区教育の現状及び対策検討」『東アジア社会教育研究（7）』、2002 年、pp.63 ～ 67；白メイ「福建省厦門（アモイ）市思明区における社区教育の取り組み」『東アジア社会教育研究（10）』、2005 年、pp.41 ～ 50 などがある。

52）韓民「北京市社区教育の実践と施策～西城区の社区教育実験を中心に～」『東アジア社会教育研究（10）』、2005 年、pp.32 ～ 40。

53）北京市の 16 の区は以下の 10 の区のほかに房山区、門頭溝区、通州区、昌平区、懐柔区、平谷区もある。

54）2007 年の教育、文化、医療、体育などに費やした支出は 10.2 億元、専門予算用の支出は 9.2 億元で、西城区財政総支出額の 24％である。近年大規模化の傾向を示している全区での 7 つの社区教育学校の総面積は 16,140 m^2、区政府の投入金は 3000 万元である。2008 年 9 月西城区政府へのインタビューによる。

55）2002 年から 2004 年 10 月まで西城区は 9 つの街道に分けられた。2010 年に北京市は経済の成長、行政の効率化を促進するため、行政区画改革案を発表し、市中心部の東城区、崇文区、西城区、宣武区の 4 区は、東城区と西城区に改変される。即ち、2010 年行政区画改革案の後、西城区は旧の宣武区、西城区を含める。

56）北京市朝陽社区学院・社区工作研究室編『関注民生 — 社区教育研究報告』当代中国出版社、2009 年 7 月、pp.3 ～ 4。

57) 葉忠海・朱涛編著『社区教育学』高等教育出版社、2009年8月、pp.19～23。

58) 鄭柱泉の区分について、鄭柱泉「21世紀初中国社区教育発展前瞻」『成人教育』2004年第8期、pp.64～65を参照のこと。

59)『憲法』の上で、全国人民代表大会は国家の最高権力機関として位置づけられている。常設機構は中華人民共和国全国人民代表大会常務委員会である。全国人民代表大会と全国人民代表大会常務会が国家の立法権を行使する。日本では略称を全人代と表記する場合が多い。中国では全国人大、人大と略される。

60) 中国共産党全国代表大会は、中国共産党の最高指導機関である。この大会は5年に1回、1週間ほど開催される。主な職能としては、中央委員会と中央紀律検査委員会の報告の審査、中国共産党の重大問題の討論と決議、中国共産党規約の修正、中央委員会と中央紀律検査委員会メンバーの選挙である。略称は中共党大会あるいは党大会である。

61) 中国共産党中央委員会は中国共産党全国代表大会（党大会）によって選出され、党大会の閉会期間中は、党大会を代行して中国共産党を指導する。中央政治局によって招集され、年に1回、3、4日間ほど開催される。略称は中共中央、党中央などである。

第1章

社区と社区教育の概念の検討

近年、「社区建設」や「学習型社区」事業が中国都市部において盛んになるにつれ、社区や社区教育という言葉も一般住民に浸透してきた。社区教育は1980年代に生まれてきた新しいタイプの教育・学習活動であるが、研究活動のさまざまな展開にもかかわらず、その概念と内容を一概に確定することには困難な側面が数多くあるといわざるを得ない。都市社区の範囲に限ってみても、「街道」なのか、それとも「居民委員会」なのか、不明確である。中国における社区と社区教育に関する先行研究では概念の使用もランダムステータスの状態にある。そのため、理論的に社区の本質を抽出し社区の概念を明確化することが必要である。そこで、本章ではまず社区と社区教育の概念及び先行研究を整理し、本書で扱う社区と社区教育の定義を明らかにしておきたい。

第1節　社区の概念

社区教育を理解するには社区の概念に触れなれければならない。基層地域及び社区教育実践の土台である社区の概念は社会の変容とどのような関係をもっているか、社区の概念を教育改革という行政施策との関わりで行政化し、実践化するにあたっては、それを既存の行政組織の中に当てはめて、その施策に合致した概念として形成することが求められる[1]。社区の発想自体は中国社会にとって新しい考え方であるといえる。1986年に民政部が最初に都市「社区服務」という言葉で社区の概念を提起して以来、さまざまな形で提案されたが、相関政策に明確な定義を見いだすのは困難なように思われ、恣意性は免れ得なかった。

中国語の社区という言葉は英語でCommunityの訳語であるといわれているが、社区に関する定義と研究は社会変貌などの現象的な側面に緊密に関わっており、社区＝Community＝コミュニティとは一概にいえないと考えている。即ち、中国の社区や日本のコミュニティ[2)]や欧米のCommunityの定義はそれぞれの土壌における経済的・文化的な展開を離れて単一の説明しか把握しない場合、その解釈に混乱が生じる可能性がある。以下の論述では古典概念としてコミュニティ＝Communityにし、中国を論じる場合、中国語の社区を使う。

社区を定義するため、ここで語源Communityの古典概念の整理、中国において社区の歴史的展開、中国における社区定義の先行研究を検討する上、本章で扱う社区の概念を定義する。

1. コミュニティの古典概念の整理

ヨーロッパとアメリカでは19世紀末から20世紀初頭にかけて急激な経済・社会の変化があった。南北戦争から第一次世界大戦へ至る半世紀の間に産業は急速な発展を遂げ、それに伴い人口流動も激しくなり、都市開発の黄金時代を迎えた。シカゴを例にとれば、1918年に移民人口が総人口の4分の3に達した。また、民族、宗教、風俗の違い、及び経済の格差によってさまざまな形態の地域共同体が形成されるようになり、このような情況下において初めて都市コミュニティが登場した。また、人種・移民をめぐる問題、犯罪、労働問題及び地域的コミュニティの変貌などの現象的な側面を実証的に解明するために、都市コミュニティに関する研究が興隆していった。

コミュニティは「仲間」や「共同関係」の意味を持つラテン語Communisに起源を持つ。1881年ドイツの社会学者テンニース（FJ·Tönnies）はGemeinschaft（共同社会）を社会学に用い、『Gemeinschaft und Gesellschaft』（利益社会、1887）では、Gemeischaftとは共通の価値観を持ち、密接な係わり合いを持ち、「実在的・有機的な生命体」であると説明した。後にドイツ語のGemeinschaftはアメリカの社会学学者C.P.Loomisにより英語のCommunityと翻訳された。当初C.P.Loomisは『Gemeinnschaft and Gesellschaft』　を『Fundamental concepts Sociology』（社会学の基本概念）と翻訳したが、後に『Community and Society』[3)]（コミュニティと社会）に訳しなおした。ここではCommunityとSocietyを区別し、同質的、異質共生、閉鎖的、自給自足、感情的、単一価値オリエンテーションの意味を持ったCommunityに対して、Societyは異質的、開放的、相互依存的、理性的、多元価値オリエンテーションの意味を持っていると説明した。

戦後、ドイツ、及びフランスの社会学はアメリカの経験主義影響を受け、もともとは「地域」という意味を持っていないドイツ語のGemeischaftとフランス語のCommunautéが地域共同体という意味に近づき、最終的に「地域」の意味を持つようになった。コミュニティの構成要素については、社区の研究者によってさまざまな考え方がある。1936年に、アメリカのシガコ学派の学者パーク（Rorber E. Park）はコミュニティを定義した。「コミュニティの基本的特徴は以下の3点にまとめられる。①地域により組織された人間がいる②これらの人間はそれぞれその地域に根を下ろしている③この地域に住んでいる人々が相互依存の関係を持っている」[4)]。1955年に、アメリカの社会学者ヒラリー（G.A. Jr. Hillery）はそれらのさまざまな定義94個のうち69個の定義の共通面を社会の対話、地域（地域的空間の限定性）、共通の絆、地域、労働における相互依存の関係、文化と社会活動の特質、帰属感、自己維持と発展などの9つの要素にまとめた。1969年に、フランスの人類学学者Raymond Boudonは『LES Méthodes en sociologie.PUF.Paris、1969』（社会学方法）において、その範囲に基づき社会学の研究を「社会」「個体」「自然団体」の3段階に分け、Communityに特定団体とコロニー生活の特徴の意味を付与した。1971年、アメリカ社会学者David Popenoeは、コミュニティとはある地域に住んでいる人々の日常生活上の相互関係により構成されたものであると定義した[5)]。コミュニティは社会学では空間形式の観点から人類の社会存在の概念であるといえる。

2. 中国における社区の歴史展開

中国における社区とヨーロッパ・アメリカで誕生したコミュニティの社会背景が違うのはいうまでもないが、社区を定義する時、単にコミュニティに「中国式」を付与するだけでは十分に説明できないであろう。そのため、中国語の社区という用語について説明しておく必要がある。以下は、社会構造の諸変化がもたらす社区と行政組織との関連の変化から、中国社区の展開過程および中国語の社区の範囲を分析しておきたい。

中国では社区は社会組織、行政区画と緊密な関連を持っている[6)]。歴史的に古代の中国における社区は原始社会以後に氏族共同体、家族共同体、村落共同体、宗族共同体などの形を取ったが、いずれも血縁や地縁に基づく人々の生活共同体であった。簡単にまとめると、秦において農民の五世帯を「伍」、十世帯を「什」として組織し、商代において血縁で結ばれた「単」、後漢において一つの都郷を単位とする「正衛弾」、清代において「保甲制」[7)]を施行した。これらの社会組織は時代の変遷とともに次第に形を変化させたが、古代中国の地域共同体はすでに行政とのかかわりが強かったといえる。行政区画というものは秦朝が中国を統一した時から、その形成が始まり、漢朝の時代は郡・県、魏晋の時代は郡・州・県、隋唐の時代は道・州・県、元の時代以後は省・府・県が設置された。歴史的に農業社会である中国において、当時の行政区画では政府権力が基層社会にまで浸透できなかったことが多い。したがって、地域の力が極めて弱く、地域の経済と教育を発展させるのは困難であった。

しかし新中国成立以後、現行の行政区画は、省 — 市（地区）— 県 — 区 — 郷となり、その下に都市基層社会において区政府の出先機関としての「街道弁事処」と呼ばれる機構が置かれるようになった。2009 年現在、中国の行政区画は 4 段階[8)]の垂直構造に分かれている。第 1 級行政区は 23 の省[9)]、5 つの自治区（内モンゴル・寧夏回族・新疆ウイグル・広西チワン族・チベット）、4 直轄市（北京・天津・上海・重慶）、2 つの特別行政区[10)]（香港・マカオ）に水平分割している（日本の都道府県に相当する）。第 2 層の地級の行政単位は地級市[11)]、自治州、地区などがある。第 3 層の行政単位が県、県級市（県級市が日本の市に近い存在である）である。第 4 層の行政単位が郷級で、郷や鎮などと呼ばれる[12)]。

中華人民共和国政府は建国に際して、伝統的な旧体制の「保甲制」を廃止したが、組織の統一的名称の確立が遅れ、行政基礎組織の名称はまちまちなものとなった（例えば、天津市では、旧来の「保」を「街」に変え「街政府」を設立している）。表 1–1 のように、建国以来、地方の行政組織が 4 段階に分かれて変化してきた。1954 年 12 月に開催された第 1 回全国人代会常務委員会の審査を経て「城市街道弁事処組織条例」及び「城市居民委員会組織条例」が公布され、新たな基層行政組織が確立された。それにもかかわらず、大躍進運動の展開、その後の文化大革命[13)]（1966 年～ 1976 年）の発動によって、基層社区組織は「文革

表 1-1　明清時代と 20 世紀の地方行政単位

明清	民国	1949 ～ 1955 年	1956 ～ 1957 年	1958 ～ 1983 年	1984 年～現在
県 里／保	県 区 行政村	県 郷 行政村	県 郷 高級合作社 初級合作社	県 人民公社 生産大隊 生産隊	県 郷 行政村 村民小組

（出所）黄宗智『長江三角州小農家庭与郷村発展』中華書局、1992 年、p.182

派」の宣伝の道具に使われた[14)]。改革開放[15)]路線の下では、経済の市場化によって生活環境が激変し、大衆に物質的刺激を与えるとともに精神的需要を喚起した。1978 年、中国第 5 回全人大で新憲法が採択され、そこで改めて街道、「居民委員会」の組織形態が明確化された。「街道弁事処」は区政府の出先機関として中国の行政管理体制の中における最も下部の基層組織として位置づけられ、「居民委員会」は大衆的な自治組織とされた。その中で「居民委員会」は「街道弁事処」の指導を受けながら、地域の職務を遂行するものとされていた。

その後 1987 年に政府の民政部が都市住民生活のサービスに関する座談会に於いて初めて「社区服務」の構想を提起した。最初、中国社会学の学術用語として使われた社区は、1980 年代末に政府部門が提出した「社区服務」という地域福祉サービス事業をきっかけとして一般用語へと変化したといえる。社区服務は「居民委員会」という小地域に限定されている。さらに、1998 年に民政部によって正式に「社区建設」が提示され、1999 年以来「学習型社区」などを目標としたスローガンが相次いで提起された。社区の形成背景にある諸要素について、「単位」社会の成り立ちと解体に至るまでの経緯を整理しながら第 2 章で詳しく論じる。

3. 中国における社区定義の先行研究

1933 年アメリカの社会学者パーク（R.Park）の論文を翻訳する際に、費孝通などの燕京大学社会学専攻の学生らが「community」の概念を引き入れ、社区という言葉を社会学上の学術用語として初めて用いた[16)]。1930 年代、中国の人類学者でかつ、社会学者である呉文藻は中国におけるコミュニティに関する研究を推進した。1939 年、費孝通は中国東部のある村落を実地調査し、社会学の論文『江村経済』を著した。その著作の中で彼は、中国農民の消費、生産、分配、交易の実態を描写し、この村落の経済体系と特定の地理的環境や社会構造との関係を説明しようとした。この本の中で、この村落に「社区」という名称を使った。その後、1970年代後半から始まった改革開放の進行とともに、計画経済体制の下で形成された社会構造が崩れはじめ、それによってさまざまな社会問題が発生した。これらの社会問題を研究するために、社区という概念が再び社会科学研究者の間で使われるようになり、一方、実践面で上海をはじめ中国全土に広がり、1990年代に入り大流行した。

即ち、社区という言葉はさまざまな意味合いを持つため、社区の定義について多くの学者や現場の専門家により論じられている。統計によると2005年中国の学界では、社区の定義は76種もあったという[17]。上述のように中国における最初の社区研究は機能主義の方法による人類学のフィールドワーク研究である。そ

表1-2　「社区」の定義に関する先行研究の例

範囲からのアプローチ	構成要素からのアプローチ
・「街道弁事処の管轄範囲は社区の地域空間となる。行政区画のニュアンスと区別するため、また、社区の特徴を強調するため、その地域空間を街区と呼ぶべきである」。[18] ・「社区は同一地域で生活し、共同意識と共同利益を有する社会手段と見なすことができる。社区を末端行政機関としての『街道弁事処』と自治組織としての『居民委員会』の2つのレベルに位置づけ、『街道弁事処』社区と『居民委員会』に分けている」。[19] ・「社区は一定の地域範囲に住んでいる人々により構成された社会生活共同体である。現在では、一般的に都市基層管理体制改革を経て、規模調整が行われた後の居民委員会轄区を指す」。[20] ・「社区とは、いわゆる一定の地域に居住する人々の生活共同体である。都市部において街道に所属している居民委員会がその基層単位である」。[21] ・「中国の都市部において一般的に『社区』は区及びその下の行政機構である街道・鎮の行政範囲をカバーする住民の居住区のまとまりであると理解されている」。[22]	・民政部基層制限及び社区建設司によると「社区とは、一つの地域に居住する人々がさまざまな社会関係や社会集団を結成し、多様な社会活動に従事する人々により構成される社会区域の生活共同体である」。[23] ・「社区とは一定の住民が一定の地域において、相互に緊密な関係を持ち、特有な地域文化によって維持され、地域性を持つ生活共同体である。地域、人口、組織構造と文化は社区の基礎要素である」。[24] ・「社区はある地域に居住し、相互関係、共同文化と心理帰属感を備える人々により構成される社会生活共同体である」。[25] ・「社区は一定の社会活動を行い、相互作用の関係を持ち、共通の文化を維持できる集団とその活動する区域である」。[26] ・「社区は五つの要素からなっている、それは、一定数の居民、限定された地域、内在する相互関係、共通の文化、一定の共通認識である」。[27]

（出所）多数の「社区」の定義と分類を参照し、筆者作成

の後、社会学、人類学、行政学、福祉学などの視野からの分析が見られるが、社区の定義は枚挙にいとまがない。

ここで、社区の定義に関する解放後の先行研究を次の二つに分けて検討してみる（表1-2）。第1が社区の範囲（主体）からのアプローチ、第2が要素からのアプローチである。これらの先行研究によると、範囲から論じられた社区は、あくまでも基層管理を行うための、行政側から区画された空間的な居住エリアを指すものである。即ち、行政区画を出発点と捉え、地域性、地理的な境界をもつと定義されている。また、要素からのアプローチに基づき、社区を理解するには地域、共通の絆、社会的相互関係の3つの側面の考察が必要である。社区はヒューマニズム色と文化内包を備え、抽象的な「社会」の概念より具体的で、かつ社会構成中のミクロの地域であるといえる。そこに住む人々は共通の絆と社会的相互関係により、社会生活全体に亘って関心を持ち、そこには共同体感情も生まれたため、他の地域と区別されるような社会的特徴が現れたと理解している。

また、「農村社区」「集鎮社区」「都市社区」「ネットワーク社区」に分けて中国の社区を類型化する言説もある[28)]。生産力のレベルと社会文明形態の標準によって「伝統的な社区」「発展途上の社区」、及び「現代社区」に分けて論じる研究もある[29)]。

4. 本書で扱う社区の概念

以上の社区の展開によれば、長い伝統を持つ統治のために基層地域制度が存在していたが、中華人民共和国の成立に際して都市の地域末端組織として「街道弁事処」、及び「居民委員会」が設けられた。「単位制度」の施行によって、「街道弁事処」と「居民委員会」はあまり重要な役割を果たしていなかったが、1980年代に入り改革開放政策に基づく市場経済の導入に伴い、人口の流動化、国営企業の経営の悪化に伴う「下崗人員」（レイオフ）や失業者の増大によって、社区の建設はますます重要となりその動きが拡大してきた。政府が問題解決対象の主体を社区に移し、都市末端出先機関としての「街道弁事処」と住民自治組織の「居民委員会」が重視されるようになり、1980年代後半以降、中国の「社区」建設は「街道弁事処」と「居民委員会」によって担われてきた。

また、社区の定義に関する先行研究に基づき、中国の都市部における社区とは、「街道弁事処」と「居民委員会」が管轄する社会的空間範囲を指す場合が多い。2000年の『全国における都市部社区建設の促進に関する民政部の意見』（『民政部関于在全国推進城市社区建設的意見』）によれば、社区は「一定地域の範囲内に住む人々によって構成される社会生活共同体」と定義され、社区の範囲は一般的に社区体制改革以降の、規模調整を受けた「社区居民委員会」の管轄区を指すようになった。一方、その構成要素については、社会関係を基礎として組織され、共同生活を営む住民・地域・生産及び生活設備・行動規範・管理機構・特徴のある文化・社会意識とまとめて定義されている。即ち、社区の範囲について、欧米で定義されているCommunityに対して、中国では、行政区域を指していることが多いといえよう。

図1-1のように、中国の行政区分は基本的に省級、県級、郷級という3層の行政区のピラミッド構造から成るが、現代中国では省級と県級の間に地級が新し

省級	省・自治区	直轄市		特別行政区（香港、マカオ）
地級	地級市（地区）・自治州		市轄区	
県級	県級市・県・市轄区	県	街道	
郷級	街道・郷・鎮	郷・鎮		
社区	居民・村民委員会	村民委員会	居民委員会	

図1-1　中国都市部における社区の概念図

（出所）中国行政区画図と中国都市部における多数の社区の概念により筆者作成

（注）①直轄市とは中国の最高位の都市で省と同格である。直轄市の多くは省の中にある飛び地である。

②「街道弁事処」と「居民委員会」は1954年に設立された。「街道弁事処」は区政府の出先機関として、中国の行政管理体制の中で最も下部の組織であり、政府の具体的な事務を実行する責任があり、住民の意見と要求を住民に代わって上部へ伝える役割を持つ。「街道弁事処」の管轄人口規模は、大都市において5～8万人、中小都市に2～5万人である。「居民委員会」は都市の大衆的な自治組織で、事実上、「街道弁事処」の指導を受けている。2000年以降、「社区居民委員会」と改称された。

く設けられた。前述したように、中国の一級行政区は4直轄市、23省、2特別行政区、5自治区、その下に位置付けられる地級行政区画、郷級行政区画から成り立っている。中国の末端政治組織としては、都市における「街道弁事処」、農村部における郷政府が主なものとして挙げられる。他方、住民の自治組織としては、都市部における「居民委員会」、農村部における「村民委員会」が挙げられる。本書は主眼を都市部に置いているので、都市部についてさらに深く目を配ってみよう。都市部における管理組織の構造は以下の3つのタイプに分けられる[30]。1つ目のタイプとしては、区政府、「街道弁事処」、「居民委員会」の3つのレベルの組織が設置されている都市が挙げられる。このような都市としては、4つの直轄市および227の地レベルの都市（省都となる都市および計画単列都市が含まれる）が挙げられる。2つ目のタイプとしては、「街道弁事処」と「居民委員会」の2つのレベルの組織が設置されている都市が挙げられる。このような都市としては、県レベルの都市が挙げられる。3つ目のタイプは、「居民委員会」だけが設置されている市や鎮であり、県レベルの市（特に県から格上げされた市）および県が管轄する鎮が挙げられる。

本書では、社区教育を通じ、政府の施策と社会の関係について根本的に再考したいので、社区の範囲について、行政区画の面から、社区とは図1-1のように定義する。具体的には、社区は都市部における末端の街道または「居民委員会」の管轄範囲となり、再調整された後の都市基層レベルの社会管理システムと定義する。

一方、社会学におけるCommunityの定義について次のような記述がある。「コミュニティという用語は、社会学で最も分かりにくく、曖昧な語のひとつで、現在に至るまでほとんど意味が確定していない。最低限の意味は一定の地理的区画における人々の集合ということである。それに加えて3つの要素を指摘できるだろう。即ち、①コミュニティはある特殊な社会構造をもった人々の集合を指して使われることがある。②所属もしくは共同精神の意味。③コミュニティにおけるすべての日常的活動は労働であれ非労働的なことであれ、一定の地理的領域で行われている。つまりその意味で自足的である。コミュニティを別の仕方で説明しても、これら3つの意味のどれか、もしくは全部を含むだろう」[31]。

Communityに関する諸分析、中国の社区の歴史展開及び諸先行研究を踏まえながら、筆者独自の定義を提示したい。筆者は「現在都市部の社区とは、行政末端組織としての「街道弁事処」と住民組織としての「居民委員会」が管轄する社会的範囲、主に「社区居民委員会」の管轄区において、一定の共通の帰属感、相互作用の関係を持つ人々により構成される生活共同体である」と定義する。

第2節　社区教育の概念の検討

社区教育という言葉も外国から伝えられてきた言葉であり、20世紀初期、デューイによって提起されたCommunity Educationの中国語訳である。中国において、社区教育展開の先導的標識といえば、実践の側面から見ると1986年に上海真如中学に成立された社区教育委員会の設置であり、政策の側面から見れば、1999年に公布された『21世紀に向けた教育振興行動計画』で作り出した「社区教育実験を行う」というスローガンである。

前述のように、社区という言葉を翻訳した時、社会学の研究方法として使われ、概念として明確に定義されていなかった。現在の中国において、社区教育という言葉もまだ同一の概念を持っていない。特に国際比較の視野から中国の社区教育を他国と比較する場合、社区教育を社会教育とはっきり区別していないものが少なくない。研究者らは、社会教育の概念を社区教育の説明にしばしば使用する。社会教育を第二次世界大戦前から公用語として使用していたのは日本、台湾地区、韓国、中華人民共和国成立後一時期の中国だけである。新中国では、教育部に1949年から1952年11月15日までは「社会教育司」があり、社会教育という用語が公的に使用されていた。社会教育概念が中国から公用語として消えていくのは1950年代初頭前後から政府筋によって職工教育・識字教育が急ピッチで進められていくことと深く関係していると思われる。

近代の社会教育は「学制システム以外の、主に政府により推進され、個人・民間団体からの協力により推し進める教育活動であり、失学民衆及び全国民の資質を向上させるため、各種文化教育機構と施設を設置し利用して、目的・計画・組織的に行われている教育活動である」[32)]。社区教育という言葉はアメリカのCommunity Educationから起源しているといえるが、意味としては、国際社会教育・生涯学習の理念も、そして米国の実用主義の理念も含めているといえる。そして、時期背景の相違によって社区教育の歴史範疇も違い、現在の社区教育において、内容、組織、運営、施設などはそれなりの特徴を持っている。

以下では、中国社区教育の本質と概念を抽出するために、社区教育の諸外国の形態、中国における歴史的範疇としての社区教育、現代社区教育の内容、及び社区教育に関する概念的な先行研究について検討を行う。

1. 諸外国の「コミュニティ・エデュケーション」の形態

デューイの「学校は社会の基礎である」という思想が、社区教育の概念の最初の説明であると捉えている学者は多い[33)]。F. L ManleyとC. S. Mottはこの思想を受けてアメリカのミシガン州で、学校と社区を繋ぎ、学校を社区の資源の一つとして使用し、社区にサービスを提供するという実験を行った。この実験では、社区教育を推進するため、教育部門だけでなく、社区の他の部門の協力・参画が必要であることを明らかにした。社区の仕事の内容は、社区住民の利益のために要求に応じることにある。自覚的形態としての近代的な社区教育はデンマークの教育家C. F. Lerが1844年創設した「民衆学校」から始まると考えられる。もちろんCommunity Educationの実質的内容・方法・特色はそれぞれの国・地域の実情に合わせながら推進されている。

諸外国におけるコミュニティ教育は、桑によると下記の3種類にまとめられる[34)]。第1は民衆学校を中心とした民衆・団体運動の背景を持って登場してきた北欧の民衆教育（People Education）である。第2は、公設公営の公民館を中核施設とした法制度の保障によって展開してきた第二次世界大戦後の日本の社会教育である。第3は、コミュニティカレッジを中心とした高等教育に力を入れるアメリカのノーフォーマルな教育である。

1830年代、民衆成人教育の創始者のグルントヴィ[35)]は、エリート層と一般民衆の間のギャップを埋めることの必要性を訴える運動を開始し、デンマークの民衆が民主主義社会へ移行していくために、支配階級だけでなく最貧層である農民にも対話や討論を通しての学習を主体とする「生活のための学校」という新しいタイプの学校を作った。このようなCommunity Educationを実施する国は主に北欧の国で、例えば、デンマーク、スウェーデン、ノルウェー、フィンランドなどである。諸民衆学校を教育基地として、民衆に自覚的に社区の政治・経済・文化の改善に向かわせるものである。

日本では、『社会教育法』（1949年）、『図書館法』（1950年）、及び『博物館法』（1951年）が日本社会教育初期の枠組みを確立する3つの基本的な法律である。社会教育法（1949）の第2条で「「社会教育」とは学校教育法（中略）に基づき、学校の教育課程として行われる教育活動を除き、主として、青少年及び成人に対して行われる組織的な教育活動（体育及びレクリエーションの活動を含む）をいう。」と規定されている。つまり、社会教育は、学校外のフォーマル、あるいはインフォーマルな多様な教育機能のうち、学校教育を補足・拡張すべき役割を担っている。そして、「文部次官通牒」として打ち出されて誕生した公民館はこのような教育を実施する中核施設として設置の目的が規定されている。誰でも参加できる多様な学習文化活動を提供する公民館は、設置主体が「市町村」であり、公立公営を基本型としている。社会教育法によると、「日本の社会教育は、第1に最も組織化された教育領域としての『学校の教育課程』にまず対立するものであり、第2に、年齢層を考えた場合、社会教育法では『主として青少年と成人』で少年も含まれている」[36)]。

アメリカのコミュニティ教育は学校などの施設を利用し、コミュニティ内の各種機構・部門の相互連携を通じて、各年齢層、各階層、各種族集団を対象として、自己の要求及び問題認識に対応しながら展開してきた教育である。アメリカのコミュニティ教育の中核施設であるコミュニティカレッジ（以下C.C）は19世紀末、アメリカジュニアカレッジ運動を元に始めたものといわれ、第二次世界大戦後爆発的に普及した。1970年代以降、急速に発展してくるアメリカ各州での成人教育機関の一つを指すのが普通である。なお、C.Cが設立されている地域を校区と呼んでいる。校区の在住・在勤者（他の校区から設立されている校区に勤めている者）なら誰でも入学できる。また、デラックスな教育・学習施設を備えたC.Cもあるし、施設は本部だけにして、「校区全体がキャンパス」というように、利用可能な多様な施設をすべて借り受けて教育・学習活動を展開しているC.Cもある。学費が安く、また、通学が便利なため、低所得者層やマイノリティの人たちへの教育を提供する特徴を持っている。

以上のまとめによると、ヒューマニズムを重視し、民衆の自主自発式である北欧の民衆教育に対して、アメリカでは健全な管理システムを備えるコミュニティカレッジが公的に運営されている側面も看過できない。アメリカのコミュニティ教育は四年制大学編入のための大学前期教育、職業教育、一般教育を中心にした成人のための生涯・継続教育から成り立っている。つまりユニークな生涯学習と中等後の教育機関である。「欧米の近代化過程の中で胚胎する学習文化諸施設が多くの民衆運動の背景をもって登場してきたのに対して、日本の公民館の場合、そのような運動的な要素を欠落して制度化された」[37] にもかかわらず、社会教育のための法制度の確立と無視しえない規模を持っている施設の整備は国際的にも注目されている。そして、日本の「社会教育」は社区教育という専門的な概念に近いものであるといえよう。

2. 中国における社区教育の歴史的展開

社区を定義した上、社区教育はどのように位置づけられるか。社区教育を教育と社会の結合の社会文化現象と社会実践活動としてみれば、中国の古代に遡るという言説がある。例えば、元北京師範大学教授・全国社区教育委員会主席の厉以賢の研究では社区教育の展開を古代の「郷校」、1990 年代初めの「郷村教育」などに分けている [38]。他方で、これらの教育を中国の社会教育と定義する論説が多いのである。例えば、『社会教育史』（呉学信編集、1939 年）、『中国社会教育発展史』（李建興編集、1989 年）、『中国近代社会教育史』（王雷、2003 年）などが挙げられる。歴史的範疇としての社区（社会）教育は現代の社区教育と質的に区別をされているため、古代の「郷学」や近代の「郷村教育」を完全に社区教育とは定義しかねる。しかし、現代の社区教育を究明するため、関連ある歴史的な「社区（社会）教育」を簡単にまとめる必要がある。社会教育と社区教育の概念的な曖昧さは別として、歴史範疇的な社区教育を時間的に中華民国時期、中華人民共和国初期、1980 年代以降に分けて、社区（社会）教育の特徴を究明していく。1980 年代以降の社区教育はこの前の社区教育と質的に異なっているので、厳密に区別して論じるため、1980 年代以前の社区教育の関連教育形態を論じる際、「社区教育」を使う。

(1) 中華民国時期の「平民教育」「郷村教育」「生活教育」

教育と社区とが結合した社会文化・実践活動という面から見れば、古代の「郷校」・「郷約」・「社学」や、清末民初の学校教育として展開される正規教育以外の地域特徴をもった「通俗教育」あるいは「民衆教育」などは社区教育のイメージを含むものである。また中華民国が成立してから、孫中山は学校教育の以外に「高齢者のための公共講堂、書庫、夜学などの知識養成所を設置すべきである」[39]と初めて主張した。しかし、中国における現代的社区教育のイメージを形づくったのは、20世紀初の晏陽初の「平民教育」、梁漱溟の「郷村教育」（農村教育）及び陶行知の「生活教育」にさかのぼることができる[40]。

晏陽初[41]により推進された「平民教育」では、最初に、都市を重点として都市の平民・女性を対象とした識字教育が行われた。当時、総人数の85%の農民は非識字者であったため、晏陽初は、農民の教育を重視しなければ平民教育全体の成功はないと考えたのである。そして、晏陽初は河北省の定県を実験地として、県を単位にして平民教育をおし進めていった。これらの教育は学校式教育、社会式教育及び家庭式教育という3つの教育方式によって実施された。晏陽初は平民の「愚」をなくすための教育を最優先にして、「新民」を現代的な国の建設のかなめとして平民教育を推進した。陶行知[42]は平民教育、郷村教育、国難教育、戦時教育、民主教育などの教育を主張し、実現した。そして、これらの教育実践を貫く基本思想は生活教育である。生活教育の理論枠組みは「生活即教育」「社会即学校」「教・学・実践合一」[43]というものである。三者は密接に関連し、相互に関係しあうものであったが、中でも「生活即教育」は生活教育理論の核心であった。このように、陶行知の生活教育は教育と社会的活動とを結びつけて、すべての住民に教育を提供することを目指していた。梁漱溟[44]によって行われた「郷村教育」は、現存の社会関係を継続したまま、農村教育を通じて、農村の建設によって全国的な工業・商業の発展を促進することを目的にしたものである。1931年から1937年にかけて、梁漱溟は山東省の鄒平県で「郷村建設研究所」を設置し、当地及び実験地周囲で農村教育を集中的に指導した。学校の成員は農村の住民であって、農村を儒家集団主義的な「大学校」とし、「社会学校化」を実現することに郷村教育の大きな目的があった。

以上の3つの教育理論と実践は現代の社区教育に通ずるところもある。中でも、陶行知の生活教育の発想に学び、「教育の社会化・社会の教育化」を基本理念とする社区教育が発案され、教育改革の一翼を担う地域教育として提唱された[45]。これらの知識者は郷村教育を通じ当時中国の直面していく問題を解決することを望んでいた。彼らの社会改良の願望は完全に実現されていなかったが、地域を中心とした経済、交通、住民の実情に応じながら、「学校、社会、家庭」が連携して統合的な教育体系を構築するという教育理念は広く認識されるようになった。特に、その後、中華人民共和国社会教育司の責任者となった兪慶棠[46]もまた民国時代に社会教育路線に立った「民衆教育」を積極的に展開し、1931年には「中国社会教育社」まで設立しながら、活躍の幅を広げている[47]。その彼女が初代社会教育司責任者となったのは、民国時代の社会教育（「民衆教育」）と新中国に入ってからの現代社区教育との間接的な関連性を示しているのではないであろうか。

(2) 中華人民共和国建国初期の識字教育と「職工業余教育」

高度集中の計画経済体制の下で、すべての社会経済活動は政府及び政府に当たる組織によって計画、実行される。都市部では、居民は「単位」で生活し、「単位」でそれぞれの身分を持っている。仕事を持っていない人（無職者）は「単位」、即ち「所属する職場」がない、「単位」を持っていない人（無単位者）は仕事がない。そして、一つの「単位」に就職した後、転職することが難しく、個人は転職を要求する権利を持っていない。「単位」は自社の従業員に対し、個人の「単位」に対する義務を個人の権利より強調するが、一方、構成員に対して全面的に面倒をみる。農村では人民公社[48]体制を確立し、「政社合一」「三級所有制、隊を基礎とする」[49]の農村政治経済体制を形成した。「政社合一」とは、人民公社は、経済的組織でもあり、基層の政権組織でもあることを指している。即ち、労働の場が生活の場でもあった。各構成員の生活はすべて人民公社が面倒を見るが、その代わり各構成員は個人の利益を追求せずに人民公社のために働くことが要求された。要するに、もともと農民の生活においては、労働とプライベートな生活はそれほどはっきりとは分かれていなかった。

上述した社会背景の下で、どのような「社区教育」を行ったのか、以下では、「識字教育」と「職工業余教育」の例を通し、当時の「社区教育」を述べる。

中華人民共和国の成立以後、社会主義教育制度も形成されるようになった。当時、民族の資質を高め、社会の安定・経済の発展を促進するために、「識字教育」が国家の教育政策の重要な柱として強調され展開された。1949年に公布された『中国人民政治協商会議共同綱領』[50]（『共同綱領』と省略される）の第41条では「中華人民共和国の文化教育は新民主主義[51]の教育である、即ち、民族的、科学的、大衆的文化教育である」。第47条では「労働者の業余教育及び在職幹部教育を強化すること」と規定した。同年の11月11日、中国人民政府教育部が設立され、社会教育司（1952年11月15日中華人民共和国高等教育部設立、同時に社会教育司が廃止された）が設置された。1950年9月、第1回全国工農教育会議が開かれ、そこで明確に「識字運動を推進させ、文盲を減少させる」という任務が確定された。新中国成立以後、大規模な識字教育が3回（1952年、1956年、1957年）にわたって実施された。中央政府の全面的かつ強力な指導の下で、識字教育運動が中国の歴史上前例のない規模で行われ、大きな成果をあげた。

識字教育の授業形式では、地域の実情に応じながら多様な方法を工夫したが、大部分は社会教育を通じて行われた。都市部や農村の集落など非識字者が集中している場所では教育・クラスという形を取り、非識字者が少ないか、あるいは居住場所が分散している場所では集中と分散の両面からの形で授業を行い、小グループや経済発展地区ではラジオ・テレビ・ビデオなどの現代的な情報通信手段と設備を利用し識字教育を行う[52]。中国の識字教育は建国以来、持続的に工夫されてきた。表1-3によると、社会民衆と基層組織によって行われた識字教育を主体とした文化教育が著しい成果を挙げたといえる。中国が50年間で文盲率を80%から8.72%まで低下させたのは、世界でも教育の奇跡であるといえる。

1950年代、中国政府によって確立された「職工業余教育」とは、工場や企業などで働く従業員に対して、基礎文化教育から高等の専門教育まで、学校外の教育領域で行った教育活動である。即ち、職場訓練のために行われた教育であると

表1-3　新中国建国以来文盲人数の変化

年	1949	1964	1982	1990	1995	2000
文盲人数（億人）	3.20	2.33	2.35	1.82	1.45	0.85
文盲率（%）	80	57.3	34.5	22.2	16.5	8.72

（出所）劉立徳・謝春風編『新中国掃盲教育史綱』安徽教育出版、2006年12月、p.243

いえる。1949年12月、教育部は北京で第一回全国教育業務会議を開いて、「教育は労働者・農民に奉仕し、学校は労働者や農民の弟子に開放されるべきである」の決議を採択した。また、毛澤東の「いわゆる識字教育、いわゆる普及教育、いわゆる大衆文芸、いわゆる国民衛生は3億6千万人の農民を中心としないと、大部分は空論に過ぎないではないか」[53]との言論によって、政務院、教育部は相次いで『会社従業員に対する業余教育に関する指示』(『関于開展職工業余教育的指示』)、『工農速成中学校と工農幹部の文化補修学校に関する指示』(『関于挙弁工農速成中学和工農幹部文化補習学校的指示』)などを公布した。これらの文献では社会教育の学制、課程、学習形式、教師、教材及び教育費用について詳細な説明が行われた。これらの『指示』を通じて、従業員の入学機会を保障するために「従業員返済制度」(「工人返还制」)を実施した。入学した従業員に給料の75%を補助金として支援し、元の給料の75%が35元より少ない場合、35元を支援した。この一連の支援制度と呼びかけを通じて、1955年、工農速成中学校では在校生が6万人に達した[54]。また、劉少奇により唱導された「半工半読学校」は職工教育の新教育形態として1959年以降、徐々に試行された。この2つの労働制度と2つの教育制度の構想は全国的には実施されなかったが、当時の経済・文化の発展水準も遅れている中国実情に応じたため、有効な措置となった。

新中国建国初期、多数の非識字者の存在によって、職工教育の重点は識字教育を中心として行われたが、1950年代末から非識字者の減少に伴い、職工教育の内容も中等レベルの文化、技術教育へ変化していった。職工業余教育を通して、労農大衆の文化水準、技術水準及び思想意識を高め、新中国の文化教育は人民大衆の新文化と新教育になったといえる。一方、濃厚な政治色彩を帯びている運動形式で、「職工業余教育」の質が低下であるなどの批判の声が少なくない。

以上の背景と計画経済体制の下で実施された「社区教育」の例によると、当時の「社区教育」の特徴を以下のようにまとめよう。

第1には、識字の普及と実用的な技能を持つ人材養成という性格が強く、中央政府の強力な指導の下で労働者・農民の生産能力を向上させ、文化水準を高めた。「識字教育」や「職工業余教育」などの「社区教育」(社会教育)は新中国成立以後、教育政策の一環として重要な位置を占めている。「人民公社」運動の初期には「大地は紙になり、木の枝は筆になる」といわれるように、一定の学習的雰囲気がうまれてきた。第2には、社会主義計画経済体制のもとで、政治的介入或いは共産党の教育も政治に従属する原則などのイデオロギー的影響からまだ脱皮していないという実情の下では、実施した「社区教育」は、民衆による自発自覚の社区教育活動が少ない、また人々の生存環境、存在価値、及び自由の全面的な育成に目を向ける傾向が見えない。この時期の民衆の利益は個人より高く、国家の利益は個人より高いという集団主義建設理念の下で、「社区教育」の活動は政府と国家の指示と呼びかけに基づいて展開された。1954年1月に文化部は「文化館・文化ステーション活動の強化と整備に関する指示」を出した。その内容としては「文化館・文化ステーションは政府が大衆の文化活動を展開するために行うので、各種の大衆的な文化活動を通じて、各地の大衆特に労働者農民の文化需要を満たし、合わせて愛国主義と社会主義の精神で大衆を教育し、祖国のより積極的防衛と建設とに役立たせようとするものである」[55]というように、その施設を拠点に大衆的な文化活動を組織していく形態であった。

(3) 1980年代以降の社区教育の概要

1966年、「文化大革命」が勃発した。1967年以降の10余年に及ぶ文化大革命の期間では、「知識が多ければ多いほど反動になり、不良かつ文盲であれば最も光栄である」（知識越多越反動、流氓加文盲最光栄）という信条が崇拝され、中国の教育が混乱・破壊された[56]。1976年に「文化大革命」には終止符が打たれ、政治は「4つの現代化」（工業、農業、国防、科学技術の現代化）を追求することとなり、人々の学習、進学意欲は非常に高まっていくのである。

文化大革命終焉後、1978年12月に開催された第11回党大会第3回総会で改革開放路線が政治的基本方針とされると、その一環として、正規の学校教育の外に位置づけられていた成人に対する識字教育・補習教育・職業技術教育・訓練を包み込みながら中国教育総体の回復・発展の道が広く切り開いていく。ここでは、国家振興のために、理想・道徳・文化・規律を身につけた優れた人材養成を担う教育は優先的な戦略的位置を占めると強調された。

このような背景をうけ、1980年代の改革開放政策以降、政府は新たな措置として、社区教育の改革と発展のスピード・アップ化を促進した。1980年代以降の社区教育について第2章、3章、4章で詳しく述べることとし、ここではそのイメージを簡単に説明しておく。

社区教育を実施する以前は、街道を管理する部門がさまざまにあった。例えば、文教課、居民課、婦人連合会、計画出産事務室、派出所、都市建設課、宣伝部、市場事務室、民政課、工商課、武装部などがあげられる。このそれぞれの管理部門を統一する部署がなかったため、連携・協力するのは非常に難しかった。社区教育を実施して以来、中国の多くの都市部（例えば、北京、上海、天津など）では、行政末端組織としての「街道弁事処」と住民組織の「居民委員会」が社区教育の重要な担い手となっている。区政府と区政府の「街道弁事処」は政府機構の一部として行政権限をもち、社区教育を管理している。1990年代に、全国の多くの都市部で区、街の「社区教育委員会」が設置されたようになってきた。

社区教育の対象は幼児から高齢者までであるため、その内容は住民に応じて青少年の成長教育、幼児教育、保健教育、法律教育などの多様な教育が行われている。この他に、社区の在職者の職業訓練やリストラされた人の再就職訓練、老人の余暇活動などの活動が行われている。こうした教育活動を通して、地域教育を管理する政府首脳の意思と行政命令のミスを克服することができるだけでなく、地域住民に社区サービスとサービス機関の存在を知らせ、教育への積極性・創造性を呼び起こすことが可能となる。即ち、社区教育は市民生活の改善、機関の強化、社区の発展を目指しているといえよう。

社区教育施設は種類が多く、その中の代表的な施設は青少年の活動センター、老年大学、社区学院、社区学校、社区教学点、心理カウンセリングルーム、社区図書館、社区文化センターなどのようなものを挙げられる。

現代社区教育の類型が多文化な発展に即したことにより、地域的に多様である。即ち、社区教育が単一の機能や画一的な設置基準で規定されるものではない。蘇民「21世紀に向けた社区教育類型への探索」[57]では中国の社区教育の類型を以下のように分けて述べた。小中学校を主体として活動を行う社区教育パターン、地域を境とした自治型の社区教育、「街道弁事処」を中心とした連動型社区教育パターン、社区学院をキャリヤーとした綜合型の社区教育パターン。陳偉光、蔡欲、史士本の「社区教育の普遍特徴と三種類の類型に関する分析」[58]では、社区教育を政府主導パターンに分け、社区教育専門機関主導パターン、社区組織共同行動パターン。謝瑞俊の「社区と社区教育について」[59]では社区教育パターンを「区域型」「輻射型」「工場中心型」「学校中心型」の4つに類型化した。

歴史範疇としての社区教育と現代の社区教育に関する論述を通じ、現代の社区教育は歴史の社区教育と類似しているところがあることにもかかわらず、質的に異なっているのは明白である。社区教育を定義するために、さらに社区教育の概念を検討する必要がある。

3. 現代社区教育の定義の先行研究

中国における社区教育は、1980年代からの改革開放の実施に伴い生まれてきた新しいタイプの教育・学習活動であり、その概念と内容を明確にする試みが多い。例えば、華東師範大学の呉遵民は「中国の社区教育は地域住民が精神生活充実のために提起する自発的な生涯学習要求からうみだされたものであり、政府はその援助、奨励によって、基礎知識としての地域と行政が共同で推進する下から上への大衆的な教育活動である。また、その主旨は地域住民の精神と文化的素養を高め、自己感性の要求充実のためには、社区教育はその根本において、地域住民の自主的な学習権を適切に保障しなければならないことである」[60]と指摘している。黄雲龍は「社区教育は社区学院、社区学校、社区学習センターなどを主体として組織された教育形態である」と解釈した。厉以賢は「社区教育は社区構成員の資質と生活の質を向上し、社区の発展を推進するための社区的な教育活動のプロセスを指す」[61]としている。また、葉忠海によると「社区教育は一定の社会地域において、社区の共同発展の推進と社区生活の質の向上を目的として、生活と教育を一体化にして、社区構成員の役割を果たさせ、各種の社会実践活動を利用することを通じ行なわれた全方位、全民的な生涯教育である」[62]とされる。そして、社区教育は社区を土台として社区の構成員を主体として、社区教育を学習社会の概念と統一的に定義する学者[63]もいる。

一方で、北京市教育委員会は2000年に公布した『全面的に社区教育を発展し、首都学習型社区建設を推進する意見について』（『関于全面推進社区教育発展、促進首都学習化社区建設的意見』）で社区教育の主な機能と意義を明らかにした。その中で「社区教育の目的は、全体住民の資質を高め、社会環境を整備し、人間関係を密接にし、社会問題を解決し、生涯教育システムを構築し、学習型社区を形成し、社区発展を実現するものである」[64]と明記されている。その上で、中国教育部は、「社区教育は特定の地域範囲内で、全体の社区構成員の資質の向上、生活の質の改善のために、各種の資源を組み合わせて、地域経済の建設と社会発展を推進する教育活動である」(『全国社区教育実験工作経験交流会議紀要』) と定義した。この定義では社区教育の地域範囲、教育目標が明確にされ、「全体の社区構成員の資質の向上、生活の質の改善」、社区内の「各種の教育資源を組み合わせ」、「地域経済の建設と社会の発展を促進する」などがその後の社区教育の主流言葉として使用されるようになった。

また、この定義により、教育主管部門の社区教育への認識が窺える。つまり、中国都市部における社区教育は、特定の地域範囲内で全社区住民を対象に社区の資源を組み合わせて、社区の生活の質を改善し住民の資質を高めるために、学歴教育・補償教育・継続教育などを行うことであると理解できる。具体的には、学校の理事会或いは校務委員が、社区の政府官僚、教育部門代表、街道住民代表・企業事業者代表・労働組合代表などから組織される「社区教育委員会」などの調整機関を通して管理している。実施主体は教育機関（小中学校、社区の学校など）あるいは非教育機関（商業機関、サービス機関など）である。

いずれかの先行研究と政策的な規定に基づき、社区教育の位置づけを見ると、社区教育が社区の発展を目的とし、「教育と社会の一体化」を促進するためならば、「古い教育体制を突き破り、（中略）社区の中の各種類の組織、教育機関をつなぎ、社区におけるいろいろな教育要素をつないで全体的に機能させること」が必要となる[65)]。

4. 本研究で扱う社区教育の概念

以上の先行研究によれば、中国都市部における社区教育は中央と地域、政府と住民をつなぐために実施されている新型管理制度であるともいえる。こうした教育活動を通して、地域教育を管理する政府首脳の意思と行政命令のミスを克服することができるだけでなく、地域住民が社区サービスとサービス機関自身の存在を知ることを促し、教育への積極性・創造性を呼び起こすことが可能となる。即ち、社区教育は市民生活の改善、機関の強化、社区の発展を目指しているといえる。

本研究は主に都市部における社区教育の政策の展開から政府の関与と権限の移

譲、社区居民の決定権の拡充を究明したいため、社区教育を定義する際、社区で社区住民に関わる教育を含めたい。以上の先行研究と社区教育の発展プロセスによって、本研究で扱う社区教育の概念を以下のように定義したい。「中国の都市部における社区教育とは、特定の地域範囲内で、末端組織を依拠として、全体の社区住民に向かって、社区内外の資源を組み合わせて、全体の力を発揮しながら、社区住民の生活の質の改善・住民資質の向上のために、学歴の得られる教育・補償教育・教養教育などを行うことである」[66]。

次に、本書で扱う社区教育の位置づけを明らかにしたい。中国では社区教育の概念は成人教育、素質教育、生涯教育（終身教育）、職業教育、継続教育などの概念とずれたり重複したりしているところがある。成人教育を例としてみれば、その見方が多い。例えば、韓は「成人教育」「継続教育」「社会教育」「生涯教育」の概念が場合によって混用されるのは「成人教育法」を世に問うことができなかった理由として扱った。成人教育の実態と概念が変化している中で、「成人教育」にするか、「生涯教育」にするか、「生涯教育」と「成人教育」とは如何なる関係であるかといったことについての意見が一致しなかったというのである[67]。これらの類似概念を重層的に把握する必要がある。ここで、中国の『教育大辞典』（顾明遠『教育大辞典』（増訂合編本）、上海教育出版社、1998年）とこれら概念に関する先行研究に基づき作成した表1–4を通じ、概念のズレと重複を把握しよう。

改革開放政策が実施され、成人教育は職業・技術教育を中心に展開され、生涯教育＝成人教育＝職業教育＝継続教育という認識が強い。すべて、学校教育を終了してから継続して実施される教育であると理解されている。ここで、以上の定義により教育の持つ3領域（教育対象・教育目標・教育形態）に基づき、その関係を整理すると、次の表1–5のようになる（この表で示しているのは主な特徴である。例えば、成人教育の教育形態は正規の学校教育形態だけではないが、非正規の学校教育形態が非主流であるため、ここで「正規の学校教育形態」を教育形態として記述する）。表1–5によって、教育対象からいえば、成人教育、職業教育と継続教育は社会人学習者に向けて、素質教育は主に青少年や生徒を対象としているが、生涯教育と社区教育だけは年齢や性別を区別の対象としない。かつ、教育目標と教育形態からいえば、この2種類の教育はすべて教養性と生産

表 1-4　社区教育と類似する教育の概念

成人教育	『教育大辞典』の第3巻では一般的には、家庭や社会及び国家に対して責任を持っている人、具体的には主として就職している従業員に対して行う教育活動を成人教育という。中国においては、幹部教育・職工教育・農民教育・社会教育の総称である。
素質教育	1993年に国務院から公布された『中国教育の改革と発展綱要』で初めて提唱されたものである。ここでいう素質とは、「自然的な要素と社会的な要素という2大要因を含んだ人間自身が発達していく過程で形成される一連の品質、素質の総称」で、「政治思想・道徳素質と科学文化素質、身体素質、心理素質から構成されるもの」であり、素質教育とは「これらの項目を過不足なくバランスよく発達させる教育」である。
生涯教育	生涯教育は個々人及び諸集団が生活を向上させるために人々の全生涯を通じる人間的・社会的・職業的発達を成し遂げる過程である。これは様々な人生段階及び生活領域において、啓発をもたらし高めることを目的とし「フォーマル」「ノンフォーマル」「インフォーマル」学習のすべてを包括する綜合的・統一的な理念である。
職業教育	『教育大辞典』（p.2032）で職業教育を以下のように定義している。「ある職業または生産労働知識と教育を伝授する教育である。」内包としては、一つ目は「職業人としての人材を育成するための職業技能を習得させるための教育のことをいう」、二つ目は「就職者や在職者のため、その知識、技能、態度を習得させ、高めるための教育と育成訓練であり、技能だけではなく、技術をも含んでいる」、この点で「職業技術教育」（Vocational-Technical Education）と同義する。
継続教育	『教育大辞典』では継続教育はすでに学歴及び専門技術資格を獲得した人のため行った教育活動であり、学歴教育の延長であり、社会の発展と進歩しつつある科学技術に適応するため、知識更新と創造力を高める教育活動である。

（出所）筆者作成

表 1-5　各種類の教育の相違図

	成人教育	素質教育	生涯教育 （終身教育）	職業教育	継続教育	社区教育
教育対象	成人	青少年、生徒	すべての人	社会人学習者	社会人学習者	すべての人
教育目標	生産性	教養性 生産性	教養性 生産性	生産性	生産性	教養性、生産性、区域性、社会性
教育形態	正規の学校教育形態	正規の学校教育形態	正規の学校教育形態、非正規の学校教育形態、社会教育形態	非正規の学校教育形態	非正規の学校教育形態	正規の学校教育形態 非正規の学校教育形態、社会教育形態

（出所）各種資料をもとに筆者作成

性になり、非正規の学校教育形態、社会教育形態も持っている。両者の教育の本質は人の一生の中で受ける教養教育と生産教育の綜合である。一方、教育目標の側面で生涯教育より社区教育のほうが区域性と社会性（あるいは連帯性）を強調しているといえる。総じていえば、生涯教育は社区教育の上位概念であり、社区教育は学校教育、家庭教育と並んで、生涯教育の重要な構成部分である。即ち、ある地域における生涯教育の縮図のような社区教育は生涯教育を実現するための重要な手段であるといえよう[69]。社区教育はそれなりの社会適応性、手段多様性及び社会各部門と交流の弾力性を持っているため、生涯教育体系を構築する重要な一環になる。

また、1990年代に入ってから中国社会は徐々に学校教育の「小教育観」から社会の人々を対象とする広範囲の「大教育観」への転換の様相を呈してきた。「大教育組織」に内包される各種類の教育を階層、育成類型、時間段階、空間携帯、実現形式に基づき分類する研究もある[70]。この研究では、大教育を空間形態により「家庭教育」「学校教育」「社区教育」「遠隔教育」に分けている。継続教育、教養教育、各種類の育成教育、早期教育などを含んでいる社区教育は社区発展の推進力だけではなく、教育の一種類として、大教育の重要な一部として存在していることが窺える。換言すれば、社区教育を推進しなければ、全民の「大教育」を実現できない。

注

1）牧野篤『中国変動社会の教育～流動化する個人と市場主義への対応～』勁草書房、2006年4月、p.256。

2）日本の場合、都市工学的コミュニティ理論の影響の下で、また社会学的歴史的な認識もあって、学区特に小学校区の範囲をコミュニティ区域の範囲とすることが標準とされたのであるが、中国の政策要件の中には学校区への言及は見られないことである。以上は倉沢進「社区建設―中国コミュニティ政策（2）」第一法規『自治研究81（6）』、2005年6月、pp.58～59による。

3）中国ではこの著作の中国語訳は二つの版本がある。一つは『社区と社会』、もう一つは『共同体と社会』。

4）Larry Lyon、The Community in Urban Society、Chicago：The Dorsey Press、1987、p.5。

5）（米）David Popenoe（李強等訳）『社会学』（第十版）、中国人民大学出版社、1999年版、p.570。

6）倉沢進が「社区建設―中国コミュニティ政策（三）」（第一法規『自治研究』2005年10月、

第81巻第10号、pp.3～18）で基層政区と住民組織を社区と居民委員会の前身としてその変遷について紹介した。ここでは、先行研究として参照してみた。また、中国基層社会組織の変遷について、呉群剛・孫志祥著『中国式社区治理』中国社会出版社、2011年1月、pp.26～49を参照のこと。

7）「保甲制」とは、10戸で「甲」を10甲で「保」を編成した中国の宋代から始まった最末端の行政機関である。

8）中国では行政区分は、基本的には省級、県級、郷級という3層の行政区のピラミッド構造から成るが、現代中国では省級と県級の間に地級が新しく設けられたのが大きな特徴である。

9）省は地方政府の最高級となり、直接中央政府の管轄を受ける行政区域である。

10）特別行政区は厳密には第一級行政区画ではないが、実質的にはそれと同等に扱われている。

11）現在、中国は省と県・県級市の中間に位置する地級市に再編されつつある。地級市は市と称し、都市部と周辺の農村部を含む比較的大きな行政単位である。

12）なお、「村級」は行政単位ではなく自治組織である。

13）文化大革命は無産階級文化大革命、プロレタリア文化大革命ともいう、中華人民共和国で1960年代後半から1970年代前半まで続いた、「封建的文化、資本主義文化を批判し、新しく社会主義文化を創生しよう」という名目で行われた運動である。略称は文革。1976年に毛沢東が死去し、江青ら四人組は逮捕され、1977年には文革終結。

14）周恩来は1962、1963年に検討会議を2回開き、元の「街道」「居民委員会」に回復させた。

15）1978年12月18日から22日にかけて第11回党大会第3回総会が北京で開催された。会議では鄧小平をはじめとする中央指導グループが結成され、改革開放という新たな方策が決定された。これによって中国の政治方針は、「階級闘争」から、経済建設を中心に転換した。

16）費孝通は論文の「二十年間以来の中国社区研究」（二十年来之中国社区研究）ではこう述べていた。「最初、Communityという言葉を中国に紹介した時「地方社会」と翻訳した。しかし、FJ·TonniesのCommunityとSocietyを翻訳した際、CommunityはSocietyではなく、二つの言葉が違う意味を持っていることに気づいて、「地方社会」の翻訳語は適切ではないと考えた。その時まだ燕京大学に在学して、みんなで適切な言葉を見つけるまで工夫した。私は偶然「社区」という言葉を導き出し、それ以来この言葉が用いられるようになった。これは「社区」という言葉の由来である。白益華『中国基層政権的改革与探索』中国社会出版社、1995年、pp.564～565。

17）胡謀・王偉「社区管理体制：縦『政府本位』到『社会本位』」『人民日報』、2005年6月9日

18）中国城市社区党建研究課題組編『中国城市社区党建』、上海人民出版社、2000年、p.14。

19）楊団『社区公共服務論析』華夏出版社、2002年、pp.42～45。

20) 陽徳山編著『深入学習「三個代表」重要思想―186個関健詞解読』人民日報出版社、2003年、p.73。
21) 袁方「関于城市社区発展的探究」『社会学者訪談系列―中国の社会構造転換』中国社会出版社、2000年、p.109。
22) 牧野篤「中国都市部社会のセーフティネット・『社区』教育に関する一考察」、『名古屋大学大学院教育発達科学研究科紀要（教育科学）』第50巻第2号、2003年、p.13。
23) 傅忠道『社区工作基礎知識1000問』、中国青年出版社、2001年、p.2。
24) 徐永祥『社区発展論』、華東理工大学出版社、2000年、pp.33～34。
25) 葉忠海、『社区教育学基礎』、上海大学出版社、2000年6月、p.18。
26) 鄭杭生編『社会学概論新修』、中国人民大学出版社、1994年、p.348。
27) 謝建社『社区工作教程』、江西人民出版社、2005年、p.78。
28) 黎昕主編『中国社区問題研究』中国経済出版社、2007年、pp.5～12。
29) 鄭杭生編『社会学概論新修』、中国人民大学出版社、1994年、p.350。
30) 夏建中（鈴木未来訳）「現代中国の都市におけるコミュニティ管理組織の歴史、構造および機能」『立命館産業社会論集』（第37巻第2号）、2001年9月、p.176。
31) 森岡清美・塩原勉・本間康平『新社会学辞典』、有斐閣、1993年、pp.478～479。
32) 王雷『中国近代社会教育史』人民教育出版社、2003年12月、p.8。
33) 厉以賢「社区教育的理念」『教育研究』1999年第3期、p.20。
34) 以下の諸外国コミュニティ教育の種類に関する見方は桑丁霞「社区教育の界定」『成人教育理論と実践4―社区教育概論』中国社会科学出版社、2002年、pp.7～8を参照のこと。
35) ニコライ. F. S. グルントヴィ（1783～1872年）は19世紀デンマークの聖職者、歴史学者、詩人、教育者である。
36) 森口兼二「アメリカ合衆国における成人教育施設の有り方―公民館との比較的観点を中心に―」古木弘造編『外国の社会教育施設』光文書店、昭和40年、p.55。
37) 小林文人「まとめにかえて―国際的視野からみる公民館の課題と可能性」小林文人・佐藤一子編著『世界の社会教育施設と公民館～草の根の参加と学び～』エイデル研究所、2001年、p.490。
38) 厉以賢著『社区教育原理』四川教育出版社、2003年、pp.16～19；また、劉尧「我国農村社区教育発展与反思」『教職論壇』2010年10月、pp.25～27などを挙げられる。
39)「地方自治実行法」『孫中山全集』第二巻、p.225（小林文人・末本誠・呉遵民『当代社区教育新視野―社区教育理論と実践の国際比較』上海教育出版社、2003年、p.3より再引用。）
40) 陳乃林『現代社区教育理論与実践研究』中国人民大学出版社、2006年、p.41により参照。「我国の1930年代、経済的に貧乏で、晏陽初により推進された『平民教育』、陶行知により推進された『生活教育』も我国の早期の社区教育である」。
41) 晏陽初（1890～1990）は、近現代中国の教育者・思想家で、平民教育運動と郷村建設運動の指導者である。

42) 陶行知（1891 ～ 1946）は、中国の教育家である。1923 年より晏陽初らと平民教育運動に着手し、「平民千字課」による識字教育を推進した。1926 年より郷村教育を進め、翌年暁荘学校を創設し、実践的な生活教育の普及をはかる。1932 年に山海工学団を創設し、教育を基軸とする郷村改進をめざし、小先生運動を提唱した。

43)「社会即学校」とは、教育の影響力と内容を拡大し、伝統的な学校教育を打破し、「工場、学校、社会」の連携した新型学校を創設し、学生以外の広範な民衆に教育機会を提供する。「教・学・実践合一」で主張されているのは、教育、学習、実践を一つにすることである。即ち、理論と実践の統一である。

44) 梁漱溟（1893 ～ 1988）は、中国の近百年、最後の儒者とも新儒学の創始者ともいわれる。主な著書は 1921 年に出版された『東西文化及其哲学』や 1934 年に出版された『郷村建設理論』などがある。

45) 牧野篤「地域で支える学校・教師～中国上海市『社区』教育の試み～」『季刊教育のひろば』1994 年 6 月、p.126。

46) 兪慶棠（1897 ～ 1949）は、中国の「民衆教育の母」といわれ、民衆教育理念の形成と実践の推進に大きな役割を果たしている代表人物の一人である。主な著書は『民衆教育』、『中国女子教育』、『民衆教育概論参考資料』などがある。

47) 呉遵民『現代中国の生涯教育』明石書店、2007 年 2 月、pp.84 ～ 86。

48)「人民公社」は 1958 年に生まれた当初、共産主義工・商・農・学・兵が結合した「政社合一」の組織であり、20 余年間（1958 年－ 1982 年）存在し続けた農業集団化機構である。改革開放政策のもとで、特に、1982 年の憲法改定によって、政社分離が打ち出され、1983 年までに解体された。

49)「三級所有制、隊を基礎とする」制度（1962 年）は人民公社・生産大隊・生産隊の三級所有制のもとで、生産隊を基本的な経済計算の単位とする。

50) 中国人民政治協商会議は、中国共産党、各民主党派、各団体、各界の代表で構成される全国統一戦線組織である。

51) 1940 年毛沢東が唱えた中国革命の指導原理である。

52) 呉遵民『現代中国の生涯教育』明石書店、2007 年 2 月、p.128 を参照のこと。

53)『毛澤東選集』（第三巻）人民出版社、1991 年、p.1083。

54) 資料は何其昌編『中華人民共和国重要教育文献』海南出版社、1998 年、p.224 を参照のこと。長時間で大量の従業員が生産現場を離れ、専念に学校で学習させたのは生産に悪い影響をもたらしたので、「職工余暇教育」の募集を停止した。

55) 千野陽一「新中国における社会教育」梅根悟監修『世界教育史大系 37 ― 社会教育史Ⅱ』講談社、1975 年を参照のこと。

56)「革命教育」と「学制短縮」によって、小学校から大学までのすべての学校の学制が短縮され、中等教育の仕組みが単一化された。

57）蘇民「面向21世紀社区教育模式探索」『北京成人教育』2001年第7期、pp.13～16。

58）陳偉光・蔡歆・史士本「社区教育的普遍特点和三種顕著模式分析」『中国成人教育』2004年第1期、pp.88～91。

59）謝瑞俊「論社区与社区教育」『蘇州教育学院学報』1999年第Z1期、pp.38～40。

60）呉遵民「中国社区教育的理論和実践」呉遵民・小林文人・末本誠著『当代社区教育新視野』上海教育出版社、2003年、p.8により。呉遵民による社区教育の概念と内容は、最近の国際的動向目配りをしながら、ユネスコのコミュニティ教育に引きつけて理論展開の試みである、今、注目を集めている。

61）厉以賢『社区教育原理』、四川教育出版社、2003年11月、p.30。

62）葉忠海『社区教育学基礎』上海大学出版社、2000年、p.23。

63）梁春濤「21世紀中国社区教育前瞻」、『天津教育科学院学報』、2001（1）、pp.17～20。

64）石場『社区教育と学習型社区』中国社会出版社、2005年、p.14。

65）厉以賢「社区教育、社会発展、教育体制改革」『教育研究』1994年第1期、pp.13～16。

66）「社区教育」概念に関しては、馬麗華「中国都市部における社区教育の発展と課題～社区教育と学校教育との関係に着目して～」『東京大学大学院教育学研究科紀要（45）』東京大学教育研究科、2006年、pp.336～337を参照のこと。

67）韓民「中国における成人教育を巡る概念の変化～近年の動きを中心に～」『東アジア社会教育研究（15）』、2010年、pp.9～10。

68）R.H.Dave “Foundation of Lifelong Education” 1976年UNESCO綜合研究開発機構『日本の生涯教育』1979年、p.10。

69）また、ここで及んでいない社会教育は『教育大辞典』（p.11）で広義と狭義から定義された。広義の社会教育とは人々を意識的に育成する、人間発達に役割を果たす社会的活動である。狭義の社会教育とは、家庭と学校以外の社会文化機構により実施された教育をいう。現代の社会教育は主に狭義の概念を指し、社会の文化の水準を高めることを狙っている。

70）方輪・胡艶曦著『都市部社区教育資源開発与整合』広東省出版集団広東人民出版社、2009年8月、p.66

第2章

社区教育政策策定の萌芽期（1980年代～1992年）

社区と社区教育の概念の検討に基づき、社区教育を萌芽期、模索期、及び展開期に分類してそれぞれの政策的動向及びその本質を究明する。

上述の概念の検討によって、社区はただの地域範囲であるとか、また、社区教育は単に「社区」プラス「教育」であるといったようなことは簡単に認めることはできないことを明らかにした。そして社区と社区教育は導入時間が異なる言葉として、必然的な関連を持っているものではないことが分かった。社会学の研究方法論による社区に関する研究成果を使用するのは社区教育に関する研究方法や研究視野にとって有益である。したがって、社区教育の萌芽期の実態や性質を究明するためには、社区教育政策・規定の動向及び実態の解明のほかに、社区教育の土台となっている社区の形成経過及び社会管理システムを考察する必要がある。即ち、「街道弁事処」・「居民委員会」の機能強化、及び「単位」から社区への転換経過を検討する必要があるであろう。

このような課題意識の下で、本章はまず社区教育展開の場としての社区の生成発展の背景である社会管理体制を解明する。そのため、「街道弁事処」・「居民委員会」の機能変遷と「単位制度」の解体を検討する。次に、その上でさらに民政部により公布された「社区服務」構想経過、実施状況、意義、「社区服務」における社区教育、及び教育部により公布された『教育体制改革の決定』の展開を分析する。最後に、北京西城区の社区教育を事例として、1980年代の社区教育展開の実況を考察し、1980年代に展開された社区教育活動についての意義と限界の分析を試みる。

第1節　社会管理制度の転換と統一

社区の形成に影響をもたらしたのは「単位制度」の崩壊、都市部の住宅改革、大規模な社会流動人口の増加などの社会環境の変化に言及できるが、「単位制度」の崩壊は社区教育展開の場としての社区の生成発展の背景であると思われる。ここでは、中国都市における1980年代の社会構造の変動、とりわけ基層組織の機能構造の変遷、即ち「単位」から社区への変容について論じてみたい。そしてそのために、社会管理体制の基層組織の機能変遷を解明する重要な鍵である政府の基層出先機関としての「街道弁事処」、基層住民組織としての「居民委員会」及び「単位制度」の解体経緯を考察する[1)]。

1.「街道弁事処」の機能強化と「居民委員会」の体制改革

現在の社区の実質を究明するために、社区にかかわる「居民委員会」と「街道弁事処」の変遷について論じる必要がある。ここでは接した若干の資料を通してこの点に関する一定程度の知見を要約的に紹介することとしたい。

(1)「街道弁事処」の機能強化

古代から近世に至るまで、中国の各王朝は一貫して中央集権的な統一管理を強化し続けると同時に、基層社会には基層行政区を設け、次第に厳密な行政管理体系を形成するように努めてきた。

建国当初、共産党はその統治を強化するため、区レベルの組織を強める一方、都市部基層の管理を重視した。1949年に中国共産党が国民党旧政権を支えてきた象徴的な地域住民組織である「保甲制」を廃止し、1950年に「区人民の政権機関は区人民代表大会と区人民政府である」[2)]と規定し、1953年には、大衆自治組織として「居民委員会」、政府の派出機関として「街道弁事処」の設置を提案した。1954年12月31日に第1回全代会第4次会議で『城市街道弁事処組織条例』が制定された。「街道弁事処」の活動内容は主に地域の行政、戸籍管理と「身寄りがない」「収入がない」「労働力がない」という「三無」老人を対象とした生活保護である。これは、新中国成立後の最初の社会事業といわれている。「文化大革命」中の曲折を経て、1979年7月1日『地方各級人民代表大会和地方各級人民政府組織法』により、「街道弁事処」の性格が確定され、1980年には全人代常務委員会が上述の1954年公布の『条例』を一部改正して公布した。

これにより、「街道弁事処」は市又は区政府の出先機関として民政管理部（「文革」前は内務部所管）に管理されると明確に規定された。区政府の諸職能部門には街道レベルの出先機関として、工商所、糧管所、房管所、派出所、環境衛生所、野菜場と衛生院なども設置された。しかし、1980年代半ばまでこれらの部門は上級である「街道弁事処」の指導を受けていなかった[3)]。行政管理権限不足のため、「街道弁事処」は補助的な事業（例えば宣伝、呼びかけ、税務・工商の検査への協力など）を実施することに留まり、都市基層社会の管理機能を果たすことができなかった。たしかに、1980年代になると、「街道弁事処」に関する基本法は依然として1954年の『条例』であっても、その機構設置と機能範囲が拡大された（表2-1参照）。それにもかかわらず、権限不足のため、「街道弁事処」は「責任大、権力小」の課題を抱えていた。この課題の原因は管理側面の問題以外に当時の計画経済に対応した社会組織制度の「単位制度」と関わっている。

表2-1　1950年代と1980年代の「街道弁事処」の機能

	1950年代	1980年代
人員構成	3～7人	40人（現在50～180人を上回っている）
機構設置	主任1人（必要な時副主任も設置可）、幹事若干、街道レベルの出先機関なし	①街道の共産党システムとしての街道党委（書記、副書記設置）、その下で組織科、宣伝科、紀律検査委員会、党委弁公室、団委、組合、武装部、老幹部弁公室　②街道の行政システムとしての「街道弁事処」（主任、副主任設置）、その下で行政弁公室、民政科、居民科、城建科、司法科、綜合治理弁公室、社区服務弁公室、文化教育科、計画出産科、労働者統計科、財政科など（市場センター、城市管理科を設置する所もある）。　③集団経済組織としての街道連社会、労働服務公司、街道福祉生産企業等
職能範囲	①市・市轄区人民委員会に任せられる住民に関する事項　②「居民委員会」への指導　③住民の意見を反映	「街道弁事処」の任務は30余の分野に及び、例えば、北京市では120～140項目、天津市では100以上の項目に達した。①街道の経済を展開・管理すること　②都市を管理すること　③民政　④社区服務　⑤人口管理　⑥社会治安の綜合的な管理　⑦社会主義精神文明の建設　⑧行政管理　⑨「居民委員会」への指導　⑩住民の意見と要求を反映すること

（出所）1950年代の「街道弁事処」の状況は1954年の『条例』を、1980年代の「街道弁事処」の状況は北京市街道弁事処設置の関連文書をもとに筆者作成

(2)「居民委員会」の体制改革

建国初期、すでにいくつかの都市で、例えば天津では居民小組、上海では冬季防衛隊、武漢では治安保衛委員会、成都や南京では居民代表委員会など、さまざまな名称の住民組織が出現していた。1950年3月、全国に先駆けて天津においてこの大衆的組織は「居民委員会」と名づけられた。これに伴い、全国の70以上の都市が、前後して「居民委員会」を設立したのである。しかし当時の「居民委員会」は今日の「居民委員会」と異なり、リーダーの大多数は「街道派出所」から指定された政府の幹部層であったといわれる。その後1952年には「居民委員会」の正副会長は住民の中から選ばれ、義務的に勤める形で住民の自治的な組織を求めた「居民委員会」へと発展した。1953年に毛沢東は「街道の居民委員会は作らなければならない。それは大衆の自治組織であり、政権組織下の足ではない」と指示を発した。

これを受けて、1954年改定の憲法は「居民委員会」が都市住民の自治組織であると明確に規定した。1954年の『城市居民委員会組織条例』によって始めて「居民委員会」の名称、性格・地位と機能が法律の形で確認され、「居民委員会」の設立が、強力に推進されることとなった。この『条例』の第1条では「居民委員会の性格を住民自治組織と規定し、政府機関あるいはその派出機構との関係を、指導・被指導の関係とする」と明示した。1958年には、全国の各都市があまねく「居民委員会」を、基層組織として設立するに至った。総じて、都市「居民委員会」の建設は社会主義型の草の根の民衆自治組織を創立し、中国政治発展の新しいページを開いたといえる。

次いで1960年代の文化大革命の巨大な波の中で、「居民委員会」は都市部住民の自治組織から、政権組織の足へと変質し、でこぼこ道を歩みだした[4)]。1970年代以降、国務院民政部（省）主導の下で、「街道革命委員会」が撤廃され、行政機構としての「街道弁事処」が再設置され（1980年に全人大常務委員会が「城市街道弁事処組織条例」を改めて発布)、「革命居民委員会」はもとの「居民委員会」に改められ、基層組織は1950年代の機能を回復し、活動も正常化するようになった。

中国指導層の中での保守派・改革派の間で長期に亘る調整により、合意が形成され、1982年新憲法（1982年『中華人民共和国憲法』に改正され、その後

1988年、1993年、1999年、2004年と4回修正され、現在に至る）の第111条に「居民委員会」の性格・任務・機構設置などの原則が組み入れられ、「居民委員会」は憲法に根拠を持つ社会制度として認知された。

こうして1980年代後半になり「居民委員会」の自治的組織としての性格を取り戻そうとする動きがいくつか出てきた。曲折を経て、1989年12月26日に全人代を通過した『都市居民委員会条例』は『中華人民共和国城市居民委員会組織法』（簡称『居民委員会組織法』）に改定された。この新法の第1条で、法律の制定目的として都市「居民委員会」の組織を強化し、都市の住民大衆が法により大衆自身の問題を処理し、都市の基層における、民衆の社会主義的発展を促すことが明記されている。第6条で、住民居住の状況により、住民自治の原則に基づき、一般的に100～700世帯の範囲で「居民委員会」を設置すると明確にされている。その後住民代表会議が開かれ、「居民委員会」の直接選挙もその代表会議で行われるようになった。

「居民委員会」は住民の自己組織・自治組織であるといわれながら、「居民委員会」の設立、廃止、規模調整は市・区の人民政府が決定するものとされている。詳しくは後述するが、1990年代以降、「居民委員会」が合併され個数が減少されている一方、その管轄範囲を社区の範囲と合致するよう拡大されつつあった。2000年に民政部に公布された『全国において都市社区建設推進に関する意見』（『在全国推進城市社区建設的意見』）に従い、規模調整後の「居民委員会」は「社区居民委員会」に改組され、さらに住民選挙制度の強化、「居民委員会」スタッフのレベルの向上も図られた。近年、民政部に公布された『民政事業統計公報』（2002）からは「社区居民委員会と村委員会が体制改革を通じ数が減らす一方、その機能が強められた」と読み取れる。行政区画の調整に従い、1980年代の行政の最末端組織の性格が強かった「居民委員会」は「自己管理、自己教育、自己服務、自己監督」の「自治組織」としての「社区居民委員会」へ育成されていると窺える。

2.「単位制度」の展開と動揺

計画経済の時代から「単位」は中国都市社会の基本的な社会組織となり、「単位制度」は中国のユニークな社会制度の仕組みとなった。その結果、中国の社会制度は諸外国とかなり異なった特徴を持つようになったといわれる。「単位」と「単位制度」の実質を理解するために、「単位制度」の形成及びその歴史展開と動揺のプロセスについて述べる。

(1)「単位制度」の展開過程

「単位制度」の形成・展開過程については、「単位制度」を建国当初から1950年代に至る確立・発展期、1960年代の全盛期、1970年代の起伏期、1980年代の衰退・解体期の4つの時期に分けることは一般的な認識である。第二次世界大戦と国内戦争を経て、1949年に新中国が成立した時、中国は社会資源不足、社会秩序と経済の再建の問題に直面していた。当時の社会秩序を整えるために、毛沢東は旧中国の殆どの中国人を政治、軍事、経済、文化及びその他の分野の組織に集め配置すべきであると提唱した[5]。1949年における毛沢東の「工作の重点は都市部から農村へ発展していく」（工作重心由城市向農村転移）[6]という方針に基づき、1951年に『中華人民共和国労働保険条例』が公布された。

この条例は都市部における「単位制度」の発端であると見なされる。社会主義建設の推進によって、1950年代後半、集権的な計画経済が形成され、前に述べた『街道弁事処組織条例』や『城市居民委員会組織条例』の公布により、都市部の住民は新しく生まれた工場や学校、病院、政府機関などの職場に属するようになった。いわゆる職場組織は一括して「単位」と呼ばれるようになる。こうして、就職している住民は「単位」に依存し、就職していない住民のみ街道の管理下に置かれた。国家は統一的な計画を通じて都市住民の全員雇用の確保に努力したため、就職していない都市居民はかなり少なかった。例えば、1979年には上海市の国有「単位」の従業員は従業員総数の78.9%を占めていた[7]。その結果、住民はほとんど地域ではなく職場（「単位」）に属し管理された。居住地域としての「街道」は多くの住民にとって無意味となり、「街道」の権力も次第に萎縮していった[8]。

1980年代半ばごろ都市部の経済改革が本格的に始まってから「単位」は分権化により大幅に減った。また、「単位」体制は経済体制・政治体制の改革によってまだ完全に崩壊するには至っていなかったが、多くの「単位」はさまざまな面において、根底から揺らぐことになった。陳立行は従来のような職場に依存する生活保障体制は完全に崩れ、いわば「行政・生産・社会」が一体化された職場は解体し、したがって社会主義体制によって構築された「単位」社会は崩壊したと論じている[9]。

「単位」では、労働者に幼稚園、付属小中学校、食堂、病院、売店、運動場、体育館、図書館、老年大学などのサービスを提供している。また、「単位」は労働者の身上調書の「档案材料」を保管している。「単位」では、リーダーが上級政府機関からの任命でも、「単位」内部代表者大会・労働組合からの選出でも、被選出者は上級機関の承認を得る必要があり、リーダーの最終決定権はあくまでも政府に握られている。また、「単位」の監督と行政事務の中核を担当する「党支部」が各「単位」に設置されている。このことにより、「単位」組織そのものは国家の統治の基礎または手段となっている。

即ち、三者の関係は　国家 → 「単位」 → 個人となっており、政府がこの「単位」を通じて個人のアイデンティティまで浸透する垂直的関係を形成しているといえる。国の制度によって生産資料の配分を実現した「単位」は計画経済体制の下で国家に制御される一方、個人の労働者は「単位」に深く依存している。「単位」は国家の行政権力と生産資源における配分関係に根ざして、経済的な権力と国の行政権力を結合し、国が「単位」への制御を達成するのと同じように「単位」は個人の支配を実現した[10]。

(2)「単位制度」の動揺

「単位制度」の弊害是正は社会の進展により迫られるようになった。毛沢東からの政治体制変動[11]後、鄧小平は 1978 年 12 月、階級闘争第一から経済建設第一への「政治路線」の転換を主導し、開発戦略として市場メカニズムの導入を進め、財政・人事の権限を地方に授けるという分権化を重視した。改革の方向としては、農村で人民公社を解体し、生産責任制を導入する一方、都市の経済体制改革においては、党と国家の経済に対する直接的な管理を、国有企業が国に税を支払う「独立した」経済主体として政府から分離するという間接的な管理に転換することが求められたのである。このような市場経済の導入と都市化・産業化の進展により国有企業の効率性の欠如という弱点がますます明らかになり、「単位制度」が揺らぎ始めた[12]。社会的構造変化の側面からいえば、非国有経済の急速かつ持続的な発展は計画経済の下で発展してきた極めて共同体的性格を持つ「単位」にインパクトを与え、「非単位制度」は「単位」制度から分離され、市場経済の展開の中で急速に成長してきたといえる。国有企業が従来担ってきた福祉機能の組織としての学校や病院なども企業から切り離され、その結果として都市住民は職場・生活の場であった「単位」との紐帯を失っている。公有制において都市部の人的管理を行う社会コントロールシステムとしての「単位制度」は解体されつつあった。

伝統的な計画経済体制のもとでは、就職している都市住民は「単位」に属し管理され、ごく少ない無職の住民は「街道」の管理下に置かれた。しかし、計画経済体制から市場経済体制への移行に伴い、「単位制度」の福祉機能が弱体化し、「単位人」が次第に「社会人」に転化されていく。それとともに人口流動の急増、就業形態の多様化などに伴い、治安維持、社会保障、雇用機会の創出などが求められるようになった。そこで、政府としては「単位」に代わり、社会サービスを提供し、地域社会の安定と発展を促進し、基礎社会の管理を行うために、都市の末端組織である「街道弁事処」と「居民委員会」に注目せざるを得なくなった。

しかし、前にも述べたが、中国では、1954年に『街道弁事処条例』の成立に伴い設置された区の出先機関としての「街道弁事処」は法律上では、地方各級人民代表大会、及び『地方各級人民政府組織法』第68条第3項に基づいて活動が行われるものとなっている。しかし計画経済体制の時代では多くの住民にとって権限不足で無意味となっていた。

1980年代になると、当時の計画経済に対応した社会組織制度の「単位制度」のため、権限不足などの課題が存在していても、「街道弁事処」の機構設置と機能範囲が拡大されるようになった（前述の表1-1参照）。しかし、「単位」の行政組織機能が萎縮したため、単に「街道弁事処」の権限を拡大するという手段を通して「単位」の機能を地域に転換することができるとは簡単に考えられない。「単位」で解決できなかった問題は「街道弁事処」でも依然として同じように直面する。そこで、政府が「単位制度」の動揺とともに、「居民委員会」の住民組織としての役割を見直していくのである。先述の「居民委員会の設立」で述べたように、曲折を経て、1980年代後半になり「居民委員会」の自治的組織としての性格を取り戻そうとする動きがいくつか出てきた。1989年改定の『居民委員会組織法』によると、都市「居民委員会」の組織を強化し、都市住民が自身の問題を処理することを促進する。その後、人々の地域社会への帰属意識が向上するとともに、新しい都市部の基礎社会管理システムの中で「街道」の上級機関である区政府と「街道弁事処」「居民委員会」の相互作用が再構築されるようになった。

3.「単位」から「社区」への変容

「単位制度」は市場経済の導入によって「単位」の弱点がますます明らかになり、揺らぎ始めた。「単位制度」の効果と弊害を分析しながら、「単位」から社区への変容を論じる。

(1)「単位制度」による効果と弊害

「単位制度」は中国社会主義制度枠組みの基礎であり、ユニットシステムであるといわれる。「単位」はほぼすべてが国有で、国家の社会に対する制御は「単位」を通して実現し、また、解放後国家と都市住民を結ぶリンクになってきていたと窺える。

「単位制度」は社会主義の建設過程の中で、計画経済体制の下において、社会秩序を再建させ、社会の安定を保持させ、中央政府に推進された改革に工業などの物質基礎を提供し、さらに中国を現代化行程に押し進めることができたと、歴史的展開から見られる。しかし、こうした「単位制度」には、次のような欠点も指摘できる。まず、「単位」は資源配分の中で、個人の社会的出世の機会及び社会・政治・経済・文化生活に必要な資源をコントロールするため、その結果、「単位」構成員の「単位」への依存度を高めると同時に、労働者の合理的な社会流動や労働意欲の向上も妨げることになった。

また、計画経済体制下では、生産資料の所有権と経済主導権が政府に集中し、都市の社会管理は「単位」による縦方向の管理となっていたが、「単位」の行政管理機能のカバーできない「単位」外の社会的成員に対して、社会保障、教育機会を十分に保障できないのが実情であった。

(2)「単位」から「社区」への変容

ここでもし「街道弁事処」と「居民委員会」の管轄区域に社区という冠を被せれば、1949年以来、都市部における社区と「単位」の関係は、華偉によると、3つの段階に分けられる[13)]。1950年代は第1段階として、社区と「単位」が同時に前進した時期であった。この時期には一方で法定化された社区（市レベル）は区レベルから街道レベルまで拡大し、制御力が強化された。もう一方で「単位制度」は党政軍機関から国有企業と集団性の基層企業法人に拡大し、「単位」社会が次第に形成されてきた。第 2 段階としては 1960 年代から 1970 年代まで「社区単位化」と「単位社区化」の展開につれ、単位社会が最盛期に入り、法定的な社区機能は都市部の片隅まで削減された。1980、90 年代の第 3 段階では都市部の「単位」は徐々に萎縮、麻痺、崩壊する一方、社区組織が再び発展し、支配的な位置に戻っていった。

改革開放政策が実施されてから、農村地域における人民公社の崩壊が始まり財産の私有制に対する承認に続いて、国有企業の改革が市場原理に即して行われてきた。「単位」と国家の間に存在している強い依存関係も根底から揺らぎはじめた。産業の合理的な配置と効率化が進み、「単位」は従業員の地域生活にもはや直接に関与することができなくなり、構造改革に迫られ新たな地域生活の安定維持の方策を探ることが緊急課題となった。

図 2–1 が示しているように、改革開放以前に国家が主に「単位」を通じて個人をコントロールした「国家 → 単位 → 個人」という社会秩序が、改革開放以降崩れた。1980 年代半ばからさまざまな改革による「単位」機能の萎縮及び「街居」機能の拡大により、社会管理ラインが変わってきた。1980 年代には、「単位人」は「非単位人」よりかなり多く、「単位」体制の下では住民たちは居住地域から離れて生活の基盤をそれぞれの「単位」に置いていた。しかし、「街居」機能の強化により、住民たちは自分の居住地域に復帰するようになり、1990 年代に入ってからは、競争原理を取り入れた「市場経済」へと移行、国有企業の雇用調整などの改革に伴い、「街居」を通じて都市住民を統合し、社会安定の確保を図ろうとするようになった。国有企業の倒産や経営不振により、失業者たちは、「単位」によって提供された社会保障を受けることができなくなり、地域組織である「街道弁事処」と「居民委員会」の世話になる者も増えた（特に 2000 年代に入ってから）。しかし、社会全体の労働市場が成立していない段階で、「単位」の社会的機能を完全に「社会」に移譲すると、失業者が急増し、社会不安を引き起こす恐れがある。そこで、「単位制度」に代わり、地域組織に対する管理方式を見直し、主に「街道弁事処」と「居民委員会」を社会管理及び社会保障提供の主体とするための制度改革が進められた。

前述のように、1979 年 7 月 1 日、『地方各級人民代表大会和地方各級人民政

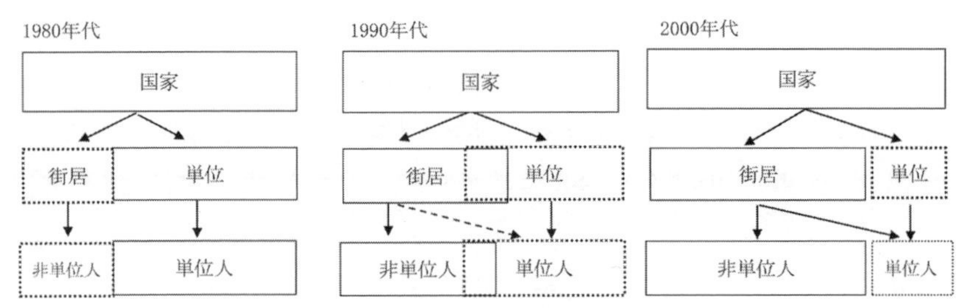

図 2-1　中国社会基層組織の関係変遷図

（出所）筆者作成

（注）①「街居」は「街道弁事処」と「居民委員会」を指す。ここでは、社区と理解することが出来る。社区の住民を「単位人」と「非単位人」に大雑把に分けた。
②矢印は指導関係を示している。点線の矢印は主な指導関係ではなく、影響力の弱さを表している。図は国家・「単位」・住民の関係を表したいため、「街居」と「単位」の関係を示していない。

府組織法』によって、「街道弁事処」の性格が確定され、1980 年に「街道弁事処」は市または区政府の出先機関として民政管理部に管理されると明確に規定された。それ以来、都市の地域組織の役割が大きくなってきた[14)]。1980 年代半ばに「街道」では財政部門を設立することが構想され、実験地をも設置した。例えば北京市では、「街道」では「財政科」「街道税務所」を設置し、地域を中心とした党組織の建設を進めた。1989 年以降、大部分の都市部の「街道党委」は続々と「党の工作委員会」（「党工委」と略称される）に改組された。「街道党委」に対して、「街道党工委」の成立は社区権力構成の行政中枢を強化することになった。

そうした状況で、1987 年に、民政部が武漢市で開催した全国都市住民生活サービス座談会において「社区服務」という概念が提起され、それを都市の区政府及び「街道弁事処」の重要な業務内容とすることが規定された。社区体制の下では住民は生活の基盤を「単位」から自分の居住地域に復帰するようになる。その中で、1989 年に公布され 1990 年より実施された『中華人民共和国都市居民委員会組織法』で、「居民委員会」の重要な機能として、新たに「社区服務」の項目が追加された。地域社会を活性化させ、都市基層社会の管理体制改革が行われたのである。こうして従来の「単位人」という都市住民のアイデンティティは「社会人」へと変わる傾向も現れてくる。

第2節 「社区服務」と徳育の強化に関する中央レベルの施策

前述のように、改革開放政策の下で、「単位」制度の崩壊、「街道弁事処」と「居民委員会」の機能の強化に伴い、管理体制は「単位」から「社区」へと展開され始めた。この社会的状況に応じて、中央レベルの社区政策として展開されたのはまず「社区服務」であった。1985年に民政部は都市部の福祉事業に対して、社区という概念を提起し、「社区服務」を提唱した。社区の概念が初めて実際の業務に提起されたきっかけは1980年代に民政部に提出された「社区服務」という地域福祉サービス事業であると考えられる。

以下、まず「社区服務」の登場に焦点化しながら、そのサービス内容を述べ、民政部の社区教育に対する役割を分析する。次に、教育軽視、教育費不足、受験競争の過熱化などの当時の教育問題に応じ、社区教育の展開に直接的な影響を与えた1985年の『教育体制改革の決定』（『中共中央関于教育体制的決定』）と1988年の『中共中央の小中学校の徳育を強化・改革することに関する通知』（『中共中央関于改革和加強中小学的徳育工作的通知』）の内容と主旨を論じながら、国の教育改革政策の社区教育への影響を分析する。即ち、当時、青少年の学校外教育を充実する役目を果たした社区教育がどのように学校教育の補足として位置づけられたか、『教育体制改革の決定』が具体的にどのように展開されたかという2点から1980年代中央レベルの社区教育に関する政策要旨を抽出してみよう。

1. 社区教育基盤を構築する民政部の「社区服務」の構想

1980年代後半、民政部は人々の物質的精神的生活を向上するため、福祉政策としての「社区服務」を提唱した。その中で民政部は社区の概念を明確したばかりではなく、社区福祉事業として青少年・成人への教育支援も規定した。社区服務の実践活動の政府による提唱の下、社区が住民の要請に対応しながら、社区教育の事業も福祉として強化していった。したがって、まさに民政部による「社区服務」の提唱経過・内容及び実施状況に社区教育萌芽期の端緒を見いだすことができるといってよい。

(1) 民政部の「社区服務」構想の登場

「社区服務」の登場の社会的背景としては、「単位体制」の崩壊、都市部住民のライフスタイルの変化、高齢化の問題などが挙げられる。中国は建国後から1980年代まで、政府が人々の働く職場としての「単位」を通して、人々に対する社会的な管理とサービスを行ってきた。しかし、改革開放以後、計画経済から市場経済への転換によって、従来の「単位」(民衆の所属する機関・企業・組織)を中心としたセーフティネットが解体した。「単位」制度の改革、多くの失業者、人間関係の冷淡化、人口流動化をもたらした。

また、人々の物質的生活のレベルが上がるにつれ、仕事や生活の仕方が多元化した。そして社会福祉に関するサービスへの需要も高まり、人々の物質的、精神的な充足の要求もますます増加し、従来の社会福祉事業のやり方では対応できなくなっていった。1978年の強制的な「一人っ子」政策の実施と生活水準や医療保健水準の上昇により、1980年代以降中国都市部人口の高齢化がますます加速し、高齢化社会に突入した[15)]。このような背景を踏まえ、民政部では「単位」福祉の弱体化を補完するために都市部の社会福祉体制改革の新たな対策としての「社区服務」が提唱し始めた。したがって、社区作りの最初の焦点は社会安定を目指し、地域的な社会保障・福祉システムを如何に作り上げるかということであった。

田華の分析によると、1987年に「社区服務」の概念が提起されて以来のこの20年間では、中国の社区服務の展開は3つの段階に分けられる。①1987年～1991年は「福祉服務」から「地域社会性服務」へ、②1993年～1998年は「地域社会性服務」から「社区服務事業」へ、③1998年～2009年(現在)は「社区服務事業」から「社区公共服務」へと転換された[16)]。以下、まず1980年代「社区服務」に関する構想、政策及び諸会議の展開について整理してみよう。

1983年の第八回全国民政会議において国家と社会が結びつき、さまざまな形式で「全国都市福祉事業組織の改革と整頓についての経験交流会」(「全国城市福利事業単位改革整頓工作経験交流会」)が開かれた。そこでは改革開放以来の都市部における社会福祉事業の経験と問題をまとめた。また社会福祉事業の「大鍋飯」(仕事ぶりや能力に関係なくすべての人の待遇が一律である譬えであるが、ここでは社会福祉が国家により単一に行われ、単一制と閉鎖性を持っていることを指す）の問題が指摘され、社会福祉事業の閉鎖型から国家・集団・個人連携の開放型、養護型から養護リハビリ型、及び救済型から福祉型、と「3つの転換」が提起された。1984年には民政部が漳州会議で実際の業務用語としての社区という概念を提起した。その後地域レベルの社会福祉事業が街道と「居民委員会」を拠点として、システム作りを中心に展開され注目される。1985年には民政部による街道を拠点に「居民委員会」に依託する社区服務の構成が形を整え始めた。さらに上海市民政局により提起された「4つのレベル、1つのライン」（四個層次一条竜）という市・区・街道・「居民委員会」による福祉サービスの一本化体制が全国に推奨された。それを基礎として1986年に民政部が全国各都市における社会事業の展開に際して初めて正式に「社区服務」の方針を確定した。

次いで1987年には民政部が大連の民政部工作現場座談会で初めて「社区服務」とは「政府の指導に従い、社区における住民を動員し、互助的なサービス活動を行い、社区の社会問題を当地域内で解決することである」という構想を提起した。さらに同年9月に武漢で開催された「全国社区工作座談会」において「社区服務」の概念、目標、任務内容などがより一層明確に規定された。そこでは社区服務[17]とは「社区において住民の物質面と精神面に提供する社会福祉事業と社会サービス事業である。その目的は人間関係の調整と解決、及び社会矛盾を緩和し、調和のとれた社会環境を創造することである」と記されている。

この2つの定義は社区服務の福祉性、サービス性、地域性、大衆性、互助性という特徴を表しているといえるであろう。武漢座談会の後、武漢、上海、北京、天津などの都市における民政部門は一定の区や街道で、計画的に「社区服務」を試行した。1989年になると民政部は杭州で「全国社区服務工作会議」を開き、「社区服務」経験交流を行った。また、同年の全国民政庁局長会議で社区服務を綜合的な都市建設計画に組み込むこと、「居民委員会」が住民に「社区服務」を提供することが提起された。会議後に各地の民政部門がさまざまな形で街道と「居民委員会」レベルの社区服務を宣伝かつ模索した。

さらに、1990年に施行された『都市居民委員会組織法』の第4条では「居民委員会は住民の便宜をはかり、社区服務活動を積極的に展開すべきであり、関連するサービス事業を興してよい」というように初めて法律により規定された。そこでは社区服務の重要な内容として、高齢者サービス、障害者援助サービス、住民サービス、青少年学校外サービスなどが規定されている。

(2)「社区服務」実施の内容

社区服務は主に民政部によって推進され、基層政府の衛生・教育・労働などの部門も社区服務事業を実施する。組織管理システムから見ると、1991年に「街道弁事処」レベルに指導協調機構としての「街道社区服務協調委員会」が設けられ、実施機構として設置された「街道社区服務弁公室」が日常業務を担う。「居民委員会」レベルでは「居民委員会」の担当者・居民代表・社区服務ボランティア代表と関係部門の担当者からなる「社区服務管理委員会」が設置されている。

当時の社区服務の内容については、ほぼ2種類に分けられる（表2-2参照）。1つは、特定住民向けの福祉サービス（特に高齢者、障害者、戦没者家族、貧困家庭向けのサービス）であり、このサービスは以前民政部と労働部が担当していた。もう1つは一般住民向けのサービスである。この「都市部の社会福祉事業の改革と住民生活における多元化の要請に応じることを目的とした」[18] 社区服務は、1992年末には全国都市部における70%の街道で実施されるようになった。

「社区服務」は提起された当時に期待された以上の成果を上げたといえる。1989年末、中国都市部において、街道と「居民委員会」に設置された社会服務施設は7万カ所に達し、1986年末に比較して約9倍に増加した。その中で高齢者向けの老人ホーム・老人マンション・老年活動センター、障害者向けのリハビリステーション・活動センター・結婚相手紹介所・身障児童の託児所、軍人家族向けのサービスセンター・戦没者軍人家族の活動室などの施設が増設され、また食堂・幼稚園・託児所・青少年活動センターなどの住民に便利な施設も増えた。施設の増設だけではなく、サービスの内容も拡充された。例えば1989年の街道と「居民委員会」により組織された一人暮らしの高齢者を支援するグループも1986年の3.6万組から5.4万組へ、世話する高齢者人数も6.6万人から8.8万人まで増えた[19]。

(3)「社区服務」に見る社区教育

以上の「社区服務」の背景・展開・内容から、社区服務の提起は住民の自発的な行為ではなく、政府が主導性を持っていたことが窺える。地域政府にとって、高齢化問題、社会の脱「単位」化によりもたらされた雇用問題、及び都市住民の福祉に関する要請を一挙に解決することができる社区服務が魅力的に映ったに違

表 2-2　1980 年代末～ 1990 年代初め社区服務の内容と施設に関する概況

社区服務内容		社区服務施設
社会福祉サービス	高齢者向けのサービス	一人暮らしの高齢者、高齢者服務クラブ、敬老院、老年大学、高齢者医療保健センター、老人ホームなど
	障害者向けのサービス	障害者サービスステーション、障害者の医療所、精神病医療所、リハビリテーションセンター、障害者結婚相手紹介所、特殊教育班等
	児童向けのサービス	保育園、幼稚園、課外補修クラス、小学生ランチスポット、移動医療保健所、非行少年支援グループなど
	軍人家向けのケアサービス	軍人家族向けのサービスセンター・戦没者軍人の家族の活動室など
住民便宜サービス	家事サービス	家事サービスセンター（主な業務種類：家事手伝い紹介、買い物、洗濯、掃除、看護、ガスボンベの交換など）
	住民生活向けのサービス	軽食店、食料品店、コインランドリー、理髪店、台車・自転車の修理サービス、家電製品修理ショップ、衣服製作店、靴の修理店、ミルク宅急便店等
	文化体育サービス	青少年校外教育向けの施設、社区文化体育施設など

（出所）閻革・楊偉喜「広西城市社区服務調査報告」『改革与戦略』1992 年第 5 期、pp.68 ～ 69 により筆者作成

いない。つまり、全体的に見れば、政府は「社会福祉が社会により提供され、社会福祉を社会化させる」（社会福祉社会弁、社会福祉社会化）の理念の下で、「企業が社会福祉を提供する」（企業弁社会）困難を解決することにより、社会福祉事業を「社企混在」から「社企分離」へ転換しただけではなく、福祉対象を調整することによって、政府の財政負担が軽減されるようになった。前に述べた（表 2-2）社区服務の対象によって、社区服務の対象は従来の民政部の対象（社会のマイノリティと一般住民）とあまり変わってないといえる。また、社区服務の内容に「社会福祉サービス」だけではなく、「住民便宜を図るサービス」（便民利民服務）も含めている。その中のマイノリティ向けの無償化「社会福祉サービス」は社区服務政策の出発点である。逆に、住民の日常生活に関する第 3 次産業展開の遅延、及び人々の生活要求の高まりによって、実施過程で一般住民の便宜をはかる非営利性・低廉化の「住民便宜サービス」のほうがさらに充実・重視された。

即ち、1980 年代後半から 1990 年代初めにかけての「社区服務」の意義[20]として、社会基層組織という新たな社会主体の形成が推進された。以上の街道・

「居民委員会」をめぐる経過と社区服務政策の登場を見てみると、以前のトップダウン的かつ政府が計画・先導する色彩が濃厚であった政府機能は基層社会管理システムの再構築を通じ、「呼びかけ」と「誘導」へと転換されていることが分かる。社区服務は住民のニーズを満たすために社区を活動範囲として、社区における諸資源を統合することを通じ、多様なサービスの探求・創造に努めた。社区服務の展開は徐々に企業の社会的機能を置き換える一方、地域サービスの潜在力を掘り起こし、住民のニーズに応じる草の根的組織を設置し、従来の社会構成を改革したといえる。特に従来イベントの開催や住民相互関係の調節などを担当した「居民委員会」と社区服務センターは1980年代、社区づくりためのその機能と役割が新たに認識され、拡大されるようになった。街道・「居民委員会」の地域性を持った社会サービス提供の担い手とするための制度づくり及びその普及がなされてきたのである。

上記の「社区服務」の内容から見ると、その内容は多面的で、主に、特定住民向けの福祉サービスと一般住民向けのサービスの2種類に分けられるが、その中で一般住民向けのサービスでは、文化体育サービスの実施が注目される。このサービスへの取り組みを通して社区教育に関わる社区文化体育施設、特に青少年校外教育向けの施設が設置され、青少年の放課後の生活を豊かにさせることが目指された。

また、社区では青少年犯罪の防止及び校外での徳育の強化のために、法律知識講座、社会的マナー講座などを実施した。施設の増設や講座の実施などの社区サービスは、青少年の校外の居場所作りに役立ったが、青少年向けのサービスは社区服務の内容のごく一部としてしか存在していなかった。即ち、社区服務は一般住民向けのサービス内容として青少年向けの徳育と校外居場所を含めていたが、社区服務に関する政策展開の経緯・目的・役割の分析からみれば、政府の主導性を持っていた社区服務は社会の安定を目指して多面なサービスを行ったので、まだ学校教育を受けている青少年の校外教育を重視していなかった。以上の社区サービスの内容によると、青少年校外教育以外、住民向けの社区教育はあまり行われず、医療・保健・養護・家事手伝いなどの生活便宜を図る活動を主に展開されたことが窺える。

民政部が「社区服務」を提起して以来、地方レベルでも中央の呼びかけに応じて社区服務の施設整備や内容の拡充を行った。特に、街道と「居民委員会」は「統一的に企画し、合理的にサービス場所を設置し、住民に便宜を図り、有償のサービスを提供する」（統一規画、合理配点、服務群衆、有償服務）という原則に基づき、3年間で「一、二、三、四」の建設を目指す。ここの「一、二、三、四」とはそれぞれの街道で一カ所の老人ホーム・老人活動サービス拠点（老人活動服務站）、二カ所の服務を提供する「単位」、三カ所のセンター（優撫対象服務センター・居民家庭服務センター・科学普及服務センター）及び四カ所の服務組（綜合包戸服務組・女性計画生育指導組・家庭教育組・法律諮問組）である。全国で社区服務の施設や服務対象の人数も増えてきた[21)]。

しかし民政部による「社区服務」の呼びかけは推し広められたものの、地域の実践では社区服務に関する事業はまだ広く認識されていない。このことは次の陳麗雲と周永新が1992年に北京市街道の社区服務内容と住民の社区服務への認識に関する調査をしたデータから窺える。

表2-3によると、老人活動センター・青少年活動センター・老人宿舎・福祉工場を使用していない人数は全体の60％以上になっている。即ち、大部分の市民は社区により提供される服務に関してまだ十分に認識していないため、ほぼ半分ぐらいの住民がこの社区服務を利用していない。また、すべての街道が社区服務を提供するわけではないことも分かる。かつ、提供した社区服務の内容としては、低料金または無償服務（例えば児童遊楽場・老人宿舎・青少年活動センター）は比較的少なく、逆に有償服務（例えば幼稚園・ミルク配達など）が多い。換言すれば、中央レベルの社区服務の理念・方針と地域レベルの社区服務に関する実践との間にまだギャップが存在しているといえる。しかし、一方で、社区服務事業の実施を通じ、「居民委員会」が地域の中核として、地域にある企業、学校、病院などの機関を連携する横断的な繋がりが形成されている。

しかし、上記の「社区服務」に関する現場調査によれば、人々の社区服務や「居民委員会」への認識がまだ低く、「街居」の構成メンバーの素質もまだ低く、全体的な能率は高くはなかった。住民に対して実施した福祉や教育は、社区の方が「単位」より豊かになっているとはいえないが、「街居」機能が強化されるにつれ、管理体制は多元化へし、住民の本音は重視されるようになったといえよう。そして、福祉向上を目指した「社区服務」の政策では、社区住民に向けた教育事業も

表 2-3 「街道弁事処」による服務内容及び住民の利用状況

サービス内容 / 市民利用状況	牛乳配達	新聞売り場	公衆電話	食堂	老人活動中心	青少年活動中心	幼稚園	石炭配達	医療中心	児童遊楽場	環境美化	老人宿舎	福祉工場
実施の「街道弁事処」	54.4	75.4	40.4	30.1	44.6	29.2	62.1	26.8	74.2	26.8	48.2	11.6	21.4
利用していない%	46.9	29.4	39.3	27.5	66.6	62.2	59.5	38.4	23.6	38.3	31.1	80.5	82.2
時に利用する%	19.3	20.9	39.3	28.7	15.7	23.5	8.6	11.6	53.8	39.8	32.8	4.9	6.6
よく利用する%	33.9	49.6	21.4	43.8	17.7	14.6	31.5	50.0	22.6	22.5	36.2	14.6	11.2

(出所) 陳麗雲と周永新の 1992 年に実施の北京社区への調査により筆者作成 [22)]

その内容の一部として含められていた。ただし、この教育事業の内容と対象はまだ青少年の校外教育、徳育に止まり、社会の急激な変化に伴い、拡大されることが求められる。

2. 青少年徳育の強化に関する施策

一方、教育の実況では、中国は 1978 年の第 11 回党大会第 3 回総会以降、文化大革命期に空白同然に陥った学校教育を再建するため、学校教育の質の向上に着手したが、教育・知識・人材を軽視する誤った思想が依然として存在した。改革開放後の教育事業の「発展」は紆余曲折をたどり、さまざまな問題に直面していた。国家財政の困窮による教育経費不足、教育の質の低下、教師の待遇の劣悪、読書無用論、受験競争の過熱化などの問題が次々と現れてきた。また、学校教育の閉鎖性により、教育内容が時代に即さない、従来の教育方法、運営方式が生徒の発達にすでに対応できないことなどの一連の教育問題も出現した。1988 年から 1989 年にかけて、各学術雑誌でも教育危機論というたぐいの論説が増加している [23)]。

特に、1980 年から本格的に開始した「一人っ子政策」により、人口抑制という面においては、大きな成果をあげたが、その裏では特に「一人っ子政策」が浸透している都市部においては、さまざまな問題をもたらすこととなった。「溺愛」「過保護」は子供の成長や人格形成において悪い影響をもたらした。知育重視・徳育軽視、エリート学生重視・多数の学生軽視の思想によって受験競争は早期から激化し、学生の両極分化が進んだ。重点学校と非重点学校との教育環境の格差、進学率の格差は拡大した。以上一連の教育問題に対応するかたちで、小中学校の徳育は議論され、注目を集めたが、一方で学校外領域における徳育は社区に期待するものであった。

1978年以降に公布された多くの教育政策では、社区教育に直接的な影響を与えたのはエリート主義教育の欠点を反省し、義務教育の実施を目標とした1985年の『教育体制改革の決定』（以下で『決定』と略称）と1988年に出された『中共中央の小中学校の徳育を強化・改革することに関する通知』（以下で『通知』と略称）であるといえる。そこで、国の教育改革政策の社区教育への影響を抽出するために、主に『決定』と『通知』の内容と主旨を述べる。

(1)『教育体制改革の決定』

1985年5月27日、中共中央（中国共産党中央委員会の略称）は『決定』を発表した。『決定』は「人材論」とその具体化のための制度整備という枠組みを持っており、これを軸として新たな教育方向を示すことによって教育界に大きな影響を与えることとなった。また、義務教育制度の実施について、「基礎教育発展の責任を地方に負わせる」方式で財源不足を解決し、9年制義務教育を実施するとした。『決定』は当時の教育のあり方を見直し、教育体制改革の根本目標は民族の素質を高め、人的資源（人材）を育成すること、人々が教育体制改革発展の教育事業に関心を持つことを支持することを強調した。その中で、基礎教育の実行は教育体制改革の重要な一環として位置づけられた。その基礎教育に関する重要点は次の通りである。

・中等教育の枠組みを改革し、職業技術教育をより一層展開する。
・全国で9年制義務教育を実施し、都市部や沿海各省の経済発達地域及び内陸の少数経済発達地域では1990年頃までに中学教育を普及することを目指す。
・基礎教育は「地方負責」（地方責任)、「分級管理」の原則を実行する。基礎教育の管理権は地方に属し、方針やマクロの企画は中央で決定され、それ以外の具体的な政策・制度・計画・実施及び学校の管理方式・検査・責任・権力が地方で決定される。

また当時の教育問題に関する指摘は次のようにまとめられる。

・教育事業管理権限の問題：政府が行う学校へのコントロールは過大であり、学校の柔軟性が欠けている。

・教育構成の問題：基礎教育が弱体で、例えば学校数の不足・教育の質の低さ・資格のある教師と必要な施設の欠乏などの問題が存在している
・教育理念・内容・方法の問題：小学校段階から学生に対する独立生活と思考能力の育成不足・愛国心（祖国の繁栄のために献身する志）不足・マルクス主義思想に関する教育の不足、また多くのカリキュラム内容が陳腐で、教学方法は活気に欠け、実習の分野が重視されず、専門課程の設置が限られ、職業課程の設置が不十分などである。

中央は経済・社会の発展の要請から遊離している教育状況を根本的に改善するために、教育体制から系統的に改革する必要があると認識した。「管理体制を改革するには、マクロの管理を強化するとともに、『簡政放権』を実施し、学校の自主権を拡大する」ことを提起した。「簡政放権」とは、中央政府を初めとする行政系統の整理・簡素化、及び中央政府に集中していた諸権限を下級政府・機関への大幅な権限委譲を伴う行政機構改革をいう。

また、教育理念・内容・方法の改革の下で、「基礎教育の強化（中略）学校教育及び学校外、放課後の教育も共に高く揚げることにより、各レベル各種類の教育が経済・社会発展のニーズに積極的に適応するようになる」と述べられた。そして、教育事業財源の不足に関して、「中央政府と地方政府の教育への経費の増加はそれぞれの定期的収入増加により多くすべき」であるとし、その実現のために「改革により、各級政府、多数の教師・学生及び社会各分野の熱意ある人を動員し、団結し、協調し、各部門の潜在能力を発揮させることを工夫し、教育事業をより一層進める必要がある」と呼びかけた。

このほか、『決定』は幹部、農民、職員、労働者の成人教育[24]とラジオ・テレビ教育はわが国教育事業にとって極めて重要な構成部分であることを強調した。

この『決定』を出した直後、1985年6月8日～18日に開催された第6期全人代常務委員会第11回会議において、教育活動の指導を強化するために教育部を国家教育委員会に格上げすることを決定した（国家教育委員会は1998年まで、教育部が委員会に格上げされていたときの名称）。教育学界においても『決定』を受けて、「進学率を追求する」という教育者の教育思想を正し、人材育成の目標を明確にし、新しい人材観の確立が主張されていった。

1986年3月15日～4月12日の第6期全人代第4回会議において『中華人

民共和国義務教育法』が可決された[25]。中央政府はカリキュラム・教科書行政の原則を改正し「一綱一本」から「一綱多本」（「教学大綱」は国家統一の一基準であり、教科書はそれに基づいて編集された複数のものの使用を認める）へと譲歩した。また義務教育を普及させるために「地方政府の指導の下で、一定の規定に基づき、事業・企業及び各分野によって学校が設立されることを国家は奨励する」と述べ、地方行政の教育事業発展ための責任と任務が明白となった[26]。

(2) 徳育強化に関する通知

教育のあり方を批判する声の拡大に従い、小中学校の徳育を強化するため、1988年12月25日に中央政府が『中共中央の小中学校の徳育を強化・改革することに関する通知』を打ち出した。そこでは改革開放・経済的な展開に伴い「党政部門と学校側がただ単に進学率のみを求め、徳育に対する認識がまだ不足であること」及び、「社会と家庭は学校との協力が欠けている」ため、小中学校の徳育は新たな課題に直面していることを指摘した。この『通知』において、1986年第13回党大会で打ち出された「百年の大計は教育を基とする」方針の下で「各分野の中で教育事業をより重視すべきもの、その中でも小中学校の教育を十分に重視し、小中学校教育の中で徳育を特に重視すべきである」ので、「全社会が青少年の成長に関心を持たなければならない」ことを強調した。『通知』では小中学校の徳育の内容、推進方法などについて主に以下のようにまとめられた。

・小中学校の徳育事業の基本任務と基本内容：すべての学生を愛国心・社会的公徳心・文明の習慣を持つ、法律・紀律を守る公民に育成することは基本任務であり、基本内容は「愛国、愛人民、愛労働、愛科学、愛社会主義」の五愛である。
・小中学校の徳育に関する実施方法：学生特に高学年学生を社会と接触させるため、彼らに社会実習の機会を造ることに努める。安定的な校外徳育環境を醸成するため、小中学校は労働者・農民・幹部・有識者・優秀な解放軍を校外補導員として招聘する必要がある。

この実施方法では特に学校と社会の連携の必要性を次のように提起した。「小中学校の健康成長は教育部門と学校の責任だけではなく、全世界の責任と義務となっている」。具体的に次のように述べた。

・学校と社会の連携：多様の方式をとり学校と社会の連携を強めなければいけない。

都市部では区や街道を通じ社区教育委員会などの社会的組織を模索しながら実験的に設置する。これにより、社会各分野の学校への支持を協調し、社会の教育環境を向上する。退職者・専門家・模範人物及び社会有識者を活用し、青少年教育に積極的な役割を果たさせる。

・青少年児童の活動場所と労働教育基地の建設：都市部における今後の長期的な建設計画の中では少年の家、少年宮、児童活動センターなどの校外教育施設を重視しなければならない。博物館や展覧館などのような青少年・児童にとって教育的意義を有する施設は小中学生に対する料金徴収を減免する必要がある。映画館などの営利性文化施設も小中学生に向けて適当に無料や低料金の形で開放すべきである。

さらに、1989年初め、国務院は国家教育委員会に依頼し、全国の省・自治区・直轄市の『通知』に対する実施状況を調査した。1990年5月国家教育委員会は上海で全国徳育活動会議を開催した。

(3) 中央レベルの教育政策に見る社区教育

以上の『決定』と『通知』を始めとする一連の中央レベルの教育政策から見ると、義務教育の普及・高等教育や職業教育の拡大のため、校外教育の重要性や社会から学校教育への参与が求められるようになった。さらに、校外教育環境を整備するために、社区教育が学校教育、特に小中学校向けの徳育のための補足として学校教育と連携することを呼びかけているということが窺える。

具体的に述べると、『決定』では、教育の「地方負責」(地方自治)「分級管理」(地方分権) の原則が示され、国家の教育体制改革の基礎の一環に位置づけられたことが窺える。特に義務教育の推進について「地方各級人民代表大会は本地域の実情によって本地域の義務教育条例を規定し、本地域の9年義務教育を推進するプログラム、方法及び年限を確定する」と明記した。それは、基礎教育行政権の地方政策への委譲だけではなく、教育行政機構の改革も意味し、中央から下級政府・機関への大幅な権限委譲と、省、市、県、郷の分級管理の職責を各地の実情に応じて各級政府が決定するという改革の方向性が明示された。即ち、『決定』により教育の地方分権化、地方独自の教育改革が進められるようになったといえる。例えば、カリキュラムの編制について、地域で教育カリキュラムの大綱的基準を編成し、これは、国家統一管理の課程改革を行いたいとする方向性を示しているといえる。

また、教育費の国家負担軽減のために、民営学校・企業機関立職業学校などのような社会的力量に依拠する必然性が生まれ、そこから「簡政放権」・自主権拡大の筋道が描かれてくる。この自主権拡大は経済政策の一環である各企業機関の自主権拡大・競争原理拡大の導入と相互に補完関係に置かれ、経済発展の必要性を直接的に反映しうる体制を、学校側がとるのを保障することとなる。そして、その上で、この自主権拡大が、人民民主独裁・民主集中制の論理を通過することで、国家的統一・共産党の指導の下へと収斂していく道筋が設定される。この道筋の一環に教育法体系の整備が位置づけられることになる。

さらに、『決定』で強調されている成人教育は、公式文書に明確に位置づけられ、基礎教育・職業教育・普通高等教育と並び中国教育大系の重要な構成部分とされている。成人教育は文革における人的資源（人材）損失と在職者の資質低下に対処する、また学歴社会に対応する在職職務訓練と学歴授与教育から、1990年代初頭には大学卒業後の継続教育が組み込まれ、さらに生涯学習への展開が見通され、その後1995年『中華人民共和国教育法』の制定により、成人教育から在職職務訓練がはずされ独立し、職業教育制度が正規化されるとともに、市民教育的広がりを持つ文化・教養教育が加えられるようになっていく。

また、1986年第13回党大会で打ち出した「百年の大計は教育を基とする」方針でも1988年に公布された『通知』でも、教育事業を社会発展の優先的地位に据えることを方向づけた。さらに青少年徳育の課題に直面して、青少年徳育の重要性を重んじ、教育の弊害は進学競争で、受験教育のあり方の転換と徳育を如何に進めるかということが示されている。ここで特に留意しておくべきことは、『通知』では、学校と社会の連携を提起し、社区教育の責任と義務も明確にしたことである。特に青少年徳育向けの教育環境を向上させるために、「都市部では区や街道を通じ社区教育委員会などの社会組織を実験的に設置する」と示している。これにより、教育を実行していく中で、「街道弁事処」の地位と役割が人々の注目を集めることをもたらしたばかりではなく、青少年の徳育が学校から社区に伸ばすことも認められたといえる。

換言すれば、青少年の校外教育、特に徳育を支援するために、「社区教育委員会」という行政サービスを提供して対応しなければならないことを確認した。これらの『決定』と『通知』を始めとする一連の中央レベルの教育政策から見ると、義務教育の普及、及び高等教育や職業教育の拡大のため、校外教育の重要性に対する認識や社会から学校教育への参与が求められるようになった。また、校外教育環境を整備するために、社区教育が学校教育、特に小中学校向けの徳育のための補足として学校教育と連携することを呼びかけている。

要するに、国の政策としては、行政ニーズとしての社区教育の範囲は青少年の家・少年宮・青少年活動センター・青少年基地などの施設において、家庭・社会・学校の連携を通じ、校外徳育を中心内容に、抽象的に広義に解されねばならないのである。地方では、「地方負責」「簡政放権」の政策に基づき、青少年徳育向けの学習機会として具体的に提供される行政サービスは適正でかつ公共性があると判断させる範囲に限定されなければならない。その意味で、一定の地域における行政課題としての社区教育はその地域に適正であると公的に認定された範囲に限定されねばならない。それでは、その適正な範囲であると判断されるための観点または原則はどのように考えられうるのであろうか。

第3節　青少年校外教育をめぐる地方レベルの社区教育の実施

上述のように、1980年代半ば以降、中国の都市部において、かつて「単位」を中心に結ばれていた人間関係に代わって、社区と呼ばれる自治組織が生まれ始めた。社会における最も基礎的な単位としてますます重視されるようになり、政府にとっては、生活の多元化、経済発展及び教育の改革に伴い、都市部では如何に当時の教育のあり方を転換するかは差し迫った課題であった。当時の知育を重視し、徳育を軽視するなどの教育思想を是正するため、政府は一連の教育規程を打ち出した。その結果、学校と社会間の分離状態を改善しようとする取組みが現れた。これに向けて、1980年代北京、上海、天津などの経済が発達した省・市を皮切りに、社区教育が推進されてきた。

以下では、主に北京市西城区を例にして1980年代の社区教育を述べる[27)]。西城区では社区青少年教育を切り口として社区教育を展開し始めた。青少年に対して広く有効適切な教育の機会を与え、その資質を涵養するため、地方政府としては、各種の施策を行い、青少年教育の校外における整備充実に努めてきた。青少年の健全な教育を図る一環として、西城区は「教育の社会化、社会の教育化」という理念を課題として社区における青少年教育について必要な改善を行った。

1. 西城区の校外青少年教育の理念構築と展開

(1) 校外青少年教育の理念構築（1986 ～ 1988 年）

西城区の社区教育は 1986 年に青少年の校外教育から始まったが、この 1986 年から 1988 年までが社区青少年教育の初期段階であるとみることができる。この段階で、主に「教育社会化・社会教育化」の理念を検討し、校外青少年教育活動を主とした社区教育が試みられた。

西城区では 1986 年、当時の教育局局長Ｚ氏は局内の幹部に「我々は大教育の理論を勉強し、『教育社会化、社会教育化』及び社区教育の問題を研究し、街道と連携し青少年教育を開催すべきである」[28] と何回も提言し、教育の社会化、社会の教育化の研究を開始した。

この段階で、社区教育は全国でまだ重視されていなかったが、西城区は「教育の社会化、社会の教育化」という理念を課題として検討し普及していた。実際に、教育局のリーダーと関係職員が街道へ行き、街道の担当者と共に「大教育の理念」を宣伝し、社区青少年教育の実行を試みた。これをきっかけとして、西長安街街道弁事処のＬ主任が当地域の状況に応じながら、社会と学校の役割を活用し、社区青少年教育を全街道の政治・経済・文化と繋げてさまざまな教育改革の試練を試行し、1986 年に率先的に「社区教育協調委員会」を成立させた。その後、月壇街道弁事処が「社区教育委員会」の成立を通じ、社会・学校・家庭の連携による教育パターンを研究した。「社区教育委員会」の組長は月壇街道弁事処の社区の仕事を担当する副主任に担われ、「街道弁事処」の関係職員及び教育の仕事を担当する社会知識人やリーダーが構成員の一部として、定期的に社区教育を研究し、社区教育のスケジュールの制定や企画を行う。「社区教育委員会」の下に 9 つの分会に設置され（成員単位は周辺の社会「単位」「居民委員会」である)、社会「単位」と学校のリーダーに組長を担われ、街道管轄内の小中学生と青少年教育活動を組織し協調することが主な事業として実施されていた。その成果として、全街道の 83 個の「居民委員会」が「社区教育小組」を組織し、月壇街道管轄内の 16 カ所の小中学校で「社区家長学校」が相次いで成立し社区青少年教育を実施した。

さらに、西城区政府は区教育局校外教育事務室で、副区長を主任とする「区校外教育調和委員会」を設置した。その後、全区の7の街道は「区校外教育調和委員会」をまね、街道レベルの校外調和委員会を成立した。この区校外教育調和委員会の機能は、校外教育を展開するために、関連する組織や街道の協力を調整することである。しかしながら、区校外教育調和委員会には専任者がおらず、実際に存在し機能している機構がないため、機能に限界があり、校外教育と社区・社会と連携を失うことも多かった。月壇街道は「校外教育協調委員会」を通じ、夏休みと冬休みで小中学生の校外教育活動を行った。1992年、区校外教育研究室が青少年の社区教育に関する理論的な研究を担って、4月区教育局が「青少年者社区教育検討会」を開催し、中国青少年者社区教育の性格、任務、役割について全面的に検討した。国家教委に関係を持つ部門の約70名はこの会議に出席した[29]。

(2) 校外青少年教育の展開（1989年から）

この後、区の街道で青少年教育の活動ができるようになった。1989年から1993年にかけて、地方政府は校外教育と社区の青少年教育を連携しながら、社区青少年教育を広く展開することに努めた。また、青少年社区教育の実施を通じ、「街道」が社区とする観念が形成された。「街道」は社区青少年教育の展開の担当者として、教育システム以外の校外教育を社区青少年教育と結合し、多様な教育活動を模索しながら展開した。

特に、「一人っ子政策」[30]が生んだ青少年の個人主義を背景に、狭い個人の枠の中でしか将来の生活を考えることができないままでは、やがて社会全体の活力が失われてしまうため、西城区ではいろいろな工夫がなされている。例えば、青少年の多くの遊び場が「自分の家」「友達の家」になっていることによって、子供たちが放課後や休日に、友だちと仲良く遊び、気軽に集まれる場所を設置すること、文化活動やピンポン、サッカーなどのスポーツ活動をサポートしている。このような活動により、青少年たちが相手の存在を認め、相手の権利を承認し、人間関係を調整する能力を身に付け、自分の狭い枠を超えた視野とグループ意識を学んでいくことが目指されているのである。そして、思いやりの心や正義感、世の中のルールを守る習慣、郷土愛などを養い、子ども会リーダーとしての資質の向上をはかり、地域の子ども会の健全な活動に資する。

西城区は直ちに組織づくりを始め、社区の青少年教育の取組みを切り口として、社区教育活動を展開した。社会実践教育基地25カ所、科学普及教育基地36カ所があった。また、基地の建設と同時に、学校は児童生徒の公益事業奉仕活動と社会実践活動を行った[31]。社区青少年教育を有効に展開するため、組織・管理システムは初歩的に形成されるようになった。第1に、区政府は「西城区社区教育指導小組」を設置した。第2に、すべての「街道」はすべて「社区教育委員会」を設置した。第3に、区政府から「街道弁事処」まで一連の社区青少年教育を推進する規定を制定した。例えば、前述した社区教育例会制度、社区教育宣伝制度、区政府の文教弁・社区教育弁公室の法律に依拠しながら社区教育を連携する制度、区督学室の社区教育を監督指導する制度、人民代表大会の代表・政協委員による社区教育を検査・視察する制度などが挙げられる。

2. 西城区の1980年代の校外青少年教育の特徴

以上の社区教育事業と活動について、1980年代半ばから1990年代初めまでの北京西城区における社区教育の特徴は以下のようにまとめられる。

①教育の垂直的な管理システムを見直し、学校の開放性及び社会の教育への関心を高めた。社区における早期教育・基礎教育・職業技術教育・老人教育・成人教育を統合し、教育機関の連携を推進し、学校教育が多機能を発揮することを目指した。

②教育を全社会の責任として取り組み、教育は政府と教育部の責任であるという従来の観念を見直した。教育は学校のものだけではなく、家庭・社会のそれぞれが責任を果たすべきであると認識し、社区教育の展開を社区づくりの一部として扱った。つまり、社区を推進するために経済と教育を共に向上させることを呼びかけた。健やかな人間形成を考えたとき、学校における学歴偏重主義の弊害など大きな問題が存在している。今後、学校教育とともに社区教育の充実を図ることは重要な観点と考えられる。

③以上の理念に基づき、学校と社区教育の連携を目指し、社区における教育資源を統合し、相互開放を図った。特に、青少年が将来に向けて社会的に自立した生活が送れるよう、地域活動の促進、居場所の確保、非行防止の推進

を図り、学校と社区の連携を推進した。学校・地域・家庭の資源を統合し、「教育を社会化し、社会を教育化する」、即ち、学校教育と社区教育がそれぞれ独自の教育機能を発揮し、相互に足りない部分を補完しながら、協力しようとする理念、及び、社区内のすべての住民が教育を受ける者であり、教育能力を持つ住民が教育をする者になるべきであると呼びかけ、社会実践基地の設置、社区文化施設の生徒への開放などの活動も実際に実施した。

知識偏重の学力観から、関心・意欲、思考力、判断力、表現力が一段と重視されるようになってきた。学校外での徳育に関する社会・自然体験の必要性が、学校と社区の連携を一層推進しようとする基となったと考えられる。しかし、「社区教育は学校教育になじまない」とか「学校は敷居が高く行きにくい」などの理由で、双方にとって必要な連携・協力が十分でなかったという反省が残っている。

総じていえば、1980年代においては、社区、社区教育への認識はまだ不足しているが、政府は教育の社会化の理念の宣伝によって、学校、社会及び家庭の三結合を意識させるようになった。学校教育、家庭教育及び社区教育の一体化した教育体制を作り出したとともに、学校を徐々に社会に開放し、社会が学校に関与するという教育システムの形成が促進された。しかし、学校教育を支援するために発足した社区教育はその対象がまだ小中学校の青少年、その活動の内容も青少年の校外教育に対する支援・補助活動にとどまっていた。

第4節　社区教育発足の要因と萌芽期の性格

なぜ中国において社区教育が推進されるようになってきたのであろうか。社区教育は学校教育の社会への要請によって発足したといわれる。具体的にいえば、学校教育は経費不足から、社会の経済的な支援を通じ学校の条件を改善することを期待した。また、学校は徳育の不足から、社会の支持を通じ青少年たちの健全成長に良い環境を整備することを期待した。もちろん、その発足要因について、教育の要請だけでは説明できない。萌芽期の社区教育の性格を析出するため、本章のまとめとして、政治、経済、教育、生活などの面から分析してみよう[32)]。

また、西城区の青少年校外教育の実情に基づき、社区教育政策策定の萌芽期の性格をまとめる。

1. 社区教育発足要因のまとめ

政治の面からみると、行政システムの変化が社区教育発展の前提であるといえる。歴史的に農業社会である中国では、当時の行政区画の下では、政府権力は基層社会まで浸透できなかった場合が多い。したがって、地域の力が極めて弱く、地域の経済と教育を発展させるのが困難であった。しかし新中国成立以後、現行の行政区画は、省—市（地区）—県—区—郷となり、その下に都市基層社会において区政府の出先機関としての「街道弁事処」と呼ばれる機構が置かれるようになった。そのため政府の管理権力は下の行政区画とのバランスを取るために少しずつ変わってきている。そして1960年代半ば以降、中央政府は一部の管理機能を、きちんと整った社会管理システムに移譲しはじめ、例えば一部の大学は地域で管理されるようになった。こうした行政システムの変化が、国の経済、教育、文化の発展に大きく貢献してきていることはいうまでもない。

しかし、長い歴史の中で大きな行政区画に支配されてきた住民の中には、社区という観念は生まれにくいのである。すなわち、このような行政区画の変遷が中国の社区教育の発展を遅らせた原因の一つになっていると考えられる。

経済の面からみると、地域経済の発展と労働者の能力向上のために社区教育の発展が求められている。中国では、計画経済の体制の下で、政府が「単位」を通して都市住民の管理を行っていた。「単位」は公有制的な社会機能を持ち、「単位」職員の就職・教育・住宅・福祉・医療などを引き受けていた。それが市場経済の発展に伴って、「単位」は職員に負担させるべき社会事務を社会に移した。こうして計画経済から市場経済へ転換されたことに伴って、社会の基礎組織としての社区が注目されるようになってきたのである。教育・学習機会も「単位」（職場）による保障から社区による保障へと転換された。

しかし、改革開放と市場経済の建設は中国都市部の発展に巨大な機会を与えたが、社会構造の分化によって、中国都市部で国際的な企業に勤める職員と出稼ぎ者との収入の格差がだんだん大きくなり、居住地域がはっきり分かれるようになってきた。郊外別荘社区、外来人口の多い社区のように、社区が分類されてきたのである。社区教育の発展は地域の経済と深くかかわっているので、生産力の低いところでは社区教育が無視される状態になっている。

教育の面からみると、改革開放の実施に従い、学歴偏重主義の学校では、徳育の軽視により非行・不良少年が増加するという事実を否定できない。当時の知育を重視し、徳育を軽視するなどの教育思想を是正するため、政府は一連の教育規程を打ち出し、地方は青少年徳育を実施しなければならなくなる。従来、「教育イコール学校」という考えにより、徳育・知育及び労働技術を学校の範囲に帰属させ、家庭、学校及び地域のそれぞれが教育責任を果たし、連携して行わなければならないとの認識がかなり薄かった。青少年の徳育を推進するため、学校と社会間の分離状態を改善しようとする取組みが現れた。市場経済の発展に従って、伝統的な進学教育、試験教育はすでに社会と経済の発展に適応することができなくなった。そこで、全面的な成長を促す教育と生涯教育が言及されるようになったのである。専門的能力と効率を高めるためには、当然学校教育が過去の画一的、閉鎖的性格から多元的、開放的性格へと変化していかねばならない。以前の国家だけによって学校を設立・運営する形から、政府を主として社会の各界と共に学校の設立・運営に関わる形に変ってきた。そこでは、学校教育以外の地域に根ざした社区教育によってそれを補足していくことが必要であろう。時代・地域の発展に応じ、学校教育と協力しながら、適切な社区教育を行うことが求められている。

生活様式の面から見れば、自身のアイデンティティの変容によって、社区教育の発展が求められている。特に、少子・高齢化の急速な進行は社会におけるさまざまなシステムや人々の価値観を大きく変化させざるをえない。この事態を克服するためには、学校以外の社区教育に立った不断の努力の積み重ねが不可欠である。少子化、また「一人っ子政策」も相まって、子供の教育が家庭中心に行われるようになってきている。社会全体で子どもを育てていく機運を高めていくとともに、地域の大人の教育力を結集し、子どもたちの放課後や週末におけるさまざまな体験活動や地域住民との交流活動等を支援する活動拠点を確保する事業が要求されている。

以上のような背景により、中国の都市部において社区教育が推し進められてきている。

2. 萌芽期の社区教育の性格

1980年代半ばから1992年にかけた時期を、社区教育の萌芽期と規定するならば、その性格については以下の3点を析出できる。

(1) 小中学校徳育の補完性が強いこと

1980年代の社区教育の特徴は小中学校の校外教育としての性格を強く帯びていた点に、再度注目しておきたい。教育経費の不足と道徳教育の不十分さが当時の学校教育の最大の課題であった。そこで、個性尊重がうたわれ、体験学習や主体的学習が取り入れられるようになった。それにより、教室での授業中心の教育から地域の教育資源を活用し、生活体験を重視する教育への転換がもたらされた。そして、小中学校の児童・生徒を対象として社区教育が行われるようになった。社区は学校の「第二教室」として見なされ、社区教育は青少年に思想道徳を向上させることを目的として行われた。社区は学校の教育の基地であり、小・中学生は土日を使って社会的活動をする。学校は過去のように、生徒を教室の中に閉じこめて、教科書の内容だけを学ばせるのでなく、社会の実践的な活動に参加させるようになった。例えば、社区で夏休みには小・中学生合同で、「革命伝統に関する教育」や「高齢者を大切にする教育」や「公共意識を持たせる教育」などの活動が行われた。また、社区教育の教育的支援だけでなく、経済的支援（小中学生対象の社区教育活動の資金の負担）も社区が行った。しかし、1980年代の学校教育を補完する体系から社区教育独自の新たな役割を獲得する方向への展開が見られる。人々は徳育が学校のことだけではなく、子供の発達を育成するため、学校、家庭、社会の一体化した教育体制を作りださなければならないことを認識し始めた。政府が社会とともに地域の教育を推進することが展開された。この時期の社区教育は社会が教育を支援する形で、学社連携に向かって一歩前進したといえよう。

(2) 教育福祉の性格が強いこと

地域住民の要請に応じ、自発的に展開された社区教育は、民政部が提起した「社区服務」において社会福祉と社会サービスとして政策的に保障された。社区服務政策に反映する教育福祉の内容は社区教育初期において展開された青少年の徳育の実態と一致しているといえる。改革開放以後、計画経済から市場経済への転換により、従来の「単位」を中心としたセーフティネットが解体し、そこに付与されていたサービス財源が枯渇し、身分体系の崩壊・福祉機能の不全などの新しい地域問題は課題となった。また、人々の従来の生活のあり方が変化し、「一人っ子政策」による家族構造の核家族化と家庭扶養の弱体化により、高齢化の進展に適応する全面的な社会保障を打ち立てることが緊急課題となった。このような背景を踏まえ、民政部では「単位福祉」の弱体化を補完するために都市部の社会福祉体制改革の新たな対策としての「社区服務」を提唱した。社区服務が民政部による社会福祉政策として、社区という新しい政策的概念を提起し、社区に向ける教育事業のサービスも内包した。とすれば、この動向はその後の社区教育の政策の策定と展開に影響を与えたといえよう。

(3) 社区教育への認識が未だに不十分であること

民政部の「社区服務」政策や教育部の政策、文書においては社区教育という用語が使われていたが、社区教育の概念はまだ使用されていない。上述のように、人々の社区、社区教育、「街道弁事処」や「居民委員会」への認識が未だに低く、「街居」の機能が強化されたが、その構成メンバーの素質も依然低く、全体的な能率は高くはなかった。「社区服務」の「上意下達」においては、政策に対する監督・評価システムが十分ではなく、人々の社区服務の主旨への認識不足のため、社区教育が普及していない。

また、社区住民決定権の拡充や社区教育体制の構築にまではまだ言及できていない。1980 年代の社区教育は、近年の生涯教育の一環として人々の日常生活の中に早くも馴染み、発展してきており社区教育と根本から異なっている。特に、1990 年代の「社区建設」構想の登場、及び 2000 年の『一部地域における社区教育の試行展開に関する通知』(4 月) と『全国における都市社区建設の促進に関する民政部の意見』の公布に従い、社区教育を「地域の経済建設と社会発展を促進する教育活動」として捉え、その教育の対象・内容が拡大され、社区教育のネットワークの構築は大いに推進されるようになった。これと 1980 年代に展開された社区教育は質的に区別されるものであるといえよう。

要するに、1985 年民政部がまっ先に社区の概念を政策として提出し、「社区服務」の構想を提起したが、社区サービスの内容の一部である社区教育が単にスローガンだけにとどまり、本格的に開始されてはいなかったのである。一方、地域における社区教育に関する論述によって、1986 年に成立した「社区教育委員会」は1988年の通知で出した指示より早いことが明らかになった。これにより、1980年代半ばで、上海・北京・天津などの先進地域で展開された社区教育の取組みは民衆の自発的社区教育の形態であることが分かる。

また、「社区服務」、『決定』及び『通知』を始めとする一連の中央レベルの政策から見ると、社区教育の萌芽期では、民政部と教育部の主旨は小中学校向けの徳育のための補足として学校教育と連携することを呼びかけている面において一致している。しかし、民政部と教育部により打ち出された校外徳育を中心内容とした社区教育関連政策と比べてみれば、現場の社区教育の実際においては、社区における早期教育・基礎教育・職業技術教育・老人教育・成人教育を統合し、教育機関の連携を推進し、学校教育が多くの機能を発揮することを目指したことが分かった。

中国では、社区「居民委員会」が住民による自治組織であるといっても、実際は政府が公文書を発して「社区居民委員会」の仕事を指導している。しかし、社区教育が一定の規模まで発展した後、どのように民主的な行政の管理体制を構築するかが社区教育の健全な発展を保障する肝心なものである。このように、1980年代の社区教育は問題を抱えながらも、試行錯誤を重ね、国家建設の進展及び民衆の要求の変化に応じて推進されてきたが、その後、1990年代の社区教育は如何に展開されたであろうか。

注

1）以下の第1節と第2節の1の内容は、馬麗華「社区教育展開の萌芽期における基盤形成～1980年代の民政部「社区服務」政策を中心に」『東アジア社会教育研究（15)』、2010年、pp.41～61の一部である。

2）1950年11月13日に政務院により公布された『大都市人民政府組織通則』では改めて区公所を区政府に修正され、その通則の第一条での規定である。

3）朱健剛「城市街区的権力変遷：強国家与強社会模式 ― 対一個街区権力結構的分析」『戦略与管理』、1997年第4期、p.46。

4）多くの都市では居民委員会を「居民革命委員会」と改め、「居民委員会」は本来の任務から離れていた。

5）朱光磊『当代中国政府過程』天津人民出版社、2002年、p.312。

6）1949年毛沢東は「解放戦争の時我々は農村から都市を包囲してくるという戦略によって革命の勝利を得た。これからは都市を中心として、農村をリードするという方針で発展を図ろう」と主張した。

7）上海市統計局編『上海統計年鑑 2001』中国統計出版社、2001 年、p.324。

8）朱健刚「国家、権力与街区空間 ― 当代中国街区権力研究導論（下）」香港社会科学出版社『中国社会科学季刊』1999 年秋季号（総第 27 期）、p.181。

9）陳立行「中国都市における地域社会の実像 ― 『単位』社会から『社区』社会への転換 ― 」菱田雅貼編『現代中国の構造変動社会 ― 国家との共棲関係 ― 』東京大学出版会、2000 年、p.142。

10）李路路・李漢林『中国的単位组织 ― 資源、権利与交換』浙江人民出版社、2000 年、pp.7 ～ 9。

11）1977 第 10 回党大会第 3 回総会、華国峰党主席・中央軍事委員会主席を追認、鄧小平が再復活、王洪文、張春橋、江青、姚文元の四人組の党籍永久剥奪が決定された。第 11 回党大会で、「文化大革命」の終息を宣言。第 1 回総会で華国峰を党主席に鄧小平、李先念などの 4 人が副主席に選任され、主席・副主席の 5 人で中央政治常務委員会を構成した。1978 年の第 11 回党大会第 3 回総会、華国峰路線を批判し、鄧小平主導で改革開放の路線への転換が決定される。この後、1982 年の第 12 回党大会で党主席制を廃止、総書記制となる。新たに中央顧問委員会を創設し、第 1 回総会では総書記に胡耀邦、中央軍事委員会主席・中央顧問委員会主任に鄧小平を選出した。

12）『中国統計年鑑』（2000 年、中国統計出版社）によると改革の最初期 1978 年に国有企業の生産値が工業総生産値の 77.6％であったが、1998 年になるとこの比重は 28.5％に減少した。それに対して、1999 年の非国有経済の生産値がGDPの 64％に及んでいた。

13）以下は華偉「単位制向社区制的回帰 ― 中国城市管理体制 50 年変遷」『戦略与管理』、2000 年第 1 期、pp.86 ～ 87 を参照のこと。

14）例えば、1980 年から 1982 年にかけては、5 万人以上の新疆生産建設兵団の上海「知識青年」が上海に戻って、都市帰還や生活再開、就業圧力に面した「知青」は、まちまち市政府に陳情し、ピークの時、9 千人以上になった。「街道弁事処」と「居民委員会」の幹部を中心に、家庭訪問の形を取り、当時の帰還者の就職や学業復帰・家庭復帰をめぐって起きた混乱など社会的な問題を緩和した。

15）『中国統計年鑑』（2000 年）によると、中国 65 歳以上人口が総人口を占める比率でいえば、1950 年の 4.5％（2,485 万人）は 1990 年の 5.57％へ（6,315 万人）上昇した。

16）田華「論中国社区服務前 10 年的発展軌跡」『理論月刊』2007 年 11 期、p.87。

17）更に 1993 年、民政部・国務院に公布された『社区服務業の促進に関する意見書』では「政府の指導の下で、社会成員のニーズに対応するため、街道・鎮・居民委員会と社区組織に提供される社会福祉的な住民サービス業である」と述べられた。

18）「中国社会福祉事業発展報告 1992 年白皮書」『中国社会報』1992 年 10 月 13 日。

19）『中国年鑑』（1990 年版）、中国新聞社、p.522 を参照のこと。

20）楊団は社区服務の意義について新たな社会制度の確立と社会基層組織の構成にまとめた

が、ここでその中の一部分を参照した（「社区服務：不可小視的改革先鋒」『現代企業導刊』1992年10月、pp.27～29）。

21）老人向けの服務の例としては、服務人数は1985年66,000人で、1988年88,000人で、1991年になると、667,126に達した。張仲「中国社区服務社会保障」『社区照顧与華人社区研討会論文』、香港聖公会教区福祉協会、1993年。

22）Chan, C. & Chow, N.（1992）More Welfare After Economic Reform? Welfare Development in the People's Republic of China. HK: Centre of Urban Planning and Environmental p.47.

23）乔龍慶「吶喊：教育才是中国的希望 ― 縦美国、日本教育成効，談中国基礎教育危機」『科技導報』1988年第5期、pp.6～9；張鉄明、李志厚「為挽救中国教育而吶喊 ― 『中国教育体制危機的政治経済根源及其対策』新年座談会紀要」『教育論丛』1988年第1期、pp.2～8；楊識愚「教育危機与危機意識」『教育研究与実験』1988年第4期、pp.17～20など。

24）「成人教育」の用語が政府の公式文書に明確に位置づけられ、基礎教育・職業教育・普通高等教育と並び中国教育大系の重要な構成部分とされている。これ以降、成人教育が急速に普及していく。

25）1990年までに都市部と経済発展地区で1995年までに殆どの農村で、2000年までに中国全土ですべて義務教育普及を予定した。

26）1987年6月、国務院は『成人教育改革及び発展に関する国家教育委員会の決定』（『国家教育委員会関于改革和発展成人教育的決定』）を公布し、関係機関に送付した。ここでは成人教育が中国教育の重要な構成部分であると指摘し、成人教育の政策的主旨を明記した。

27）ここの第三節の校外青少年教育の理念構築と展開は馬麗華「中国の社区における青少年教育の現状と課題 ～北京市西城区に焦点を当てて～」『生涯学習・社会教育学研究（31）』東京大学教育学研究科生涯学習基盤経営コース、2006年、pp.53～62の一部である。

28）楊文玉「二十世紀北京西城区社区教育の回顧」『中国社区教育』2009年第三期、p.9。

29）『北京市普通教育年鑑』北京教育出版、1993年、p.313。

30）1979年から一人っ子が増える傾向にあって、1980年代から90％以上の家庭で一人っ子になってきている。「一人っ子」の環境で育てられた子どもたちは、「小皇帝」のように親に甘やかされ、多くの子どもが親に過度に依存している。学科知識の学習のみ重視するのではなく、社会の実践的な活動に参加させるような、青少年たちの全面的知力の発達や道徳の育成が求められている。このような背景の下で、近年、教育改革の一環として、青少年の全面的な素質を高めることを目指す「素質教育」（資質教育）が積極的に取り組まれてきている。

31）「満園春色関不住」、『中国教育報』、1995年11月27日。

32）ここの社区教育の発足要因は馬麗華「中国都市部における社区教育の発展と課題～社区教育と学校教育との関係に着目して～」『東京大学大学院教育学研究科紀要（45）』東京大学教育学研究科、2006年、pp.335～343の一部である。

第3章

社区教育政策策定の模索期（1993年～2001年）

第2章では序章で検討した社区と社区教育の概念に基づき、社区教育の萌芽期の政策的動向と実態を分析しながら述べた。第3章で社区教育の模索期における政策的動向及び実態の動きを究明する。

天安門事件以来停滞していた中国経済は、1992年の鄧小平の南巡講話を契機に、再び活気を取り戻し、市場経済化の波が中国全土をまたたく間に覆っていった。1990年代は、さまざまな制度が経済の急成長に対応できずに改革を迫られた時期であった。共産党の求心力・組織力の低下という側面が現出し、社区という言葉が1990年代後半から頻繁に登場し始めた。このような社会の大変革の中で、新しい地域をどうやって形成し、それにどんな役割を持たせるか、共産党と政府は自分の権威や影響力を維持するため、社区に対して如何なる政策・規定を発布するのか、社区教育を通じてどのように住民の自主的な地域福祉活動を育てるのか。このような課題意識の下で、本章では、主として1990年代社区教育展開の背景である住宅制度改革、戸籍規制の緩和及び大規模な人口流動を解明し、社区建設、生涯学習の導入、中国教育の改革を検討しながら、北京西城区の社区教育の具体的事例を中心にこの取組みの過程を検証し、その抱える問題点を探ってみたい。

第１節　基層社会構造の「異質化」

1990 年代の社区や社区教育に関する政策・規定などを論じる前に社会環境の変化を紹介する必要がある。「単位人」から「社会人」への転換は社会構造の根幹にかかわる事情が存在する。「単位」の社会的機能の転換に拍車をかけたのは、住宅制度の改革と社会保障制度の改革であり、これは見過ごせない制度改革である。また、「単位」の社会的機能の崩壊に伴い、社会の構成員が一定の社会組織に固定して従属する管理体制は打破され、大量の農村人口が都市に流れ込んでいた。社会流動人口が増加した上、教育及び都市部の社会人口の管理が相対的に滞っており、都市管理秩序の強化及び住民の質・文明レベルを向上させることが焦眉の課題となっている。

以下では、社区の形成、社区教育の施策に影響をもたらした都市部における住宅制度の改革、戸籍規制の緩和及び大規模な社会流動人口の増加（農村人口が都市に流れ込む）、「単位」体制の崩壊によるレイオフの増加などの社会環境の変化を述べておく。

1. 都市部における住宅制度の改革

中国では、住宅は、1990 年代から 2000 年代初期にかけて、「単位」が提供するものではなくなり、人々にとって、「商品房」という市場から自由に売り買いのできる商品としての住宅へと変わっていた。「単位」が提供する社宅の社会から、住宅は自分で購入したり、賃借りしたりして暮らす社会に変わりつつあることに伴い、近隣で出会うのは職場の同僚や上役ばかりという社会から、隣は血縁や同じ職場を持っていない人になる社会へと変化した。人々はこの時から初めて真の地域社会の中で生活することになる。そこで、都市のあり方に直接大きな影響を及ぼすのは住宅制度であるといえるのであろう。

(1) 住宅改革前の「単位」に配分される住宅制度

建国初期から現在まで都市の居住環境や都市建築の風格には天変地異といってもよいほどの変化があった。建築物のシンボルとして都市の変化を物語っている住宅に対して、住宅制度の改革は「単位」社会を打破する諸制度の一環である。

前述のように、1949年新中華人民共和国の成立以降、とくに改革開放の実施が決定される以前は、土地の国有化が進められるとともに、都市においては公有制への一本化が目指された。1950年代後半から、都市部では広汎な就職と低給料の制度を背景として「統一管理、統一配置、住宅リース」(統一管理、統一分配、以租養房) の理念に基づき、社会福祉事業を実行した。社会福祉事業の一環として、住宅の維持・管理費用は国から支出され、住宅の財産権は公有され、また自らの職場は「単位」職員の職務、資格、経歴、結婚状況、家族人口などを考慮した上で、安価な家賃で住宅を配置するものとされていた。当時の低消費・低給料の側面からいえば、この住宅制度はある程度、国有企業の職員の住宅問題を解決したとはいえ、職員たちは国の住宅建設、「単位」の住宅配置を待つことしかできなかった。一方、国有企業に就職できない人はこのような福祉住宅を享受できず、別途に方法を講ずることしかできないので、5人以上世帯の家族は全員で一つの20㎡だけの部屋に住む状況もあった。

国家が土地と住宅投資を独占するという背景の下で、「単位」は住宅の管理・配置を担っているので、住宅の環境の問題、生活問題、人間関係の維持と解決などはすべて「単位」に依存した。それにより、住民同士の同質性が高い、「単位」に高度な依存性を持っているといえよう。このような高度な同質性と依存性は、都市部の住民の社区の公共事業への無関心をもたらした。

低迷する国民経済を建てなおすため、鄧小平がどのように改革開放を推進するかを考えた際、住宅の問題は彼の注目した課題であった。商品あるいは経営の対象として公有住宅売却の試みは1980年代初頭から一部地域で開始されたが、実は、1978年、鄧小平は国務院に国家の経済負担を減少するため、住宅問題の解決ルートを広げる必要があることを提言した。その時でも、個人住宅建設、分割払い、一人当たりの床面積を当時の3.6㎡から1985年の5㎡に引き上げるなどについて言及した[1)]。

(2) 住宅改革の経緯

住宅改革に関する発表は1980年4月2日の鄧小平談話である。住宅改革の経緯からいえば、実験的な住宅売買（1979年～1985年)、家賃補助金の実施（1986年～1990年)、分割払い（1991年～1993年）及び全面的な住宅市場化改革（1994年～1997年）に分けられる[2)]。

鄧小平は4月の談話で、都市住宅の売却や賃料引き上げの必要性などにふれ、同年6月には、党中央・国務院が住宅商品化政策の実施を正式に宣言した。住宅改革に関する政府の決定・通知からみると、1980年代半ばごろまで進行は極めて緩慢であった。1990年5月『都市部国有土地の使用権の譲渡に関する暫定条例』（『城鎮国有土地使用権出譲和転譲暫行条例』）の公布は住宅商品化の形成に向かって基礎を定めるものとなった。

そして、住宅建設資金の確保を目的に、1991年に上海で住宅公共積立金制度が導入され、1993年末までに全国131の都市がこの制度を導入した。国務院は1994年7月8日、都市の住宅制度改革を一層推進することを決定し、『都市住宅制度改革の深化に関する決定』（『関于深化城鎮住房制度改革的決定』）を公布した。その内容には、政府・企業・個人の三者が費用を割り当てるという方法から、労働に応じて貨幣を与える方法に変え、住宅積立金制度を盛り込む必要性を強調した。この決定は中国の住宅改革の基本的な内容を明確化し、中国の住宅市場化改革の開始を示しているため、非常に重要な決定である。

その後、国家は全国で住宅公積金（積立金）制度の全面的な構築を開始し、公有住宅の販売を着実に推し進め、都市の労働者に元の公有住宅を販売するようになった。『都市住宅制度改革の深化に関する決定』の公布により、中国の商品住宅時代到来（住宅私有化のプロセス）の前触れとなったといえる。1998年、政府は商品住宅の売上をさらに高めるため、住宅改革も全面的に開始した。福利住宅分配が停止され、住宅融資へのキャッシュ補助を実施する政策が発表されたことに伴い、商品住宅も新たな開発段階に入った。同年7月3日、国務院は『都市部住宅制度改革の深化と住宅建設の加速に関する通達』を公布した。そこでは、分譲住宅が市場における主体となる地位が確立された。福利的住宅分配制度の廃止に踏み切り、1999年前半にほぼ完了した[3)]。

(3) 住宅改革の結果

このような住宅の所有状態及び住宅の管理システムを徹底的に変革する住宅改革を通じ、住宅補助制度・住宅不足の問題が改善され、国の財政負担及び企業の財政負担は軽減された。しかしながら住宅市場化の展開に伴い、人々の生活スタイルは根本的に変容していくことになった。

まず、住宅所有権の集団から個人への移行は、住宅空間の再配置をもたらした。1990年代以降、都市経済体制改革の進展と住宅制度の改革に伴い、都市住宅の所有制構造に大きな変化が生じ、「単位」所有の住宅が個人に売却され、数十年間続いてきた住宅福祉制度に終止符が打たれた。つまり、これらの社会機能、サービス機能のほとんどが国家の一元化コントロールから外部化された。また、この都市居住空間の再配置により、住民構成が変容してきた。従来のこれまでは同じ空間で生活していた「単位」居住共同体は仕事・生活の圏域が高度に重なった。これに対して、特に、1990年代以降急速に発展してきた新興住宅地（商品楼）[4]では、職住一体化した「単位」と異なり、住民はお互いに異なる職業に従事し、コミュニティは見知らぬ人から構成される普通の居住生活共同体となった。都市化の必然的な経過として、都市生活様式の普及に従い、社会的距離も拡大してきたにもかかわらず、住民は以前の多機能「単位」組織は単一機能組織に変わりつつあるという現実に直面している。それゆえ、人々は住民生活を保護するコミュニティ生活体系の確立を期待している。都市住民とその居住する社区との関係はますます密接になってきているといえる。企業・事業組織から独立した社会保障体系及び社会サービスネットワークの構築も都市社区による役割の発揮が必要とされている。

即ち、住宅の改革は住宅空間の再配置を可能にし、この住宅空間の活性化は「単位」時代の住民構成を変容させ、この新たな住民構成の急速な変化はコミュニティの統合を同時にもたらした。都市基層である「街道弁事処」や「居民委員会」は社区の実質の担い手として、政策実施の上で新たに注目され始めている。

2. 戸籍規制の緩和

中国の戸籍制度[5]は、「戸口」と呼ばれ、中国で、出生、死亡、及び世帯数変更があった場合、「派出所」（地域の役所）に戸籍原簿を持って行き書き換えてもらい届け出なければならない。中国政府の戸籍管理制度の変化は、新しい中国社会の変化の過程を現し、中国の戸籍制度を通じ、中国の歴史・経済及び社会発展の軌跡を理解し、国家と個人・個人と社会及び個人発達と社会発展の関係を解明することができるという論説がある[6]。具体的にいえば、中国の戸籍制度が持つ主な社会的機能は、公民としての身分を証明すること、社会の治安を維持すること、及び身分戸籍の移転を規制することである。また、公民の権利・教育機会・

就職・住宅も戸籍とリンクしている。

(1) 新中国成立から1980年代にかけての戸籍改革

1949年の新中国成立まで、戸籍の主な役割は、一個人の存在を証明することであり、人口移動は相対的に自由であった。中国の戸籍制度の基本形は、1951年に発布された『都市戸籍管理暫定条例』に遡るが、1958年に全人代常務委員会により発布された『中華人民共和国戸口登記条例』は戸籍の移転を拘束する最初の規制である。この条例により、国民は都市戸籍と農村戸籍に分けられ、農業戸籍の人が都市に転入することを規制されてきた。戸籍管理部門は、農業戸籍から非農業戸籍に転換すること（「農転非」）を長期にわたり厳しく制限してきた。

新中国建国初期に政府がこのような都市・農村の二元的社会構造政策を実施した目的は、労働力を農業に引き止めて食糧生産を確保し、物資が欠乏している都市への人口の集中を避けるためであり、また、工業化の実現を図るためであった。1977年前後に、中国社会はまた新しい問題に直面した。既述したように、「文革」中「下郷知識青年」たちが、都市に戻り、都市部に多様な経営形態による雇用機会が出現すると、一部の農民たちも都市に出稼ぎに来るようになってきた。そうした中で、1950年代に計画経済のもとで完成した戸籍管理制度は、労働市場による労働力の合理的移動という市場経済原理と必然的に衝突し、改革せざるを得ない段階にきていた。

(2) 1980年代以降の戸籍改革の変遷

1980年代から現在に至るまで戸籍管理制度の形式及び内容は大きく変わろうとしている。ここでは中国政府が通達した主要な方針・政策をもとに、1980年代からの戸籍制度改革の過程を浮き彫りにしたい。1980年代の初め、農村は、生産請負制により、多くの農村余剰労働力が、就業の機会を見つけるため都市に殺到した。このため、1984年に政府は、人口移動を若干緩和した法律（『農民の郷鎮への移住に関する通知』）を公布し、戸籍制度改革の第一歩を踏み出した。これにより、農民が県の下にある行政単位の「郷」や「鎮」に移住することができるようになった。かなり多くの制限があるものの[7)]、数十年も厳しく制限してきた農業戸籍から非農業戸籍への転籍が初めて政府によって認可された意義は大きく、それは新中国の戸籍制度史上の画期的な改正であると評価されている。

しかし「郷」や「鎮」の企業による労働力の吸収も限定的であるため、結果として農村余剰労働力が大挙して都市に流入することになった。このため、政府は、また「都市における暫定居住人口管理の暫定規則」(1985年)を制定し、都市に流れ込んできた農村人口に「暫住戸籍」[8](臨時居住の登記)を要求し、その条件下でのみ労働移動を認めた。

1980年代以降、戸籍制度の制限は緩和されつつあり、1990年代に入ってから大きな前進が見られる。1990年代前半までは中央政府による改革の総体方案の制定と地方政府による独自の改革が並行し、1990年代後半以降では、国務院・公安部による重要な改革案が次々と発表され、これに基づいて、各地方の改革はようやく統一される方向へと向かい、戸籍管理制度はいよいよ本格的改革段階に入ったのである[9]。特に、1997、1998、2001年の3つの改革案は、いずれも中小都市の戸籍改革を目的に、これまでにない大胆な改革内容を打ち出している。2001年に制定された第10次5カ年計画では、市場経済システムの下で新しい都市・農村間関係を確立することが強調され、都市に進入した農村労働力に対する不必要な制限を取り除くなどの戸籍改革の方針が改めて打ち出された。

1997年以降は農村戸籍者の小都市への正式移住を認める改革が広東省などで行われ、最近ではこの数年、江蘇、山東、河南、河北、安徽、四川などの省が中央政府による改革の総体方案のもとで、それぞれの地域発展のニーズ・情勢に応じて、戸籍制度改革の措置を相次いで講じ、農民の都市戸籍を取得できるように制限を緩和したことが注目されている。一部の省の中小都市では、「農転非」の指標となっている制限を取り消した。

(3) 戸籍制度による社会基層管理への要請

戸籍の移転制限は、実際は労働力や人材の自由な流動を制限しており、都市の発展と農村の都市化の進行を阻害し、農村の発展や農民の収入の増加にも悪い影響を与えている。それに対し、戸籍の移転が緩和されるとともに、大規模の人口流動がもたらされている。市場経済の発展、都市の労働力需要が日増しに膨大化するのに伴い、人口の合理的な流動は、もはや拒むことのできない一つの潮流であるが、まだ整備されていない社会保障制度の下で、大規模な人口流動が社会の安定を脅かしている。そして、1990年代以降の戸籍制度の改革により職業、住居を選択する自由はある程度実現できたものの、多くの大中都市では、さまざまな制限や不公平な待遇が存在していた。例を挙げれば、毎年暫住費・計画出産費・治安費など高額な費用を支払わなければならないこと[10]、都市戸籍のない人は「経済適用房」という格安な住宅を買うことができないこと、多くの職場や企業が所在する都市の戸籍を持っていることを求人の条件としているため、外から流入してくる求職者が就職難にあること、暫住者の子弟が現地の幼稚園や学校に通うとすれば多額な「賛助費」（学校に対する助成金）や「借読費」などの多くの費用を納めなければならないことなど、多数挙げられる。同じ公民でも戸籍が異なれば享受する待遇が異なっている戸籍制度が「中国に二極社会を形成している」。

しかしながら、仮に、社会保障制度がまだ未成熟のもとで戸籍制度を完全に撤廃すれば、一連の社会問題が出てくる恐れがある。現行の戸籍制度・社会保障制度の下で、如何に、遠く故郷を離れ、都市に来ている出稼ぎ者の就職・生活、及びその子女の教育を保障するか、如何に都市戸籍保有者と農村戸籍保有者の差別をなくすかなどのような有効な社会管理手段、特に社会最基層単位としての社区の機能が問われている。

3. 大規模な人口流動

中国経済の市場経済化に伴い、都市における商品、労働、資本、技術などの流動が加速している。市場経済化による経済発展に伴う労働力需要、地域経済社会発展の不均衡による経済格差、及び農村労働力の過剰問題の刺激により、人口流動化が、特に、農村部から都市部への人口流動がもたらされた。中国社会の近年の流動化について、牧野篤は全国規模の人口流動、就労人口の学歴構成の変化、そして離退職者数の推移の3点から概観した[11]。ここでは大規模の人口流動と失業者の増加を、1990年代行政改革を取り巻く環境変化のひとつとして述べる。

(1) 失業者数と「下崗職工」の増大

1990年代半ばから計画経済から市場経済へと経済体制の大きな変革期にあり、アジア金融危機と国有企業改革の進展等に伴い、過剰労働力の問題が急速に顕在化してきた。さらに農村から都市への労働力移動が、主に出稼ぎ労働者の形で活発になり、都市部の人口増大をもたらしてきた。一方、国有企業は外資系企業等との競争が激化し、1995年頃より、国有企業の経営改善のための人員削減が許容あるいは推奨されるようになり、大量の解雇が行われた。特に、1998年になると、経済の急成長に対する対策の最大の具現化である、当時の朱镕基総理により掲げられた「三大改革」（国有企業、行政、金融の3分野の改革）の目標の下で、多くの大型企業は国有企業の形態を残したまま集中して再活性化を図った。一方、中小企業は市場に放出して民営化させるとの方針をとった。この結果、企業再編の過程で従業員の中から大量のレイオフ人員や失業者が生み出された。失業問題は中国指導部にとって、農村部の貧困問題、蔓延する汚職・腐敗などと並ぶ最重要課題のひとつとなっている。失業率は1997年～2000年まで3.1％の横ばいで推移していたが、2001年末時点で中国都市部登録失業者数は681万人、失業率は0.5％ポイント上昇し3.6％となった[12]。

過剰労働力の問題に対して、中国政府は余剰人員を削減する方法として、「下崗」という中国特有の制度を実施した。このような「一時帰休」扱いの労働者は「下崗職工」または「下崗人員」[13]と呼ばれる。「下崗職工」[14]は仕事を失うものの、企業との雇用関係は特定の条件で一定期間（通常は3年間）維持される。急増する下崗労働者は、「下崗職工」受け皿として設立された再就職サービスセンターで生活保障を受けながら教育訓練を受け、就職活動を行う。下崗の対象となった人たちには賃金は与えられないが、社会保険料、生活費手当が再就職サービスセンターに支払われる。しかし、再就職センターに登録されている3年間に再就職を果たせなかった場合、企業との労働契約は解除され、失業登録をすれば失業者としてカウントされる。「下崗職工」の一部は年齢が高くかつ十分な教育を受けていないため、再就職が厳しいという問題がある。「下崗」された労働者数は、1993年から1997年の4年間で合計845万人に上った（表3-1）。

表3-1　都市部の「下崗人員」（一時帰休労働者）の数

年	1993	1994	1995	1996	1997	1998	1999	2000	2001	2002	2003	2004
下崗人数	150	180	282	534	995	877	937	911	742	618	421	272

（出所）国家統計局人口和就職統計司・人力資源和社会保障部規画財務司編『中国労働統計年鑑』（各年版）より

（注）「下崗人数」の単位は万人である。

(2) 大規模な人口流動

改革開放政策が始まってから、都市部の経済発展により、ヒト、モノ、カネの流動化の進展と伴い、農村人口が大量に都市に流れ込む現象が現れた。上述のように、もともと1958年に公布された『中国戸口（戸籍）登記条例』では、都市戸籍と農村戸籍を厳然と分離すると規定されたため、住民は農村戸籍を都市戸籍に自由に切り替えることはできなかった。このような中国特有の厳格な戸籍制度の下で1970年代末まで、農村部から都市部への人口移動は限られていた。1980年代から、特に1984年10月13日国務院により公布された『農民の戸籍を集鎮に転移する問題に関する通知』（『関于農民進入集鎮落戸問題的通知』）により、都市部において戸籍制度が緩和され、暫住証制度が新設されたため、農村部の人々が徐々に他の地域へ移動する傾向がみられるようになった。

「流動人口」に関する定義は明確化されていないため[15]、全国の流動人口の統計方式はさまざまである。中国の『戸籍登録条例』（『戸口登記条例』）（1986年）では「公民は常住都市・県範囲以外の都市に三日間以上泊まる際、『一時居住登録』（暫住登記）を申請するべきである」と規定されている。1994年11月1日、「北京市流動人口調査」が行われた際、流動人口と本地域の戸籍の関わりから、「流動人口とは本地域の戸籍を持っていないが、調査実施の際、本地域に住みまたは一時泊まる流入人口、及び本地域の戸籍を持っているが、調査実施の際本地域を離れている者の人口である」と定義された[16]。

表3-2によれば、中国の全国総人口が増加中の現状において、都市部の人口数の総人口に対する比率がますます上がっていき、それに対して、農村部のほうは下がる一方である。労働者が農村部から都市部へ流れ込んでいる。実は、1990年代、中国の農村部では、雇用吸収力が弱く、賃金水準が低いことから、慢性的な労働力の供給過剰状態にある（農村部の失業状況を示す統計はない）。この膨大な余剰労働力は、沿海部や内陸部の一部の大都市の出稼ぎ労働者となり、省間移動が盛んになった。表3-2により、農村部から都市部への移動が多いことが1990年代の人口移動の特徴の一つであると指摘できる。

また、国家統計局『1990年第4人口普査資料』と『2000年第5次人口普査資料』[17]によれば、1990年と2000年の流動人口[18]はそれぞれ11,098,062人と42,418,562人であり、2000年の流動人口総数は1990年の3.82倍になった。流

表3-2　中国における都市部と農村部人口の推移（1978年～2002年）

年	総人口	都市部		農村部	
		人口数	対総人口比	人口数	対総人口比
1978	96,259	17,245	17.9	79,014	82.1
1985	105,851	25,094	23.7	80,757	76.3
1990	114,333	30,195	26.3	83,164	73.7
1995	121,121	35,174	29.0	85,947	71.0
1996	122,389	37,304	30.5	85,085	69.5
1997	123,626	39,449	31.9	84,177	68.1
1998	124,761	41,068	33.4	83,153	66.6
1999	125,786	43,748	34.8	82,038	65.2
2000	126,743	45,906	36.2	80,837	63.8
2001	127,627	48,064	37.7	79,563	62.3
2002	128,453	50,212	39.1	78,241	60.9

（出所）国務院人口普査弁公室・国家統計局人口統計司編『中国2005年人口普査資料』中国統計出版社、2006年より筆者作成。その中の対総人口比率は同普査資料の数字に基づいて計算したものである。
（注）総人口・人口数の単位は「万人」であり、対総人口比は「%」である。

入人口の総人口に対する比率をみると、1990年、経済発達の東部地域への流入人口は全体の56%を占め、中部地域への流入人口は全体の26.1%を占め、西部地域への流入人口は全体の17.78%を占めた。2000年になると、それぞれ、79.18%、9.02%、11.79%になった。1999年GDPの比率について、東部地域は56.59%、中部地域は23.90%、西部地域は17.51%であり、それぞれの一人当たりGDPのは1万693.4元、5,409.0元、4,283.4元である[19)]。これに基づき、東部地域は経済発達の地域であり、中部地域と西部地域は経済発展の遅れた地域であることが分かる。

さらに、表3-3の数字により、経済発達の東部地域への流入人口は上昇している一方、中部地域と西部地域からの流出人口が増加している。人口流動の特徴のもう一つとして、経済発展の遅れた地域から進んだ地域への移動が多いことであると指摘できる（表3-3参照）。特に上海、北京、天津、西安などの大都市や深圳、珠海などの広東省の経済特区に、近隣地域からの出稼ぎ労働者が殺到するようになった。

表3-3　1990年～2000年中国東・中・西部地域流動人口の変化（単位：万人）

	1990年		2000年	
	流出人口数	流入人口数	流出人口数	流入人口数
東部地域	367.8	607.3	637.0	3316.0
中部地域	377.7	290.9	1582.7	382.9
西部地域	365.7	211.6	1102.7	543.3

（出所）国家統計局の『1990年第4次人口普査資料』と『2000年第5次人口普査資料』により筆者作成

（注）東部地域は天津、河北省、遼寧省、上海、江蘇省、浙江省、福建省、山東省、広東省と海南省などの11の省であり、中部地域は山西省、吉林省、黒龍江省、安徽省、江西省、河南省、湖南省などの8の省であり、西部地域は内モンゴル省、広西省、重慶省、四川省、貴州省、雲南省、チベット、陝西省、甘粛省、青海省、寧夏省、と新疆省などの12の省である。

(3) 失業増加・人口流動による顕在化し始めた社会不安

総じて言えば、経済市場化と1990年代以降、流動人口管理が緩やかになったことにより、都会で戸籍なしで働き、生活できるため、人口流動が盛んになってきた。このような背景で、膨大な人口増大は都市の管理に大きな圧迫を与えた。外来の人々の帰属意識をどのように呼び起こすか、現代都市社会の管理手法が問われている。

このようにして、人口流動問題は政府のみならず、全社会から注目される重要な課題となった。流動人口を有機的に管理するため、政府の政策が、農村労働力を一定の規制のもとに都市部へ導入する方向に切り替えられ、地方政府も相関する制度と法規を相次いで公布した。例えば北京市海淀区区委区政府研究室の統計によれば、北京市には人口流動に関する管理法規が、『外来の労働者・自由経営者の管理条例』（『外地来京務工経商人員[20]管理条例』）など、10条例以上がある[21]。

中国における地域経済社会発展の不均衡、農村の大量余剰労働力及び市場経済化等は、いずれも中国の人口を流動させる重要な原因である。流動人口が中国社会に与える影響に利益と弊害の両面がある。人口の大規模な流動は都市のインフラ建設、農村余剰労働力の解決、都市労動力補足、サービス産業の発展、消費市場の拡大に重要な役割を果たした。しかしながら、他方で流動人口は中国社会に極めてネガティブな影響を与えている。

1つ目は、ライフラインの混乱である。急激な都市部への人口流入はライフラインの供給を逼迫させ、交通における日常的渋滞と春節前後の大混乱を引き起こし、統制力の低下と絡んで違法出産、治安の悪化といった深刻な問題を引き起こしている。2つ目は、社会保障制度が整備されていない現状において、大量の失業者・「下崗人員」の急増が社会の安定を揺るがしている。しかも、統一分配制度の下、政策的に隠蔽されてきた労働力の需給の不均衡などの問題が、一気に顕在化された。労働者の社会保障への不満が一部の地域で急速に高まっている[22]。これにより、大量の失業者や「下崗職工」は、失業者に対する公的救済制度・生活保障制度が十分には整備されていない現状に面して、労働者の抵抗や頻繁な転職は、社会の安定を揺さぶり経済発展の阻害要因ともなりかねないと窺える。

このような背景で、都市部における従来の社区が急速に大きく変化し始め、流動人口・失業者などさまざまな人々の受け皿と変わることが望まれるようになった。

しかし、前述したように、1980年代まで「単位」はすべての「単位人」にとって重要な意味を持っていた。改革開放政策実施以来、就職先の多様化、住宅改革及び市場化の進展により、1990年代から、特に1998年からほとんどの職場は職員に対し住宅を供給しなくなり、かつての職場に頼るライフスタイルは大きく変化し始めた。そして、従来の厳格な戸籍制度が緩和されつつ、農村から都市へ、中小都市から大都市へと大規模な人口流動が始まった。これらの外来人口の急増は就業・住居・計画出産・子女教育・サービスなどの面で、社会基層に大きな負担をかけているとともに、社会基層のサービス機能向上を要請している。

さらに、市場化の進展・国企の改革に伴い、増えつつある「下崗・失業者」は、所属「単位」がなく、「単位」外の人員は増大していくことになる。企業から切り離された社会的職能はその大部分、特に社会保障体系及び社会サービスネットワークの構築を都市社区が受け入れなければならなくなった。最後に、「住宅改革」と市場メカニズムにより、中国の都市部空間構成は大きく変化することになった。知人の居住生活共同体から見知らぬ人により構成される居住生活共同体となり、都市の住民とその居住する社区との関係はますます密接になってきている。法律意識が徐々に浸透してきた人々は多レベルの生活を要求しながら、自分なりの権利を保護するため、コミュニティ生活体系の確立を期待している。

即ち、以上の社会変化・政策改革に伴い、基層社会は「同質的な特質を持っていることや異なっている集団に属している人々の間で結ばれる社会的ネットワーク」としての「単位」時代の「単質的社会的ネットワーク」から、「異質的特質を持っていることや異なっている集団に属している人々の間で結ばれる社会的ネットワーク」としての「多質的ネットワーク」へ転換されていった[23)]。「単質的社会的ネットワーク」から「多質的ネットワーク」への転換に対応するため、地域基層社会管理の管理システムの強化や再組織化が課題となっている。

第2節　「社区建設」の提起と社区教育の試行通知

こうした背景の下、国は「小さな政府、大きな社会」（小政府、大社会）というスローガンを掲げ、民政部が社区の画定を要求し、地域コミュニティの機能拡充をするため、新しい都市事業としての「社区建設」を呼びかけた。ますます多様化・高度化する住民のニーズに対して、国の一方的な対応には限界があり、国や省県及び社区でできる事の役割分担を明確にして、地方への権限の移譲を図ろうとするものである。

また、1990年以降、社会的、経済的、また政治的な改革に伴い、「教育」「医療」「住宅」は人々の生活に影響を与える「新しい三つの山」になった。このような状況に面して、中央政府は住宅制度の改革・戸籍制度の緩和を行ったが、教育の改革をも急速に展開していた。特に1990年代以降、従来の計画経済体制から市場経済体制への転換と、経済のグローバル化により、中国の教育も大きな変動にさらされた。第2章で既述したように1980年代の教育体制改革では、9年義務教育の制度の確立、基礎教育の管理権限の移譲、教育部の職能転換[24)]を明確にしたといえる。1980年代の教育改革は主に教育システムの改革であり、1990年代の教育改革により、中国の教育は「教育産業化」[25)]の時期に入ったといえよう。ここで、社区教育に関する一連の指令を分析しながら、当時の中央政府の教育改革の動向を述べる。

1. 民政部による「社区建設」

1991年には当時の民政部の崔乃夫部長が「社区服务」を発展させる概念として「社区建設」という言葉を使い、民政部は1999年初めに全国から「社区建設実験区」を選び、社区建設は活発に進められるようになった。ここで「社区建設」の構想、『23号文件』に基づき、社区教育は社区建設における位置づけを探求する。

(1)「社区建設」構想の登場

前述したように、1986年民政部が「社区服務」を提唱した。それ以来、社区サービス事業の展開は中国社会保障体系の整備過程として都市部の住民日常生活に積極的に役立ててきた。しかし、改革の進展に伴い、従来の社区サービスの内容は住民の生活の質への要請に対応できなくなった。社区衛生・社区文化・社区治安の整備も求められ、社区サービスは社会基層管理の課題を解決できなくなり、社会サービスを基礎としたより綜合的な管理システムの構築が必要となってきた。そこで、民政部が「社区建設」を呼びかけた。

以下、「社区建設」の概念、基本方針、経過、意義、原則、目標などをまとめ、中央レベルの社区政策策定の流れの一部として整理する。

1)「社区建設」の概念と基本方針

社区建設とは「社区が共産党と政府の指導の下、社区本来の力に依拠し、社区の資源を活用し社区の機能を強化し、社区の問題を解決し、社区の政治・経済・文化及び環境の調和的且つ健全的な発展を促進する。これにより社区を完備の管理、行き届いたサービス、安定した生活、良好な環境・治安、近隣相互扶助を整える場所として建設する」[26)]。第1章の「社区の定義」で述べたが、ここで注目したいのは「社区建設」における社区の定義である。中国民政部基層政権と社区建設司により、社区とは「一つの地域に居住する人々がさまざまな社会関係や社会集団を結成し、多様な社会活動に従事する人々により構成される社会区域の生活共同体である」[27)]。また、2000年に公布された『全国で都市社区建設を推進することに関する意見』では、「社区は一定の地域範囲内に住む人々により組織される社会生活共同体を指す」と定義される。

社区建設の基本方針は主に以下の5項目[28)]がある。①住民を主体として、住民にサービスを提供する。②社区の資源を集め、社区事業を推進する。③社区組織の責任と権限を統一し、管理制度の改善を推進する。④民主の範囲を拡大し、住民自治を実現する。社区において、民主的な選挙・政策決定・管理及び民主の監督を実行する。これを通じ、より速く、居民の自己管理・自己教育・自己サービス・自己監督を実現する。例えば住民は社区の一員として社区の中で社区の管理者社区の係員の選出に参与する権利を持つ。⑤地域実情とニーズに合わせ、段階的に進め、地域の特色を強化する。

2）社区建設の提起経過

「社区建設」という概念が民政部によって最初に提起されたのは1991年5月であった。民政部は都市部基層の社会管理を強化し、基層権力と居民自治組織の建設を推進することを目的として「社区建設」の理念を提言した。

1991年7月　当時の民政部部長であった崔乃夫は中国社会工作者協会設立に際しての講演の中で社区建設の研究と参加が協会の今後の重大な任務であることを提起し、企業経営体制改革と政府機能の転換の下で、「小さな政府、大きな社会」は中国政治システム改革の方向であるというスローガンを掲げた。1992年から1993年にかけて、民政部基層建設司、社会工作教育研究中心、及び中国社会工作者協会は天津、杭州、上海で相次いで3回に亘る「全国社区建設理論検討会」を開催した。

1996年3月、当時の総書記であった江沢民が第八期全人代四回会議に出席し、上海代表団とともに社区改革発展の計画を検討する際に、社区建設活動を促進するため、「都市部の社区建設を大いに強化し、『街道弁事処』と『居民委員会』の作用を十分に発揮しよう」と呼びかけた。1998年には、国務院の体制改革案で、従来の民政部の一部である「基層政権建設司」が「基層政権と社区建設司」に改名された。これは「社区建設」が政府の職能の一つに組み込まれたことの表れであった。1998年10月、胡锦涛の民政部に対する社区建設活動の全国的展開という指示を受け、民政部は南京での社区建設実験区工作座談会で、北京市西城区、及び上海長寧区など11の都市区を「社区建設実験区」に指定した。1999年、民政部が『全国社区建設実験区工作実施法案』を制定した。

2000年11月、民政部は全国的範囲で都市社区建設を積極的に推進する必要性を認め、『全国に都市社区建設の推進に関する意見』を提出した。同報告は19日に中共中央弁公庁、及び国務院弁公庁により『23号文件』として公布されたため、この文書は一般に『23号文件』と呼ばれる、以後の各地方の政策遂行上の重要な指針として扱われている。この『23号文件』(2000年)では社区の定義が作られ、社区建設の意義、基本原則と主要目標、社区建設項目の確定、社区組織及び社区工作組織についての定義と関係が明確になった。この文件は社区建設の大号令といわれ、中国の各地方の政策遂行の最重要の指針として扱われている。

(2) 社区建設にみる社区教育

社区建設の推進により、基層社会の中で、「単位制」と「街居制」の影響力が逆転した。社会転換に伴い、企業・事業「単位」及び政府が担えなくなった機能を社区が引き続いた。即ち、都市部社区の機能が強化され、社区建設の実行主体は「街道弁事処」や、「居民委員会」になる。社区建設は中国都市部社会管理を改めて構築するプロジェクトであるといえる。

街道に対して権限委譲の実施によって、「街道弁事処」は一級の政府へ変わり、「居民委員会」の機能も強化された。また、『23号文件』では「現有の『街道弁事処』と『居民委員会』の管轄区域に対して適切な調整を行い、調整後の『居民委員会』の管轄区を社区地域となし、社区と名づける。これに基づき、社区居民自治組織を設置する。『社区居民委員会』の成員は民主選挙により選出され、社区の日常業務の管理に責任を負う。『社区居民委員会』の根本的な性質とは、党の領導下にある社区住民が自己管理・自己教育・自己サービス・自己監督を実行する大衆的自治組織である」と記されている。これを機に、従来の「居民委員会」に新しい組織作りとしての役割が課せられたのである。社区建設の推進に伴い、基層組織構造の変遷と社会基層生活の異質化などの一連の政治・生活の変化に面して、社区教育の形態も変わらなければならない。

社区教育と社区建設の関係について、社区教育を社区建設内容の一部として捉え、社区教育展開の目的は社区建設を推進することであると2点にまとめられる[29]。2000年、中国政府は一連の文件で社区教育の位置と役割を定めた。例えば『23号文件』では「社区構成員への社会主義教育、政治思想教育及び科学文化教育の強化を通じ、健康を向上し、文明的、かつ調和の取れた社区文化の雰囲気を形成する」というマクロの教育内容を提言した。これにより社区教育は社区建設の実施を保障する役割を果たすことができると窺える。その後、民政部は

『全国社区建設模範都市の基本標準』（『全国社区建設示範城基本標準』）で「社区教育資源を有効に活用し、青少年の校外教育、在職・レイオフ職員の育成訓練、青年教育、社会公徳、職業道徳、美徳教育などの教育活動を広く展開し、科学知識を普及させる」と再び提案した。これも社区教育の内容をさらに明確にしたといえる。すべての社会構成員の健全な成長に積極的な役割を果たしている社区教育は規範化、大衆化され、社区建設の重要な原動力になっていると推察される。

再就職ための訓練、流動人口の管理、退職した高齢者向けのサービス、社会治安、居住環境問題、計画出産の各種問題を解決するには、社区に期待が寄せられた。すでに述べたように、「街道弁事処」と「居民委員会」はその機能が強化されるにつれ、住民たちの生活に密接に関わる教養教育、職業訓練、娯楽、スポーツなどの活動と多岐にわたる。社区建設、社区教育を推進し、社区住民が自己管理できるよう保障することが1990年代の社会問題を解決する有効な方法であるといえる。これについて後ほど論じるため、ここでは余りふれないことにする。

2. 生涯教育理念に基づく教育施策

高度経済成長に伴い、国民の生活水準が高まりつつあり、教育の改革は破竹の勢いで迅速に展開してきた。表3-4のように、近年好調な経済成長を背景に、中国の教育の展開は順風満帆に見える。一方、さまざまな問題を抱えている。例

表3-4　中国における教育事業の発展（1978年～2002年）

年度	在学生人数（万人）				適齢児童の入学率（%）	小学卒業生の進学率（%）	中学卒業生の進学率（%）	1万人当たりの大学生数（人）
	小学校	中学校	高校	大学				
1978	14624	4995	1642	85.6	95.5	87.7	40.9	8.9
1984	13557	3864	997	139.6	93.2	66.2	38.4	13.4
1990	12241	3869	1236	206.3	97.8	74.6	40.6	18.0
1995	13195	4658	1534	290.6	98.5	90.8	48.3	24.0
2000	13013	6168	1705	556.0	99.1	94.9	51.2	43.9
2002	12157	6604	2195	850.0	98.6	97.0	58.3	66.1

（出所）国家統計局国民経済総合統計司編『新中国50年統計資料祉編』（中国統計出版社、1999年）、国家統計局『中国統計年鑑』と『中国人口統計年鑑』（中国統計出版社）の各年版により筆者作成

（注）高校在学生数に普通高校、中等技術学校、中等師範学校、技工学校、職業高校の在学生数を含む。

えば、1980年半ばから経済の急速な発展を背景として試験点数重視の「受験教育」がますます優勢となった。また、経済の格差によって教育においての地域の格差問題、教育機会不均等の問題も一層表面化した。経済繁栄の東南沿海地域より、内陸や西北地域は教育貧困に陥っている。このような背景の下で、中央政府は経済の改革が実施された直後、平均の低い人口資質が高度経済成長の要求に即応できないのを意識し、受験競争の激化や拝金主義的・個人主義的教育観の広がりへの対策として、1990年代半ばに教育界に「全民族の素質を高めよう」と呼びかけ始めた。政策的にも「重点校」の廃止、「素質教育」[30]の実施などに努めている。素質教育の実施はただ単に学校だけによるものではなく、社区の協力も求められている。

そして、労働時間の短縮による余暇時間の増大、生きがいや自己実現への欲求の高まり、人々の価値観の多様化等により、科学技術と生産革新による社会構造の急激な発展という世界的情勢に対応し、中国政府もこの「乳幼児から青少年期・成人期を経て高齢期に至るまでの人の生涯にわたる教育」(時間的統合)と「家庭教育・学校教育及び社会教育など、各種のフォーマル、ノンフォーマル及びインフォーマルな教育パターンのすべてを構成要素としている」(空間的統合)[31]教育を重要視した。中国で「文化大革命」が原因で先進諸国より20年遅れ、1980年代初期から生涯教育の理念が受容され始めた[32]。これを受けて、生涯教育を基本国策として強固に確立したのみならず、その法制化の準備さえも見せている。

1990年代の中国の教育現実と社会意識を捉えるために、以下では『中国教育改革と発展綱要』、『教育法』(1995)、『21世紀に向けた教育振興行動計画』及び「第十次5カ年計画」における社区教育と生涯教育に関連する内容を抽出する。

(1)『中国教育改革と発展綱要』

1993年2月13日、中国共産党中央と国務院は『中国教育の改革と発展綱要』(以下『綱要』と略称する)を公布した。

21世紀に向けた教育発展の基本方向が明示された『綱要』の最初では「教育を優先的に発展させる戦略的地位に必ず置き、全民族の思想道徳と科学文化水準を高めることに努力する。それはわが国の現代化を実現するための根本的な大計画である」と明言した。『綱要』は改革開放以来の15年に及ぶ教育に関する総括が進められるとともに、中国の教育の直面する状況と任務が分析されている。特に、教育の直面する任務と状況・教育事業発展の目標、戦略と指導方針・教育体制改革・徹底的に教育方針を実行し、全面的に教育の質を高める・教育隊列の建設・教育経費などの柱から教育改革に関わる問題が明記された。教育活動の任務は第14回党大会の精神に従い、社会主義市場経済体制と、政治、科学技術体制改革のニーズに適応した教育体制を構築するとした上、中国特色を持つ社会主義教育体制の主な原則も一応明確にされた。その中で多ルートでの教育費用の調達と多様な教育活動の実施が明らかにされた。

また、基礎教育、職業教育、高等教育及び成人教育などの具体的な目標と指導方針が明らかにされた。その中で、成人教育については以下のように指摘された。

> 成人教育は従来の学校教育を生涯教育へと発展させる新しいタイプの教育制度である。成人教育は全国民の資質を向上させ、経済と社会の発展を促進させることに重要な役割を果たしている。

ここで、成人教育が学校教育と生涯教育を連結する教育「制度」として位置づけられただけでなく、中国の教育関係政策文書で、「生涯教育」の概念が正式に用いられたのも初めてであった。そして、在職訓練、学歴教育、及び継続教育が「成人教育」の重点として提起されたので、在職訓練と継続教育の制度化の進展に強い推進力を持っているといえよう。

社区教育についてあまり論じられてはいなかったが、「社区教育組織」と社会の学校への支援について強調されていた。また、教育行政の地方分権がさらに確立されることにより、地方の教育に関する管理権力と範囲がある程度確保されたと読み取られる。『綱要』で、1990年代に直面している青少年の資質教育の不足に対して、「全社会が青少年の発達に関心を持つべきで、社会教育・家庭教育と学校教育の三者を密接に結合する関係を構築する必要がある」と明確化した。

(2)『教育法』

この法律は中国の教育綜合法的性格を持ち、従来の9年制の義務教育の実施、教育行政の地方分権の促進と共に、生涯教育体系の構築を明記した。10章84条がある『教育法』において、生涯教育と成人教育に関して第11条、19条と第5

章の第41条で規定した。

また、第6章「教育と社会」において、第8条で社会組織と個人の教育への義務を定めた。その中の第25条、51条、52条では、国家企業、非営利事業、及び社会団体により設置された営利を目的としない教育機関、校外教育を強化するための校外教育施設を奨励し強化することが規定されている。かつ、これらの学校及びその他の教育機関の運営を保障するために、その運営経費は「設置者が負担し、各レベル人民政府は適切な支援を与えることができる」と規定した。この規定により、『教育法』は「教育と社会」の関係を密接にすることを謳い、「全社会が教育事業の展開を支持すべきである」という精神を提唱しているといえる。

以上の条例により、『教育法』において、生涯教育体系を整備、確立すること、校外教育や校外教育施設の設置を強化すること、社会団体の教育機関を設置することを奨励することなどが明確化された。生涯教育に関する具体的な措置が示されていないにもかかわらず、生涯教育を推進する環境整備は確保されている。特に、第2条の「中華人民共和国内における各段階各種の教育について本法を適用する」の「各段階各種の教育」は学校教育以外に、社会教育、遠隔教育、及び職業教育などを含めていると思われる。即ち、今後の社区教育や生涯教育などにもこの教育法が適用されることが理解できる。また、生涯教育体系の構築が見通されるだけでなく、職業教育[33]と就労後の在職訓練とは一線を画す形で、その役割分担が明確にされた。

(3)『21世紀に向けた教育振興行動計画』

1999年1月13日、国務院が批准した教育部で認定された『21世紀に向けた教育振興行動計画』(以下『行動計画』と略称する)が公布された。1998年12月、教育部に制定され、1999年1月国務院に承認された『行動計画』は教育改革の党・政府方針(1983年)及び教育法(1995年)に基づき、教育部が21世紀初頭までの具体的な教育政策の目標と措置を提示する「教育改革及び発展のための綜合プロジェクト」として策定されたものである。ここでは「社区教育の実験を展開し、次第に生涯教育体系を構築しつつ、全国民の資質を高めるように努める」「2010年まで、生涯学習体制を基本的に確立し、国の知識創造体系及び現代化建設のために十分な人的支援及び知的貢献を行う」ことを提言した。現職訓練と継続教育に重点を置いた成人教育の発展と絡めて、社区教育に初めて言及された。

『行動計画』は具体的には基礎教育の普及と質向上、高等教育の教育研究の水準向上と経済発展への貢献促進、遠隔教育の発展などを通じた農村部や成人の教育機会拡充、教育投資の確実な拡大などを目標としている。2000年までの目標は9年制義務教育の全国的実施及び青少年の非識字解消の達成、職業教育・訓練及び継続教育制度の完成、高等教育の安定的発展（大学院・成人教育を含む在学率11%、1997年は約7%）、高水準で創造能力を持つ人材の育成、高等教育機関のハイテク産業の新たな経済成長拠点化である。2010年までの目標は高級中学段階の教育普及、高等教育入学率15%、一部大学・専攻領域の世界的水準への向上、生涯学習体系の基本的確立である。

生涯学習体系の確立を提言したほか、『行動計画』では資質教育と生涯教育体系構築の重要な手段の一つとして、現代情報技術を駆使する遠隔教育が強調された。学校の徳育を強めるため、「愛国教育、集団教育、社会主義思想教育、紀律教育及び社会公徳教育をさらに強化し」「教育資源を統合する」ため、「現代的遠隔教育」を実施することを提唱した。遠隔教育の実施を通じ「開放式の教育ネットワークを形成し、生涯学習体系を構築する」と述べた。また、ここで、従来の政策に出る「生涯教育」が「生涯学習」に変わることを注目する必要がある。

(4) 第十次5カ年計画の綱要

2000年10月、第15回党大会第5回総会で中共中央『国民経済と社会発展の「第十次5カ年計画」綱要』（「十五2001～2005」）（『中共中央関于制定国民経済和社会発展的第十個五年計画的建議』）が通過した。

「第十次5カ年計画」は農業の基礎的地位の強化と向上、都市化の積極的且つ妥当な推進、科学技術の進歩と創造の促進などの16条を目標に掲げた。第9項の「人的資源の強力な開発と教育事業発展の加速」では、「人材はもっとも貴重な資源」とし、「現在と将来の国際競争は結局人材の競争」と見なした上で「普遍的に労働者の資質を向上させ、巨大で、高い資質を持つ人材隊列を建設し、特に急を要する情報や金融、財政会計、対外貿易、法律、現代管理などの専門的人材を育成する」との目標を掲げている。その上、教育管理・運営体制の改革をさらに推進し、教育を社会に門戸を開いて、各団体の教育への参加と生涯教育体制の構築を主張した。

「第十次５カ年計画」期間について、国は「教育は経済と社会の発展に先導性と全局制を持っている」ため、教育を適度に先導し発展させる方針を打ち立てたが、この方針は中国の21世紀初頭の現代化の大局に関わるものである。つまりここで提言した「徐々に生涯教育体系を確立する」のはこの５カ年計画の実施目標になっているといえる。

実は以上の『中国教育改革と発展綱要』『教育法』『行動計画』と『国民経済と社会発展の「第十次５カ年計画」綱要』の内容により、いずれにおいても、生涯教育体系の構築は国の経済と社会の発展の重要な構成部分として行動目標とされたことが見取られる。

(5) 社区教育の試行展開に関する通知

中央レベルの教育施策では、生涯教育が明確にされる際、社区教育の学校教育への支援について少し言及されたが、社区教育の試行展開に関する通知も出され、会議も開催された。これは社区教育の展開を模索する試行錯誤であるといえよう。

1)『一部地域における社区教育の試行展開に関する通知』

2000年４月、教育部職成教育司が初めて『一部地域における社区教育の試行展開に関する通知』(『関于在部分地区開展教育実験工作的通知』)（以下『通知』と略称する）を公布した。『21世紀に向けた教育振興行動計画』(1999年）における「社区教育の実験を展開し、次第に生涯教育体系を構築しつつ、全国民の資質を高めるように努める」という提言を実施し、「積極的にわが国の時勢に応じ、生涯教育体系と学習型社会へのルートを探索する」ために、教育部職成教育司が一部の大都市と小中都市で社区教育試行を行うことになった。

社区教育を「一定の区域内における各種教育資源を十分に活用・開発し、社区メンバー全体の資質と生活の質向上に置きながら、地域の経済建設と社会発展を促進する教育活動」「生涯教育を実現する重要な形と学習型社会を構築する基礎」として捉え、その「全員、全面、全行程」の基本的特徴を明確にした。社区教育実験に関する具体的な要求は、社区教育を社区建設の一部として、「地域の実情に応じる」「社区の特色を生かす」「教育活動を多様化する」「教員の養成を強める」「評価制度を設ける」「定期に教育部職成司に報告する」などとされた。また、『通知』で確定された８カ所の社区教育実験の地域は次のようである。

北京市朝陽区、上海市閘北区、天津市河西区、江蘇省蘇州市、四川省成都市青羊区、山東省済南市歴下区、山西省太原市杏花嶺区、福建省厦門市鼓浪嶼区

この『通知』で、今後全国的な社区教育事業に対し、方針、政策及び措置の制定によりどころを提供するため、以上の地域における社区教育の実験試行を通じ、3～5年の間に一段階の成果を収めることに努めると明示した。2000年、各実験区において相次いで地域党委、政府のリーダー、及び関係部門の責任者からなる社区教育協調機関が設立され、かつそれぞれの社区教育実験計画が設定された。また、一部の指定されていない省、市も社区教育実験区を確立し、「学習型城市構築」、及び「生涯教育体系構築」をスローガンとした都市（北京、上海、蘇州など）もある。2001年まで、全国で110カ所の社区教育実験区が確立され、各種社区教育センターや学校数が796カ所に達した[34)]。同時に、教育部が全国社区教育実験事業を効果的に指導するため、『社区教育実験工作計画』を起草しているところである。

2）社区教育実験の交流会議について[35)]

社区教育実験の規模を拡大するため、2001年11月5日、教育部は『全国社区教育実験区名簿の確定に関する通知』（『関于確定全国社区教育実験区名単通知』）を各種機関に出した。そこでは、指定された実験区を含め、全国で北京市西城区など28カ所にのぼる社区教育実験区名簿が示されている。

同年の11月7日から11月9日まで教育部は、最初の8つの社区教育実験区における社区教育実験工作の経験を踏まえながら、北京で初めて全国的な規模で「全国社区教育実験工作交流会」を開催した。王湛教育副部長が「社区教育実験工作を積極的に展開し、社区教育実験工作の新たな発展を促進するように努力しよう」（「積極開展社区教育実験工作、努力推動社区教育工作的新発展」）と題した総括報告を行った。2001年11月8日第1版『中国教育報』で「全国社区教育実験工作交流会議提出大力発展社区教育満足居民学習需求」を題とした当時教育部副部長王湛の報告及び交流会の内容に関するまとめが発表された。12月、教育部弁公庁、11月に開催された「全国社区教育実験工作交流会」の討議内容をまとめた12月10日付けの『全国社区教育実験工作経験交流会議紀要』を公表し、関係機関に送付した。この文書はその後の社区教育発展の方向を導くもの

として重要であると思われる。

次には、さらに推進した。会議の摘要、王湛教育副部長の報告及び『中国教育報』の発表に基づき、その内容の一部をまとめておく。

会議は、江沢民の「三つの代表」の思想と第15回党大会第6回総会の精神を導き手として、社区教育活動展開以来、特に教育部が2000年4月に社区教育実験区を確定して以来、中国社区教育の経験を十分に肯定的に捉えた。また、会議は「社区教育の誕生と発展は社会成員全体の資質向上という差し迫った要求に対して先進的な力を発揮すること、先進的な文化の発展、中国式の特色を持つ文化建設という切実な要求に応えうること」「衣食住問題の基本的解決に対応すること」「国民大衆は自らの資質と生活の質、さらに社区の水準を高めようという差し迫った要求を反映するものであること」を認識した。

また、「大中都市部あるいは県レベルの市を単位にして行われた社区教育実験工作は、一定規模で教育資源の利用・開発が可能であり、比較的高いレベルでの教育に関する統一的な計画・指導も可能であるだけでなく、比較的多数の部門や団体の社区教育参加も可能である」ことを示している。「当面、社区教育を成人教育の新たな発展方向として、その重点を正規の教育が取り込もない、あるいは解決不可能な教育・訓練に置き、成人教育の新たな水準を切り開く努力が要求される」とした。

さらに、社区教育の今後の主要任務として、次の4点が強調されている。

①異なったタイプの人々に対する広汎な教育訓練活動の展開
②学習型組織の幅広い創立、学習型組織には企業、職場、団体、「街道弁事処」、「居民委員会」、楼組、家庭などが含められる。
③社区教育資源の充分の活用・開発と創造
④社区教育管理体制と運営機構の構築

会議で特に「政府が計画的に指導し、教育部が主管し、関連部門が力を合わせ、地域が積極的に支持し、社区が自主的に活動し、大衆が広く参加する」という社区教育管理モデル、及び「政府、社会、企業・事業、個人がそれぞれ若干の拠出を行う」（政府拔一点、社会筹一点、单位出一点、个人拿一点）という社区教育の財政問題を解決する方法を提言した。

なお、2001年の教育部「教育工作要点」は、生涯教育に関しては、9領域32項目にわたるその5領域に「教育の情報化の足取りを速め、生涯教育体系を構築し、教育現代化の水準を高める」を取り上げている。その内容の一環として、第20項目で社区教育関係の活動展開が記されている。

以上の『通知』は社区教育実験展開の目的、具体的な要求、及び事業目標を提出した上で、国内8地域に社区教育実験区設定を確定した。また、会議では社区教育はその狙いを「社区メンバー全体の資質と生活の質向上に置きながら」展開され、「地域経済建設と社会発展を担う教育活動」と捉えられ、社区教育の発展方向と経費の解決方法が提言された。『通知』と「全国社区教育実験工作経験交流会」の内容に基づき、社区教育の取組みが積極的に開始されるようになり、社区教育の展開はさらに新たな発展段階を迎えてくるといえよう。

第3節　地方レベルの多元化社区教育への模索期

これらの1990年代の『綱要』と『通知』を始めとする一連の中央レベルの教育政策から見ると、社会教育・家庭教育と学校教育の三者を密接に結合する関係の構築、生涯教育体系の整備、確立、校外教育や校外教育施設の設置の強化を呼びかけていること、国務院が批准した教育部の『行動計画』（1999年）では社区教育に初めて言及されたことがわかった。それに対して民政部は「社区建設」の政策では社区教育を社区建設の一部として位置づけた。つまり、民政部と教育関係部門が社区教育の機能を注目し、それぞれの社区教育に関する構想を出したが、意図が違うといえよう。

1993年から、上述の社会背景と中央指令・政策の下で、西城区は具体的にどのように社区教育を推進したか、1993年以降の社区教育の性格はその前と比較してどのような相違点を持っているか。これらについて以下では、西城区の社区教育に関する政策規定、理論の構築、機構の設置、社区教育システムの構築から論じる。

1. 西城区の社区教育に関する政策規定と理論構築

第2章では主に青少年の徳育に注目した1980年代の西城区の社区教育の動態について論じたが、このような青少年向けの教育をきっかけとして、1993年から西城区は全面的に社区教育の発展に取り組み始めた。区委、区政府の指導の下で、区政府の『教育の戦略的な位置づけと教育改革発展への加速に関する決定』(『関于落実教育戦略地位、加快教育改革発展的決定』)に基づき、教育と社会を広い範囲で結び付けるため、幼児教育、青少年教育、成人教育、老年教育、職業技術教育、継続教育、特殊教育、外来の流動人口向けの教育を実施しながら、さらに推進した[36]。また、これらの教育を推進するため、政策の規定と教育理論の構築を行った。

(1) 政策規定

中央政府の指令と政策に基づき、北京市政府も社区教育に関する一連の政策を公布した。西城区政府は中央政府、市政府のマクロの政策を前提として、自分なりの政策と実施措置を制定した。

1990年から法律に照らして区督学室が「街道弁事処」の社区教育活動を監督し指導し始めたが、さらに、1994年に区政府は街道弁辞処への監督・指導を『義務教育法』の実施と結びつけ、『西城区「義務教育法」の実施に関する監督指導評価指標体系』を制定し、7つの街道で試みた。これは社区教育活動の展開を大いに進めた。1995年7月西城区は「国家レベルの発展持続可能な実験区」として承認された。社区教育の発展も全面的な実践を科学研究と結びつける段階に入り始めた。1996年に『義務教育法』に基づき、社区青少年教育を進める上で、『西城区街道弁事処社区教育工作評価指標体系』が制定された。

1997年に、区政府は『教育行政の法律執行協調工作制度の決定』(『関于建立教育行政執法協調工作制度的決定』)を公布した。この中の第5条で法律に基づき社区教育活動を推進する制度を明示した。同年末、区政府は教育工作会議を開き、『十五大精神の貫徹、教育改革の深化、教育発展の加速、教育現代化の推進に関する若干の意見』(『関于貫徹十五大精神、深化教育改革、加快教育発展、推進教育現代化的若干意見』)を公布した。この意見で「教育社会化の模範プロジェクトの実施を加速し、社区教育の社会化・法制化・科学化へ発展を促進する」と強調した。これにより社区教育の発展方向をさらに明確にした。1998年に、区政府文教弁、区政府督学室が「区域教育レベル評価指標体系」と「西城区社区教育事業に関する評価の指標体系」を制定した。

このような動向と前後して2001年3月区政府弁公室は『西城区2001年～2005年の成人教育育成訓練に関する意見』を送付し、生涯教育体系を構築し、多様の学習型組織を創建する考えを示した。同年の6月に区政府弁公室は『全面的に社区教育を推進し学習型社区建設を促進する実施意見』を公布した。

(2) 教育社会化理論の構築

西城区社区教育理論研究は社区教育発展の重要な一環として強調されている。実は1986年から2000年にかけて全区では10回の社区教育検討会を行った。50余の論文は全国や北京市の論文では優秀論文に選ばれた。1995年の西城区の担当した「教育社会化模範工程」研究プロジェクトは北京市政府科学進歩賞を獲得した。そして、『教育社会化、社会教育化』『社区教育与社区発展文集』『西城区社区青少年教育基地教材』『社区学齢前教育』『社区家庭教育』などを相次いで出版した。

1980年代西城区はすでに「大教育理論」を堅持し「教育社会化、社会教育化」の理念を提唱すると強調した。この理論に基づき、一連の試行が行われた。西城区の社区教育研究グループは生涯的、開放的、多様化、先行的、社会的、一体化、情報化、地域的などの原則を社区教育システムの基本原則とし、社区教育と社区発展の関係に基づき、教育社会化と社会教育化の図を描いた（図3-1参照）。

図3-1では上半分は社区教育システムの構築で教育社会化のプロセスを反映し、下半分は社区発展のシステムの構築で社会教育化のプロセスを反映している。図の中心部、つまり社会教育化と教育社会化の接点を「人」として描いたのは、社区教育と社区の発展の中心となるのは人であり、「人」の資質の向上は教育と社会の一体化を実現する上での鍵であることを明示している。また、教育社会化の図によれば、「人」の資質の向上を目指し、社会全員を社区教育の対象として、生まれてから死ぬまでの生涯を社区教育のプロセスとした意図は校外の青少年徳育を主体とした1980年代よりカバーするが視野が広くなったばかりではなく、「生涯教育」思想と「素質教育」理念の影響を受けていると見られる。

図3-1の社会教育化の指導思想は中央政府の「科教興国」（物質文明建設）と「持続可能性の発展」（精神文明建設）である。両図の接点を「人」とするのは、

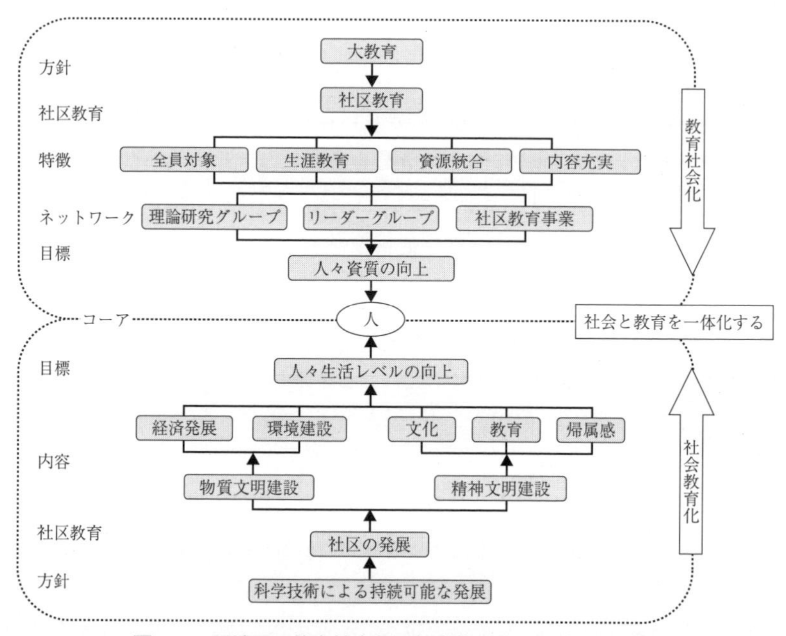

図 3-1　西城区の教育社会化と社会教育化に関する設計図

（出所）楊文玉主編集『社区教育与社区発展文集』（内部資料）、北京市西城区政府文教弁公室、2000 年、p.31

社区の発展が「人」の資質の向上を要求することに対して、社区教育はそれを受けて「人」の資質を向上させることであることを明示している。これは社区教育と社区の発展の密接な関連をも説明できるであろう。

2. 西城区の社区教育施設の設置

自由時間の増大、所得水準の向上などのような社会情勢を考慮し、西城区においても住民一人ひとりの生涯を通じての学習活動を支援するための条件、施設を整備する必要がある。社会の急激な産業化、都市化の過程において、伝統的な生活共同体である家庭の機能は著しく弱体化しつつある。家庭は青少年にとって日常生活の場所として、青少年の人格や生活態度の形成に決定的な影響を与えている。こうした家庭の重要さを考慮すると、弱まりつつある家族間の絆を強め、親による家庭内の教育や指導を補完しうる体系的な方策を進める必要があり、したがって社区青少年教育のシステムの中で「家長学校」（親学校）を設置することとなった。また、西城区では「家庭教育指導センター」「家庭教育研究会」などが設置された。「過保護」や「過放任」のような子育てを考え直すために、親の学習や子育て研修などに積極的に取り込んでいることが分かる。親及び将来親となる青少年たちを対象に、適切な親の態度や家庭のあり方、親子の触れ合い・対話の重要性の再認識への活動や、子育ての経験者による情報交換を行えるような子育て支援ネットワーク作りの促進など家庭教育を支援する活動を通じて、親が子供に対して果たすべき役割などの家庭教育に関する知識の普及などに努める。

上述の教育理念の構築の下で、社区教育を推進するため、西城区政府は「五つの模範センター」を設置し、社区教育システムの構築及び教育資源の統合を試みた。

(1)「5つの模範センター」の設置と成果

すべての人の生涯を通ずる学習援助システムの構築を目指して、西城区政府は「家庭教育センター」「流動人口指導センター」「障害者教育指導センター」「早期教育（胎教）指導センター」及び「社区学院」の5つの模範センターを設立した。この「5つの模範センター」は西城区が1990年代に着実に取り組んだ社区教育活動施設として、同年代の社区教育の性格と特徴を表している。次は筆者のインタビューと内部資料[37]により、それぞれのセンターの趣旨、教育対象、及び活動内容を紹介する。

1）家庭教育指導センター

趣旨：親自身が家庭教育の意義や役割を体系的、総合的に学習するための家庭教育支援事業を実施し、家庭の教育力向上を目指す。教育対象：親と子供。活動内容：5年間で区レベルの家庭教育指導センターと7の街道レベルの家庭教育指導地センターを設立し、指導体系を提案し、教学内容の実践性と教学方式の多元化を実現する。

2）流動人口指導センター

趣旨：農村からの出稼ぎ労働者に基本的な資質教育と徳育を提供する。教育対象：出稼ぎ労働者及びその子供。活動内容：流動人口を登録する際、宣伝材料を配布し、流動人口指導センターで法律、職業道徳、文明教育、国内外の政治経済状況の教育、職業育成訓練を定期的に行い、流動人口管理の政策を調整する。

3）障害者教育指導センター

趣旨：教育機会の均等の原則に基づき障害者の就職、生活を保障するため、良好な教育機会を提供する。教育対象：障害者とその家族。活動内容：区のすべての障害者の実情を調査し、適切な教育を提供する。民政機関、社会福祉機関と協力しながら教育経費・設備及び卒業生の就職問題を解決する。

4）早期教育指導センター

趣旨：胎教や早期教育を通じ新生児の健康成長を促し、「優生優育」と人口素質の向上を促進する。教育対象：妊娠女性、新婚夫婦、新生児。教育内容：胎教教室を設置し、胎教の指導教師に専門的な育成訓練を行う。妊婦にどのようにしたら健康な子供が生まれるかを教える。また、子供の社会性の発達、幼児期の思考力、表現力、運動能力を伸ばせる環境を作るため、教育界、医学界及び科学界の専門家と協力し、教材を編纂する。

5）社区学院

趣旨：社区に多様な人材を育成し、高等教育の大衆化に貢献をする。教育対象：高校学歴以上の人口。教育内容：社区学院と社区学校の運営原則、教育任務・目標、管理制度を設定する。

総じていえば、この5つのセンターでは家庭教育指導センター設置、流動人口指導センター、障害者教育指導センター、早期教育指導センターは施設設置だけではなく、それなりに運営体系、目標、趣旨の整備の試みを行った。社区学院は最初高校学歴以上の人を教育対象としたが、その後、上記の4つのセンターを統合し、社区居民に高等職業教育・成人高等教育・職場訓練・継続教育及び多彩な社会文化生活教育を提供しようとし、社区教育の中心的機関として位置づけられた。

(2）社区学院の初設置[38)]

現在、中国においては、従来の職業大学・夜間大学・師範大学と技術学校を合併し、社区の実情に応じながら設立された「社区学院」が比較的多い。それは、教育資源の統合だけでなく、学校教育と社区教育を統合した新しい教育形態であるといえる。現在の中国都市部における社区学院には地域住民のために主として社区教育の学習機会を提供し、学習型社会の実現に向かっているものが多い。社区学院は気軽に立ち寄れる場として存在し、社区住民に学習機会を提供する社区教育の中心施設になっているといえる。この社区学院はますます重視されるようになり、社区教育と生涯学習システムの重要の一環として位置づけられている。

1）設置の背景

社区学院が推進されるようになってきたのは、社会の変化に深く関係し、時代に応じるものであったからである。牧野は上海市閘北区行健社区教育学院に関する考察を通して社区学院の設立背景を、主に社会の流動化への対応、経済格差拡大への懸念緩和に対する行政的責任の見地から述べた。牧野によると、「社区学院」の設置には、次のような要因が存在している。1つ目は社会の急激な流動化とそれに伴う人々のあり方の急速な変容である。2つ目は社会の変化に伴って、中国語で社区と呼ばれる地域コミュニティが行政的関与の対象となってきたということである。3つ目は、社会の大きな変貌に伴って、社区住民の間に新たな学習活動が組織され始めていることである[39]。つまり、牧野の分析によると、「社区学院」の設立は社会の急激な流動化につれ人々自身のアイデンティティの変容・文化生活の多様化及び社区機能の強化に関係していると捉えられよう。

確かに、人々の価値観の変化、人口流動化に対応するために、調和社会の建設、及び生涯学習社会・学習型社区の構築も呼びかけるようになった。『中華人民共和国教育法』（1995年）の第11条[40]において「生涯教育は今後の社会の発展の大勢である」とされ、さらに、1999年の第3次全国教育会でも、同様の確認が行われ、生涯学習社会構築へ向けての体制づくりは大きく進展した。こうして、生涯教育理念を背景に社会人対象のリカレント教育推進に重点的に取り組むべきであるなどとされ、社区住民にとって入学しやすい社区教育の牽引役としての「社区学院」に、生涯教育、学習型社区構築推進を目標にして、積極的に社区住民を学習者として受け入れる方策を講じていくことが求められる。

2）設置の経緯

中国では1994年末、上海で市政府に許可された実験型の金山社区学院設置後、経済的先進地域において既存の教育資源の統合やその組み合わせによって「社区学院」が相次いで誕生し、全国に広がる趨勢が見られる。2000年に全国で北京の朝陽社区学院、南京の秦淮社区大学、上海の南寧社区学院、閘北社区学院、長寧社区学院及び金山社区学院など6校の社区学院が設立され、2000年12月からは、教育部が全国的規模で社区学院の設立を推進し始める。2002年の『教育統計年鑑』によると、社区教育学校（中心）が2,400カ所に達し、そこで教育を受けた人数は570万人で、2003年には700万人を超えた。

西城区社区学院の設立についていえば以下のようになる。1998年以来北京市西城区区党委、区政府は①北京市テレビ大学西城分校②北京市電大西城区中等専門学校分校③西城区職工大学④西城区財貿中等専門学校⑤西城経済科学大学⑥西城区職工中等専門学校など6つの既存地域成人教育機関のうちで学歴授与資格を持った学院・学校を合併し、新たに「北京市西城経済科学大学」と命名した。さらに地域成人教育機関の社区教育機能強化のため、この2000年6月に合併した「北京市西城経済科学大学」の施設内に、区政府によって「西城区社区学院」と「西城区文明市民学校総校」を設けた。そのため、一つの学校ではあるが、3つの学校名を持つ教育施設が成立したのである。

つまり、「三塊牌子一帮人馬」（3つの看板が掲げられ、職員は共有される）という新形態の教育組織が設立され、社区学院と区文明市民学校総校は一体化されているといえる。社区学院は「西城区文明市民学校総校」の事務機構として、職員と施設を共有している。西城区文明市民学校総校では、校長が区党委員会副書記に、常務副校長が社区学院院長に選任されている。特に、「社区学院」と「文明市民学校総校」の一体化によって社区建設と精神文明建設の機能が有効に結合されるようになったことが注目される。

また、このような、従来の職業大学・夜間大学・師範大学と技術学校を合併し設立された「社区学院」は学校教育と社区教育を統合した新しい教育形態になっている。

社区教育の経費を確保するために、区政府は2001年から社区教育専用の予算を設け、一人あたり毎年1元の基準で支給することを開始した。また政府は、予算のほかに、多様な方法で社区教育経費を賄うことを奨励している。さらに、区は社区教育の指導監督強化と奨励の制度化を図った。区の教育監督部門は2001年に「学習型社区」の評価基準を作り、毎年、各街道の社区教育の実施状況を評価し、社区教育において好ましい成果を上げた団体・機構と個人を表彰することにした。

社区教育協会会長のYさんへのインタビューによると、「もちろん、良好な社区教育運営システムの組み立てが重要であるが、当時の社区教育施設の設置は社区教育の長期的な発展を保障する重要な手段であった。1995～2000年の5年間で区委、区政府は社区教育施設の設置を重視し、教育社会化模範プロジェクトの5つの中心、西城区文明市民総校（社区学院）を設置したばかりでなく、青少年図書館、科学技術館、図書館などを建てた。全区の7の街道で老年大学、育成訓練学校、市民学校も設置した。これらの施設で行った多彩な社区教育活動と育成訓練は住民資質と生活の質を高める重要なルートになっていた」[41]。

3. 西城区の社区教育システムの初構築

社区文化、社区教育の展開状況を把握するため、区政協教文体委員会は民革、民盟、民進、農工、致工などの党間の連合を連携して1997年の4月から6月まで調査を行った。この調査により、西城区において、三層管理ネットワークの構築、社区文化に基づく社区教育活動の多様な展開、資源共同利用制度・住民参画の試みを実施したことがわかった。次は社区教育メカニズムと社区教育の教育システムの構築試行から1990年代の西城区の社区教育システムを探求する。

(1) 社区教育運営メカニズムの初構築

既述したように（第2章）、西城区の社区教育の萌芽期では、青少年教育の責任は街道に担当され、青少年教育を突破口とした西城区社区教育の局面が既に形成されたといえる。1993年の国家教育部により公布された『中国教育改革と発展綱要』に従い、西城区では校外青少年教育だけでなく、社区教育が重視されるようになった。社区教育の組織、管理メカニズムの構築もすでに日程に上ってきた。西城区の社区教育運営メカニズム（図3-2参照）について、具体的には次のようである[42]。

①区政府は「西城区社区教育指導グループ」を設置した。

②7つの「街道弁事処」はすべて「社区教育委員会」を成立させた。

③区政府から「街道弁事処」まで、社区教育の推進を目標とする一連の制度を整えた。社

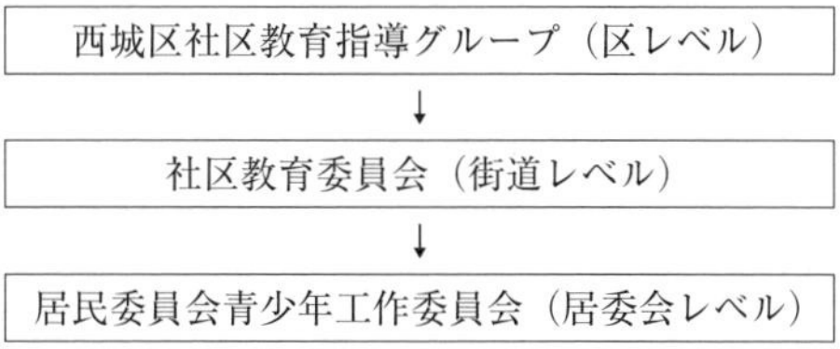

西城区社区教育指導グループ（区レベル）
↓
社区教育委員会（街道レベル）
↓
居民委員会青少年工作委員会（居委会レベル）

図3-2　西城区の社区教育メカニズム構図（1990年代）

（出所）内部資料である楊文玉、鄭玉氷主編『教育社会化、社会教育化』北京市西城区文教弁公室、1998年7月、p.105による筆者作成

区研究教育例会制度、社区教育宣伝制度、政府が指導し、社区幹部が学校と連携する制度、区政府の文教弁公室、社区教育弁公室が法律に基づき社区教育に関する仕事を協力する制度、区督学室が法律に基づき社区教育の工作を監督・指導する制度、人民代表大会の代表者、政協委員が社区教育工作を検査・視察する制度

④全区の「居民委員会」は青少年児童グループと活動点を成立させ、青少年教育工作を積極的に行なった。1997年に街道「居民委員会」が改選された際、すべての「居民委員会」が「居民委員会青少年教育工作委員会」を成立させ、委員会成員になる条件と委員会の工作職責を定めた。

西城区政府は1985年に西城区文化工作委員会（後に西城区文化工作委員会に改名された）と西城区社区教育指導グループを成立させた。西城区校外教育調和委員会から、西城区社区教育指導グループまで、ひいては西城区社区教育委員会までの変更は10年かかった。社区教育指導グループは西城区区長がグループ長を担任し、グループ成員は関連委弁局と7つの「街道弁事処」の指導者からなる。全区社区教育の計画案配と調和を担当する社区教育指導弁は区政府文教弁に置かれた。各「街道弁事処」により設置された社区教育委員会の下にも弁公室を設けた。街道の社区教育への指導と調和を強化するため、この弁公室が街道文教科に置かれた。また、すべての街道で社区に先導され、管轄区における中央機関、市属機関、所在地の部隊に街道社区文体工作委員会、社区教育委員会及び成人教育協調委員会などを設置した。それぞれの「居民委員会」は文化站、校外活動站を設置した。これにより、社区教育の管理システムにおいて区政府の職能を強化するため、以下のような流れが形成されている。社区教育指導グループの設置は区政府の社区教育への指導強化、社区教育へのマクロな管理、社区教育活動に関する目標、計画の設定、社区教育活動実施への監督、社区教育経験の活性化などに役立っている。

社区教育の推進に伴い、月壇、豊盛、西長安街などの街道では相次いで社区教育協会が結成された。区レベルの民間人主導の社区教育協会（民政部門から社団法人として正式に認可された）は区内の民間成人教育関係者及び社区教育関係者の呼びかけによって2001年11月5日に結成された。この社区教育協会は西城区の社区教育の展開において、極めて重要な意義を持っている。その意義は、こ

の協会が、住民は社区教育の主体であり、住民参加なしには社区教育が成り立たないという考えを基底に据えている点にある。協会は主に社区教育管理運営の社会化の研究と実践を進め、この協会の発足は社区教育の推進体制が単一的な政府主導型から政府と社会組織共同推進型に転換しつつあることを意味しているといえる。

(2) 社区教育体系構築の試み

教育資源を合理的に使うことができるかどうか、よりよく配置できるかどうかは、社会の発展と教育に直接的な影響を及ぼす。つまり、学校と社区には教育資源の有効利用・共有ネットワーク推進事業が求められるのである。

当時、学校教育と社区教育との相互に連携を図りつつ実施していくにはさまざまな課題が立ちはだかっていたが、学校と社区との間に教育資源の有効利用、共有ネットワークの事業が推進されている。学校教育の資源の社区への開放及び施設開放のための保障制度と管理メカニズムなどは、学校と社区の一体化に根本的な影響力を持っていることが確認されているが、実際の学校教育施設の社区への開放事業をみてみよう。例えば1996年に区教育機関は小中学校の運動場を社会に開くことを呼びかけ、裕中中学校は率先して3,000㎡の運動場と各種類の体育施設を社区に開放し、かつ定期的に社区の住民に映画を放映した。参加者はおよそ延べ6万人いた。

「基地教育」とは指定された場所・基地で、ある内容を主とする教育を行うものである。西城区は「九五」期間で全区の十の街道が120カ所の教育基地を設置した。その中には、愛国主義教育基地、国防労働教育基地、科学普及教育基地、文化芸術教育基地などがある。例えば、「科学知識普及基地教育」とは、科学知識普及教育を実施する場として指定された少年科学館や博物館などで科学知識に関する教育を行うのである。住民（特に青少年）の基地活動参加を拡大するため、西城区社区校外弁公室は『社区教育基地教材』を編集し出版した。かつ、1998年以降、社区教育基地に関する経験交流会、検討会を行った。

また、高齢者向けの社区教育について1995年に区政府は少年宮の教室と設備を活用し「老年宮」を設置した。「老年宮」では主に高齢者向けの美術、書道、京劇、踊りなどのクラスを組織した。月壇社区は1996年5月に社区教育育成訓練学校を設置し、高齢者向けの育成訓練を推進するため、学校の中で「老年大学

社区学齢前教育システム	幼児教育
	胎教指導中心
社区青少年教育システム	家庭教育（家庭教育指導中心、社区親学校）
	基地教育（軍事訓練基地、労働基地、科学普及基地）
社区成人教育システム	継続教育（社区学院、社区学校）
	就職教育（職業技術訓練学校、社区育成訓練学校）
社区高齢者教育システム	教養娯楽、健康教育（活動中心、活動站）
	学習教育（老年大学）
社区疎外人口教育システム	社区流動人口教育（技術育成訓練中心、流動人口教育指導中心、街道労働者育成訓練学校）
	障害者教育（特殊学校、職業技能育成訓練学校・分校）

図 3-3　西城区社区教育体系図

（出所）楊文玉主編『社区教育与社区発展文集』（内部資料）北京市西城区政府文教弁公室、2000 年、p.31

部」を設立した。校長は社区弁公室の主任が兼任する。学習者は 1998 年に 200 人以上になった[43]。高齢者の生涯教育機会はある程度、保障されるようになったといえる。

以上の社区教育メカニズムを強化する上で、社区教育体系の構築に関して、具体的に、西城区では図 3-3 のようなシステムを設置している。このシステムは社区の全構成員を対象にして社区教育と学校教育、家庭教育を一体化するものである。このほか、社区教育専門職員の育成、社区教育に関する計画の立案、社区教育事業に関する評価体系の構築も進められた。例えば、『西城区社区教育工作規定』、『区域教育レベル評価指標体系』及び『社区教育評価指標体系』などの制定、実施がそれである。

第 4 節　模索期の社区教育性格の分析

西城区政府は社区教育を重視し、社区教育の理念の呼びかけ、施設の設置、管理システムの構築などに努めた。この呼びかけに相応する住民も、積極的に社区教育活動に参加したばかりではなく、一部分の定年者が社区教育の研究と実践に参画した。西城区は2001年に中国教育部から全国社区教育実験区として指定された。2002年5月には市教育委員会の審査において、北京市でトップの社区教育先進区として高く評価された。1990年代の社区教育は1980年代よりかなり進んでいたといえる。西城区の全体的な生涯教育の枠組みの構築を見てみると、生涯教育時代の到来とともに、社区教育の位置づけが求められている。1997年末、「生涯教育の理論が導く社区教育の実験モデル区の建設法」の制定により、社区教育は学校（学校教育への補充）を主としたものから、社区を主としたものへ変わっていった。

1. 1993年前後の社区教育性格の相違点

受験教育の過熱化を解決するために、国務院、教育部が「素質教育」を提唱し始めた。また、『綱要』の方針を貫徹するために、社区教育の対象も社区内の全員に拡大し、社区での教育機能も問われている。このような背景の下で、1993年、北京で開催された全国社区教育検討会では、社区教育の研究学者である厉以賢が1993年は中国社区教育理念の転換期であると提起し、1993年前後の社区教育視点の転換について、概念、対象、目的、内容、活動主体及び学校と社区の関係からまとめた。筆者は厉の研究に基づき、1993年前後の社区教育の性格の相違点をまとめてみた（表3-5参照）。

1993年の全国社区教育検討会では社区教育に関する理論・実験研究と国際交流を促進するため、全国社区教育委員会が設立された。社区教育という用語は当時まだ教育関係の政府政策においては存在しないにもかかわらず、これらの会議研究結果と『綱要』『教育法』など国の政策推進の下で、全国各地、特に北京、上海などの経済発達地域において社区教育委員会が次々と設立された。この会議はその後の社区教育の展開に大きな影響を与えたといわれる。表3-8のように、生涯教育が国家教育政策の一環として正式に位置づけられたことに伴い、社区教育の対象は、すべての社区構成員となり、幼児、青少年、成人、高齢者まであらゆる人々が含まれている。そして、政治教育、法律教育、再就職教育、教養教育などのさまざまな教育内容をもっている。つまり、1993年以降の社区教育は全員、全過程、全領域を特徴にしている。また、「素質教育」の推進に関しては、「試験教育」から資質を高めることを目標とした「素質教育」に転換しようとしてい

表 3-5　1993 年以前と 1993 年以後の社区教育の相違点

	1993 年以前	1993 年以後
概念	小中学学生の校外教育	小中学生の校外教育だけではなく、いろいろな教育活動を含める総合的な概念
対象	小中学生	社区のすべての構成員
目的	学校を支援し、教育設備の改善、小中学生の道徳教育の強調	社区構成員の教養と生活の質を高めること
内容	小中学生の道徳教育及び学校・家庭・社区教育のいわゆる「三結合」教育（内容は学校教育への支援）	職業教育、教養教育、法律教育、衛生保健教育など
学校と社区の関係	学校を支援する（社区 → 学校）	学校と社区の双方合作（社区 ⇔ 学校）
行動・活動の主体	小中学校	主体が「街道弁事処」となる。多種多様な文化・教育活動が街道によって進められ、すべての社区の構成員の教育要求を満足させること
背景政策	「簡政放権」により、学校の自主権が拡大され、学校外の教育が高く上げられたこと、青少年の徳育強化に関する通知など	生涯教育が国家教育政策の一環として正式に位置づけられたこと、「素質教育」の提唱
評価制度	まだ作成していない	「街道弁事処」の評価体系が初作成
財政制度	主に政府による支援	「政府、社会、企業・事業、個人がそれぞれ若干の拠出を行う」という社区教育の財政問題を解決する方法を提言したこと
管理体系	教育の垂直的な管理システムを見直し、教育資源の統合を目指したこと	三級管理体系の初構築

（注）①概念、対象、目的、内容、学校と社区の関係、行動・活動の主体の比較は厉以賢によるものである（厉以賢著『社区教育原理』四川教育出版社、2003 年、pp.22 ～ 23）。これ以外は筆者の比較である。
②厉以賢は 1992 年をけじめとして社区教育の性格変化を比較したが、ここで本論文の時期区分により、1993 年をけじめとして厉以賢の結論を引用した。

るが、実態はまだ試験成績への追求が根強く、現状では、社区青少年教育は、学校教育の付属品となってしまいかねない。素質教育の内容は道徳教育があらゆる教育分野で重視されている。例えば、バスの中で、お年寄りや赤ちゃんを抱いている人に席を譲るのは、当たり前のこととして教えられている。こうした社会の人々全員の総動員による道徳教育への重視が、社区の青少年育成の基盤を築いているといえるが、今後、道徳教育以外の心理素質教育、審美素質教育、知力・能力素質教育、創造力の素質教育などが求められている。

2. 社区教育と学校教育との関係による社区教育性格の変化

1999年に、国務院によって公布された『教育改革を深め、素質教育を推進する決定について』に基づいて、全国で「素質教育」[44] が推進されるようになり、更に、2000年初めに国務院は『青少年活動場所の整備と管理に関する通知』を公布し、青少年活動場所が確保された。そして、2000年10月9日の全国青少年校外教育連絡会の成立は、青少年教育への関心が全国に広がっていることを示している。また、学校教育の改革の深化によって、学校以外の場所、特に社区で行なう教育活動の重要性が徐々に認識された。社区教育と学校教育との関係から社区教育性格の変化をみれば以下のようにまとめられる [45]。

第1段階は1980年代から1990年代の初めまでで、社区教育が学校教育を支援する段階である。1980年代、教育経費の不足と道徳教育の不十分さが当時の学校教育の最大の課題であった。そこで、個性尊重がうたわれ、体験学習や主体的学習が取り入れられるようになった。それにより、教室での授業中心の教育から地域の教育資源を活用し、生活体験を重視する教育への転換がもたらされた。そして、小中学校の生徒を対象として社区教育が行われるようになった。社区は学校の「第二教室」として見なされ、社区教育は青少年に思想道徳を向上させることを目的として行われた。社区は学校の教育の基地であり、小・中学生は土日を使って社会的活動をする。学校は過去のように、生徒を教室の中に閉じこめて、教科書の内容だけを学ばせるのでなく、社会の実践的な活動に参加させるようになった。例えば、社区で夏休みには小・中学生合同で、「革命伝統に関する教育」や「高齢者を大切にする教育」や「公共意識を持たせる教育」などの活動が行われた。また、社区教育の教育的支援だけでなく、経済的支援（小中学生対象の社区教育活動の資金の負担）も社区が行った。

第2段階は1990年代初頭から1990年代半ばまでで、逆に学校が社区教育に関わっていく段階である。この段階で、計画経済から市場経済への転換が起こり、特に『中国教育改革と発展綱要』の公布によって、社区教育はかつてない発展を遂げた。

社区の高等教育施設としての「社区学院」と「市民学校」が旧職業学校などを

借りて建設された。また1993年に北京で開かれた全国社区教育検討会で、厉以賢13）は社区教育発展について「社区教育と社区発展との結合、社区教育と教育管理体制改革との結合、学校教育と社会参加の結合」という社区教育理念を提起した。これをきっかけとして学校が社区に開放されるようになり、社区の発展のためにさまざまなサービスを提供するようになった。また、社区教育活動に参加する教員も出てきた。そして社区教育の対象も、小中学生からより幅広くなり、その内容も人間関係・文化生活・科学的知識・健康管理などに関する教育が含まれるようになった。

第3段階は、1990年代半ばから2002年までで、社区教育と学校教育の相互協力（「双方奉仕」）の段階である。この時期には、学校の周辺環境を改善するために、学校は社区との協力を通じて、学生の「第二教室」をより拡大した。「学習型社区」という完璧な生涯教育体系を作るために、社区は学校の資源を積極的に活用しながら、社区教育をより深くかつ幅広く推進している。社区教育の対象は社区住民全体となり、その目的は、社区住民の生活改善（老人の余暇活動など）と治安の維持に置かれる。また、社区住民の職業訓練、職業・農業技術の証明を保障する独自の体系の構築もなされようとしている。具体的には、社区内には図書室・活動室・パソコン室・悩み相談室が設置され、さまざまな講座が実施されている。例えば、老年大学として高齢者を対象とした健康講座、パソコン講座等が開かれるなど（無料の講座が多い）、学校と社区が一体となって青少年の健全育成、再就職訓練、学歴証明の取得などに取り組んでいる。また、少子高齢化による余剰の教師が主に指導しているとはいえ、学校の教員が積極的に地域の教育実践に携わっている。

以上のように、社区教育は学校教育との関係を深化させながら発展してきた。即ち「社区教育 → 学校教育」型から「学校教育 → 社区教育」型に進み、さらに「社区教育 ⇔ 学校教育」型へと関係の深まりがみられる。教員・社区住民の参加や施設の相互開放も進みつつある。またそれに伴って、社区教育の対象・内容も小中学生対象の道徳教育から社区住民全体を対象とする生涯教育へと移行してきているといえよう。

しかし、1993年以降の全員、全過程、全領域を特徴とする社区教育は国家政策（『綱要』）で示された生涯教育の趣旨と一致しているといえるが、民政部による社区建設の一環としての社区教育と、教育部が主体となる社区教育の意図が違うということを指摘しなければならない。

注

1）謝然浩「縦鄧小平講話談起」『経済日報』2004年7月21日を参照のこと。

2）張敏傑「住房改革進程中的公民社会的発育－以杭州F社区為例」『浙江社会科学』2008年第5期、p.31。

3）その後、2003年8月12日、『国務院の不動産市場の健全で持続可能な発展の促進に関する通達』2007年8月7日の『国務院の都市部低収入家庭の住宅難の解決に関する若干意見』が公布された。ここでは、調整の方向が市場化から保障へと移り、初めて借家が低価格分譲住宅に取って代わり、住宅を保障するシステムの中心として明確化された。

4）商品楼とは不動産市場を通して流通する土地使用権を伴った（土地所有権は無い）分譲マンションである。

5）戸籍管理制度は基本的には現代日本の本籍登録と住民登録とを重ね合わせた機能を持っている。戸籍原薄の所在は日本では、市区町村と法務省が保管しているが、それに対して、中国では各家庭に戸籍原簿が存在する。中国の戸籍制度は、日本と大きく異なり、日本では、戸籍制度は血縁や出生地を記録する意味しかないが、中国では地域間移動を政府が管理する手段になっている。

6）馬福云の博士論文『当代戸籍制度変遷研究』（2000年）中国社会科学院大学院社会学研究科。

7）「郷・鎮」への移住が政府に認められた者は都市戸籍者が享受している低廉な公定価格の配給食糧が得られないこと、医療、年金、就職、居住等に関しても、自己責任で解決し、政府は面倒を見ないことを前提とした。

8）暫住人口は「暫住戸籍」を持っていても、「常住戸籍」を持っている都市住民が享受している諸種の行政サービスが受けられない。

9）張英莉「新中国の戸籍管理制度（下）～戸籍管理制度の改革過程と現状～」、『埼玉学園大学紀要（5）』、埼玉学園大学経営学部編、2005年、p.25。

10）このような費用、及び以下の「借読費」・「賛助費」などは都市戸籍を持っている住民に課されない。

11）牧野篤「『単位』社会主義から個人市場主義へ～中国都市成人教育変容の背景～」、『名古屋大学大学院教育発達科学研究科紀要』第50巻第1号、2003年、p.50。

12）国家統計局人口と就業統計司編『中国人口と就業統計年鑑』中国統計出版社、2002年版より。「都市部登記失業率」は職業紹介所に登録した者をさす。

13）中国国家統計局の定義によれば「下崗人員」とは「企業経営等の原因によりに離職した者であり、ただし、名目上は企業との雇用関係を保留した労働者」である。国家統計局人口与就業統計司・労働部綜合計劃与工資司編『中国労働統計年鑑 1997』中国統計出版社、1997 年、p.583 を参照のこと。

14)「下崗職工」は完全失業者とは見なされないものの、仕事がないという点において完全失業者とあまり変わらない。『労働法』第 27 条は整理解雇手続につき規定しているが「同時に 6 カ月以内に新たに労働者を採用するときは、従前の被解雇者を優先して再雇用する」と定めている。

15) 流動人口に関わる定義がかなり多く、例えば、外来人口、流入人口、外来流動人口、外来一時居住人口（暫住人口）、民工、農民工、民工潮、盲流などがある。

16) 邹兰春『北京の流動人口』、中国人口出版社、1996 年、p.7。

17) 1982 年第 3 次全国人口普查、1987 年全国総人口の 1%に対する抽出調査、1990 年第 4 次全国人口調査、2000 年第五次全国人口普査、2005 年全国総人口の 1%に対する抽出調査を行った。

18) 1990 年の第 4 次全国人口調査では、流動人口では「本県・市に一年以上常住し、戸籍が他の県や市にある人」、及び「本県・市に住む時間は一年未満にもかかわらず、戸籍登録地から一年以上離れている人」を指す。2000 年の第 5 次人口普査では「本郷・鎮・街道に半年以上住み、戸籍が他の郷・鎮・街道にある人」及び「本郷・鎮・街道に住む時間が半年不足にもかかわらず、戸籍登録地から半年以上離れた人」を指す。

19) 国家統計局編『中国統計摘要』2005 年より算出。

20)「外来務工経商人員」は「長く本地に住む」、かつ「固定な職業又は固定な収入を持つ」人々である。「北京市外地来京務工経商人員管理条例」の規定によれば、「外来務工経商人員とは本市の戸籍を持っていない常住の人々であり、しばらく本市に住み、労務・経営・服務などの活動を通じ給料や経営収入を取る外地の人々である」。

21) 海淀区委区政府研究室・中国人民大学人口所課題組「海淀区街外来人口管理及び対策の研究報告」(「海淀区外来人口管理与対策研究報告」)、『海淀研究』特刊、1997 年。

22) 例えば、中国東北部を中心に労働者のデモが頻発している。新聞報道によれば、遼寧省遼陽市で、2002 年 3 月上旬、国有企業の労働者・レイオフ労働者などの数千人が、市政府に対して未払い賃金の早期支払いを求めて、展開した抗議デモを初め、一時は 20 社を超す国有企業の約 3 万人の労働者が市庁舎を取り囲んだ模様である。

23) 陳立行『中国の都市空間と社会的ネットワーク』国際書院、1994 年、pp.54 ～ 56。

24) 基礎教育の管理権限の委譲、即ち「簡政放権」は管理権限の移譲を通じ、基礎教育が地方政府に管理されるという出発点は良かったが、実施中に、権限委譲が段々郷鎮を主とした管理制度になったため、農村の義務教育は苦境に追い込まれた。教育部の職能転換について、教育は学校教育だけではなく、教育部以外の人事部、労働部、科技部などの部門の協力が必要であると認識した上で、教育部は「国家教育委員会」に変わった。

25) 例えば、1990 年代初期から市場原理が大学に導入されたのに伴い、大学が社会や市場と密接に連携し、企業や地域社会に目を向けた。

26）周文建・寧豊『城市社区建設概論』中国社会出版社、2001年、pp.8～9。

27）傅忠道「社区工作基礎知識1000問」、中国青年出版社、2001年、p.2。

28）以下の五つの方針・原則は高等職業教育教材としての（社区建設政策与法規）『社区建設の政策と法規』、邓恩遠・趙学昌主編、中国軽工業出版社、2008年、pp.51～52を参照したものである。

29）社区建設の内容について、「社区組織」「社区工作者隊伍」「社区服務」、「社区環境」、「社区衛生」、「社区治安」、「社区文化」、「社区教育」、「社区保障」に類型して論じる学者もいる。郭強主編『中国社区建設報告2007年』中国時代経済出版社、2008年1月、pp.8～12。

30）「素質教育」は「徳育、知育、体育、美育と労育のすべての面で健全な成長を遂げ、社会主義的自覚を持ち、教養を備えた労働者を育成する」という、1980年代からの中国政府の教育方針に準拠した教育理念である。

31）日本生涯教育学会編『生涯学習事典』（増補版）東京書籍、1992年、p.12。

32）1965年12月、パリで開催されたユネスコの成人教育推進国際委員会において、ポール・ラングランが提起したまったく新しい教育理念であった「生涯教育」は中国では「終身教育」と翻訳されている。中国での生涯教育理念の受容について、呉遵民の研究（呉遵民『現代中国の生涯教育』明石書店、2007年2月、pp.47～60）によれば、その導入は、日本など先進諸国の国家機関やその関係組織による理念の受容と政策の推進とは異なる。

33）その中で、成人教育から「在職職務訓練」がはずされ、「学歴教育」（高等教育レベル）、「継続教育」、という一層の高度化と「文化・教養教育」という市民的広がりを持つものとしての再構成の方向が示された。

34）『中国教育年鑑』人民教育出版社、2001年版のp.160と2002年版のp.166を参照のこと。

35）これは主に教育部職業教育与成人教育司編『推動社区教育工作的新発展 — 全国社区教育実験工作経験交流会議材料汇編』人民教育出版社、2002年、pp.1～53を参照のこと。

36）内部資料である楊文玉、鄭玉氷主編『教育社会化、社会教育化』北京市西城区文教弁公室、1998年7月、p.51。

37）2005年に北京市西城区文教弁公室の主任である楊文玉へのインタビュー内容と内部資料である楊文玉、鄭玉氷主編『教育社会化、社会教育化』北京市西城区政府文教弁公室、1998年7月、pp.34～73と内部資料である『社区教育和社区発展文集』北京市西城区政府文教弁公室、2000年、pp.51～102を参照のこと。

38）以下の社区学院の内容は馬麗華「中国都市部における『社区学院』の動向に関する考察～北京市西城区社区学院を事例に～」『生涯学習・社会教育学研究（33）』東京大学大学院教育学研究科生涯学習基盤経営コース、2008年、pp.55～65の一部である。

39）牧野篤『中国変動社会の教育 — 流動化する個人と市場主義への対応』勁草書房、2006年、pp.268～274。

40）ここで、社会主義市場経済の発展と社会の進化に応じ、教育改革、教育機関の連携を促進し、生涯教育を実施するべきであると指摘された。

41）2008年9月の西城区社区教育協会会長であるYさんへのインタビューによる。

42）内部資料である楊文玉、鄭玉氷主編『教育社会化、社会教育化』北京市西城区文教弁公室、1998年7月、p.105。

43）同上書、p.107。

44）素質教育とは、子供自身の素質に基づき、一人ひとりのやる気を起こさせ、潜在的能力を伸ばし、人間の全面的な発達を目指して、社会的ニーズに適応できるような知識、技能及び健康な人格を持つ人材を育成する教育である。社区内の青少年教育は「素質教育」を実践的に展開させるもうひとつ重要な方途として捉えられている。

45）以下は馬麗華「中国都市部における社区教育の発展と課題～社区教育と学校教育との関係に着目して～」『東京大学大学院教育学研究科紀要（45）』東京大学教育学研究科、2006年、pp.335～343の一部である。

第4章

社区教育政策策定の展開期（2002年〜）

第16回党大会の開催（2002年）、胡温体制の発足（2003年）に伴い、国務院の機構改革も行われ、「社区体制改革」への取組みが始まった。1996年に『関于加强街道党的建设工作的意见』が出されたが、街道・社区の党建設工作の組織的な改革が本格化したのは2000年前後、さらには2002年の第16回党大会以降といってよいであろう。

この他、高齢化の問題、地域的な教育・経済格差の拡大、情報化・都市化の進展に伴い、中央政府、地方政府も社会環境の変化に適応する教育政策を公布した。特に、中国では、第16回党大会の決議によって「学習型社会」が提起されて以来、生涯教育体系の構築・学習型社会形成の推進は中国社会での共通認識となり、政府と人民大衆が共に進める計画となっている。社区管理体制の改革と「学習型社会」の提起により、社区教育も新しい発展段階に突入した。

住民の自治を謳う一方で、学習型住民の自治意識の未成熟に対して党の優位性は如何に発揮されるか、「学習型社会」と生涯教育の理念の下で、地方政府は如何に社区教育を推進するか。このような問題意識を念頭において、本章では、主として2000年代社区教育展開の背景である高齢化・都市化・情報化の進展を解明し、学習型社会構築ための政策、社区教育推進のための規定・政策などを検討しながら、北京西城区の社区教育の具体的事例を中心に、この取組みの過程と相関性を検証し、2002年から2011年現在の社区教育の性格を探ってみたい。

第1節　高齢化・都市化の進展と社会格差の拡大

2000年代の社区体制改革、学習型社会構築の提起、社区教育機能・実験区の拡大に関する政策・規定・通知を論じる前に、政策策定の背景にある社会動向を探ってみたい。現在、保健・医療の改善、「一人っ子政策」の影響で人口高齢化となった。また、国民の識字率が1949年の人口の2割から20世紀末に8割強にまで向上し、教育の機会均等はある程度実現しかけたといえる。しかし、市場経済原理の導入、政府による差別的な政策によって、経済における格差、教育における格差が拡大している。そして、中国政府は調和のとれた社会の建設を推進する上で、情報化の重要性を十分に認識している。特に第16回党大会以降、社会の情報化プロセスは推し進められている。このような多様な現実の背景に注目しつつ、社区教育の姿を探求していきたい。

以下では、社区教育に関する政策策定に影響をもたらした高齢化の問題、地域間の経済・教育格差の拡大、及び情報化・都市化の進展を述べておく。

1. 中国における高齢化の問題

建国初期から1970年代初めまでの長期にわたって高い増加率が続いた中国人口は、1978年の改革開放以降の約30年間は本格的な人口抑制政策としての「一人っ子政策」が実施され、出生率が著しく低下してきた。その結果、現在は低出生・低成長段階に入り、少子高齢化が進んでいる。

高齢化の度合いを表すには、一般的に「高齢化社会」(高齢化率7%以上14%未満)、「高齢社会」(高齢化率14%以上20%未満)、「超高齢社会」(高齢化率20%以上)といった言葉を使う。国連の報告書5では、高齢者の人口の比率が7%以上に達する国を「老年人口型の国」と規定している。2000年、中国では65歳以上の高齢者数が総人口の7%に達したため、中国もついに「高齢化社会」に突入したとして、内外から大きな注目を集めた。

(1) 高齢化の進展

中国では、1982 年の第 3 回国勢調査の時点で、65 歳以上の高齢者の人口が、5,000 万人あまりに達し、総人口の約 4.9%を占めた。しかし、2000 年になると、その比率が総人口の 7.4%にあたる 9,300 万人となり、高齢化社会の仲間入りをすることになる。さらに、2008 年には中国全体で 65 歳人口比率が 8.3%となっておりすでに 7%を超えている[1]。2010 年 9 月 10 日、中国社会科学院財政貿易経済研究所は報告書『中国財政政策報告 2010/2011』を発表した。今後、中国の高齢化は急加速し、2030 年には日本を抜き、世界一の高齢化社会になると指摘した。

中国が高齢化大国への道を突き進んでいるのは、3 つの要因によるところが大きい。第 1 は、科学技術の発展に支えられた保健や医療の改善による乳幼児死亡率の低下や、平均寿命が伸び続けていることである。第 2 は、人口流動により、地域的な人口高齢化をもたらしたことである。第 3 は、「一人っ子政策」の影響で出生率の低下が続いてきたことである。

まず、2000 年の人口センサス資料によると、中国の人口平均寿命は 71.4 歳である。2009 年、中国の平均寿命は 73.05 歳であり、その中で男性は 71.3 歳、女性は 74.8 歳である。中国において、2009 年の平均寿命は 1980 年の 67.82 歳（男性 66.4 歳、女性 69.25）より 5.23 歳伸びた。また、都市部への人口の過度の集中により、農山村の急激な過疎化、及び都市部の高齢化を招いた。地域別の状況を見ると、中西部よりも、経済成長が著しい東部・沿岸部の高齢化の方が進展している。2009 年の高齢者比率は、北京で 13.6%、上海は 15.8%と、全国で最も高い水準にある。

そして、1980 年代までに政策のゆり戻しから上下変化を経験し[2]、合計特殊出生率も低下したり向上したりしていた。1979 年に「一人っ子政策」が導入されてから、中国の出生率は明らかに減少したが、中国は高齢化の進行が最も速い国の一つとなったのである[3]。図 4-1 に 1978 年以降の死亡率、出生率及び人口自然増加率の推移が示されているが、中国の人口増加率が 1970 年代後半から低下し続けたこと、及び短期間に人口転換される原因は、主として 1970 年代実施された「一人っ子政策」といわれる強力な人口抑制政策の実施によるものである。中国政府は人口を抑えるための産児制限は続ける一方、2002 年 9 月施行の『人

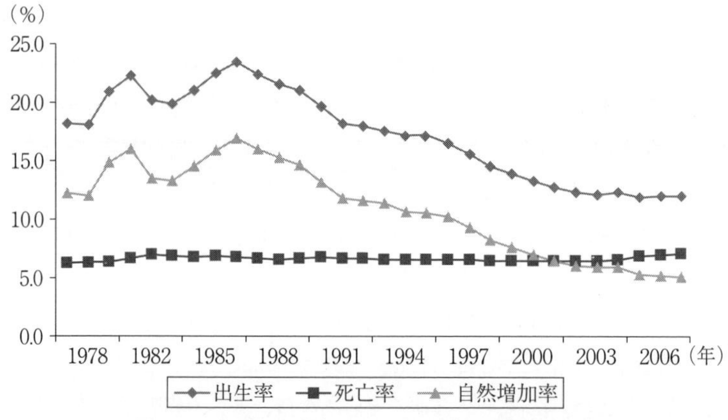

図 4-1　中国の出生率、死亡率及び人口自然増加率

(資料出所)『中国統計年鑑』(2009 年版、中国統計出版社) により筆者作成

口及び計画生育（出産）法』で、一部規制を緩和し、「共に一人っ子」など地方政府が定めた条件を満たす夫婦に対しては第 2 子出産を法的に認めた。ところが、少子化の流れの中で、「二人っ子」定着の展望も開けない。かつ、中国共産党中央委員会と国務院は『人口と計画出産政策に関する仕事を全面的に強化し、計画的に人口問題を解決することに関する決定』を策定し、中国は今後一定の期間で依然として「一人っ子政策」を実施し、低出生率を維持することを国家の基本的な国策として続けていくことを主張した[4)]。

総じていえば、1970 年代以降には出生率は低下し、特に 1979 年に実施された「一人っ子政策」から出生率と人口自然増加率は次第に低下し、人口自然増加率は 1990 年代から下がる一方で、人口転換の最終局面へと向かった。このような人口高齢化に対応するため、今後は「生活の質を維持しつつ、既存の資源を利用して、社会の構造を高齢・人口減少に対応できるものへと転換していく必要がある」し、また「高齢者を含めた社会のすべての人々が自律的なアクターとして、自らの生活圏を支え、かつ相互に承認関係を築きながら、社会関係資本を豊かにしていく生活のあり方を構想する必要がある」[5)]。

(2) 高齢者と社区

高齢者の人口増加と高齢化の急速な進展に伴い、健康高齢化の促進および高齢化自身の問題が注目されるようになった。少子高齢化の進展の面で日本の状況と酷似しているのであるが、その日本が世界の先進国に仲間入りした後の段階で高齢化社会を迎えたのに対し、中国は経済発展の途上で高齢化社会の問題に直面した点にある。このため、中国の高齢化社会は独特の問題を少なからず含んでいる。例えば、高齢者向け介護施設の不足、高齢者向け公的社会保障・福祉制度の発達がまだ不十分などの問題が浮き彫りになってきている[6]。このため、年金や医療の保障をはじめ、高齢者の介護を如何に解決するかが問われているが、如何に高齢者向けの文化教育を豊かにするかも問われている。高齢者が、生きがいを持てるような社会を作ることは、高齢化社会の大きな課題だといえる。また、中国の平均的な退職年齢は、男性が60歳、女性が55歳である。高齢者を扶養するほかに、如何にその価値を再発揮させるかということも大きな課題である。高齢者向けの社会サービスがまだ脆弱である中国では、家族構成の変化による家族の養老機能の弱化[7]、及び伝統的な価値観が崩れつつある中で、高齢者の面倒をだれが見るかが大きな問題となっている。

上述したように、「社区服務」の内容はまず高齢者ケア・看護、児童・少年の指導、身障者のケア・援助、低所得者への援助、地域犯罪の防止などの福祉事業の実施である。また、2000年11月に国務院が関係機関に通知した『23号文件』の第1章の第1項では社区の機能拡充を推進する意義を十分に認識しなければならないとして、「新しい情勢の下、社会の成員が固定的に社会組織に所属するという管理体制はすでに打破され、大量の『単位人』は『社会人』になると同時に大量の農村人口が都市に流入し社会の流動的人口は増加しており、教育や住民管理の分野には手薄な部分が生まれ、都市における住民管理が相対的に遅滞しているため、社区式の新しい管理モデルをつくり上げる必要に迫られている」というような現状認識を披露している。1999年末に「居民委員会」は「社区居民委員会」に再編されることとなったため、従来の概念的な社区から管轄エリアが明確で組織化された社区住民自治組織としての社区に生まれ変わることとなった。また、第3章の第1項に再編成後には「街道弁事処社区服務中心」と「社区居民委員会服務站」が運営され、都市の行政機関と社区が連携して高齢者・児童・

障害者・貧困家庭などに対する支援サービスや福祉サービスを提供することなどを強化するといったことが規定された。

これにより、社区による高齢化社会への対応のための新しい体制・組織づくりは始まったといえよう。一方、社区による高齢者サービスシステムを作り上げるため、中国政府は都市部で「老年活動センター」を、県・郷（鎮）街道で「老年活動所」、村（社区）で「老年活動室」を少しずつ設立した。政策で強化される社区は高齢者の福祉面での支援だけではなく、高齢者支援事業を教育の分野として捉え、高齢者の自己実現の課題と取り組むようになっている。即ち、急速に進展する高齢化に対応し、高齢社会への円滑な移行を図るために、高齢者の学習要求に応じて適切な学習機会を提供することに努めている。それとともに、高齢者に生きがいのある充実した生活を実現することができるよう、高齢者のボランティア活動など社会参加活動、高齢者支援事業を促進している。

2. 地域間の経済・教育格差

1980年代の改革開放に伴って、中国の経済は計画経済から市場経済へ移行し、急速に発展してきたが、地域間の経済格差、所得格差が拡大された。地域間の格差をもたらす主な原因は、政府による差別的な政策、地理的条件、市場経済に関わる諸制度の未整備、適切な企業ガバナンスの欠如、党幹部・官僚の腐敗などが挙げられる。好調な経済発展は中国の教育にも飛躍的な発展をもたらしたが、義務教育経費の不足、教育資源配分の不均衡などによりもたらされた地域間の経済・教育の格差の拡大は社会の安定を脅かしている。社会の安定、経済の発展を実現するため、社区教育の発展が一つの重要な解決案として推進されるようになってきた。ここでは、2002年以降の社区教育の展開を大いに促進する一因として、地域間の経済格差の拡大、地域間の教育格差の拡大、及びこの2つの格差によりもたらされた社会不安に関して追及する。

(1) 地域間の経済格差の拡大

1978年からはじめられた改革開放政策は中国の経済発展を図るために、計画経済下の平等主義の弊害を打破し、1992年鄧小平は「社会主義と市場経済は矛盾しない」との「南巡講話」を発表し、市場経済システムの確立や沿海部に経済特区を設けて改革開放政策を推し進めた。この路線は江沢民政権下でも受け継がれ、「社会主義市場経済」への取組みがさらに強化された。その結果、中国は急速な経済発展を遂げ、改革開放当初に掲げた「20世紀末までに『小康社会』を実現する」という目標はほぼ達成された[8]。しかし地域経済の格差も拡大した。この状況に直面して、中央政府は社会の安定を実現するために、一連の政策を出した。特に、1997年にアジア通貨危機が発生したことを背景に、江沢民は「西部大開発」[9]の戦略を実施した。中央政府の財政資源の再配分を通じ、西部地域の発展の促進、貧困層の所得の向上を図った。2004年2月温家宝はバランスが取れた経済を発展させる必要があることを強調した。しかし、中央政府の西部への移転支出や投資プロジェクトへの融資拡大にもかかわらず、地域経済の格差は依然として拡大した。

都市・農村住民間の収入格差は1985年には1.86倍であったが、2007年には3.33倍に及んだ。2007年の国家統計局の都市・農村住民を対象とした調査によると、20％の高収入住民と20％の低収入住民の平均収入格差は6.5倍であり、1978年の2.7倍より3.8倍分増加した[10]。また、北京市、天津市、河北省が含まれる11の沿海地域の省・直轄市の東部地域と内陸地域の11省・自治区・直轄市の西部地域のデータを見ると、表4-1に示されているように、1983年の一人当たりの国民所得は東部地域（669元）と西部地域（348元）の格差は321元である。この格差は1992年に至ると966元と拡大し次第に大きくなっている。

ただし、同期間中、地域の経済はほぼ同様なスピードで伸びていたため、倍率で見た格差は拡大しなかった。しかし、1993年以降、両地域の経済格差は急速に拡大し、倍率で見ても1993年の2.25倍から2003年には2.70倍へと拡大した。つまり、1992年以降市場経済システムが確立されてから、地域経済格差は急速に拡大している[11]。また、東部地域の上海、天津、広東などの1人当たりGDPは西部地域の貴州、四川、チベットなどの1人当たりGDPよりずっと高い。即ち、東部地域と西部地域の経済格差だけではなく、各省の経済格差、農村と都市間の経済格差も拡大している。

経済の地域格差により所得格差は政治的・社会的な安定を左右する重要な問題であるといえる。経済発展の初期段階では所得格差が拡大し、成熟段階では縮小するというクズネッツの逆U字仮説はよく知られたところであるが、中国の場合には、初期の経済発展に伴って働く一般的な格差拡大の力に加えて、①社会主

表 4-1　中国各省市の経済格差

	一人当たりの国民所得（元）		一人当たりの名目 GDP（元）	
	1983 年	1992 年	1993 年	2003 年
北京市	1,499	3,684	7,761	25,258
天津市	1,378	3,152	5,776	24,214
河北省	451	1,262	2,668	10,488
遼寧省	843	2,166	4,975	14,295
上海市	2,524	5,182	11,208	36,534
江蘇省	636	1,835	4,303	16,826
浙江省	567	2,021	4,475	20,075
福建省	414	1,476	3,597	14,799
山東省	532	1,598	3,216	13,628
広東省	566	2,115	4,881	17,131
海南省	NA	1,283	3,680	8,274
東部地域平均	669	1,939	4,289	16,292
広西自治区	329	868	2,014	5,631
重慶市	NA	NA	NA	7,435
四川市	351	968	1,888	6,271
貴州省	287	714	1,220	3,504
雲南省	326	997	2,005	5,633
チベット自治区	291	1,140	1,983	6,852
陝西省	355	1,010	1,949	6,501
甘粛省	369	977	1,586	5,013
青海省	431	1,150	2,355	7,303
寧夏自治区	499	1,594	3,153	9,710
西部地域平均	348	973	1,908	6,045
両地域格差（絶対値、元）	321	966	2,382	10,248
両地域格差（倍率）	1.92	1.99	2.25	2.70

（出所）任大川「中国における地域経済格差の拡大要因と政府是非策～東部地域と西部地域の資本と労働の移動に関する考察～」『三田商学研究』第 49 巻第 2 号（2006 年 6 月）、p.74

（注）原出所により①これは『中国統計年鑑』各年版に基づいて算出。②地域平均の算出は地域総額／地域総人口による。従来、海南省は広東省、重慶市は四川省に含まれたため、地域平均値の算出には影響はない。

義的平等を棚上げした経済発展優先政策、②市場経済の浸透に対応した制度の未整備、③不正な利得の獲得機会の大規模な発生、及び④労働移動を阻害する戸籍制度とそれに伴う差別などのような中国特有の要因が重なり、比較的平等な国から世界的にも不平等度の高い国へと変化した[12]。

(2) 地域間の教育格差の拡大

子どもの受ける教育や進学率が、親の所得差によって影響され、「教育格差」につながっているとして社会問題化している。または、経済の格差に伴って各地の教育にも格差が生まれたといえる。ここまで教育における格差が拡大されてきたのは、急激に変化する中国社会と政策などにその原因があるとされている。具体的にいえば、各地の経済・社会文化の発展は長期的に格差を持つことと、学校運営の地方化によって、教育の不均衡は拡大している。その格差はさまざまな様態を呈し、主に、地域間の教育格差（例えば沿海の経済先進の地域と中・西部地域の間）、都市部と農村の教育格差、社会階層間の教育格差（社会階層の違い等によって都市住民間の格差、農村住民間の格差）及び同じ地域での重点学校と非重点学校間の格差が著しく現れている。

これは財政的な教育経費の配置から窺える。1993年中共中央、国務院が制定した『中国教育改革と発展綱要』において「国家の財政的な教育経費を漸次増加しつつあり、本世紀末までにGDPの4%に達することを図る」と明確にされた。しかし、教育に投下された経費の絶対金額は上昇趨勢にあったが[13]、まだGDPの4%に達するという政策目標を実現していない。中国の教育費は特に義務教育は主に政府予算からの支出が中心である。

朱永新の研究[14]によれば、国の政府財政的な教育経費は各級学校、各地の学校と各種類の学校に平等に支給されたわけではなかった。1999年政府により支給された一人当たりの基礎教育経費を例としてあげれば、学校の種類や所在地域の違いによって、学生の一人当たりの教育経費にはかなりの格差がある。図4-2のように経済発達の地域を代表する北京、上海と経済的に立ち遅れた地域である貴州、寧夏の間に倍以上の格差が出ている。即ち教育経費の配分は普通の高校が普通の中学校と小学校より高く、都市の学校が農村の学校より高く、しかもその中の格差が大きいことを示している。

このことから、教育資源の配置における不均衡性を説明できる。言い換えれ

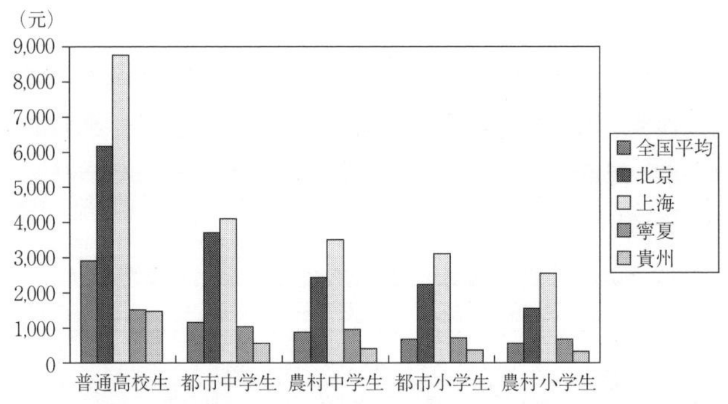

図 4-2　北京、上海、寧夏、貴州における一人当たりの平均教育経費（1999 年）

（出所）楊周复『中国教育経費統計年鑑』中国統計出版社、2000 年、pp.370 ～ 383 により筆者作成。

ば、教育を受ける者は教育の種類と地域の違いにより財政的な教育経費にも格差があるといえる。特に膨大な農村や「貧困地域」への教育経費投入不足[15]は中国の教育における格差と不平等をもたらす根本的な問題であるといえよう。しかも、この財政的な一人当たりの教育経費配置の格差は年々拡大している。

教育資源の配置の不平等は政府予算からの支出だけで表せないが、最も重要な資源である教師の実態、及び教育を受ける人口比率（教育を受ける程度）の面でも見られる。都市の小中学校教師の学歴の状況は農村の小中学校教師の学歴とは比べ物にならない優勢を占めている。表 4-2 のように、地域間や、都市や農村の間の教員格差は教師学歴の合格率（学歴基準到達率）[16]ではなく、高学歴教師の格差に表れている。しかも、学校の段階が高くなるにつれて、教員格差はかけ

表 4-2　2002 年における教師と農村の小中学校教師の学歴対比

		東部		中部		西部	
		合格率	高学歴	合格率	高学歴	合格率	高学歴
都市	小学校教師	99.3%	59.6%	99.1%	57.0%	98.3%	53.03%
	中学校教師	97.0%	48.5%	96.4%	40.0%	95.6%	38.1%
農村	小学校教師	98.0%	29.0%	97.8%	26.5%	94.2%	20.1%
	中学校教師	89.1%	14.0%	87.2%	11.8%	83.4%	8.2%

（出所）張楽天『2004 年教育中国』教育科学出版社、2005 年、p.13 により筆者作成

離れていく。

教育程度はその地域の経済、文化に関わっているが、基礎教育の管理制度とも緊密な関係がある。1980年代に実施した基礎教育の分級管理体制の下で、所轄区域の基礎教育の管理職責はその地方政府により担われることになっている。一部の経済的に立ち遅れた地域においては、基礎教育を支える十分な財力を持っていないため、基礎教育の発展を促進し難い。これによりもたらされた直接的な結果は地域的な基礎教育の不均衡の拡大である。

(3) 経済・教育格差拡大によりもたらされた社会の不安

都市・農村の経済・教育格差を招く制度上の要因は都市と農村間で異なる二元経済構造及び二元教育構造であると指摘されている。長期にわたって遂行された「農業で工業を育て、農村で都市を支える」及び「都市優先」という発展政策は、知らず知らずのうちに、人々の意識と観念を変えつつある。また、第3章で述べた「戸籍制度」や農村・都市間の経済発展水準・状況の違いは格差を拡大してきたといえる。表4-3のように、最近の中国社会科学院の調査「中国社会情勢分析と予測」の中で、深刻な社会問題として貧困格差が1位に挙げられ、失業問題が2位、第3位は都市農村間の収入格差とされている。すべて所得の不平

表4-3　2008年社会安定に悪影響を与える要因に対する人民警察からの評価（単位：%）

影響要因／評価	収入格差・貧富格差	失業問題	汚職問題	恐怖活動	「拆迁」補償問題	犯罪問題	住宅価格の高すぎの問題
比較的に大きい	32.5	25.7	30.5	11.8	35.2	22.1	21.4
非常に大きい	39.9	37.0	29.5	27.4	22.8	22.5	21.2
順位	1	2	3	4	5	6	7

（出所）汝信、陸学芸、李培林主編『社会藍皮書　2009年中国社会形勢分析与予測』社会科学文献出版社、2008年12月、p.103により筆者作成

（注）①「拆迁」補償問題とは都市開発や国家プロジェクトの実施に伴い、古い住宅が計画に基づき強制的に取り壊され、政府資金により建設された新しい公的住宅に移る場合、立退きにあった人が、使用権の交換という形で新しい家屋を割り当てられ、旧家屋と新家屋に価格の差があると、金銭によって補填される問題である。対象者がいままで住んでいた住宅面積を基準に新住宅を割りたてる方式や補償される金額に不満である場合、政府の強制「拆迁」に対して衝突するところがある。

②原出所により、今度のアンケート調査では27省・市・自治区からの460名の警察を対象として調査を行い、有効的アンケートは360名で、回収率は78.3%である。

等さを表すものであり、中国指導層は根本的な対応を迫られているといえる。中国の経済・教育の格差は社会の矛盾や亀裂を集中的に表現しており、もはや目が離せないところまできている。警察力、治安、汚職、及び生産安全からなる「社会秩序指数」は逆指標に基づき計算すれば、2007年は1978年より26.7%降下し、平均で年ごとに1.2%逓減していた。物価指数、失業率、社会保障がカバーする範囲、貧富の格差、及び都市・農村間の格差などの6つの指標からなる「社会安定指数」は年ごとに0.4%逓減していた。「社会秩序指数」と「社会安定指数」は相互に影響しあっているだけではなく、経済社会の総合指数の増長にも影響を与えている。1979年～2007年の経済社会の総合指数は年ごとに5.8%増加したにもかかわらず、この2つの指数の指標を含めて計算すれば、毎年の増加率は4.7%でしかない。また、「社会秩序指数」と「社会安定指数」の経済社会総合指数への影響度は19%である。これにより、社会の不安定は全体の社会経済の推進や調和のとれた発展に悪影響を与えていると窺える[17)]。

経済・教育の格差によりもたらされた社会問題の一例として、出稼ぎ労働者の子女教育を挙げてみる。農村からの出稼ぎ労働者が妻や子どもを連れて都市部で暮らすようになってきた流動人口が増えている。市場経済化の加速化と緩和されつつある戸籍制度の影響をうけ、都市部での大規模な流動人口の滞在は長期化、固定化する傾向が見られる。そのため、都市部で親と一緒に都市部に暮らす「流動児童」も増え、2006年に「流動児童」中での学齢児童は600万人になった[18)]。北京市386.6万人の流動人口のうち、14歳以下の少年・児童が9.9%を占め、およそ40万人に達した[19)]。これに伴い、都市部での居住権を持たずに生活する流動人口やその子供への教育問題が生じている。相対的に技術が単一で文化レベルがあまり高くない多くの流動人口を技術型、技能型へと発展していくようにするため、彼らに対する職業育成・訓練の強化、生涯学習理念の確立が望まれている。

流動人口に対し、如何に教育するかということだけではなく、彼らの子供は普通の学校に入学できず、教育レベルが低い学校や、非合法の学校に入学して勉強することも非常に大きな問題になっている。実は、農民工子女の都市部の学校への入学という問題に政府は関心を寄せている。2003年には国務院から教育部、公安部、発展改革委員会、財政部など6部門へ伝達した『農民工子弟の義務教育に関する意見』では、流入地政府は「流動児童」に対し、教育を受けさせる責任を担い、主に全日制小中学校に入学させることを求められた。これを受け、2006年6月には『中国人民共和国義務教育法』が修正され、流入先地域で「流動児童」の義務教育の責任を担うことが正式に法律によって定められた。温家宝総理は2009年の「政府活動報告」の中で、都市と農村において義務教育の無料化政策を着実に実行し、農村義務教育の公用経費の基準を引き上げ、農民工子女が就労地で無料の義務教育を受ける問題を逐次に解決していくことに言及した。

しかし、「流動児童」の教育問題は楽観できない。各地方の公立小中学校にとって、特に、財政力が弱い地方行政にとって「流動児童」を受け入れる人数が多ければ多いほど財政上の圧力が高まるため、現行の教育体制の下での「流動児童」の受け入れは耐えられない負担になっている。2006年に北京の未認定「民工子弟学校」は239カ所、在校生徒人数は9万5,092人であった[20]。

即ち、経済や教育の分野で目覚しい成果を挙げている一方で、多くの問題や矛盾を引き起こしている。教育・経済の格差の拡大は単純な教育・経済問題ではなく、社会的な問題になっていることが窺える。

3. 情報化と都市化の進展

先進国では、工業化が完全に成熟してから次の情報化社会に入るということが自然であった。しかしながら、現実には、20世紀の最後の十数年、中国を含む数多くの途上国は、工業化の中期段階にあるまま、情報化社会へ突入しようとしてきた。中国は、農業社会から工業社会への転換を乗り切っていないにもかかわらず、工業化とともに、情報化を進めるという政府の新たな工業化戦略を強調している。2002年10月、第16回党大会では、工業化について、新たな定義、戦略や措置などを打ち出した。第16回党大会の政府報告は、新たな工業化戦略の柱となるのは、情報化、技術革新、資源削減の3点であるとした。新たな工業化の特徴について、工業化と並行して情報化を推進することが最重要な課題になる。近年の情報化の進展は第2の産業革命ともいわれるように、これまでの社会生活、経済、教育に大きな影響を与えている。また、工業化、市場化、都市化という3つの経済・社会の構造転換に直面している中国では、特に情報化を推進している。

次に社会生活・教育に多く影響を与える情報化と都市化について論じていく。

(1) 情報化の推進

中国政府は調和のとれた社会の建設、国民経済の発展の加速、国民生活の質の向上、情報化を推進する上で、インターネットが必要不可欠なものであるということを十分に認識し、一連の政策、法規を制定し、市場環境を積極的に整備しながら社会の情報化プロセスを積極的に推し進めている。

1) インターネットの発展と普及

中国の情報化は1980年代半ば頃からスタートし、20世紀末までの十数年の間徐々に軌道に乗り始め、著しい進展を遂げた。1984年は中国の「情報化元年」といわれ、この年の9月、国務院に「電子振興指導グループ」(電子振興領導小組)が設置された。それ以降中国の多くの指導者達は、情報化を「4つの現代化」と直結させるようになった。1993年、中国は国家経済情報化合同会議を発足させ、国家公用経済情報通信ネットの建設を、責任をもって指導していくこととしている。1997年開催の「全国情報化プロジェクト会議」において国家経済情報化に関する「24字指導方針」及び2010年までの長期目標が設定され、インターネットは、国家情報のインフラ建設に組み入れられ、ネット産業の発展を通じて、国民経済の情報化プロセスを推進していくという考えが提出された。2000年10月施行の「第十次5カ年計画」の中の優先課題として、情報通信インフラ整備、IT技術とIT産業の発展、産業・社会における情報化の推進が取り上げられた。

2002年11月、第16回党大会においては、「情報化が工業化を牽引し、工業化が情報化を促進し、そして新型工業化の道へと踏み出す」という考えが打ち出された。2005年11月、「2006～2020年の国家情報化発展戦略」が制定され、インターネット発展上の重点をさらに明確にし、経済構造の調整、経済成長パターンの転換において、国民経済の情報化を推し進めていくことが提案された。2006年3月、全人代において、『国民経済と社会発展第十一次5カ年計画綱要』が審議、採択され、電信ネットワーク、ラジオ・テレビネットワーク、インターネットの3つのネットワークを融合させ、次世代インターネットを構築し、商業化への応用を加速することが提案されている。

2007年4月、中国共産党中央政治局会議では、ネット文化産業を大々的に発展させ、また、ネット文化情報機構の製造業を発展させることを提案している。2007年10月、中国共産党第17次全国代表大会で、「現代的産業システムを発展させ、情報化と工業化の融合を大きく推し進め、規模の大きな工業から実力をもつ工業への転換を促す」といった発展戦略が確立された。2010年1月、国務院は、電信ネットワーク、ラジオ・テレビネットワーク、インターネットの3つのネットの融合の推進を加速させ、情報と文化産業の発展を促進することを決定した。中国政府は積極的、かつ明確な政策を推し進め、その政策の下、中国のインターネットは徐々に、全面的かつ持続的、そして急速的な発展の道を歩み出した[21)]。

「政府主導型の情報化」であるが、現場ではこの一連の政策に基づき、インターネットのインフラ建設と整備が促進されている。2010年には中国のインターネット利用者は4.57億人で、その普及率は34.3%に達し、2002年を29.8%上回った。また、2010年末中国のインターネット利用者数は全世界の23.2%を占め、アジアの55.4%に及んだ[22)]。中国のネット人口はまさに急増期を迎えている。

経済発展や教育、社会全体の情報化のレベルなどの要素の制約により、中国のインターネットの発展及び普及は、区域や都市及び農村間で発展バランスが均一ではないという問題もある。東部では急速に発展しているが、西部での発展には時間がかかるという状況である。また、都市部での普及率は高いが、農村部での普及率は低いという傾向もある。

インターネットの急速な発展・普及につれ、人びとの生産、仕事、学習、そして生活スタイルに、すでに大きな変化が表れ始めている。例えば、中国のニュース報道の分野で、インターネットは人びとがニュース情報を知るための重要なルートとなっている。中国の通信社、新聞社、ラジオ放送局、テレビ局などは、インターネットによるニュース報道を展開し、人民網、新華ネット、中央テレビ局（CCTV）ネット、中国ラジオ放送（CNR）ネットなどの総合的なニュース情報サービスサイトは、伝統的なメディア自体をも新しい段階へと発展させ、人びとのニュース情報に対するニーズを満たしている。

また、インターネットの普及は情報の流れが不十分である中国の従来の硬直した中央集権的な経済体制の改善にも有用な役割を果たす。中国の指導者は、インターネットを通じて民衆の意見や希望を求め、時にはインターネット上でネットユーザーと直接交流し、国家の大事について討論し、ネットユーザーからの問題に答えている。インターネットは政府活動を改善するための新しい手段として政府と民衆を直接結ぶ架け橋にもなっていると窺える。

2）教育情報化の進展

今、中国の情報化は「社会サービス」「経済活動」、及び「教育サービス」という 3 つの側面で展開されているといわれる[23]。

中国政府は、教育情報化を国民経済と社会情報化の重要分野と位置づけ、国の投資によって 1980 年代からさまざまな情報化プロジェクトを実施してきた。例えば全国の教育に関する情報を一括管理するシステムの整備、全国の教育機関向けのインターネット基幹システムの整備、全国小中学校情報技術教育及び「校校通」[24] プロジェクト整備などが挙げられる。これらの国が主導した大規模教育情報化プロジェクトの実施により、中国では教育情報化産業は大きく拡大し、その質的レベルの向上も進んできている。また、在学生の人数と学校数の増加によりITインフラ整備のニーズが急速に拡大していく傾向にある。

教育情報化はただ教育資源などの問題の解決に寄与するのみならず、市場の多様化、広域化、流動化などの傾向に対応するためにも、欠かせないものである。教育情報技術の進歩と普及は教育を受ける方式の変化、教育を受ける人口の拡大、教育システムの進化にも寄与するであろう。2010 年になって中国政府により公表された「教育中長期発展計画」の中では、さらに教育情報化を重要な発展分野と位置づけている。即ち、多様化されてきた教育要求に伴い、現代の情報技術の教育分野での応用レベルを向上し、社会化・開放式の教育ネットワークを構成するため、教育情報化の基礎施設、教育情報資源の建設が加速されていることが伺われる。

(2) 都市化の進展

都市化は人類の進歩において必然的に通過する過程であり、人類が社会構造を変革する上での重要な手がかりとなる。昨今、中国は工業化、市場化、都市化という 3 つの経済・社会の構造転換に直面している。都市化は都市部の基礎施設の設置、産業の開発、経済構造の調整及び都市面積の拡大だけではなく、「農民」から「市民」へ、「農業人口」から「工業人口」への転換にもよるものである。

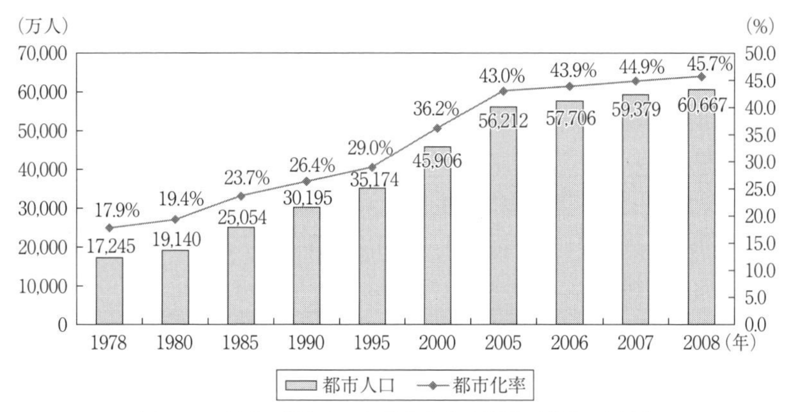

図4-3　中国の都市人口と都市化率の推移（単位：万人）
（出所）国家統計局『中国統計年鑑』2009年版による筆者作成
（注）都市化率は全人口に占める都市人口の比率（%）である。

1）「土地」都市化の向上

中国政府は2001年の「十五計画」（「中華人民共和国国民経済和社会発展第十個五年計画綱要」）では都市化の発展戦略を次のように提起した。「都市化の向上、農村人口の転移は農民の収入の増加に役立つだけではなく、経済の発展にも市場を提供できる。これは都市・農村の経済構造を合理化させ、国民経済の良性循環と社会の調和が取れた発展を促進する重要な手段である。農業生産力の向上と工業化の急速な発展に伴い、わが国の都市化を推進する条件は徐々に成熟しつつあり、われわれは良いチャンスを逃がさず、迅速に都市化戦略を展開しなければならない」[25)]。

都市化に関する戦略要求は、都市化率を2010年に40%、2020年に50%、2050年に70%に向上させ、中等の先進国の平均都市化率に達せさせることを目指している[26)]。図4-3によると、1980年に19.4%だった中国の都市化率は、2008年にはすでに45.7%に上昇した。それにもかかわらず、1980年代末以来の20年間の実績をみると、工業化と市場化の飛躍的進展に比べて、都市化は大きく遅れを取っている。先進国平均だけではなく、世界平均（約50%）をも下回っている。

2）「人」の都市化の問題

又、中国社会科学院の「2009中国都市発展報告」によれば、2001～2007年、中国の地級市以上の都市の市轄区・市街地面積は70.1％増加したが、その人口はわずか30％しか増えなかった。2009年11月に開催された中央経済活動会議は、安定的経済成長を目指し、内需拡大など成長方式への転換の重要施策として、小都市の戸籍管理の緩和、条件に符合する農業移転人口の都市部での就業・定住を図るなど都市化の推進を挙げている。

都市化に伴うもっとも衝撃的、かつ即時に現れる影響は、農村部の急速な変化及び農民から転換された「新市民」の問題である。これは中国にとって、都市化の推進は多面的、かつ長期的な課題とされているが、差し迫った問題は、すでに都市部に入っているが、都市部の戸籍を持っていない1.5億人にも上る「農民工」を市民化させることにほかならない。実際、都市化の推進にあたり、「調和の取れた社会」（「和諧社会」）の実現のために、「新生代農民工」[27]の問題を優先課題として解決しなければならないという認識が政府部内に広がっている。しかし、都市戸籍取得への規制緩和の重点を中小都市に置いていることに対し、「新生代農民工」はむしろ大都市、特に沿海部大都市に集中している。このギャップを考えれば、「新生代農民工」問題の解決、ひいては都市化の推進は、多くの紆余曲折を伴うものと予想される。

2010年初めに発布された中央1号文件[28]では、都市化のさらなる推進を強調し、いくつかの具体的な施策を打ち出したところに特徴がある。中でも「安定的収入があり、かつ都市での居住期間が一定の年数に達する農民工を都市住宅保障システムに入れる」ことなど具体的政策構想を打ち出し、「新生代農民工の問題を解決することに力を入れる」新しい方向性を示した。また、中国発展研究基金会により発表された『中国発展報告2010』[29]では中国の都市化進展の促進のための戦略目標と政策意見を提出した。報告は、「2030年までに、中国の戸籍問題を解決し、出稼ぎ労働者（農民工）を現地住民と同じ様に生活させる」とした上で、この目標の実現に向けて、農民工の市民化や、特色を持った地域の経済発展と産業の多様化と発展などの意見を提出した。

概していえば、中国における都市化とその結果としての都市問題には、制度が未整備であることに起因する問題と、治安・安全の問題などの側面がある。同時に都市化は都市部の用地拡張、および都市文化もしくは都市における生活様式・価値観が農村地域に広まる過程を意味するので、人類の生産と生活様式が農村型から都市型へと変化する歴史的な過程でもある。したがって、農村人口から都市人口への変化や都市の発展・充実化の過程の中で、「新市民」への生活行為規範教育、職業教育及び娯楽教育などが求められる。即ち、「新市民」の資質を向上させさえすれば、都市化、及び現代化をうまく推進することができるといえる。

第2節　「学習型社会」政策の提起と社区教育実験区の拡大策

1990年代に生じた、少子高齢化の進行、経済・教育格差の拡大、都市化・情報化の進展及び自由時間の増大といった社会背景を受け、あらゆる学習資源を活用し、個々の人間の持つ潜在能力を最大限に発達させうる社会が求められていた。少子高齢化の進行のもとで、人口構成が変化し、それによって、社会のさまざまなシステムの変革は必然的な状況になってきている。デジタル技術の発達に伴うインターネットの爆発的な普及によって、私たちの生活を世界へと直接結びつけるようになった。また、中国においては教育格差によって、学習機会の確保には大きな格差があるが、今後は如何にこの落差を少なくしていくか、個人の学習権利を保証するかが迫られている。

それによって、誰でも、いつでも、自由に自分の意志に基づき、平等な学習機会のもとで、学習をすることができ、その学んだ成果が適切に評価されるような「学習型社会」を創造していくことが今後の重要な課題になってきた。中国では、孔子の論語では生涯を通して、論語に基づいた自己練磨・自己形成が求められているが、1990年代初め「学習型社会」の概念、1990年代後半「学習型組織」の概念が専門用語として中国に輸入された[30]。これらの用語はしばしば学術論文、新聞などに登場し、政府機関、企業・事業団体や民衆にもよく知られているだけでなく、さらに「学習型（化）社区」「学習型（化）企業」「学習型（化）個人」などの表現さえ派生した。それにもかかわらず、今まで「学習化社会」「学習型社会」及び「学習社会」の概念は同時に併存し混用されている。いずれも英文のLearning Society、Learning Organizationの訳語であるが、中国語の概念としてどちらを使うべきかについて学者の中で盛んに議論された[31]。本書では『現代漢語辞典』と『辞海』における「型」(表している様式と帰属の類型を強調する)「化」(転換された結果・状態を強調する)[32]に基づき、そして第16回党大会の報告では「学習型社会」を使用していることを考慮し、以下では概ね「学習型社会」の表現を用いる。

なお、中国で学習型社会の構築理念が具体的な行動法案と戦略に転換するのは2002年以降である。中国では、2002年の第16回党大会の決議で「学習型社会」が提起されて以来、生涯教育体系の構築・学習型社会形成の推進は中国社会での共通認識となり、政府と人民大衆が共に進める計画となっている。次に「学習型社会の構築」に関する規定、社区教育に関する公的文書から2002年以後の中央レベルの政策について述べる。

1.「学習型社会」の構築に関する規定

学習型社会の構築に関する規定について、「学習型社会」理念の提出、中国における学習型社会構築ための実践的・政策的な準備、及び2002年以降の学習型社会構成に関する政策策定から論じていく。

(1)「学習型社会」理念の提出

1968年に出版されたロバート・M・ハッチンス(Hutchins, Robert Maynard)の著書、『ザ・ラーニング・ソサエティ』(The Learning Society)により生涯学習の理念と深く関わっている「学習社会」理念が登場した。それ以後、「学習社会」は学術用語として国際社会に広まった。この契機としては、ユネスコが1971年に設けた「教育開発国際委員会」(International Commission on the Development of Education)報告書「ラーニング・トゥ・ビー」(Learning to Be)の中に、「学習社会」の概念が用いられたことがある。この時期において、イリッチ(Illich, I.D.)やフレーレ(Freire, P)などが伝統的な教育制度を批判し、「脱学校論」などで学歴偏重を是正する学校改革論を展開しているもあった。

これらを契機として生涯学習と学習社会づくりの気運が高まり、例えばアメリカ合衆国では、1976年に、『生涯学習法』が制定され(1980年廃止)、イギリスでは1973年に地方教育当局の行う成人教育を政府が積極的に奨励するよう勧告した報告書(ラッセルレポート)を公表し、フランスでは1970年代前半までに『テクノロジー教育基本法』など生涯学習の振興を図るための法律が制定され、日本では1988年に生涯学習局設置、1990年に『生涯学習の振興のための施策の推進体制等の整備に関する法律』（いわゆる生涯学習振興法）が制定され[34]、ヨーロッパでは、1996年を生涯学習年として、欧州委員会によって制定され、韓国では、1999年に『平生教育法』が制定された。これらによって、「生涯学習」と「学習型社会」の概念が1960年代に正式に提出され、全世界で急速に発展し、世界的に活用され、1990年代から学習社会の理念は経済発達の諸国で具体的な行動法案と戦略に転換していることが分かる。

(2) 中国における「学習型社会」構築のための実践的・政策的準備

中国では、生涯学習と学習型社会に関する専門的な法律・法規が定められていないにもかかわらず、前述したように、1990年代以来、中国政府は一連の生涯学習や生涯教育に関する法律、法規及び政策を公布した。2001年5月15日、中国北京市の人民大会堂で開幕されたアジア太平洋経済協力会議（APEC）人的資源能力建設ハイレベル会議では江沢民主席は「人的資源能力建設の強化 アジア太平洋地域の発展と繁栄の共同促進」の講演を行った。その中で「生涯教育制度を確立して学習型社会を樹立する」を提唱したのであった。

そして、現場では、学習型都市構築に関する地域的な規定が見られる。これについては後述するが、ここでは、2002年まで学習型都市の構築について現場で試行錯誤が行われたという観点を示したい。学習型社会構築の規定について、中央政府は現場の地域的な規定を参考にしながら国の政策を定めたといえよう。また、1980年年代以降、中国では生涯教育、学習型社会の観念が重視され、学者たちにより行われた関連する理論研究も2002年以降の政策・法規の制定に理論的な枠組みを提供した。

概していえば、2002年まで中国では、学習型社会に関して、理論的な研究面ではまだ始まったばかりで、政策面では生涯学習体系の構築、全成員の生涯教育への要求を重視し始め、実践面では多様な社区教育を展開し、学習型都市建設への探求に着手している段階にあるといえる。これらは2002年以降の学習型社会構成に関する規定・法律の制定や実践の展開ためにさまざまな準備をしている。

(3) 2002年以降の「学習型社会」の構成に関する政策策定

2002年9月、江沢民は北京師範大学創立100周年記念大会で、再び「教育体系に新機軸をもたらし、徐々に生涯学習に適した学習型社会を形成し、大衆の多様化した学習要求を満足させなければならない」と呼びかけた。江沢民のこの提唱は第16回大会決議に盛り込まれ、2002年の第16回党大会の報告ではさらに「全人民の学習、生涯学習という学習型社会が形成され、人間の全面的発達が促されることになる」と提言された。その時から「学習型社会」は概念化されるようになったといえよう。2007年の第17回党大会の報告ではさらに「教育は民族振興の礎石であり、教育公平は社会公平を構築する基礎である。遠隔教育と継続教育を展開し、全人民の学習、生涯学習という学習型社会を建設する」ことを明確にした。次に、それらに関連する主な中央レベルの政策文書について述べる。

1）生涯教育体系の構築と学習型社会の建設への試み

2002年5月7日、中国共産党中央弁公庁国務院弁公庁が『2002～2005年の全国人材隊列建設企画に関する綱要』(『2002～2005年全国人材隊伍建設規划綱要』)を提出した。ここでも「生涯教育を構築する」ことを提言した。

2002年11月8日共産党第16回[35]大会では「三つの代表」[36]思想が規約に明記された。また、大会報告は「全面的な小康社会[37]を実現する」という目標を打ち出した。大会報告では生涯教育体系を構築すること、全民の学習、生涯学習という学習型社会形成による人間の全面的発達の促進が強調される。

> 人民は望ましい教育機会を有し、高等教育段階の教育が基本的に普及し、非識字者がなくなることになる。全人民の学習、生涯学習という学習型社会が形成され、人間の全面的発達が促されることになる。

また、教育部の2002年『教育工作要点』は12領域全37項目を掲げた。この項目では「新たに興った産業と現代サービス業に向けた職業訓練、都市で働く農民の職業訓練やリストラされた労働者の再就職訓練を重点的に実施する」とされ、「社区教育の実験を積極的に推進する」ことが謳われている。これにより、社区教育の地域における人材育成、職業訓練の役割が強く滲み出ていることが分かる。

2003年10月14日、第16回党大会第3回総会で『社会主義市場経済体制を完備させるための若干の問題を解決することに関する決定』（『関于完善社会主義経済体制若干問題的決定』）が承認された。ここでは、「人材強国戦略を実施する環境整備を行い」「多レベル、多ルートを通じ人材教育訓練を幅広く実施し」「教育体制改革を深化させ、現代の国民教育体系と生涯教育体系を構築し、学習型社会を建設し、全面的に資質教育を展開し、国民の就職能力、創造能力、及び創業能力を強化し、人口多の不利要素を人的資源の有利な形勢に切り替えることに努める」とされた。なお、第16回党大会第4回総会でもさらに「全人民の学習、生涯学習の環境を整備し、学習型社会の構築を推進する」が提起された。

2003年12月26日中共中央国務院の『人材工作を一層強化することに関する決定』（『中共中央国務院関于進一歩加強人才工作的決定』）でも「生涯教育体系の構築を加速し、学習型社会の形成を促進する」ことが提起された。

2004年3月3日、国務院が批准した教育部『2003年～2007年教育振興行動計画』（『2003～2007年教育振興行動計划』）が公表され、同年3月24日教育部がその学習・宣伝及び全面的実施に関する通知を出した。この『2003～2007年教育振興行動計画』は16回党大会の精神を貫くために、1998年～2002年の間で実施した『21世紀に向けた教育振興計画』の順調な成果を基礎として制定されたものである[38]。前書きで「第16回党大会が提起した歴史的任務の達成に努力し、中国の特色ある社会主義現代化のための教育体系を構築し、全民学習・生涯学習の学習社会建設の基礎を固める」とし、14領域50項目に上る主要施策の展開を指し示した。この『行動計画』ではまず「三農問題」（農業・農村・農民）の改革と発展を国家目標の第一として捉え、「農村成人教育」を主眼とすることを打ち出した。また、「職業教育・職業訓練新機軸創造」プロジェクトの実施を提起した第4領域の第20項目で「多様な成人教育と継続教育を大いに発展させる」についてかつてなく具体的な内容を明示した。これにより、生涯教育・生涯学習、さらにその一環としての社区教育と「学習型社区」への関心が高まっていることが窺える。また、教育立法活動の強化と改善を提出する際、『生涯学習法』の起草を明記した。

2004年3月18日教育部職業教育・成人教育司は『2004年職業教育・成人教育工作要点印刷配布に関する通知』（『関于2004年職業教育与成人教育工作要点

的通知』）を出した。ここでは「学習型組織・学習型社区・学習型都市の建設推進」が提唱されている。

以上の政策・規定によれば、中央政府により学習型社会の建設が提起されて以来、2004年までに学習型社区を構築するための目標が確立されたと窺える。これまで抽象的に語られてきた「学習型社会」「学習型組織」「学習型都市」「学習型社区」の内実がそれなりに具体化されたことが見られる。そして、学習型社区の創設が工作の重点に置かれ、学習型社区の管理体系も整備されつつあると思われる。即ち、相関理論研究の拡大、中央による学習型社会への規定に基づき、学習型社会の推進が加速されているといえる。

しかし、2004年までの学習型社会に関する政策の策定や実践の状況はまだ探索の段階にとどまり、その迅速な展開は、第十次5カ年計画が順調に実現されて第十一次5カ年計画の実施が始まった2005年以降からである。

2）学習型社会構築に関する政策策定の加速

2005年10月開催の第16回党大会の第5回総会における『国民経済と社会発展の第十一次5カ年計画を樹立することに関する中共中央の提案』（『中共中央関于制定国民経済和社会発展第十一個五年規劃的建議』）では教育投入を拡大し、有効な教育援助体系を構築し、現代の遠隔教育を発展させ、各種教育の調和のとれた展開を促進し、学習型社会を構築すると提言された。

2007年5月に、国務院が批准した教育部『国家教育事業発展の「十一五」計画綱要』（『国家教育事業発展「十一五」規劃綱要』）では「教育資源と応用体系を整え、社会学習資源の統合と一体化の享受を促進し、弾力性を持ち、開放的で便利な全民学習、生涯学習の土台を構築する。学習型機関、学習型企業、学習型社区及び学習型郷鎮を築き、全民学習、生涯学習の理念と良好な社会気風の形成に努める」「中国式の社会主義現代化教育体系の順次の整備に従い、学習型社会の構築は著しい進展を遂げている」などと論じた。

2007年10月に、第17回党大会の報告は「全民学習、生涯学習、学習型社会」をさらに強調した。そして、以下の目標の達成を提起した。「現在国民教育体系の更なる整備、生涯教育体系の基本的な形成、全民の教育を受ける程度と人材育成のレベルを向上すること」「全民の学習要望に応じる教育を備えること」（学有所教）及び「わが国を誰もが民主権利を有する、更なる文明資質と精神追求を備える国に建設すること」などの目標を示した。

同時に、中央は学習型政党の建設を空前と思えるほどに優先させた。2006年に、中共中央政治局により開催された幹部育成訓練に関する会議では、胡錦濤は「幹部に対する育成訓練の新しい局面を切り開き、学習型政党、学習型社会建設を推進し、『十一五』時期の経済社会目標の実現に思想・人材の保証と知力の指示を提供する」ことに重きを置いた。2007年胡錦濤は中紀委（中国共産党中央紀律検察委員会）第七回総会で改めて「各級の指導者、幹部は生涯学習の理念を持たなければならない」と強く指摘した。同年の第17回党大会の報告の中で、胡錦濤はまた「各級の党組織は学習型組織に、各級指導グループは学習型団体に成るべきである」ことを強調した。2009年9月に開かれた第17回党大会第4回総会ではマルクス主義の学習型政党の育成を緊迫な戦略任務として進めた。2010年2月に、中共中央弁公庁により印刷配布された『学習型党組織の育成を促進する意見』（『関于推進学習型党組織建設的意見』）では、学習型政党の意義、要求、主な原則、学習の主な内容、学習型党組織建設の方法とルートについて具体的な規定を行った。

学習型社会の構築が政策として提起されると、各地地方政府の熱烈な反応と支持を得、上海、北京等では次々と手が打たれ、学習型社会の形成が推進され始める。

2. 社区教育に関する公的文書の公布

社区教育は学習型社区の構築の核心として推進されている。前述のように、中国では1980年代に北京、上海などの経済が発達した省・市を皮切りに、いくつもの社区教育の実験地が設置されてきた。1990年代からは市場経済への転換につれ、社区の機能が強化され、社区教育はかつてない発展を遂げた。2001年から2007年までの間に教育部は相次いで中国の半数以上の省・市において「社区教育実験区」を設けた。中国教育部設置の「社区教育実験区」は総数で114カ所に達し、その中で34カ所は社区教育模範区に指定されている。全国各地は前後して400カ所の「省級社区教育実験区」を批准した。社区教育の発展状況からみれば、北京・天津・上海などの大都市を「龍頭」として、東部沿海の経済的発達の地域を「主幹」に、中西部地域で一部的に押し広めていくという段階的な構造が形成されているといえる。

(1)『全国教育事業第十次5カ年計画』における生涯教育と社区教育の位置づけ

2002年6月、教育部は『全国教育事業第十次5カ年計画』(『全国教育事業第十個五年計划』)(以下『全国教育十五計画』と略称する)を策定し、同年7月公布した。

2001年3月、第9期全人代第4回会議において、『中共中央国民経済と社会の発展の「第十次5カ年計画」綱要』が批准された。教育部は、この『第十次5カ年計画』の全体綱要を参照し、各界の意見を広く求めた上で『全国教育十五計画』を制定し、同年7月に公布した。新しい世紀を迎えて初めての5カ年計画として、この『全国教育十五計画』は当時の情勢について全面的な分析を行った上で、人的資源を国家資源の重要な構成要素と考え、「21世紀に入ると、国際的な競争が激しくなり、競争の焦点は人材の競争にあり、全国民資質の競争である」と明確に記した。人的資源の重要性を認識した上で、「現在、中国の教育事業の改革と発展には軽視を許さぬ矛盾と困難がなお存在する」と指摘しながら、教育発展の水準を高めなければならないと捉えた。その中で教育の推進を21世紀の基本国策として生涯教育システムを構築することを強調した。

さらに、『全国教育十五計画』は「十五」期間の教育改革と発展の指導思想、基本原則、戦略の要点及び主要な目標を定めた。その基本原則の一つに「社会主義教育の公平さと公正さの原則を堅持し、不利な境遇におかれた人々の教育問題により大きな関心を注ぎ、公民に生涯教育の機会を提供すべく努力する」ことを明確に掲げている。戦略の要点で「発展は揺るがぬ道理」との原則に基づき、後期中等教育段階と高等教育の規模を積極的に拡大することを強調し、また、教育構造の調整と生涯教育体系の構築の重要性を提示した。

このほか、『全国教育十五計画』は「十五」期間と2010年の中国の教育発展の具体的目標において、2005年の主要8点の目標と2010年の目標を示している。2005年の主要目標の8点目では

> 『学位条例』と『義務教育法』を改正・提案し、『民営教育法』を制定し、『生涯教育法』を調査研究した上で、起草し、教育の法律体系をさらに健全なものとし、完備させる。

また、2010年の目標は以下のようになっているが、最終項目に「全社会にお

ける生涯教育制度を基本的に構築する」ことがあげられていて注目された。

『全国教育十五計画』期間中の教育改革と発展7項目の主な政策措置として5番目に「人材養成構造の調整に力を入れ、人員任用制度の改革を進める」措置では、各種教育間の割合の調整について、「社区教育試行地点を拡大する」ことを打ち出している。

2003年12月19日教育部職業教育・成人教育局文書課が全国各社区教育実験区宛に『2003年社区教育実験区工作状況調査に関する通知』を送付した。『2004年職業教育・成人教育工作要点印刷配布に関する通知』はさらに社区教育についても、その一層積極的な展開を提唱した。

(2) 教育部による『社区教育工作推進に関する教育部の若干の意見』の提起

2004年12月1日職業教育・成人教育司は『社区教育工作推進に関する教育部の若干の意見』（『教育部関于推進社区教育若干意見』）（教職成「2004年」16号）を省・自治区・直轄市などの関係機関に通知した。この通知は標題のように、2005年以降の社区教育発展の方向を占うものとして注目される。

1999年国務院が批准して教育部によって公布された『21世紀に向けた教育振興行動計画』で「社区教育の実験を展開し、次第に生涯教育体系を構築しつつ、全国民の資質を高めるように努める」ことが提起されて以来、教育部は積極的に社区教育実験工作を推進しているといえる。2001年11月、教育部が「全国社区教育実験工作経験交流会議」を開催し、中国社区教育実験工作の目標と政策措置を明確に提言した上で、28の全国社区教育実験区を確定した。2003年、全国社区教育実験区は61カ所に拡大し、基本的に全省（自治区、直轄区）を網羅した。2002年第16回党大会において「小康社会」建設の一環としての全民学習・生涯学習による学習型社会構築が国家目標として提起され、『中共中央国務院の人材工作を一層強化することに関する決定』及び『2003～2007教育振興計画』において社区教育展開と生涯教育体系の構築が一層強調されることに従い、教育部指定の社区教育実験区と共に、省・自治区・直轄市などでも実験区が指定されるほど、全国的に社区教育発展の高波が巻き起こっている。

社区教育実験工作の全国展開の新たな段階を迎えている実績にかかわらず、「全民学習・生涯学習」の学習型社会の構築するのには、到達するのはまだ多くの課題が残っている。こういう事実を背景に社区教育の重要性、社区教育を推進する緊迫性を認識した上で、この『意見』を出したといえる。

この文書では社区教育に対して意見を多面的に盛り込んでいる。まず、社区教育工作の指導思想、原則と目標をさらに明確にした。社区教育を推進するには、第16回党大会の精神、「三つの代表」の思想と理念を貫きながら、「社区に立ち、社区に頼り、社区にサービスする」ことを社区教育展開の指導思想とされた。社区教育の原則では、社区教育が社区建設との密接不可分な関連、住民要求との緊密性を重視するだけでなく、社区教育を社区建設の一環として強調される。これがこの通知の新たな特徴の一つとなっている。また、多様な内容・形式・レベルの教育訓練活動、「学習型組織」の構築、各種類の教育資源の統合を通じ社区教育訓練活動ネットワークの構築を社区教育の任務として提案した。さらに、この『意見』では社区教育事業の展開を保障するため、社区教育に関する管理・運営体制、職員体制、経費制度、検査・評価事業の展開、宣伝・理論研究の推進を措置として提案した。ここで、注目されるのは以下の3点である。

①社区建設と住民学習のニーズを満たす社区教育管理体制、運営メカニズムと教育育成訓練モデルを次第に構築し、社区住民の資質と生活の質を向上し、地域経済と社会の発展を促進する。社区教育を通じ、生涯教育システムの構築を更に完全にし、生涯学習の公共資源土台を形成し、学習型社会の建設を実施する。

②「政府が主導し、主として教育部門が管理し、関連部門が協力し、社会が支持し、社区の自主活動を行い、大衆が参加する」の管理体制と運営メカニズムを形成する。

③社区建設の総目標を目指し、社区建設の各部門と協力しながら社区教育育成訓練活動を組織・実施し、一体となって機能的に動く組織を形成する。社区教育の指導機構の弁公室を教育行政部門に設置すること。各地は社区教育を社区建設の重要な内容として地方の経済発展企画に取り入れなければならない。

これにより、政策の面では社区教育の目標を明確にしたと理解できる。即ち、短期の目標は「管理体制、運営メカニズム及び教育育成訓練モデル」を構築すること、中期の目標が「学習型城区」「学習型城市」の建設、また長期の目標は「生涯教育システム」の構築を通じ、「生涯学習の公共資源土台」及び「学習型社会」に達することである。短期の目標は社区教育自身の発展に役立てれば、中期・長期の目標は社区教育と生涯教育の共同追求を包含しているといえる[39]。

(3)「全国社区教育実験区」の拡大

2004 年 12 月 1 日教育部は『全国社区教育模範区の推薦を求める通知』『（教育部弁公庁関于推薦全国社区教育示範区的通知』）（教職成庁函「2004」13 号）を出した。

2001 年に全国社区教育実験工作経験交流会議が開催されて以来、全国各地で社区教育が急速に発展してきた。『通知』により、全国社区教育実験区と各省レベル、市レベルの教育行政部門に確定された「省・市級社区教育実験区」は「全国城区の 4 分の 1」を占めている。教育部は全国社区教育模範区を選出する目的を次のように述べている。

> 第 16 回党大会で提起された生涯教育体系構築、全民学習・生涯学習的な学習型社会の形成の理念を貫き、国務院が批准した教育部の『2003 年〜 2007 年教育振興行動計画』において提言された「積極的に社区教育を推進する」任務を実施し、学習型城区、学習型都市と学習型社会の建設を加速するために、教育部が全国で社区教育模範区を評価・確定することになった。

社区教育の評価の重要な内容と基本的な基準について以下の 5 点にまとめた。

①社区教育育成訓練の状況について
　現職訓練、再就職訓練、高齢者教育、青少年校外教育、特殊教育などの各種類の教育育成訓練活動を広範に展開し、また、社区教育訓練活動に参加する社区住民人数は社区の常住人口の 50％以上に達した。社区教育は全体住民の資質を向上するため、有効的に資質教育を推進している。

②社区教育が学習型組織の状況を展開することについて
　学習型組織活動を積極的に展開し、学習型家庭を選出する。選出された学習型起業、学習型単位及び学習型街道などの先進的な組織は徐々に増加し、社区の学習雰囲気が濃厚になりつつある。

③社区教育の条件保障の状況について
　各種類の教育資源を充分に利用し、社区内の各種類の教育育成訓練機構及び文化、体育、科学技術などの施設は基本的に住民に開放する。教育資源の統合に基づき、社区学院または社区教育中心、街道（郷鎮）社区学校、「居民委員会」レベルの社区教育拠点を建設し、比較的健全な社区教育ネットワークを形成する。社区教育模範区は多ルートな社区教育経費拠出手段を持ち、常住人口の一人当たり 1 元を基準と

して社区教育のための専門経費、及び社区内企業・事業組織の職員の社区教育経費を設ける。専任・兼任の組み合わせによる職員体制を整備し、各街道（郷鎮）には教師 1 名がおり、しかも社区教育の宣伝と理論研究を重視する。

④社区教育制度の建設状況について

会議制度、目標責任制度、管理制度、評価検査及び監督制度、奨励表彰制度を含めた健全な社区教育規則制度を整備する。

⑤社区教育組織指導の状況について

比較的に健全な社区教育指導組織機構及び部門の分担協力体制を備え、区県から街道（郷鎮）と「居民委員会」まで管理ネットワークを構築し、社区教育発展の企画を策定し、該当地域経済発展企画と教育発展企画に取り入れる。教育部門では社区教育事業を管理する専門的な職員を設置する。

また、各省の社区教育模範区を推薦する箇所の数、推薦報告の内容及び送付の締め切り（2004 年 12 月 30 日まで）も明記された。

さらに、各地からの実践経験に基づき、社区教育実験区の数も拡大される趨勢がみられる。2006 年 7 月 16 日教育部が「第 3 回目の全国社区教育実験区」（20 カ所）を確立し、公布した。2006 年 10 月 8 日から 11 日にかけて開かれた中国共産党第 16 期中央第 6 回全体会議で『中共中央の社会主義の調和のとれた社会の構築に関する若干の重要問題についての決定』（『中共中央関于構建社会主義和諧社会若干重大問題的決定』）が採択された。これは、共産党が史上初めて「社会主義の調和のとれた社会を構築する能力の向上」を、党の執政能力の重要な面の一つとして明確に提出したものである[40)]。教職成司が 2009 年に全国社区教育実験区を続けて選出するため、同年 3 月に『全国社区教育実験区立候補地域の推薦を求める通知』を出した。この通知に提示された社区教育実験区の条件に基づき、2009 年 8 月 2 日教育部が新たに『教育部全国社区教育実験区名簿を公布することに関する教育部の通知』（『教育部関于重新公布全国社区教育実験区名単的通知』）を各省・自治区・直轄市教育庁（教委）に発布した。教育部が以下の原則に基づき、承認された全国社区教育実験区を調整することを行った。

命名された全国教育模範区は全国社区教育実験区と見なされないこと。一部の実験を展開する環境を備えていない、承認された元社区教育実験区は全国社区教育実験区と見なされないこと。（社区教育実験の環境を備える）省レベルの社区教育実験区を全国社区教育実験区として増やすこと。

その後、教職成司が全国社区教育実験区の事業展開情況を把握するため、同年11月『2009年全国社区教育実験区工作状況を調査・統計することに関する通知』（『関于做好2009年全国社区教育実験区工作状況調査統計的通知』）を出した。この調査統計はインターネットを通じ電子版の調査表を各全国社区教育実験区に発布された。

要するに、これらの文書・政策・規定は新世紀の社区教育活動の一層深い展開と生涯教育システムの構築・学習化社会建設への大きな推進力となったに違いない。社区教育実験工作展開の重要性を踏み込んで認識し、現在展開中の社区教育実験工作における一連の重要問題と今後一定期間における社区実験活動の方向・目標・任務などを明確にし、社区教育発展に確信を強めた。各地で社区教育に関する政策・規定を真剣に貫きながら、社区教育実験活動推進の積極的施策が展開されるようになった。各実験区は社区教育管理システム、運営機構の確立、及び社区教育資源の有効的な整備を通じ、社区教育のネットワークが形成されつつある。全国社区教育実験区では、学習型家庭・学習型企業などの学習型組織の構築も盛んに推進されている。しかし、現場では社区教育は大きく発展しているとはいえ、現在まだ、学習社会構築の要求からはかなり大きく離れている。

第3節　「学習型社区」構築における社区教育の実態

中国では、地域の特性を生かした学習型都市、学習型社区および生涯学習を推進していくことが求められている。例えば、少子・高齢化、情報化、都市化、国際化などのいわゆる現代的課題に係る学習機会の提供に当たっては、全国の現状だけでなく、地域の人口や産業構造、それぞれの課題に対応する地域の現状等を踏まえた上での、学習プログラムが必要である。また、地域には、さまざまな有形・無形の学習資源があり、各地の自然や歴史・地理的条件、先人が築き上げてきた文化・芸術・伝統産業など、当地域の特性を生かした学習型社区、生涯教育の施策を積極的に展開することが期待されている。

北京市はすでに2001年に「10年間で全国に率先して学習型都市を構成する」というスローガンを唱えた。その後、2008年に生涯教育システムの基本的な構築を、2010年に学習型都市の形成を目指して、2010年学習型都市建設の指標を立てた。次に、2002年5月北京市教育委員会により北京最初の「社区教育推進と学習型建設模範区」と認定された[41]北京西城区を対象として、その学習型社区に関する地域的な政策策定、計画、実施状況（社区教育ネットワークの形成、資源統合の戦略）を論じる。

1. 西城区における学習型社区構築を目指す政策策定

前述したように、2001年5月、江沢民前総書記はアジア太平洋経済協力会議・マンパワー養成首脳会議で「生涯教育体系の構築・学習型社会の創建」を提唱し、2002年11月の第16回党大会決議では「全民学習・生涯学習の学習型社会を形成し、人々の全面的な発展を促進する」ことを中国の小康社会の基本目標の一つしなければならないと提起した。また、2003年16回党大会第3回総会で「現代国民教育体系と生涯学習体系を構築する」ことを明確にし、その後の2005年に胡錦濤総書記は第16回党大会第5回総会で「各種教育の協調発展を促進し、学習社会を建設する」呼びかけを行って、学習社会の理論的研究と実践的探索を推進した。中国では、これらの呼びかけと決議に従い、国民の支持を得て、学習社会の気運が高まってきた。

北京市政府は率先して本地域の状況に応じて地域的な生涯教育の法律、法規、条例などを制定した。西城区の学習型社区構築の経緯を究明するため、まず、北京市政府により策定された学習型都市構築に関する政策・規定について概略する。

(1) 北京市政府により策定された学習型都市構築に関する政策

2000年北京市政府により出された『北京市国民経済と社会発展「十五」計画綱要』と同年12月に北京市教育委員会により公布された『社区教育展開の首都学習型社区建設を促進することを全面的に推進する意見について』により、北京社区教育は全面的に学習型社区の建設を開始した。

2002年5月に北京市教委は相次いで『北京市教育委員会の街道社区教育センターの配置を強化する通知』（『北京市教育委員会関于加強街道社区教育中心建設

的通知』）、『北京市教育委員会の北京市模範社区教育センター建設標準を印刷配置する通知』（『北京市教育委員会関于印発北京市市範性社区教育中心建設標準的通知』）などの印刷配布は、北京社区教育訓練基地とネットの建設を大いに推進しただけではなく、北京社区教育施設の水準を高め、社区教育発展のための物質的な基礎を打ち出したといえる。同年の北京市第9次党代表大会でも「学習社会を建設し、首都教育の現代化を推進する」を戦略的な目標として掲げた。

2004年北京市市委、市政府も首都教育大会を開き、発行された『首都教育発展戦略を実施し、率先して教育現代化を基本的に実現することに関する決定』では、「2010年まで、全国に率先して現代化、学習都市の初歩構築を基本的に実現する」と打ち出した。

2005年北京市市委は『北京市国民経済と社会発展第十一次5ヶ年計画の立案に関する意見』（『関于制定北京市国民経済和社会発展第十一個五年規劃的建議』）において「成人教育、継続教育を強化し、都市と農村の教育の情報化を進め、生涯教育システムの構築に努め、学習都市の建設を積極的に推進する」と示した。

2007年北京市市委、市政府は学習都市構築に関する会議を通じ、『中央北京市委、北京市人民政府の首都学習都市構築に関する決定』（『中央北京市委、北京市人民政府大力推進首都学習型城市建設的決定』）を公布し、北京市学習型都市工作指導組と弁公室を設立した。これをきっかけとして、北京学習都市構築のプログラムは新しい段階に入ってきた。

2008年、北京市委市政府は社会工作委員会と社区建設弁公室を設置し、社区教育への指導を強化した。

この一連の政府指令と政策の公布・実施によって、北京社区教育と学習型社区の構築は大いに推進されている。

(2) 西城区政府により策定された西城区学習型社区の構築に関する規定

2001年8月西城区社区教育委員会により開催された会議では全市に率先して「学習型城区」[42]の構築に関する具体的な目標が提起された。西城区政府はこれに基づき、10の企業・事業「単位」を学習型組織構築実験点とし、20の「社区居民委員会」を「学習型社区居民委員会」構築実験点として選出した。

2002年末、西城区華店飲食集団公司は北京市教育委員会の評価に基づき、北京市学習型企業の先進組織に選出された（その後の2004年3月、全区成人教育大会では区政府成人教育協力指導グループの名義で学習型企業、学習機関の構築に関する通知を発表した)。

2003年7月西城区で開催された学習型社区構築工作会議では『全区で学習型社区構築をさらに展開する通知』(『関于全区進一歩開展学習社区工作的通知』)が出された。そして、学習型社区委員会の実験点は20から48に拡大され、全区の社区委員会の25%に達した。

2004年には学習型社区構築推進の『西城区教育2004～2010年発展綱要』が制定された。

2006年初、『学習型社会団体組織の構築に関する意見』が公布され、2006年の上半期、西城区教委学習型学校構築に関する会議が開催され、『学習型学校先進組織の選出に関する意見』(『関于評選創建学習型学校先進単位的意見』)が制定・発表された。

2007年9月27日に西城区学習型城区工作会議にて『西城区委、区政府の学習型城区の建設をより一層推進する決定』(『西城区委、区政府関于進一歩推進学習型城区建設的決定』)が公布された。この決定では学習型城区構築の意義、指導思想、目標、任務及び保障制度などを明確にし、区教委が学習型組織の構築を推進することが決められた。この会議の開催は西城区が全面的に学習型城区を構築し始めたことを表している。

北京市西城区社区教育委員会により制定された『西城区2009年社区教育工作計画』では2010年までに全区の35%の社区を学習型組織に発展させることを目標にした。この目標を達成するため、保障施策として理論研究と教材の開発が大いに推進された。

以上の西城区政府の政策には全国の方針、市レベルの政策を具体化する傾向が見られる。

2. 社区教育管理体制と運営メカニズムの整備

学習型社区を構築する切り口は社区教育の推進であるといわれる。第16回党大会(2002年)の後、西城区政府は学習型社会・社区の構築を目指す中央政府の方針と市政府の政策に応じ、教育メカニズムの改革、即ち、社区教育管理体系と運営メカニズムの改革を進めた。これに基づき、社区教育管理体系と管理が強化され、「政府が主導し、主として教育部門が管理し、関連部門が協力し、社会が支持し、社区が自主活動を行い、大衆が参加する」[43] 社区教育管理体制と運営メカニズムが手始めに形成されるようになった。次に社区教育の三層管理体制、三層社区教育体制の構築から、社区教育ネットワークの形成を検討する。

(1)「区・街・居」の社区教育三層管理体制の構築

西城区では、すでに1995年に区社区教育区委員会（元の西城区社区教育指導グループ）を成立させた（その主任は西城区行政当局の主要な指導者が兼任し、副主任は区教委、文明弁の主要な指導者が兼任する）が、社区教育の三層管理体制の具体化は第16回党大会（2000年）以降からである。社区教育の管理体制については、図4-4のような党・政府による指導体制をとり、それは「区→街→居」（区政府→「街道弁事処」→「居民委員会」）という流れを形成している。

この三層管理ネットワークの要としての区レベルにおける社区教育管理を強化するために、区政府は住民自治の原則に基づいて社区教育協会を育成援助し、「社区教育弁公室」を設置した。区政府レベルの「社区教育委員会」は、全区内の各街道および関連する30ぐらいの事業・企業で構成される。「社区教育委員会」の下に社区教育事務局が設置され、事務局の職員は主に在職或いは定年退職した校長先生である。「社区教育委員会」の役割は主に、社区教育に関する政策執行・管理の基準化・計画確定・情報交流などの面で発揮される。全区の7つの街道では「街道社区教育委員会」が設置され、そのメンバーは主に企業、事業部門の責任者及び小中学校の校長である。管轄範囲は区内の各小中学校、幼稚園、少年宮、図書館、博物館、青少年の家と国・市レベルの文化・科学技術組織などが含まれている。全区195の「社区居民委員会」では、社区教

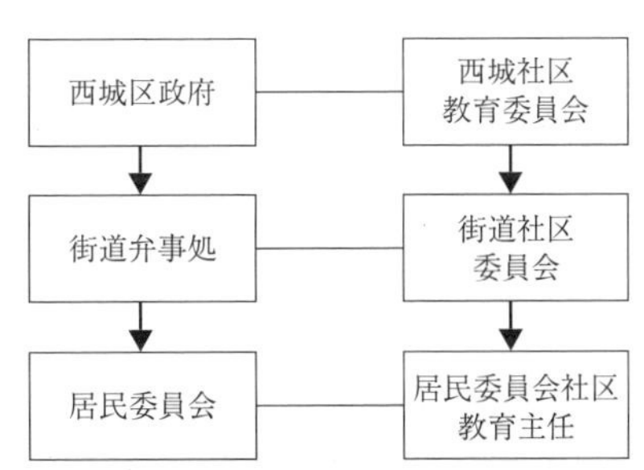

図4-4　西城区における党・政府指導体制と社区教育の三級管理体制の構図

（出所）「北京市西城区社区教育調査まとめ報告」『社区教育研究』（内部資料）北京市西城区社区教育委員会・北京市西城区社区教育協会、2004年第1期、p.63により筆者作成

（注）矢印は指導関係を示している。「居民委員会」（2000年以後「社区居民委員会」と改称され）社区教育主任は直接社区教育を担当する専門委員である。

育の種類によって担当主任が置かれる。この主任の職責は区・街の社区教育の計画を実施し、住民の教育養成活動を展開することである。主任は警察官や定年退職した幹部から構成される社区教育調和チームを設置することができる。

中国の社区教育発展にとって党と政府の指導が不可欠とされている。こうして社区教育の指導・推進は区政府代表としての区社区教育委員会が行い、その計画・組織・監督・調整に責任を負っている。行政当局は一般社会組織を超え、社会組織の役割を調整できる組織として主動的地位にあることは疑問の余地はない。社区教育管理体系・運営機構の変化は社区教育の発展に重要な影響を与えている。例えば、「九五」期間においての社区青少年教育指導グループの成立は校外教育を社会に向けさせ、社区青少年教育活動を積極的に推進した。「十五」期間の区レベルの「社区教育委員会」の成立によって、社区教育活動の展開が生涯教育と学習型社区の創建とを結びつけるようになった。2001年に成立した社区教育協会は社区教育管理の社会化、及び住民や社会組織の社区教育への参加を強化したと説明できる。または、「社区教育協会」の成立により政府教育部門が社会教育団体と協力して社区教育を管理する新しいパターンが形成されたといえよう。

この三層社区教育管理の鍵は区レベルの管理にある。直接に全区社区教育の発展を左右している区委・区政府の計画・指導は社区教育に対する区レベルの指導者の認識に依拠するものである。換言すれば、区指導者の社区教育への熱心さと指導方法が直接に当該地域の社区教育の発展と繋がっている。三層社区教育管理の職能の重心は街道にある。「街道弁事処」は政府の出先機構として管轄地域に全面的な管理職能を持っている。街道レベルの「社区教育委員会」が本管轄区内の社区教育を計画・管理・調整・組織するのは中国の社区教育実践で認められている。即ち、この委員会は上の区レベルの社区教育に関する計画に基づき、下の「社区居民委員会」の社区教育活動を調整し実施させる。三層社区教育管理の基礎は「社区居民委員会」にある。「社区居民委員会」は社区管理の基層であり、社区教育活動の実施者でもある。西城区の220の「社区居民委員会」には社区教育を主管する副主任が配置されている。この副主任は区レベルと街道レベルの社区教育計画の着実な実施、及び社区教育活動の展開に大きな役割を担っている。

このような管理体制には合理的な側面があるが、弊害も明瞭である。例えば、社区教育委員会の政府的色彩が社区教育に参加する住民の主体性、社区教育の幅広い参加に負の影響を与えることは避けられない。このことについては、第5章で検討することにする。

(2) 三層社区教育運営メカニズムの形成

2007年、全国65の社区教育実験区の統計データによれば、この65の社区教育実験区には各種類の社区学校が12,457あり、その中に93の社区教育センター、1,143の街道社区教育学校、11,221の「社区居民委員会」社区教育教学点（学校）が含まれている[44]。社区教育の教育・育成訓練のネットワークが形成されているといえよう。北京市の例を説明すれば2010年には北京の18の区・県では基本的に社区学院（区成人教育中心、区社区教育中心)、街道（郷鎮）社区教育中心、居（村）文明市民学校（成人学校または社区教学点）からなる三層の社区教育ネットワークが構成されている。

西城区では、社区教育運営メカニズムも三層ネットワークによって構成されている。図4-5のように行政管理体制と党の指導体制があり、行政指導体制の側面では、区レベルの教育機関としては「社区学院」（竜頭）が設置され、区下の街道に「7つの社区学校」が設置され、その下の「社区居民委員会」に「社区奉

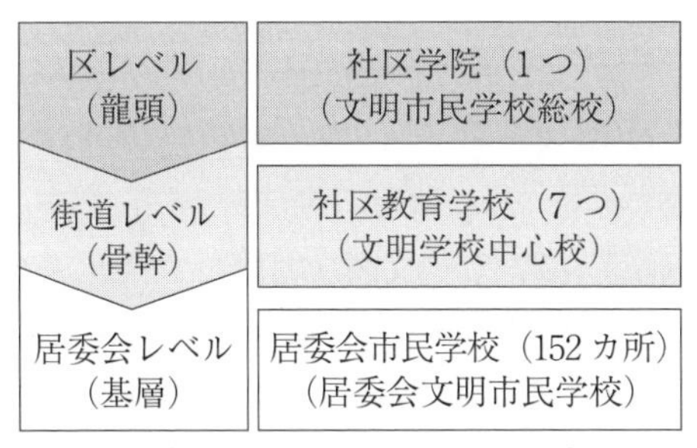

図4-5　西城区における三層社区教育ネットワークの構図

（出所）西城区社区学院の現場調査により筆者作成

（注）①矢印は指導、協力の関係を示している。点線は連携の関係を示している。
②社区学院と文明市民学校総校は職員と施設を共有しているので、普段「社区学院」と統一的に呼ばれている。

西城区文明市民総校						
月壇街道文明市民学校	徳勝街道文明市民学校	西長安街街道文明市民学校	展覧路街道文明市民学校	金融街街道文明市民学校	新街口街道文明市民学校	什刹海街道文明市民学校
26カ所	23カ所	13カ所	21カ所	19カ所	21カ所	29カ所

図 4-6　西城区文明市民学校三層管理ネットワークの構図
（出所）2007 年 5 月の社区学院学長へのインタビューにより筆者作成
（注）第三層は社区文明市民学校であり、居民委員会文明市民学校とも呼称される、西城区において 152 カ所がある。

仕センター」(社区服務中心) が設置されている。こうして、社区教育の運営ネットワークが形成されたのである。2000 年 6 月に、社区学院が区政府によって設立されるとともに、社区学院は「西城区文明市民学校総校」の事務機構として、前述のように職員と施設を共有している。例えば、西城区文明市民学校総校では、校長が区党委員会副書記に、常務副校長が社区学院院長に選任されている。つまり、社区学院と区文明市民学校総校は一体化されているのである。行政指導体制と同じように党指導体制の側面でも、図 4-6 のように北京市でまっ先に「文明市民学校総校」「7 つの文明市民学校中心校」「152 の社区文明市民学校」という整然とした文明市民学校の三層ネットワークが作られた。

第 1 層である社区学院については第 3 章で少し触れたが、2010 年現在、北京市で、西城区、東城区、宣武区、崇文区、朝陽区、豊台区、石景山区、海淀区の 8 つの区に社区学院が設立された。社区学院は一般的に区属成人高等学校を主体として、区における高等教育資源（通信大学等)、成人学校及び他の教育資源を整合し組み立てられたのである。まだ社区学院を設置していない区・県では成人教育中心か社区教育中心を成立させている。成人教育中心は区・県における既存の成人教育資源（通信大学分校、成人中専及び成人教育研究室等）の整合を通じ設立されたものである。その運営体系は社区学院と大体一致し、本区・県の社区教育の組織・指導・研究・職員への育成訓練の機能を持っている。

第 2 層である街道（郷鎮）社区教育中心の設立は、北京市の 150 の街道で普遍化されている。学校環境の整備に基づき、街道文明市民学校の上に設立された街道社区教育中心が多い。つまり、「街道文明学校」でもあるし、「街道社区中心」でもある。「二块牌子一帮人馬」（二つの看板が掲げられ、職員は共有される）といわれる。大部分の街道社区教育中心は街道社区サービスセンターに置かれるが、単独に街道社区教育育成訓練中心を設立する街道もある。街道社区教育中心の職能は豊富で、主に思想政治教育、時事政策教育、民主法制教育、一人っ子政策教育、技術に関する育成訓練、老年教育などが挙げられる。

第3層は居・村の文明市民学校（成人文化学校または社区教育点）である。これは「社区居民委員会」の中での社区教育を担当する主任や委員に管理され、且つ若干の兼任教師を擁している。主な職能としては「社区居民委員会」の管轄区では公民道徳教育、法律教育、社会文化生活教育、校外青少年教育、老年教育、外来人口教育の実施などを含めている[45]。

また、これらの学校における教師と在学人数については、以下のようである。城区社区学院は2000年に設立され、2008年では、教師は200人を超えている（内訳は専任教師が100人に近く、80%強が大学卒学歴以上の教師）。2000年に設立されたコンピュータ学部では例として、2008年には在校生数220人で、教師は9人（準教授3人、専任講師5人、助手1人）である。この9人の教師を学歴からみると、修士5人、大学生4人である。しかし、文明市民学校と社区服務中心では、非常勤の講師の割合が高い（表4-4参照）。専任教師を持っていない文明市民学校もある（例えば、月壇文明市民学校、新街口文明市民学校など）。

学歴教育の在校生は5,738人であり、卒業した四年制の本科・専攻科生総人数は約1万2,000人、非学歴教育としての育成訓練の卒業生は毎年2万人に達し

表4-4　文明市民学校、社区教育学校、社区服務中心の教師人数

学校／教師	文明市民学校	社区教育学校	社区服務中心
専任講師（人）	135（7.1%）	108（50.5%）	7（5.8%）
非常勤（人）	1,534（91.9%）	106（49.5%）	113（94.2%）
合計（人）	1,669（100%）	214（100%）	120（100%）

（出所）西城区社区学院Z主任へのインタビューと配布資料により筆者作成

ている。学習者の85%以上は西城区内の労働者、住民である。

3.「学習型社区」構築に対する三層社区教育機構の役割

上述のように、学習型社区構築の目標に向けて、「社区学院・社区教育学校・市民学校」の三層社区教育運営メカニズムが構築された。三者はどのような機能を持っているのか、学習型社区の構築にどのような役割を果たしたのか。学習型社区における三者の位置づけを探求するため、それぞれの発展状況を論じる[46]。

(1) 社区学院の職能と役割

牧野は上海閘北区行健社区教育学院の機能を、理論研究、社区学校に対する人的資源の提供、当該区の社区教育指導者の養成、模範講義や啓発活動による社区教育の充実、社区学校のための教材編集、区・県住民の学習・活動の拠点化の六点にまとめている[47]。

西城区社区学院の機能は牧野の論述した上海閘北区行健社区教育学院とほぼ同じである。西城区社区学院も卒業資格を授与する大学の正規の授業(学歴教育)とともに、社区住民の教育訓練を目的に学校卒業資格授与を目的としない教育・訓練(非学歴教育)としての社区教育を同時に担っている。したがって、西城区社区学院の機能と役割については、図4-7のように学歴教育、社区教育、各種育成訓練・資格取得訓練に分けられる。

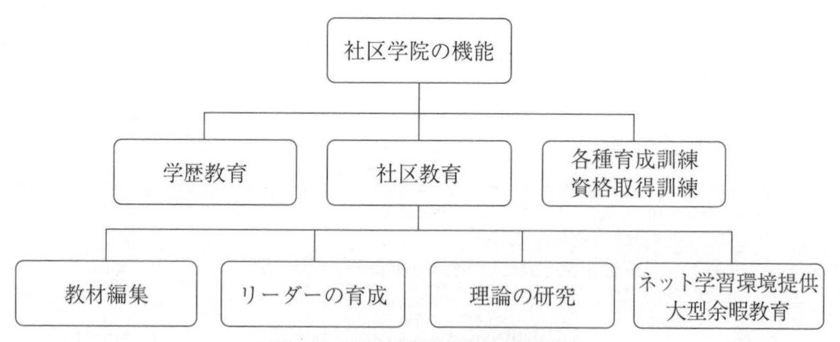

図4-7　西城区社区学院の機能

(出所) 西城区社区学院における現地調査により筆者作成

(注) ここにいう社区教育は学歴教育・育成訓練以外の資素質、文化、教養教育などを指す。主に社区の実情によって行われた教育。

(2) 社区学校の建設

西城区では、学習型城市構築に向けて市民教育を体系化、規範化するため、2005年に教委が街道ごとに社区学校（社区教育学校とも呼ばれる）を設立した。西城区政府による10号文件（2005年）では「生涯教育体系の構築、規範化された社区教育の展開をめざし、全区の各街道で社区教育学校を設立することが区長弁公室により決定された」ことを示した。区教委・区政府の指導のもとで、教育資源の統合を通じ、2005年2月28日の展覧路社区教育学校の成立から2006年12月16日金融街社区教育学校の開校まで1年10カ月で相次いで7つの社区教育学校が造り上げられた。各街道で社区教育学校を設置するのは全国では初めてのものである。

この7つの社区学校はもともとある少年宮[48]や労働科学技術中心を合併したものである（2つの看板が掲げられ、職員は共有されるという教育組織）。社区教育学校は区教育行政管理による公的学校（正科級の全額政府拠出の事業組織）として、区教委と所轄区の「街道弁事処」からの二重の指導を受ける。社区教育学校は校長責任制度をとり、校長が学校の法人代表になる。校長は区教委により推薦され、副校長は「街道弁事処」により推薦される。かつ、推薦された人材は街道社区教育学校管理委員会の審査を得て区教委に任命される。社区教育学校の正式編制成員の経費は区教委により支出される。学校の建設段階での費用（教学設備、図書、改修など）は「街道弁事処」に主に担われ、文教委・科委・体育局により部分的なハード設備が補足される。学校が正式に開講されると、その日常経費は区教委が支出し、教学設備の更新などは主に「街道弁事処」によって担われる。

社区教育学校の教育的機能は以下のように分けられる。①区レベルの社区教育委員会と所在街道社区教育委員会の配置による住民向けの各種育成訓練活動②早期教育、校外教育、流動人口のための教育、高齢者教育、女性教育などの専門的教育③在職訓練④社区委員会基層市民学校と指導・協力して実施する訓練⑤市場ニーズに応じつつ、所在街道の実情とにらみ合わせて行うその他の訓練と理論研究。社区学校における教育・訓練内容は、主に科学知識普及教育、文化素養教育、再就職訓練、政治徳育教育などに分けられる。

募集方法としては、社区教育学校は毎学期の募集計画を街道と協力し住民に宣伝する。正規の教学クラスは2つの学期に分かれ、その始まりは3月と9月である。学費面からいえば、学校の育成訓練は無料や低料金の公益育成訓練と、物価部門に許可される有料許可書をもらった上で行う有料の育成訓練の2種類に分かれている。

7つの社区学校では、各区の実情によって教育資源を統合し、地域なりの特色を持つ教育カリキュラムを用意している。例えば、清朝時代の王府に位置している金融街社区学校は王府の残された古風な建築を利用し、「中華宮廷雅楽」（洋琴、筝などの古代の楽器）の教育を行っている。科学技術園から近い徳勝社区学校では、青少年向けの科技楽園、科学普及ための展覧事業を実施している。表

表4-5　徳勝社区学校におけるカリキュラムの設置

クラス	学習内容	学習時間（Hrs）	学費（元）
コンピュータ（初級）	Windows操作入門 漢字入力方法	20	100
コンピュータ（中級）	Word操作　web学習	20	100
コンピュータ（上級）	フォト処理	20	100
工芸	紙芸、布芸、飾り物、環境保護のための廃物利用	20	100
英語（初級クラス）	英語入門、オリンピック英語100句	20	100
トレーニング（中年向け）	エアロビクス・ダンシング	20	100
トレーニング（高齢者向け）	舞踊基礎、ヨガ基礎	20	100
声楽レッスン	声楽基礎、合唱団練習、演出リハーサル	20	100
電子オルガン	入門、音楽基礎理論、楽曲練習	20	100
中国画	写意中国画、密画中国画（中国画の手法の一つ）	20	100
書道	書道基礎練習、顔体楷書、欧体楷書	20	100
デッサン	デッサン基礎、静物・人物の写生	20	100
親子美術クラス	親は一人の子供（5才～12才）を連れて、一緒に民間伝統的な工芸美術作品を作ること	10回、毎週の日曜午後	100

（出所）徳勝社区学校へのインタビューにより筆者作成
（注）顔体楷書は唐代の名書家として知られる顔真卿の書体である。欧体楷書は楷書の流派の一つ、唐の欧陽询及びその子欧陽通の書体である。

4-5の徳勝社区学校のカリキュラム編成から社区学院と社区学校の社区教育が体系的に推進されている側面が伺える。

⑶「社区居民委員会市民学校」の状況

西城区文明市民学校は1990年に成立し、現在、すべての西城区「社区居民委員会」が市民学校を設置している。文明市民学校は社区教育を社会基層に広げ、社区住民、特退学を余儀なくされた住民、流動人口、高齢者たちの需要を満たすことに役立っている。市民学校では多様の教育活動を展開している、例えば、講座である「市民教育大課党」、交流会である「読書会」、市民教育育成訓練、住民自身の修養や生活趣味の向上を目指す絵画・鳥飼い・踊り・健康体操などの文明娯楽活動などがそれである。

北京市西城区社区教育員会による『西城区2009年創建学習型社区工作計画』では以下のように明確にしている。「各街道は社区教育と結合しながら、特に社区市民学校を利用し学習型社区の構築を推進しなければならない。そのためには市民学校への資金投入を拡大し、市民学校の環境整備をする必要がある。市民学習の雰囲気を創り、社区内の各種資源を活用し、住民の需要に応じながら多様な社区文化生活に関する教育活動を展開しなければならない」。

社区教育の管理システム、運営体制については、「区→街→居」の三層管理の形成に従い、「区レベルの社区教育委員会→街道レベルの社区教育委員会→「社区居民委員会」レベルの社区教育主任」の三層社区教育指導システムに加えて、市民学校（社区学院）・街道レベルの社区教育学校・「社区居民委員会」レベルの社区教育育成訓練センターによる社区教育ネットワークと遠隔教育ネットワークが縦横に入り混じっている住民のための生涯学習枠組みが初歩的に形成されている。三層社区教育管理メカニズムの構築、社区学院・社区学校などの社区教育施設の設置により学習型社区の展開は保障されたと考えられる。

4.「学習型社区」構築のための資源整備と学習型組織づくり

2002年以降、市政府により公布された一連の社区教育政策によって、社区教育は政府事業の企画に取り入れられて政府の重要な事業内容になったと見られるばかりでなく、社区教育は規範化、制度化されつつあるといえる。また、学習都市、学習型社区の構築に取り組んでいる北京市は第十一五計画（2006年〜

2010年）において学習社区構築の目標を明確にした。「全民学習・生涯学習の学習型社会を構築する」という第17回党大会の目標の下では、「街道弁事処」と「社区居民委員会」にとって、当面の任務は学習型社区を創建することである。2009年の学習型社区の創建については、主に、学習型社区創建に関する教育訓練（主な対象は「社区居民委員会」の幹部である）、第3回の学習型社区評価事業の展開及び学習型楼（院）・学習型家庭の創建が提起された。さらに、2010年までに全区の35％の社区を学習型組織に発展させることを目標にした。この目標を達成するため、施策保障として理論研究と社区教育カリキュラム・教材の開発を強力に推進した。

さらに、2002年から今まで、西城区は学習型社区創建について既述の社区教育ネットワークの構築だけでなく、社区教育資源の統合、学習型組織の推進及び社区教育ホームページづくり、社区教育の遠隔教育にも取り込んでいる。

(1) 社区教育資源統合のための活動

教育資源を合理的に使うことができるかどうか、よりよく配置できるかどうかは、社会教育と学習型社区の進展に直接影響を及ぼす。

まず、施設の相互利用について、学校教育施設と社区教育施設の統合を例にする。学校教育の資源を社区に開放することは教育法[49]によって定められており、国の政策[50]によっても推進されている。しかし、現実には施設間連携をどのように行うべきかという課題に学校と社区が直面している。

また、施設の相互開放だけではなく、人力資源の統合も求められている。西城区の三十三中学校に対する2005年の調査によると、学校の教師は社区教育の主な動力となっていることが分かる。小中学校の教員の社区教育の実践活動への参加を促進することについて、青少年の社会実践活動を指導できる能力を養成することが求められる。1997年以来、このようなトレーニングによって、100人以上の教員が養成された。2005年9月に行ったインタビューで三十三中学校の教師たちは次のように述べている[51]。

> 「最初、一時的に学校の仕事をやめて社区教育養成訓練を受けた時、レイオフのような気持ちを持って不愉快であった。しかし、社区教育活動に触れ合い、社区知識の養成訓練を通じて、社区教育の重要性を認識した。自身の体験を持って、また学校に戻

ると、生徒たちへの社会実践参加指導がうまくできるようになった」（西城区三十三中学校のA先生より）。

「社区教育に触れ合う前に、さまざまな専門家からの事前訓練を受けた。生涯学習の理論や社区教育の理念や青少年社区教育指導のやり方などを教えてもらった。そして、いろいろな社区教育活動に参加した。例えば「ゴミ分類宣伝活動」「緑地保護活動」「科学普及教育活動」に参加し、「親子講座」を開いた。また『子育ての科学と技術』の教材の編成に参加した。去年「優秀教師」の賞をもらって自信が出てきた」（西城区三十三中学校のB先生より）。

このように、教員が社区に入って社区教育に関する実践活動に参加することは、新たな青少年社区教育体系の形成（校外青少年教育の科学性・組織性）を促進するだけでなく、教員自身の専門性を高めていたことがわかる。しかし、学校教育においては長い間、進学率を重視する傾向が続いており、そのために教員は多忙であり、社区教育の資金が不足しているため、教員たちの給料が少なく多くの教員は、社区教育に関心があるものの実際に参加することへは距離感を抱いている状況にある。

西城区で展開された「市民学習週」（市民学習週間）と「十、千、百」の活動を例に教育資源の統合について補足する。学校教育資源の社区への開放は難渋していると見られるが、学校以外の施設の統合は盛んに進められている。2003年10月12日、区教委は西城区社区学院で初めて「市民学習週」を行い、第2回の「市民学習週」（2004年）では西城区は「市民教育終身学習得点カード」を出した。

2009年5月、西城区は中国科学技術館、首都博物館、西城区文化交流センター、西城区図書館、歴代帝王廟などの30の文化・教育・科学普及機構を西城区の第1回目の「市民終身学習サービス基地」と命名した。これらの基地の開放時間・開放項目及び基地で行なう各種の講座などの情報を含むパンフレットを住民に配布し、そのため市民の多様な学習機会の保障に役立っているといえる。また、この30の「市民終身学習サービス基地」は従来の社区学院、7つの社区教育学校、152カ所の市民文明校と一緒に社区教育ネットワークを構築している。実は、この動向が社区学院の社区教育三層ネットワークとしての「龍頭」機能を発揮し、区文明弁公室、区教育委員会、区民政局との関係を密接にし、この「四位一体」の役割を大いに推し進めた。「市民学習週」活動も社区教育事業の一項目として重視された。例えば2009年度（2009年10月31日～11月7日）の「市民学習週」（第7回）は社区学院が担当し、各街道（全部で7つ）の協力の下で行われた。その教育内容として主に、市民の書道絵画、撮影、手作り工芸品の展覧、「市民大課堂」などの活動を実施した（表4-6参照）。

「十・百・千」事業の展開について、次の通りである。2007年、西城区政府は全区で社区建設ための「十・百・千」のプロジェクト（以下「十・百・千」と略称する）を実施した。その内容としては① 10の重点社区教育組織を建設すること②区の教育関連機関は毎年社区居民に100項目以上の育成訓練活動を行うこと③毎年、1000名以上の教師を組織し、ボランティアとして社区を支援させること。現在、50余りの学校の2000名の教師のボランティアは「十・百・千」活動に参加し、年間に行った育成訓練は150項目以上に達している。2009年、西城区はこの「十・百・千」を事業の重点項目として強調した。同年5月、西城区は第1回目の社区教育学校の展示会を行い、この展示会で「十・百・千」の先進組織と個人を表彰した。西城区社区教育の10カ所の重点教育組織としての西城区社区学院、少年宮、科学技術館と7つの社区教育学校の役割と機能が強調された。例えば社区学院は社区教育の「龍頭」として、定期的に市民に講座を行い、社区教育学校と協力して、市民の生涯学習得点記録カードの使用率を高めた。

表4-6　第七回の「市民学習週」（2009年10月）の教育訓練活動内容

社区学院	第二回社区外国語デー、文明礼儀知識問答、英語サロン、コンピュータ学習園地、『紅楼夢』に関する講座
什刹海社区教育学校	食品安全と食品健康知識に関する講座、「私も財務管理できる」雑談活動、漢方薬の安全飲用、英語サロン、「私の生活変遷と祖国の繁栄」談話会、「落日が限りなく良いこと」（夕陽無限好）詩歌朗詠、昔の北京人の市井生活の絵画展覧会
徳勝里社区	「科学発展観」の学習、社区居民委員会業務訓練、高齢者の雑談会、社区流動人口向けの公益弁護士による『合同法』知識の解説、出産健康知識訓練、男性健康日活動、定年者向けの医療費用決算手順の説明

（出所）『北京市西城区2009年市民学習週活動ハンドブック』（西城区社区教育委員会、2009年）により筆者作成

（注）上記のハンドブックでは西城区の社区学院、各社区教育学校、各社区及び各街道の教育活動を列記している、ここで例として3つの組織を挙げる。

(2) 学習型組織の構築

学習型組織は「学習型法人組織」と「学習型社区組織」に分けられる。学習型法人組織には、学習型機関、学習型政党、学習型企業組織、学習型事業組織、学習型社会団体（法人民間団体）などが含まれる。それに対して、学習型社区組織には学習型城区、学習型街道、学習型社区、学習型社区居民委員会、学習型小区、学習型民間組織（非法人）、学習型家庭などが含まれる。このような各種の社会の「細胞」組織を学習型組織に構築するのは学習型社会、学習型城区の構築の不可欠の一部である。

1）学習型機関、学習型企業・事業組織と学習型学校の構築

2001年、社区教育委員会は華天飲食集団公司、西城三十三中学などの10の組織を学習型組織の実験点として選定した。2002年、その中の華天飲食集団公司は市教委により北京市創建学習型企業の先進組織として評価された。学習型組織構築の活動を指導するために2003年12月、西城区政府は『学習型組織の展開に関する実施意見』（関于開展創建学習型組織的実施意見）を公布した。ここにおいて「機関、街郷鎮、企業、研究所・大専などを含める各種学校、病院、社区、家庭及び他の種類の組織をそれぞれの特色を持っている学習型組織にすること」、学習型職員への要求、今後3年間の目標、評価方法及び保障措置が規定されている。2005年8月西城区学習型機関、学習型企業創建の現場会議が開かれた。2006年3月、西城区統計局が学習型機関の業務を審査・評価し、6月に西城区学習型事業組織の検査結果を引取った。この検査の結果により、西城区図書館は区における第1の学習型事業組織になった。2010年までには、学習型組織の実験点は区衛生局、区教委、労働局、婦聯等の100の組織に拡大された。

2）学習型社区の構築

各街道は学習型街道を創建するため、「学習型社区居民委員会 — 学習型楼組 — 学習型家庭」の三層学習型組織の構築活動を行った。2001年に月壇街道三里河一区社区居民委員会、新街口四環社区などの20の「学習型社区居民委員会実験点」を設置した。2003年7月、西城区学習型社区創建の工作会議では『より一層の学習型社区構築の推進に関する通知』（『関于在全区進一歩開展学習型社区工作的通知』）を公布し、「学習型社区居民委員会実験点」を48に拡大し、全区の31%にした。2007年、月壇街道、徳勝街道は前後して2004年に組織された

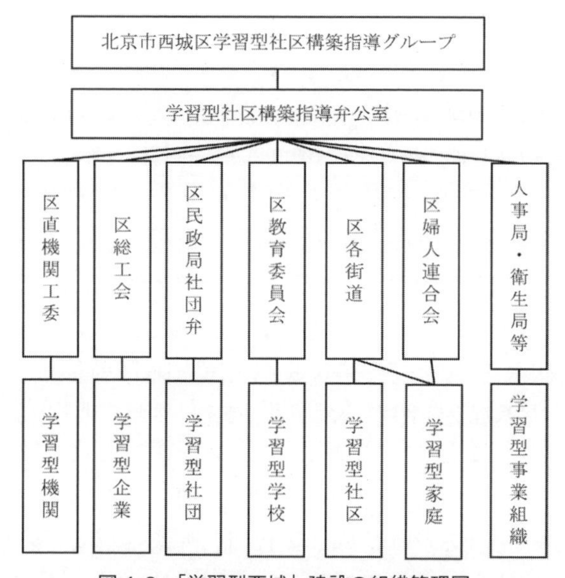

図 4-8 「学習型西城」建設の組織管理図

（出所）『社区教育研究』（内部資料）北京市西城区社区教育委員会・北京市西城区社区教育協会、2008 年第 1 期、p.62

学習型組織審査評価グループの評価を受けた上で、北京市第 1 回目の「創建学習型社区先進街道」に評価された。学習型街道の構築を推進するに際して、西城区政府は「社区居民委員会」の設備設置を強化した。2006 年 4 月、街道と「社区居民委員会」の幹部に向けて学習型組織理論の育成訓練を行い、7 つの「社区居民委員会」を「西城区創建学習型社区先進組織」に選出した。

また、「学習型西城」を構築するため、その組織管理は図 4-8 のようである。区教委の援助の下で、区婦人聯合会（区婦聯）を主管とした学習型家庭創建体制が形成された。区婦聯は『学習型家庭基本条件』を制定し、学習型家庭の構築を五好家庭構築の重要な内容として扱い、200 世帯程の学習型家庭を表彰した。2004 年、区教委と区婦聯は学習型家庭の撮影と才能に関するコンテストを行った。2008 年に、学習型家庭実験点が全区の総世帯数の 10%になり、中には 30%を超えた「社区居民委員会」もある。

そして、民政局に導かれた学習型社会団体の実験も積極的に展開された。2006 年初、西城区は学習型社区民間組織の構築を『西城区が積極的に社区民間組織を育成するプロジェクト』（西城区積極培育社区民間組織的工程方案）に取り入れ、学習型社団組織に関する意見と評価指標を公布し、社会民間組織大会を開催した。学習型社団構築に関する理論の育成訓練、及び検査評価を通じ、学習型社会民間組織の構築は推進された。

(3) 西城区における社区教育ウェブサイト作り

インターネットの普及に伴い、人々の遠隔教育への需要が高まっている。中国では、社区教育が盛んに進められている地域ではほとんど、当地の社区教育ウェブサイトを持っている。西城区社区学院の全国社区教育ウェブサイトの調査によれば、教育行政部門により作られたものは社区学院や社区学校により作られたものより社区教育情報が包括的で、内容の更新が速く、書式が規範化されている等の特徴を持っている[52]。一方、教育主管部門の認識不足により社区教育ウェブサイト作りが社区教育の内容に十分に取り込まれていないため、社区教育ウェブサイトに関する管理はまだ不足していることが示しされた。

これに対して、西城区は主に次のような措置を取った。第1はテレビ大学教育を強化し、開放的な通信教育改革を行うこと。第2は、街道はウェブサイト作りを通じ、社区教育服務情報を宣伝すること。例えば、豊富街道豊汇園小区では街道の社区教育サービスに関する情報をウェブなどのインプットデバイスで住民の住宅へ配信している。第3は、西城区社区教育ホームページを作ること。市教委の支持の下で、西城社区学院は2003年末、中国北地域における第1の専門的な教育ホームページを作り上げた。これにより、社区教育情報の交流、収集、普及のための新しいルートが切り開かれた。

西城区の社区教育ウェブサイトは北京市教委と西城区政府の支援の下で、2001年7月から作られ、同年の10月に運営開始され、また2004年5月に改版された。ウェブサイトに関する全体の企画、ハードウェアの更新、ソフトウェアの開発などは西城経済科学大学ネットワーク中心によって完成された。その内容は西城区社区教育を主とし、社区教育に関する動態情報、最新の研究成果、社区市民教育内容、社区教育職員ための教育、社区教育学院の状況などを含む。西城区の社区教育ウェブサイト作りと西城社区教育ホームページ（www.Westcityedu.com）は住民の社区教育の動向を理解する新しいルートとしてまだ広まっていないのは事実である。ホームページの宣伝、コンピュータ操作技能の教育は今後の課題である。

第4節　展開期の社区教育性格の分析

1986年から今までの西城区社区教育の展開経緯について筆者は3段階に分けて論じてきた。1986年～1992年西城区は「教育社会化、社会教育化」の理念に基づき、「大教育観」の宣伝を通じ校外教育を社会に向け推進した。1993年～2001年校外教育活動は社区教育の一部として、社区青少年教育と緊密に結合しながら推進され、社区教育の対象は社区の全体住民に拡大された。2002年以降、さらに「全コース・全員・全方面」（全程、全員、全面）の方針の下に進められた社区教育は、学習型社区の理念に基づき、三層社区教育ネットワークの初構築に伴って全区で学習型城区の建設を中核とした社区教育を推進するという目標を目指して進められるようになった。西城区では学習型組織、学習型社区構築により社区教育は第3段階の学習型社区の構築に突入したといえる。

1.「学習型社会」構築と社区教育発展との関係

「学習型社会」の概念に関しては、数多くの文献などですでに紹介がされていて、確定した定義はないが、その考え方は概ね統一されている。「学習型社会」で重要なのは、「生涯学習」「自由に学習できること」、そして「適切に評価される」ことであろう。中国では「学習型社会」を次のように定義する学者がいる。「学習型社会」とは学習者を中心に、生涯学習、生涯教育体系と学習型組織を基礎とし、社会全成員の多様な学習ニーズを満たすことを保障・実現し、人間の全面的な発展と持続可能な発展を促進することができる社会である[53)]。社会と学習の関係からみれば「学習型社会」の構築は教育、社会、政治、経済、生活が密接に関係するプロセスとして認められよう。陳乃林は、学習型社会の構築は社会の体系的なプロジェクトであり、異なるレベルの要素と部分から構成されているとする。つまり学習型都市 ― 学習型社区 ― 学習型組織 ― 学習型家庭は学習型社会の主な構成要素と一部分であるというのである。また、陳は「学習型社会」と「学習型社区」の関係について、「学習型社会」は「学習型社区」の重要な依拠であり、

「学習型社区」は学習型社会構築ための重要な基礎、手段及び基本的なルートであると論証した[54]。学習型社区の構築には、生涯学習システムの組み立てが不可欠である。以下の政策的な準備で述べるように生涯教育が『国民経済と社会の発展計画』の中に位置付けられている。

「学習型社区」の構築は「学習型社会」の構築のための重要な基礎と手段であるといえば、社区教育は学習型社区の構築に如何に位置づけられているか。第3章では、社区教育は社区建設を促進する主要な支えとして認められていることを論じた。社区教育と「学習型社区」建設の関係について、学習型社区建設の核心は社区教育を発展することであるという認識がある[55]。また、社区教育は「学習型社区」を構築するための主なルートであり、学習型社区は社区教育発展の主な目標と全体的な枠組みであるという論調もある[56]。

実は、各地の教育行政部門は社区教育の一層の前進を小康社会の全面的建設と「学習型社会形成」の行動として捉え、認識を高め、社区教育を新たな発展段階に押し上げることに努めている。各級政府が積極的に中央政策を実行しやり通し、各地域の特色に応じて、一連の生涯教育、学習型社会に相関する政策を制定し、各地域の学習型社会建設を効率よく促進した。例えば、2005年7月29日、福建省は全国で最初に省レベルの『生涯教育促進条例』を公布した。2010年の『上海市生涯教育促進条例（草案）の検討』によると、その法令の基本的性格は福建省条例を参照して起草されていることが窺える。

また、青島市政府により制定された『学習型城市創建に関する青島市人民政府の意見』では、学習型都市の総体目標、段階目標、主な活動展開措置、保障規制などの制定が提言された。アモイ思明市区人民政府弁公室により印刷配布された『アモイ思明区の文化・教育資源を社会に開放させることに関する実施意見』では、管轄区内の区政府の支給による各級各種類の教育・文化・体育・科学技術などの資源及び機関事業職場の適当な場所を社区住民に開放することを要求し、社区住民の教育に対する要求を満たすことを期待することが明確にされた。このような例が多いのであるが、前述のように北京と上海は全国に率先して学習型都市の構築に取り組んでいることを明らかにしておいた。

2. 展開期の社区教育の性格

(1) 社区教育推進とその学習型社会構築への結びつけ

国民経済と社会発展に強く結びつけられている社区教育は学習型社会の構築の中核として位置づけられているというのは社区教育展開期の顕著な特徴であるといえよう。

学習型社会構築を推進するため、各種類の学習型組織を創建することが注目されている。西城区における学習型組織構築の試みについては、各街道が展開した学習型社区活動、機関・企業事業組織で展開された学習型実験点、学習型家庭の実験点に分けられる。

また、学習型城区構築の管理の側面では「事務分担責任制度」をとった。学習型機関、学習型企業、学習型事業組織、学習型学校、学習型街道、学習型社団、学習型家庭の7つの学習型組織の構築は機関工委、区総組合、区教委、区民政局、区婦聯、各街道の主導の下で、各部門の職責分担が比較的明確化されているのは学習型城区構築の保障に役立っていると考えられる。

さらに、学習型社会構築の運営において、専門の研究機構の設立、専門家の指導グループの組織、評価システムの制定が試みられた。

今後、社区教育の高水準化は学習型社区を目指し、「社区教育実験区」→「社区教育模範区」→「初級学習型社区」→「高級学習型社区」の順番に沿って発展していく[57]という論調がある。

(2) 社区教育管理と運営の体系化

既述のように1986年から発展してきた社区教育は20余年経った今日、既に管理体制と社区教育運営メカニズムが構築された。1990年代に社区教育ネットワークが初構築されたというなれば、2000年代には三層の管理メカニズム、三層の運営システム、初歩的な保障体制が形成されたといえる。

1) 社区教育ネットワークの形成

まず、三層管理体制について、まとめていえば第1層として全区で西城区社区教育委員の設立、第2層として全区のすべて街道で街道社区教育委員会の成立、第3層として全区の「社区居民委員会」で社区教育を受け持つ主任の設置がそれである。それだけでなく、全区で社区学院を「竜頭」とし、街道社区教育中心と各種の社区学校を主体とし、社区居民委員会市民学校を基礎とした社区教育運営メカニズムも初歩的に形成された。また、3層の社区教育育成訓練ネットワークを構築した。即ち、第1層は成人学歴学校であり、それには西城経済科技大学、市電大西城区分校、教育学院西城区分院、企業に供された職工学校と独学試験弁公室が含まれる。第2層は、西城区文明市民学校総校、全区7つの街道で設立した街道文明市民中心校と全区195の「社区居民委員会」により設立された基層文明市民学校からなる社区文明市民学校の3級ネットワークを指す。第3層は、社会の力により運営された学校を指す。

2）社区教育保障制度の整備

経費の確保、監督体制、激励体制及び政府各部門の職能配分などの社区教育保障制度が制定された。西城区政府は社区教育の経費を確保するために、2001年から社区教育専用の予算を設け、一人当たり毎年1元の基準で支給することを開始した。また政府は、予算のほかに、多様な方法で社区教育経費を賄うことを奨励している。さらに、区は社区教育の指導監督強化と奨励の制度化を図った。区の教育監督部門は2001年に「学習型社区」の評価基準を作り、毎年、各街道の社区教育の実施状況を評価し、社区教育において好ましい成果を上げた団体・機構と個人を表彰することにした。2006年には一人当たり毎年2元の基準で160万元の社区教育経費を支給している。2007年の教育、文化、医療、体育などに費やした支出は10.2億元、社区教育専用予算の支出は9.2億元で、西城区財政総支出額の24%である。区政府の施設整備への予算投入重視によって、社区教育学校は近年大規模化の傾向を示している。7つの社区教育学校の総面積は1万6,140 m^2、区政府の投入金は3,000万元である。全区で活動参加の住民は毎年60万人に達した。監督体制について、区政府監督指導室は毎年各街道の社区教育発展状況の検査を行った。

(3)「社区教育工作者隊伍」の初期形成と多ルートによる経費支援体系の構築

全国の社区教育実験区ではすべて社区教育専門職員を中核とし、兼職者とボランティアを主体とした「社区教育工作者隊伍」[58]を組織している。この団体の構成員は3種類に分けられる。1つは、一部の社区教育実験区における街道に社区教育活動指導者として教育部門により派遣された小中学校の教師である。これらの構成員は街道に協力しながら社区教育活動を行う。その特色としては、派遣された教師は定期的に交替するため、相対的に安定している。2つ目は職能部門の職員である。街道、及びその職能部門に依拠する一部の社区教育実験においては、はっきりした職責分担を通じ、社区教育活動を展開する。3つ目は、ボランティアや選抜採用した成員で社区教育「講師団」「宣伝団」「ボランティアチーム」「大学生ボランティア社区サービス団」及び「専門家諮問団」など社区教育の重要なグループを構成する。調査によれば、2007年では、65の全国社区教育実験区において、社区教育専門職員は9,174人、兼職者は9万8,282人、そして社区教育ボランティアは61万1,976人であった[59]。

現在、全国の各社区教育実験区では、「政府の財政支出を主体とし、社会の寄付金、社区内の組織による支援、学習者から徴収した学費」（政府财政拨款为主，社会筹一点儿，驻区单位出一点，个人拿一点）で支えられている多ルートの社区教育経費の経費保障体制が基本的に形成されている。大部分の社区教育実験区の所在地の政府は常住人口一人当たり1元を標準とし、社区教育専門経費として支出する。企業・事業組織及びその他の部門は共同建設の形で区政府と一緒に社区教育施設を建てる社区教育実験区も少なくない。しかし、経費不足は依然として解決されていない。経費不足の問題は社区教育の発展にとって大きな足かせとなっているといわざるを得ない。

(4) 住民多元化による社区教育対象と内容の多様化

全国各地で特に国レベル、省レベルの社区教育実験区では、内容豊富・教育対象多元化を社区教育展開と学習型社区構築の重要な任務として推進している。

西城区社区学院は、生涯学習社会と調和社会構築のために、流動人口の増加と高齢化の進展に対応しながら、子どもや青年、働き盛りの世代、高齢者、流動人口も含めて、地域住民全体が気軽に参加できる形で、人間力向上などを中心に社区教育カリキュラムを総合的に提供する拠点となることを積極的に意図して事業を実施している。例えば、上述の社区教育のインターネット上には、主に、年齢によって早期教育、校外教育、リカレント教育、高齢者教育、対象によって外来人口、女性、障害者など、また内容によって医療、健康、家庭、旅行、法律など、多様な学習活動に役立つ20あまりの社区教育関連項目欄が準備されている。

1）青少年校外教育、高齢者教育及び農民工教育への取組み

まず社区教育の対象として、青少年校外教育、高齢者教育、及び農民工教育が社区教育の重要な内容とされている。社区教育実験区では青少年にむけて多彩な教育活動を行った。

また、少子高齢化の到来によって、高齢者教育を重視し、社区高齢者の生活を豊かにすることを社区教育の重要な対象として扱っている。各全国社区教育実験区では社区老年大学を高齢者社区教育の実施場として高齢者に映画鑑賞、文芸、劇、保健、コンピュータの日常操作に関する知識を教える。

次に、都市化の進展により、住民が多元化し、特に「農民工」への教育も迫られている。国・区でも、「農民工」教育需要の調査を通じ、農民工への教育内容を把握している（表4-7参照）。統計によれば、全国で育成訓練を受けた農民工の就職率は70%に達したが、育成訓練の質や管理などの面ではまだ問題がある[60]。

表4-7　農民工の求める育成訓練の内容に関する表

求める育成訓練	職業技能	基本的な閲読・文書を書く能力	コンピュータ技術	外国語能力	法律知識	商務・管理やコミュニケーション能力	農業技術	学歴・学位	仕事を探す手段などの生計を立てる手立て
興味を持つ比率（%）	78.0	78.3	79.5	62.3	82.9	88.8	66.7	78.5	78.9

（出所）国家統計局人口と就業統計局、人力資源と社会保障部規画財務司共同編集『中国労働統計年鑑』（2008年）中国統計出版社により筆者作成

2）時代の特色を備えた教育内容 — 職業育成訓練が重要視されること

時代の特色を備えた教育内容は多様化しているが、成人職業技能の育成訓練は社区教育の重点任務として推進されているといえる。このことをまた社区学院を例に論じてみたい。上述の西城区社区学院の機能に関するまとめから、社区学院の教育内容には高等学歴教育、文化素養教育を中心とした社区教育及び各種育成訓練・資格訓練があることが分かる。

西城区社区学院の機能の一つである各種育成訓練・資格訓練は社区経済発展推進のためという色合いが濃厚である。社区発展の多様な需要に応じ、社区教育は積極的に各種人材を養成することにより、街道発展に必要な人材を提供することを目指している。そのいくつかの例として、公務員の英語学習活動、西城区社区専門職員の在職訓練、6つの国有企業改革理論と実務研修班などが挙げられる。そして、高齢者のための教養教育や資格訓練を受ける学習者はほぼ西城区の住民であることはいうまでもなく、四年制の本科・専攻などの学歴教育を受けるのも主に西城区での労働者、住民である。職業教育と資格訓練は社区学院の際立った特徴の一つであり、社区学院の教育内容は多彩であるだけではなく、高い職業性も持っている。失業者の再就職のために、各種の家政訓練クラス、ケンブリッジ英語1・2級クラス、コンピュータ学習クラスなどで技能訓練の場を提供している。育成訓練の内容が需要に応じて変化しているのも特徴的である。要するに、社区教育活動の効果として、「公」「共」「私」など多様な担い手の連携・協働による地域づくりの実現、家族や近隣住民がまとまることによる「地域の絆づくり」の推進につなげている。

注

1）『中国統計年鑑』1982年版～2009年版、中国統計出版社による。

2）人民資本説と計画出産を指す。

3）この他、根強く残る「男尊女卑」の風潮により、男の子を欲しがる夫婦が多くなり、女の子を妊娠しても中絶する事態が頻発である。男女比のバランスが崩れ、正常範囲は103～107対100であるのに対し、中国国家統計局の統計によると、2009年の新生児の男女比は119対110であった。

4）『光明日報』2007年1月23日11面。

5）牧野篤を研究代表とした「東アジアの少子高齢化と民衆の生育意識に関する教育学研究」プロジェクトの共同研究の結果（第2回コロキウム報告日本語版）による。2008年8月『高齢者という価値 ― 東アジア少子高齢社会研究Ⅱ高齢社会の価値観と対策』日本語論文集

6）2001年、中国政府は基本養老保険制度改革の試运転を開始した。

7）児童人口比率の低下と高齢化の激化によって「4-2-1」式の核家族を大量に出現させている。

8）中国の公式統計（『中国統計年鑑』2004年版、pp.53～55に基づいて算出）によると、1979年～2003年の実質GDP成長率は年平均9.4%と、1953～1978年の6.1%を遥かに上回る。1人当たりの名目GDPは1979年の417元から2003年には9101元増加し、年平

均伸び率は13.7%となった。

9）「西部大開発」は1999年6月西安市で開かれた「西北地域5省国有企業改革と発展座談会」において提起された。「西部大開発」を通じ、西部地域の安定と辺境の安全保障を促進すること、西部地域の一人当たりGDPを引き上げること、西部地域に潜在している市場を開発することを目指した。

10）汝信、陸学芸、李培林主編『社会藍皮書 ― 2009年中国社会形勢分析与予測』社会科学文献出版社、2008年12月、p.242。

11）任大川「中国における地域経済格差の拡大要因と政府是非策～東部地域と西部地域の資本と労働の移動に関する考察～」『三田商学研究』第49巻第2号（2006年6月）、pp.74～75。

12）牛嶋俊一郎「中国における所得格差の拡大～中国の高度成長の持続可能性との関連で～」『東京経大学会誌. 経済学』第249号、東京経済大学、2006年、pp.27～43。

13）国家予算に計上された教育費は1980年代初めの150億元から2005年の33930.25億元へ大きく増加し、経費の増加は顕著である。GDPに占める教育費の割合は1980年代の2.5%弱より2003年の3.27%まで向上した。

14）朱永新著『困境与超越 ― 教育問題分析』人民教育出版社、p.251を参照のこと。

15）王智新によれば、1995年から2000年にかけて実施した「貧困地域の義務教育プロジェクト」に39億元を投入し、地方政府も100億元を投下して、学校の教育環境は改善された。2004年に農村人口の義務教育に投入した専門資金は100億元の専門資金を投入した。しかし、それでも膨大な農村地域にとって焼け石に水という感は否めない。王智新「教育格差拡大の実態と今後の展開」諏訪哲郎・王智新・斉藤利彦『沸騰する中国の教育改革』2008年、東方書店、p.28。

16）中国における教師の学歴合格率とは学歴要件を満たす教師の割合である。次の学校段階別学歴要件を満たせば（教師法第11条）学歴合格といわれる。小学校教師の場合は中等師範学校（教員養成を専門とする後期中等教育レベルの専門学校）卒業以上の学歴、中学校教師の場合は高等師範学校（教員養成を専門とする高等教育レベルの専門学校）あるいは大学専門学部卒業以上の学歴を取得すれば、教師学歴合格といわれる。

17）汝信、陸学芸、李培林主編『社会藍皮書 ― 2009年中国社会形勢分析与予測』社会科学文献出版社、2008年12月、pp.242～243。

18）教育部調研組「農民工子女教育問題研究報告」『中国農民工調研報告』中国言実出版社、2006年4月、p．229。

19）史柏年『城市辺縁人 ― 進城農民工家庭及子女問題研究』社会科学文献出版社、2005年8月、p.7。

20）王佳琳等「海淀被取締打工学校消然開学」『新京報』、2006年8月28日。

21）2002年から2010年までの中国政府の情報化、インターネットの発展のための政策、法規は主に『北京週報』（日本語版）「中国インターネット情報」による。http://japanese.

beijingreview.com.cn/wxzl/txt/2010-06/09/content_278507.htm（2010 年 6 月 9 日閲覧）

22) データ出所http://www.internetworldstats.com/stats.htm（2010 年 6 月 9 日閲覧）

23) 学習型社会建設研究プロジェクト組『学習型社会建設的理論与実践 — 学習型社会建設研究課題総報告』高等教育出版社、2010 年、p.28。

24) すべての学校にインターネットを開通することを意味する。

25)「中華人民共和国国民経済和社会発展第十個五年計画綱要」『人民日報』、2001 年 3 月 18 日。

26) 楊永華『路径転換 — 中国経済発展的新視野』西南財経大学出版社、2000 年、p.353。

27)「新生代農民工」とは、都市戸籍がないまま都市で生活している農民だった初代農民工の子女を指す。

28)「都市化推進の総綱領」とも呼ばれている。

29)『中国発展報告』は中国発展研究基金会組織が定期的に発表するもので、中国経済発展に関する重大な問題を中心として、研究し報告している。

30) 学習型社会建設研究プロジェクト組『学習社会建設的理論与実践 — 学習社会建設研究課題総報告』高等教育出版社、2010 年 11 月、p.8。

31) 例えば、呉遵民「走出『学習化社会』的理解誤区」『上海大学学報』（社科版）2003 年第 6 期では「学習社会」の概念を用いると主張した。

32) 中国社会科学院語言研究所辞典編集室『現代漢語辞典』2002 年増補本、商務印書館p.253 と辞海編集委員会『辞海』（上冊 1989 年版）、上海辞書出版社、p.1409 を参照のこと。

33) 元フランスの首相で文部大臣であった委員長のフォール（Faure, E.）の名前をとって『フォール・レポート』と通称される。

34) 日本では、中教審の 1981 年答申は、学歴偏重社会から、「人々の生涯を通ずる自己向上の努力を尊びそれを正当に評価する社会」をもって、学習社会としている。平成 4 年 7 月の生涯学習審議会答申では、「学習社会」ではなく「生涯学習社会」という言葉を使っている。

35) 第 1 回総会では、総書記に胡錦濤、政治局常務委員会に胡錦濤、呉邦国、温家宝などを選出した。中央軍事委員会主席に江沢民が留任された。

36) 党は先進的な生産力、先進的な文化及び最も広範な国民の基本的利益を代表する。江沢民総書記の「三つの代表」始祖は新しい時代の教育の改革と発展の行動指南となった。

37)「小康社会（ややゆとりのある社会）」とは中国式な概念であり、衣食を確保できる最低限度の生活レベルと豊かな生活との中間ステップを指す。1979 年鄧小平が日本の大平正芳外相に「20 世紀末までにGNPを 4 倍にして平均一人当たり 800 ドルの『小康社会』を実現したい」「この『小康社会』は中国式の現代化とも呼ばれている」と述べたのが最初であった。

38)「教育部長の『2003 ～ 2007 年教育振興行動計画に関する説明』」（2004 年 3 月 24 日）を参照のこと。人民ネット http://politics.people.com.cn/GB/1026/13171298.html（2010 年 10 月 26 日閲覧）

39) 周嘉方「『我国推進社区教育実験過程的政策研究』結題報告」『湖北大学成人教育学院学報』

第28巻第1期、2010年2月、p.18。

40）この論断は、マルクス主義理論を豊かにし発展させたもので、社会主義とは何か、どのようにして社会主義を建設するかという、共産党の社会主義に関する理論の再度の昇華を実現したと言われている。

41）さらに2004年北京市政府に「北京市における教育事業の先進区」と評価され、2006年中央文明弁に「全国文明城区」と命名され、2008年に教育部に「全国社区教育模範区」と命名された。

42）「城区」は都市の「郊区」に相対する都市の「市区」を指す。

43）『社区教育研究』（内部資料）北京市西城区社区教育委員会・北京市西城区社区教育協会、2004年第1期、p.52による。その運営メカニズム次のように統括されている。「政府統筹領導、教育部門主管、有関部門配合、社会積極支持、社区自主活動、群衆広汎参与」（『教育部関于推進社区教育工作的若干意見』教職成「2004年」16号）。

44）学習型社会建設研究プロジェクト組『学習型社会建設的理論与実践 ― 学習型社会建設研究子課題報告集』高等教育出版社、2010年11月、p.155。

45）現在の2010年に北京では村成人文化学校を設置している行政村は90％に達している。このような村成人文化学校は村委員会に管理され、村民に向けて農業技術育成訓練、法制訓練、公民道徳訓練、人口関係の教育及び社会文化生活教育を行なう。その経費は主に村委員会に支援される。

46）以下の社区学院、社区学校、社区居民委員会市民学校の内容は馬麗華「中国都市部における『社区学院』の動向に関する考察～北京市西城区社区学院を事例に～」『生涯学習・社会教育学研究（33）』東京大学大学院教育学研究科、2008年、pp.55～65の一部である。

47）牧野篤著『中国変動社会の教育 ― 流動化する個人と市場主義への対応』、勁草書房、2006年、pp.275～278。

48）中国の少年宮とは、政府が経営する学校以外のもう一つの教育施設として、子供達が学校が終わってから、絵画、習字などそれぞれ得意分野を学習したり、一緒に遊んだりする場所である。

49）『中華人民共和国教育法』の第6章第48条では、「学校及びその他の教育機関は正常的な教育教学活動に影響しない前提で積極的に当地の社会的公益活動に参加するべきである」と記されている。

50）国務院の『さらに人材を強化する決定について』によると、各種訓練資源を整合するために一定の措置を取り、社会的な学習資源・文化資源・教育資源を総合的に活用するとされている。教育部によって公布された『一部地域で行われた社区教育実験に関する通知』では、各地域で区域経済社会発展の実際的な需要に応えながら、社区内の有り合わせの各種教育・文化・体育などの資源を最大限に社区住民に開放するはずであると記されている。

51）馬麗華「中国の社区における青少年教育の現状と課題～北京市西城区に焦点を当てて～」

『生涯学習・社会教育学研究（31）』、2006年、p.59。

52）内部資料である『社区教育研究』北京市西城区社区教育委員会・北京市西城区社区教育協会、2007年第2期、p.53。

53）厉以賢主編『学習社会的理念与建設』四川教育出版社、2004年、p.73。

54）陳乃林『現代社区教育理論与実践研究』中国人民大学出版社、2006年、pp.160～162。

55）学習型社会建設研究プロジェクト組『学習社会建設的理論与実践―学習社会建設研究子課題報告集』高等教育出版社、2010年11月、p.152。

56）陳乃林『現代社区教育理論与実験研究』中国人民大学出版社、2006年、p.164。

57）葉忠海（呉迪訳）「21世紀初期における中国社区教育発展の目標、重点及び特色」『東アジア社会教育研究（13）』、2008年、p.11。

58）社区教育ワークチームを指すが、このチームは主に、専門職員、兼職員、ボランティアを含める。

59）学習型社会建設研究プロジェクト組『学習社会建設的理論与実践―学習社会建設研究子課題課報告集』高等教育出版社、2010年11月、p.156。

60）陳徳人・張尧学『数字化学習港：構建面向終身学習的学習型社会』浙江大学出版社、2009年、pp.108～112。

第5章

社区教育政策に関する分析及びその問題点

前章までは、社区と社区教育の概念を検討した上、中国社区教育政策を通史的視点から研究し、現場の社区教育活動の展開と結び付けながら、各段階の社区教育の歴史的性格を考察してきた。本章では、前章までを総括し、社区教育政策の施策経緯に従い、中央・地方の相互作用[1]、社区教育の施策目的・利益主体と社会変容の関係、住民参加型社区教育の台頭の分析から、中国の社区教育における政策ネットワークの動向、即ち「行政主導型」から「住民参加型」への試みについて明らかになったことを整理するとともに、今後の社区教育改革の方向性について初歩的な考察を進めることとしたい。

第1節　社区教育施策における中央政府・地方政府の関係

中国においては、党の優越の下、党と国家が一体化している（例えば、日常的な最高意志決定機関である党中央政治局常務委員会のメンバーの大多数が国家機関の主要ポストを兼任しているなど)。また、政府は中央政府と地方政府に分けることができるが、中央政府[2]である国務院は、国家最高権力機関、国家の最高行政機関として、全国の地方各級国家行政機関の活動を統一的に指導し、中央と省、自治区、直轄市の国家行政機関の職権に関する具体的区分を規定する。地方政府[3]は、省政府・自治区政府・直轄市政府、区が設置した市の市政府・自治州政府、県政府・自治県政府・市政府、郷政府・民族郷政府・鎮政府に分けられる。

中央と地方の関係について、『中華人民共和国憲法』第3条第1項は「中華人民共和国の国家機構は、民主集中制の原則を実行する。（中略）国の行政機関、裁判機関及び検察機関は、いずれも人民代表によって選出され、人民代表大会に対して責任を負い、その監督を受ける。中央と地方の国家機構の職権の区分は、中央の統一的な指導の下で、地方の自主性・積極性を発揮させるという原則に従って行われる」と明記している。また、同憲法第104条は、「県以上の地方各級人民代表大会常務委員会は当該行政区域における各種の工作に関する重要事項を議論し、決定する」と規定し、地方は地方各自の事項に関する立法権限を有する[4)]。即ち、中国では中央政府は地方政府に対するマクロコントロールを統一的に実施するが、その反面、地方政府の権限は自主性を持っているが中央政府により制限される。また、政策策定の面では、中央政府の権限の範囲は広く、内容が方針のように比較的抽象的である。それに比べて、地方の権限の範囲は主に地方に関する事務に集中し、上級の法律、法規、制度の執行のために内容が具体的である。

社区教育の発展プロセスをたどってみれば、社区教育の進展は中央政府と地方政府による政策、制度及び規定などの施策に深く関わっている。中央政府の施策がなければ、地方で社区教育が盛んに行われることは想像できないし、地方政府の支持がなければ地方における中央政府の施策の展開がうまくいくとはいえない。

社区教育施策における中央政府と地方政府の相互作用を客観的に分析するため、まずは中央政府と地方政府間の相互関係の発展経緯を検討する。

1. 行政管理を巡る中央・地方関係の構築プロセス

中央・地方間の関係とは、利益の調整を出発点にし、お互いの利益の最大化に資することを目的とし、経済発展と深く関わりながら進化すべきものであろう。

建国直後、1950年代初期における中国の政治改革の一つの重要な問題として、中央集権制度が確立された。同時に集権制度確立後は地方への権力委譲も始められる。毛澤東を初めとした中央指導者たちは中央政府と地方政府の関係に注目し、中央集権の弊害を指摘し、「地方と協議してやる作風」を提唱した。毛沢東は『十大関係論』（『論十大関係』）と題した講演では、「中央政府の統一的指導の下に、地方の権力を拡大し、地方により多くの独立性を賦与させ、仕事をさせなければならない。これで、社会主義国家の建設を強化することができる」[5]との見解を示した。しかし、1960年代初期には、各省に委譲された権力が再び中央に回収され、『管理体制の調整に関する若干の臨時規定』（1961年1月）により、2、3年の間に、経済管理の権力が中央に集中されるべきであること等が示された。1960年代半ばまでは経済の状況が好転し、再び地方へ権力が委譲されるようになった。

その後、鄧小平は、開発戦略として市場メカニズムの導入を進めたが、分権化も重視した。鄧は地方への権力委譲を強調し、「権力の下放」（中央の権力を地方へ移転する）に力を入れ、財政、そして人事についてのより強い権限が地方に授けられた。1978年以降、中国の改革開放は、まず「地方分権」から始まった。

鄧小平時代の中国経済改革の最も大きな特徴の一つは「分権」であるといわれる。毛沢東時代の中央と地方の関係は、「中央に権力を統一すれば地方に活気がなくなり、権力を地方に移譲すれば地方は混乱に至る。そして、混乱が起これば再び権力を中央に回収した」（当時の中央・地方関係は「一統就死、一放就乱、一乱就收」といわれる）という事態が頻繁に起こり、非常に不安定であったといわれる。一方、鄧小平時代は、地方への権力の移転に関する政策には偏りがあり、統一的な計画が行われなかったということが、現在になってようやく明らかになってきた[6]。

1993年の第2次憲法修正において、修正案第7条が社会主義市場経済を実施する旨を明記し、社会主義市場経済体制が全面的に押し出され、中央集権型の中央・地方の関係に歪みが出始めた。中央政府の弱体化、特にそれまでの行過ぎた地方分権によって弱体化した中央政府の再分配機能を回復させ、かつ地域間格差を軽減し、中央地方関係の安定化を図るために、1994年に「分税制」が導入された。「分税制」の実施は1980年代の「諸候経済」に歯止めをかけ、新しい中央地方関係の構築に貢献する税制として注目を浴びたものである[7]。これは、地方に活気を吹き込み、経済体制改革を推進しただけでなく、地方政府の自覚性を高めた。1997年9月の第15回党大会は、機構改革を政治体制改革の重要な内容の一つとして機構改革の基本目標と原則を明確した。1998年3月の第9回全国人大では国務院機構改革案は通過し、国務院の40の現有部門は19に減らされただけでなく、政府機能の転換は機構改革のスタンスとして進められた。

これを受けて、「1990年代以降の中央・地方の緊張関係は、中国の政治制度の衰退を象徴するものであるとし、中央・地方の関係は転換過程にある中国政治制度の核心的な問題である」[8] との見解が出て、「最近は、地方が独自政策で中央と異なる路線を歩むケースが増えている。中央はブレーキをかけるが、今後は地方の声をより重視せざるをえないであろう」[9] との指摘もなされた。

2. 社区教育施策における中央・地方の相互作用

中央と地方との関係 [10] でいえば、特に、1990年代後半から2000年代にかけ、規制改革の諸政策の展開、地方分権など、国家レベルから地方レベルに対する分権が進展してきた。中央政府が決定した政策を地方の基層組織に普及するという方法だけではなく、中央政府により、地方で行わせた経験を中央政府が取り上げるという流れも見られる。社区教育の実施もこのような分権と規制改革の2局面において展開される行政改革の影響のもとにあるに違いない。それでは、社区教育の施策において、中央政府が社区教育政策を策定し、地方政府は如何にそれをブレークダウンして自分たちの政策を策定するのか、自己主張が強まる地方政府と中央政府との間のズレが如何に広がっているか、地方政府の実施現場からの自己主張はどのように中央政府に寄せられるのか。これらの課題意識を念頭に置き、以下、社区教育の施策を①中央政府から地方政府への呼びかけ（上から下へ）、②地方政府から中央政府へのボトムアップ（下から上へ）、に分けて社区教育施策における中央・地方間の相互作用を検討する。

(1) 中央政府から地方政府への呼びかけ（上から下へ）

全体的にいえば、中央集権の元で政府が計画・先導するトップダウン的色彩がまだ濃厚であることが否定できないが、中央政府による社区教育政策策定の経過を見れば、地方政府の自己主張が強まり、中央政府の「誘導」や「呼びかけ」が芽生えていることが窺える。ここでは、社区教育に関する中央文書、教育部・民政部による文書の制定経過と内容に基づき、中央政府の社区教育を推進する意図、及び地方政府への呼びかけ・地方政府の受容の状況を検証する。

1）社区教育の強化に関する中央文書

中国では社区教育に関してはまだ法律による保障はないが、中央政府には重要な文件・規定を通じ、社区教育を積極的に推進する意図が見られる。ここで教育部と中共中央、国務院により提示された文件、計画、綱要などで社区教育に関連するものを抽出する。中央政府はこの一連の政策文書や重要な会議で、社区教育・生涯教育の強化を図った。その内容を具体的に示せば、表5-1のようである。

中共中央による『教育体制改革の決定』（1985年）、『青少年教育をより強化し、青少年犯罪を防止することに関する通知』（1985年）、『中共中央の小中学校の徳育を強化・改革することに関する通知』（1988年）、『中国教育の改革と発展綱要』（1993年）では下校後教育の重視、校外教育環境の醸成、学校と社会の連携の強化、「社区教育組織」の設立などの社区教育に関する要求が出されている。これらの中央政府の呼びかけにより、各級政府・党委および関連部門の推進の下で、社区教育は迅速に展開していった。

『中華人民共和国教育法』（1995年）では直接、社区教育には触れていないに

表5-1　社区教育に関わる中共中央による文書

年月日	制定者	文書名
1985.5.27	中共中央	『教育体制改革の決定』
1985.10.24	中共中央	『青少年教育をより強化し、青少年犯罪を防止することに関する通知』
1988.12.25	中共中央	『小中学校の徳育を強化・改革することに関する通知』
1993.2.13	中共中央	『中国教育の改革と発展綱要』
1995	中共中央	『中華人民共和国教育法』
1999.1.13	国務院	『21世紀に向けた教育振興行動計画』
2000.10	中共中央	『中共中央、国民経済と社会発展の「第十次5カ年計画」綱要』
2002.5.7	中共中央	『2002～2005年の全国人材隊列建設企画に関する綱要』
2002.11.8	中国共産党	第16回党大会報告
2003.10.14	第16回党大会第3回総会	『社会主義市場経済体制を完備させるための若干問題を解決することに関する決定』
2003.12.26	中共中央	『人材工作を一層強化することに関する決定』

（出所）筆者作成

もかかわらず、生涯教育体系を整備・構築し、生涯教育ための環境整備を奨励し、校外教育や校外教育施設の設置を強化し、社会団体の教育機関の設置を奨励することを明確にした。国務院による『21世紀に向けた教育振興行動計画』（1999年）においては、「社区教育の実験を展開し、次第に生涯教育体系を構築しつつ、国民の資質を高め」「2010年までに、生涯学習システムを基本的に確立する」ことを主張し、かつ初めて行政用語として社区教育を登場させた。また、中共中央の『国民経済と社会発展の「第十次5カ年計画」綱要』においても「積極的に各種職業教育の育成を発展させる」「継続教育制度を改善し、徐々に生涯教育システムを確立する」ことを提示した。『2002～2005年の全国人材隊列建設企画に関する綱要』（2002年）では「普通教育の展開を加速するとともに成人教育、および社区教育を大いに促進し、教育訓練の社区化を促進する」「『学習型組織』『学習型社区』及び『学習型組織』を建設する活動を行い、学習型社会を構築する」ことを強調した。

さらに16回党大会では「全面的な小康社会を実現するため、全民学習・生涯学習という学習型社会を形成する」「職業教育と育成・トレーニングを強化し、継続教育を発展させ、生涯教育システムを構築する」「社区教育の実験を積極的に推進する」ことを提示した。また、第16回党大会第3回総会の『社会主義市場経済体制を完備させるための若干の問題を解決することに関する決定』（2003年10月11日～14日）では「現在の国民教育体系と生涯教育体系を構築する」「学習型社会を建設し、全面的に資質教育を展開する」ことを提唱した。『人材工作を一層強化することに関する決定』（2003年）でも、「生涯教育システムの構築を加速し、学習型社会の形成を促進する」ことを呼びかけた。

このように、社区教育の積極的な役割が次第に中央政府に認知されることとなり、中国教育が、従来の学歴教育から生涯教育体系の構築を基礎とした学習型社会の教育へと大きく展開しつつあることを見て取ることができる。一方、学習型社区・学習型組織の建設、学習型個人の育成と評価を通じ、社区住民及び企業・事業組織などの社区教育への参加を促進したともいうことができる。

2）社区教育に関わる民政部、教育部による文書及び二部の政策策定の相違性

中央の方針や綱要に応じ、中央関連部門も積極的に社区教育の仕事の手配に着手した。社区教育政策決定に関与する中央機関、特に教育部と民政部はどのような意図を持っているのか。まず、教育部による一連の政策文書における社区教育に関する規定から教育部の社区教育への提唱を重視し追求する。また、民政部による社区服務と社区建設の提起経緯と社区教育に関連する内容から、社区教育の発展に対して、民政部の意図と「呼びかけ」の役割を検証する。

社区教育に関する教育部の政策・規定などについて、前章で詳しく述べたが、教育部の社区教育に対する意見を浮き立たせるため、ここでは、関連政策文書の策定時間、題名、内容を抽出した（表5-2参照）。この表によれば、教育事業を担当している教育部は社区教育の概念や方針といった大枠を作り、地方にその実践を呼びかけたことが分かる。社区教育実験区の連続指定は中央－地方、地方－地方の相互作用の結果であるといえよう。また、教育部には住民の資質の向上、生涯学習の促進、学習型社会の実現に向かっている姿勢がよく窺われる。

また、前述の中央政府による文書とにらみ合せて見れば、教育部による専門的政策文書が公布される以前に、社区教育に関する要求や規定が既に中央文書において提出されていることが窺える。例えば、『社区教育工作推進に関する教育部の若干の意見』（2004年）が第16回党大会（2002年）、中共中央の『人材工作を一層強化することに関する決定』（2003年）及び国務院が批准した教育部の『2003年～2007年教育振興行動計画』（2003年）における関連規定の影響を受けていることは明瞭である。即ち、中央文書では、社区建設、生涯教育体系の建設と学習型社会の構築を国の目標として強調されたからこそ、教育部はそれに従い、その目標実現のため、『意見』において社区教育を「社区建設の重要な一環として」「各地は社区教育を社区建設の重要な内容として地方の経済発展企画に取り入れなければならない」などと規定し、全国的に社区教育発展の高波を巻き起こしたのであろう。

一方、民政部は1985年にいち早く社区の概念を打ち出し、「社区服務」の構想を提起した。前述（第2章）のように、「単位」福祉の弱体化、「大鍋飯」問題の表面化などを背景に、民政部は1985年に街道を拠点に「居民委員会」に依託する社区服務の構成の形を整え始め、1986年に初めて正式に「社区服務」の

表 5-2　社区教育に関わる教育部による文書

公布日付と文書名	備　考
2000 年 『一部地域における社区教育の試行展開に関する通知』	・社区教育を定義。 ・社区教育を「生涯教育を実現する重要な手段と学習型社会を構築する基礎」として捉える。 ・社区教育を社区建設の一部とし、全国 8 カ所の社区教育実験区を確定。
2001 年『全国社区教育実験区名簿の確定に関する通知』	28 カ所にのぼる社区教育実験区名簿を示した。
2002 年『全国教育事業第十次 5 カ年計画』	・教育の推進を 21 世紀の基本国策として生涯教育システムを構築。 ・『生涯教育法』を起草すると提言し社区教育試行地点を拡大。
2003 年 第二回の全国社区教育実験区（33 カ所）指定	12 月 29 日に社区教育実験区（61）を対象として社区教育に関する全国調査を実施
2004 年 『2003 年～ 2007 年教育振興行動計画』	・多様な成人教育と継続教育を大いに発展させ、人々の多様な形式とルートによる生涯学習参加を奨励し、学習型企業、学習型組織、学習型社区、及び学習都市の創造的活動を展開 ・積極的に社区教育を推進し、生涯教育のための公的資源を形成
2004 年 『2004 年職業教育・成人教育工作要点印刷配布に関する通知』	・「学習型組織・学習型社区・学習型都市の建設推進」提唱 ・『生涯学習法』の起草研究に積極的に参加し、関連部門に相応しい『生涯学習法』の枠組みと立法の可能性に関する研究報告を提出 ・生涯教育体系建設と完成を積極的に推し進める。大いに社区教育を推進し、全国の社区教育模範地区建設を強め、徐々に多様な学習組織を基礎とする比較的安全な生涯学習ネットワークを形成
2004 年 『社区教育工作推進に関する教育部の若干の意見』・『全国社区教育模範区の推薦を求める通知』	・学習型城区、学習型都市、学習型社会の構築を加速するために、教育部が全国で社区教育模範区評価、確定 ・社区教育を社区建設の重要内容と基礎的な仕事として強調 ・各地は社区教育を社区建設の重要な内容として地方の経済発展企画に取り入れなければならない ・社区教育の指導機構の弁公室を教育行政部門に設置
2006 年『第三回目社区教育実験区確定に関する通知』	20 カ所の全国社区教育実験区を確立
2007 年『第四回目社区教育実験区の確定に関する通知』	33 カ所の全国社区教育実験区を確立
2008 年『全国社区教育模範区の確定に関する通知』	11 カ所の実験区から 34 カ所を全国社区教育実験区として選出
2009 年『新たに全国社区教育実験区名簿を公布することに関する教育部の通知』	既に承認された全国社区教育実験区を 98 カ所に調整することを行う。（社区教育模範区除外）

（出所）筆者作成

方針を確定したのである。次いで1987年には民政部が大連の民政部工作現場座談会において初めて「社区服務」の構想を提起し、9月に武漢で開催された「全国社区工作座談会」においては「社区服務」の概念、目標、任務内容などをより一層明確に規定した。武漢座談会の後、武漢、上海、北京、天津、重慶、瀋陽などの都市における民政部門は一定の区もしくは街道で、計画的に社区服務を試行した。1989年になると民政部は杭州で「全国社区服務工作会議」を開き、社区服務に関する経験交流を行った。会議後には各地民政部門がさまざまな形で街道と「居民委員会」レベルの社区服務を宣伝しつつそのあり方を模索した。社区服務政策の登場を見てみると、社区服務の提起は住民の自発的な行為ではなく、政府が主導性を持っていたこと。またここでは、以前のトップダウン的色彩が濃厚であった政府機能が基層社会管理システムの再構築を通じ、「呼びかけ」と「誘導」へと転換されていることが窺える。政府の主導性が強く、「上意下達」の社区服務の構想では青少年・成人への教育支援も地域福祉サービス事業として規定されていた。それにもかかわらず社区服務の実施活動においては、福祉向上を目指す生活便宜の活動を主として、青少年校外教育以外、住民向けの社区教育はあまり行われなかったことが特徴的であった。

民政部による「社区建設」の提起経過は社区服務構想の全国的展開に至るまでの政策形成と同様であるといえる。1991年7月には当時の民政部の崔乃夫部長が「社区服务」を発展させる概念として「社区建设」という言葉を使い、いくつかの都市部で社区建設実験活動とその理論研究も進め、民政部は1999年初めに全国から「社区建設実験区」を選ぶことによって、社区建設は活発に進められるようになった。この時点で、民政部は『「社区建設」の構想を聴取することに関する通知』を公布し、各地の意見収集を行い、「全国社区建設理論検討会」を開催した。また、内容の側面において、民政部は社区建設政策においては社区教育を社区建設の一部として位置づけた。2000年の『全国における都市社区建設の促進に関する民政部の意見』では社区建設を強化する5つの任務を示し[11]、その中での社区文化について「社区文化事業を積極的に推進し（中略）街道文化站（街道文化ステーション）、社区服務活動室、社区広場などの既存の文化活動施設を利用し、多様で有益な文化、体育、科学普及、教育、娯楽の活動を展開する」と規定した。2004年の『社区教育工作推進に関する教育部の若干の意見』でも社区教育を「社区建設の重要な内容であり、かつ基礎的な工作である」として推進し、「社区建設の目標」を目指して「社区教育育成訓練の活動」を展開すること、「各地は社区教育を社区建設の重要な内容として地方経済の発展企画に繰り入れる」ことを示した。

このように見てみると、社区教育の推進は多くの政府部門に注目されていることが分かるし、中央政府が教育の側面だけではなく、社区服務、社区建設、社会精神文明建設などの諸方面から社区教育を推進していると読み取れる。つまり、諸政府部門の交錯する管理の下で社区教育を推進するため諸部門の協調が欠けがちであるにもかかわらず、異なる政策視野と政策意図に基づき出された諸部門の各自の政策措置は社区教育の展開に積極的な役割を果たしていることには疑う余地がないであろう。

民政部による社区服務と社区建設の提起は、直接、社区教育の促進を図ることではない。民政部は社区福祉を向上するため、社区服務を提起し、都市部基層の社会管理を強化し、基層権力と居民自治組織の建設を推進することを目的として「社区建設」の理念を提言した。しかし民政部が社区教育に関する構想の打ち出しと地方への呼びかけを通じ、社区教育促進に役立ったということは否定できないであろう。さらにいえば、社区の機能を重視し、社会安定を図ろうとしている民政部と、国民の資質を向上し、教育事業の発展を目指すという考えに立っている教育関係部門が社区教育の機能に注目し、それぞれの社区教育に関する構想を出したが、その意図や発想はそれなりに異なっているといえよう。

例えば、社区教育の萌芽期では、民政部と教育部の主旨は小中学校向けの徳育のための補足として学校教育と連携することを呼びかけている面においては一致している。しかし、「住民便宜サービス」を政策出発点とした民政部による社区服務では、青少年の校外教育が一般住民向けの福祉サービスの一つとして行われているが、これに対して、教育部はエリート主義教育の欠点を反省し、義務教育の実施によって教育の底辺を広げることを目標とし、小中学校の徳育を強化したのである。

また、以上の政策文書により、社区教育施策過程における民政部と教育部の関係は時期ごとに、相互に影響しあっているのではないかと考えられる。つまり、民政部の社区服務と教育部の青少年校外教育、民政部の社区建設と教育部の社区教育・学習型社会の構築はお互いに影響を受けながら策定された政策である。例えば社区福祉政策として打ち出された社区服務の内容において青少年校外教育を含めたのは、中央の『教育体制改革の決定』『青少年教育をより強化し、青少年犯罪を防止することに関する通知』の影響を受けているといえるであろう。教育部の『一部地域における社区教育の試行展開に関する通知』における「社区教育を社区建設の一環とし」、社区教育実験区を確定するのは民政部の社区建設の構想からの影響ではないのではなかろうか。言い換えれば、民政部と教育部は出発点が異なるが、お互いに影響を受けながら政策を策定しているといえよう。2000年以降の学習型社会の推進に向かって、民政部と教育部の目標や意図はマクロな側面からいえば調和の取れた社会の構築の実現、学習型社会、学習を通じ経済発展や社会安定・公正の達成を両立させる施策に繋がっている。

3）中央政府の呼びかけに対する地方政府の受容

ついで、ここでは既述の社区教育の発展に関する歴史的な論述に基づき、社区教育に関する中央の呼びかけに対する地方政府の受容を時期ごとに概観する。

社区教育萌芽期において、教育部は1985年に『教育体制改革の決定』の通知を出し、また民政部「社区服務」に構築された土台である社区を活動基盤として、1988年に『中共中央の小中学校の徳育を強化・改革することに関する通知』を出した。ここでは「すべての児童・生徒・学生を愛国心・社会的公徳心・文明の習慣を持つ、法律・紀律を守る公民に育成」するとともに「愛国・愛人民・愛労働・愛科学・愛社会主義という五愛教育」を実施し、「都市部では区や街道を通じ社区（社会）教育委員会などの社会的組織を模索しながら実験的に設置する」などを提起した。これにより、教育を実行していく中で、「街道弁事処」の地位と役割が人々の注目を集めることになったばかりではなく、青少年の徳育も校外の社区に展開することが認められたといえる。北京市では特に研究対象としての西城区で、社区青少年教育を切り口として社区教育を展開し始めた。青少年の健全な教育を図る施策の一環として、西城区政府は「教育の社会化、社会の教育化」という理念を課題としての社区における青少年教育について必要な改善を行い、社会と学校の役割を活用し、社区青少年教育を全街道の政治・経済・文化と結び付けながらさまざまな教育改革の試行を行った。

社区教育模索期では、1991年に民政部により社区建設の概念が提起され、つづいてその後基本方針が打ち出され、3年間は社区建設の基本概念作りが基層組織に普及させられた。最初は、社区建設はいくつかの大都市部で展開されていた。1993年まで、全国の17の省、市、自治区が42の都市の56の街道で実験的に社区建設を展開した。基層組織の実践的探索は専門家と研究者・学者の興味を起こさせた。1993年、浙江省社会科学院が5月に杭州市下城区を社区建設実験点とし、引き続き6月に、南開大学と天津社会科学院が天津河西区と和平区の社区建設実験活動を行った。9月には華東師範大学、上海社会科学院がアンケートと実践分析に基づき、上海市普陀区の曹楊新村街道と黄浦区の濰坊新村街道に社区展開を企画した。そして杭州市下城区と浙江省社会科学院が連携し、中国社区建設に関する初めての専門書となった『中国城市社区建設』を編集した[12)]。

また、『中国教育の改革と発展綱要』(1993年)は「社区教育組織」と社会の学校への支援、資質教育、愛国教育の展開などを強調していた。これに伴い、西城区では「区社区青少年教育指導班組織」が設置され、校外青少年教育だけでなく、社区教育の組織、管理メカニズムの構築もすでに日程にのぼってきた。そして、『中華人民共和国教育法』(1995年)では生涯学習の推進、校外教育施設の設置が明記され、『21世紀に向けた教育振興行動計画』(1999年)では「社区教育の実験を展開し」「生涯学習体制の確立、2010年までに9年制義務教育の普及達成」が提言された。この中央政府の指令と政策に基づき、2000年北京市政府は『北京市国民経済と社会発展「十五」計画綱要』において、「全国に率先して生涯学習と学習社会の基本的な枠組みを構成する」という目標を明確に打ち出した。

この時期の最後には教育部『一部地域における社区教育の試行展開に関する通知』(2000年)が社区教育実験展開の目的、具体的な要求、及び事業目標を提出した上で、国内8カ所の地域に社区教育実験区設定を確定し、2001年の教育部「教育工作要点」は「積極的に生涯教育を提唱し、学習型社会の構築に努力する」ことを強調した。これに従い、2001年7月北京市教委が『全市で「社区教育を展開し学習化社区建設に先進的な区・県の発展を促進する」評価工作の展開について』を配布し、『社区教育を発展し、学習化社区建設先進区・県の評価指標体系の構築を促進することについて』を制定し、学習化社区建設先進区・県の評価システム構築についての施策を展開した。さらに2001年6月になると西城区政府弁公室は『全面的に社区教育を推進し学習型社区建設を促進する実施意見』を公布した。

社区教育展開期では、『2002～2005年の全国人材隊列建設企画に関する綱要』（2002年）においても「生涯教育の構築」が提言され、第16回党大会（2002年）、第16回党大会第3回総会（2003年10月）では「学習型社会の形成」が強調された。さらに『2003年～2007年教育振興行動計画』（2004年、教育部）では「学習型企業・学習型組織・学習型社区・学習都市の活動創造を展開する」ことを改めて提示した。これに従い、2002年5月に北京の社区教育育成訓練基地の建設、施設の整備のため、北京市教育委員会は前後して、『北京市教育委員会による街道社区教育中心の設置に関する通知』『北京市教育委員会による北京市模範社区教育中心建設標準の印刷配布に関する通知』を配布した。同年の北京市第九次党代表大会でも「学習型社会を建設し、首都教育の現代化を推進する」ことを戦略目標として揚げた。2005年北京市市委は『北京市国民経済と社会発展第十一次5カ年計画の制定に関する意見』において「成人教育、継続教育を強化し、都市と農村の教育の情報化を進め、生涯教育のシステムの構築に努め、学習都市の建設を積極的に推進する」とした。この『国家教育事業発展の「十一五」計画綱要』（2007年5月に、国務院批准の教育部文書）ではさらに進んで「中国式の社会主義現代化教育体系の徐々なる整備に従い、学習型社会の構築は著しい進展を遂げている」などと論じ、2007年10月に、行われた第17回党大会の報告は「全民学習、生涯学習、学習型社会」をさらに強調した。

こうした学習型社会の構築が政策として提起されると、各地地方政府の熱烈な反応と支持を得、上海、北京等では次々と手が打たれ、学習型社会の形成が推進され始める。これにより、北京市市委、市政府は学習都市構築に関する会議を通じ、『中央北京市委、北京市人民政府の首都学習都市構築に関する決定』（2007年）を公布し、北京市学習型都市工作指導組と弁公室を設立した。これをきっかけとして、北京学習都市構築のプログラムは新しい段階に入った。2008年、北京市委市政府は社会公作委員会と社区建設弁公室を設置し、社区教育への指導を強化したのである。

また、この時期、教育部は社区教育モデル区の拡大を図った。2002年6月、教育部は「全国教育事業第十次五カ年計画」の中で教育の推進を21世紀の基本国策として生涯教育システムの構築を強調し、かつ各種教育間の割合の調整について、「社区教育試行地点を拡大する」ことを打ち出している。『2003年社区教育実験区工作状況調査に関する通知』と『2004年職業教育・成人教育工作要点印刷配布に関する通知』はさらに社区教育についても、その一層積極的な展開を提唱した。また、『社区教育工作推進に関する教育部の若干の意見』(2004年、教職成司)では、社区教育工作の指導思想、原則と目標をさらに明確にし、多様な内容・形式・レベルの教育訓練活動、「学習型組織」の構築、各種類の教育資源の統合を通じ社区教育訓練活動ネットワークの創建を社区教育の任務として提案した。かつ、社区教育事業展開の保障のため、社区教育に関する管理・運営体制、職員体制、経費制度、検査・評価事業の展開、宣伝・理論研究の推進をも提案した。『全国社区教育模範区の推薦を求める通知』(2004年、教育部)では社区教育模範区を選出するため評価内容と基準が数項目にわたって示されている。さらに、各地からの実践経験に基づき、社区教育実験区の数も拡大する趨勢である。教育部が2006年「第3回目の全国社区教育実験区」(20カ所)を確立し、2009年、また『新たに全国社区教育実験区名簿を公布することに関する教育部の通知』を出した。これらの文書・政策・規定は新世紀の社区教育活動の一層深い展開と生涯教育システムの構築・学習化社会建設への大きな推進力となったに違いない。上述の政策によって、各実験区は社区教育管理システム、運営機構の確立、及び社区教育資源の有効的な整備を通じ、社区教育のネットワークを形成しつつある。また、全国社区教育実験区では、学習型家庭・学習型企業などの学習型組織の構築も盛んに推進されている。

(2) 地方政府からのボトムアップ(下から上へ)

これまで、社区教育に対する中央政府により公布された文書に基づき、社区教育の発展過程において中央政府がまず校外教育の補足、次に社区建設、また生涯学習の観点から学習型社会を構築するために多大な努力を払いながら社区教育を推進する意図を考察してきた。さらに民政部と教育部の異なる目的から相互に影響を受けながら社区教育政策が制定されていたことを考察した。また、中央政府からの「上から下へ」の指令、誘導、呼びかけを受け、地方政府が中央政府による文書をブレークダウンし自分なりの政策を策定したことを明らかにしたが、社区教育の実施現場では、国家より、地方が先行して社区教育を推進する状況も明確に存在している。したがって、社区教育の施策における中央と地方間の関係を究明するにあたり、地方政府からの意見・要求などを中央政府が吸い上げ全体をまとめ全国に普及させること、即ち、地方政府からのボトムアップのダイナミズムを考察する必要がある。

ここでは、社区教育実験区の実施状況を踏まえながら、地方のほうが先に社区教育を推進し、また中央政府に吸い上げられたものを「社区教育委員会」の成立、地方生涯教育条例の公布、及び「学習型都市」の提起に分けて、地方政府の中央政府へのフィードバックの状況を探求する。

1）地方における社区教育の胎動としての「社区教育委員会」の成立

中国における社区教育は、新しいタイプの教育・学習活動として1980年代からの改革開放の実施に伴い生まれてきた。1985年末、上海市呉淞区の大手企業が社会教育基金を設立したことは、社会が教育に参加した第一歩である。中国における初めての「社区教育委員会」は1986年10月に成立した上海市普陀区真如中学社区教育委員会である。上海市真如中学社区教育委員会の組織は鎮政府、郷政府及び企業・事業などの26「単位」からなる。その後、1988年3月に同市閘北区新彊街道及び彭浦街道の社区教育委員会が成立し、さらに同年4月の長寧区社区教育委員会の創立が続く。閘北区社区教育委員会が成立した一年後には「閘北区としての社区教育委員会も生まれ、また15街道に社区教育委員会が成立」[13]した。とりわけ1989年の閘北区社区教育委員会の成立については、呉遵民が「閘北区社区教育委員会の成立が上海市全体の社区教育の全体を引き起こす。さらに上海市社区教育の発展が全国に大きな影響を及ぼし、最終的には全国的な社区教育の普及と発展を促していく」[14]と指摘している。

1986年上海市で成立した「社区教育委員会」は、1988年の『中共中央の小中学校の徳育を強化・改革することに関する通知』で「多様の方式をとり学校と社会の連携を強めなければいけない」「都市部では区や街道を通じ社区（社会）教育委員会などの社会的組織を模索しながら実験的に設置する。これにより、社会各分野の学校への支持を強調し、社会の教育環境を向上する」とされた指示より早いことが明らかになった。また、社区教育委員会の位置づけについて牧野篤は社区教育の展開を3期に分け、第1期の「学校支援のための地域教育資源ネットワークとしての社区教育」では、「地域資源の連携を制度化して、教育改革を着実に進めるためにとられた行政的措置が市—区—街道—校区という行政レベルに対応する非権力組織としての社区教育委員会の設置である」[15]と社区教育の先行地域・上海の状況を紹介している。

一方、教育関係の政策、文献から見ると、1986年から1999年にかけて、社区教育という用語は正式には提唱されておらず、主に「学校外教育」、「社会教育」及び「生涯教育」という用語が頻繁に使われている。1999年になり、国務院批准の教育部『21世紀に向けた教育振興行動計画』(1999年)では社区教育が初めて言及されるようになった。その後、社区教育はまた「生涯教育を実現する重要な形と学習型社会を構築する基礎」として捉えられるようになった。それにもかかわらず、北京市西城区では1986年、「『教育社会化、社会教育化』及び社区教育の問題を研究すべき」と何回も提唱し、教育社会一体化の研究を開始し、普及させた。特に、1989年から、「居民委員会」の「社区教育小組」、小中学校の「社区家長学校」を相次いで組織するとともに、「街道」は社区青少年教育の展開の推進者として、教育システム以外の校外教育を社区青少年教育と結合し、多様な教育活動を模索しながら活動を展開した。

このことからも推察できるように、社区教育の萌芽期では地方政府一般にとって社区教育への認識はまだ不足しているが、1980年代半ばから、上海・北京などの先進地域で展開される社区教育の取組みは民衆の自発的社区教育の形態であり、かつ地方政府からのボトムアップであることが考えられよう。

2)地方生涯学習条例の制定

社会変動に伴い、中央政府は生涯学習の促進、学習型社会の構築に力を入れていることは前述の中央政府による施策から窺える。

中国では専門的な生涯学習法や学習型社会に関する法律はまだ整備されていないが、『憲法』と『教育法』におけるそれに関連する規定は今後の生涯教育法の制定に一定の基礎を定めるものと思われる。これらの関連規定は『憲法』の第19条、第46条及び1995年に公布された『教育法』の第11条、第41条で見られる。『中憲法』の第19条では「国家は、社会主義の教育事業を振興して、全国人民の科学・文化水準を高める。(中略)国家は、各種の教育施設を拡充して、識字率を高め、労働者、農民、国家公務員その他の勤労者に、政治、文化、科学、技術及び業務についての教育を行い、独学して有用な人材になることを奨励する」、第46条では「中華人民共和国公民は、教育を受ける権利及び義務を有する。国家は、青年、少年及び児童を育成して、彼らの品性、知力及び体位の全面的な発展を図る」ことを提示している[16)]。

また『教育法』（1995年）の第11条では「国家は社会主義市場経済の発展及び社会の全面的進歩の必要に対応し、教育改革を推進し、各段階各種の教育の均衡のとれた発展を促進し、生涯教育体系を整備し確立する」、第41条では「国家は、学校及びその他の教育機関、社会組織が措置を講じ、公民に生涯教育を受ける条件を整備することを奨励する」と謳われた。

また、『21世紀に向けた教育振興行動計画』（1999年）においては2010年までに生涯学習体系を基本的に確立することが提唱されている。次いで、2001年の『国民経済と社会発展の第十次5カ年計画』は「徐々に、大衆化され社会化された生涯教育体系の確立」という構想を打ち出した。そのため、地域ごとに社区教育施設や生涯学習施設が急ピッチで建設され、党と教育部などの文書に「生涯教育体系の構築」と「学習型社会の実現」などの表現が頻繁に見られるようになっている。

以上の一連の政策及び第15回党大会の意向、また国際的な生涯教育思潮の影響を受け、福建省の学者・研究者たちは、生涯教育の地方立法研究を先進的に進めてきた。2005年7月29日にそうした研究結果を基にして、福建省人民代表大会常務委員会は『福建省生涯教育促進条例』を制定・発布した。中国生涯教育法制化の先駆であると評価されたこの『条例』は公民の生涯教育を受ける権利の保障を明確に規定していて、重要な歴史的意義を持つものである。『条例』の実施に関する進捗状況については、陳宜安によると、条例採択された直後、省は「啓発活動」「『生涯教育促進委員会』を組織し、相応する活動を展開」「『生涯教育活動の日』の活動展開」「財政支援の拡大」「多様な生涯教育活動を展開しモデルを立てる」、及び「生涯教育の理論研究と法制研究の深まり」などの活動が組織された[17)]。

この『条例』について、「立法という象徴性はもっていたものの、法律の具体的適用には欠陥が見られる」[18)]などの実効性を持っていないこと、具体的な規定と保障が欠落していることというような生涯教育関係者からの批判はあった。しかし、この中国大陸初の生涯教育に関する地方条例の制定は中国における生涯教育事業を力強く推進し、他の地域に生涯教育法制化の重要な意義を深く意識させただけでなく、今後の国家レベルの生涯教育法制化を大きく励ますものになると思われる。しかも、この条例の制定は「中国の教育発展が不均衡な社会的現状のもとで、条件の整った地区がまず先に生涯教育立法を進めることが可能であるという手本と経験を創り出したものである」[19]。

その後、福建省による『条例』の影響を受け、また第17回党大会で提唱された「全民学習、生涯学習の学習型社会の建設」の下で、地方生涯教育条例の制定に取り組む地域が多くなった。例えば、『上海市生涯教育促進条例』は中国の生涯教育に関する2番目の地方法として2011年1月15日に公布され、5月1日から正式に施行された。また、国家の生涯教育法の公布により、地方条例を制定しようとする地域もある[20]。

いずれにせよ、福建省の『条例』は地方政府が中央政府より先行して制定した地域的な生涯教育条例として、完全なものとはいえないにせよ、この規定は今後の中央政府による生涯教育の法制化に対して、理論的基礎と実践的経験を提供するものと考えられる。

3）地方における「学習型都市」構築の提起

「学習型都市」の提起についても、地域的な規定は2002年の第16回党大会において学習型社会を提起した中央政策より一歩早い。換言すれば、学習型社会構築の規定については、中央政府は現場の地域的な規定を参考にしながら国の政策を定めたといえよう。

1990年代初めに、「学習型社会」という専門用語とその内包する概念は、欧米からすでに中国に伝えられてきた。2001年5月15日、アジア太平洋経済協力会議（APEC）人的資源能力建設ハイレベル会議では江沢民主席が「生涯教育制度を確立して学習型社会を樹立する」と提議したにもかかわらず、中央政府による政策において、学習型社会の構築理念が具体的な策略に転換するのは2002年以降である。中央による学習型社会・都市構築に関連する政策については以下（表5-3）のようにまとめられる。この表によれば、第16回党大会の報告から「学習型社会」は概念化されるようになり、中央政府により学習型社会の建設が提起されて以来、2004年までに学習型社区を構築するための目標が確立され、

表5-3 「学習型社会」構築に関する主な中央レベルの政策

年月	制定者	文書名	備　考
2002	中央政府	第16回党大会の報告	「全人民の学習、生涯学習という学習型社会が形成され、人間の全面的発達が促されることになる」と提言した。
2002	中共中央	『2002～2005年の全国人材隊列建設企画に関する綱要』	「学習型組織」「学習型社区」及び「学習型組織」を建設する活動を行い、学習型社会の構築を促進する。
2003	中共中央	『人材工作を一層強化することに関する決定』	生涯教育体系の構築を加速し、学習型社会の形成を促進する。
2004	教育部	『2003年～2007年教育振興行動計画』	「多様な成人教育と継続教育を大いに発展させる」についてかつてなく具体的な内容を明示し社区教育」と「学習型社区」への関心が高まっていることが窺える。
2005	中国共産党	第16回党大会第5回総会	教育投資を拡大し、学習型社会の構築を提言
2007.5	教育部	『国家教育事業発展の「十一五」計画綱要』	学習型機関、学習型企業、学習型社区及び学習型郷鎮を築き、全民学習、生涯学習の理念と良好な社会気風の形成に努める
2007.1	中国共産党	第17回党大会の報告	「全民学習、生涯学習、学習型社会」をさらに強調した

（出所）筆者作成

これまで抽象的に語られてきた「学習型社会」「学習型組織」「学習型都市」「学習型社区」の内実がそれなりに具体化されてきたことが窺える。

また、2005年10月開催の第16回党大会第5回総会の『国民経済と社会発展の第十一次5カ年計画を樹立することに関する中共中央の提案』では教育投資を拡大し、学習型社会を構築すると提言された後、中央による学習型社会への規定に基づき、学習型社会の推進が加速されているといえる。

一方、地方では、学習型都市構築に関する地域的な規定が2002年までに見られている。例えば、1999年9月に上海市は率先して学習型都市の建設を提起した。当時の上海市市長の徐匡迪は上海市教育工作会議で「上海を新時代に適応する学習型都市に建設させることに努める」と呼びかけた。2000年11月に北京市は「10年以内で少なくとも全国に率先して学習型都市を構成する」というスローガンを掲げた。2001年6月の中共大連市委第9回第1次会議では『学習型城市構築に関する中共大連市委の決定』(『中共大連市委関于建設学習型城市的決定』)が通過した。この『決定』では学習型都市の内包、学習都市構築の必要性、目標、保障措置及び基本的な活動規則を提起した。同年 10 月の常州市委第 9 回第 2 次会議では『中共常州市委関于建設学習型城市的決定』が通過し、ここでは、学習型都市建設の目標、任務、内容及び措置が明確にされた。2002 年 4 月南京市委・市政府は『学習型都市の構築に関する意見』(『関于建設学習型城市的意見』)を制定した。2003 年 1 月杭州市人民政府は『杭州市の生涯教育体系と学習型都市構築に関する意見』(『関于杭州市構建終身教育体系建設学習型城市的実施意見』)を公布した。

また、このような動向に関して、北京市と北京西城区を例にしてより具体的に見ていきたい。上述のように、2000 年北京市政府は『北京市国民経済と社会発展「十五」計画綱要』においては、「全国で率先的に生涯学習と学習型社会の基本的な枠組みを構成する」という目標を明確に打ち出した。同年 12 月に北京市教育委員会に公布された『社区教育展開の首都学習型社区建設を促進することを全面的に推進する意見について』では「諸区県が実情に基づき、3 年～ 5 年の間で社区教育システムを構築し、自分なりの特色を持ち、社区構成員のますます成長している精神文化の需要を満たすための学習型社区を形成する。そして 8 年～ 10 年の時間で北京を学習都市に構築する」ことを明確に示した。これにより、北京社区教育は全面的に学習型社区の建設を開始したといえる。

北京市の下における西城区政府の動向をみると、2001 年 8 月西城区社区教育委員会により開催された会議では、全市に率先して「学習型城区」の構築に関する具体的な目標が提起されたことが分かる。そこでは「西城区では 3 年から 5 年にかけて、以下の目標を達成するために努める。即ち、基本的に地域的な生涯教育体系を構築すること、社区教育組織ネットワークの建設、学習型家庭・学習型組織・学習型小区 [21] の創建を通じ、学習型城区の構築に基礎を定め、5 年から 8 年にかけて全市に率先して学習型城区を造り上げること」[22] とされている。西城区政府はこれに基づき、華天飲食集団公司、金象復星公司、北京 33 中学、西城区図書館などの 10 の企業・事業組織を学習型組織構築実験点とするとともに、徳外街道新風直社区などの 20 の社区「居民委員会」を「学習型社区居民委員会構築実験点」として選出した。

この他、1980年代以降、中国では生涯教育、学習型社会の観念が重視され、学者・研究者たちもそれに関する理論的な研究を行った。代表的な研究として、高志敏を代表とする上海市教育科学企画課題である「終身教育、終身学習与学習化社会的現代理論支撑与研究運作策略研究」、郝克明を代表とする全国教育科学「十五」企画国家の重点プロジェクトである「構建学習型社会和終身学習体系研究」などが挙げられる。学習型社会に関する理論研究も2002年以降の政策・法規の制定に理論的な枠組みを提供したのである。

これらの学習型都市構築に関する実践的な試み、理論的研究は、中国における学習型都市建設の幕を切って落とした。学習型社区、学習型組織、学習型家庭、及び学習型企業などの構築も始められた。ここでは学習型企業を例にとってみたい。WTO加盟と経済の世界化という挑戦的要求に対して未だ到達していない中国の就業者と管理者の全体的な素質は、中国企業の国際競争力に重要な影響を及ぼしている。このため中国企業は新たな組織構造を設計し、企業を学習型組織に変え、そのために学習的雰囲気を作りつつある。企業は就業者と管理者の学習に大きな支持と創造性を与えるのに有利な絶えざる学習や新たな知的条件を必要とするのみならず、組織自体がその意義を絶えず了解していかねばならない[23)]。

概していえば、2002年まで中国では、実践面では多様な社区教育を展開し、学習型都市建設への探求に着手し、学習型社会に関して、理論的な研究面でも始まった段階にあるといえる。これらは2002年以降の学習型社会構成に関する規定・法律の制定や実践の展開ために様々な準備を整えたものといえよう。また、中央政府により学習型社会の構築が政策として提起されると、各地地方政府の熱烈な反応と支持を得、上海、北京等では次々と手が打たれ、学習型社会の形成が推進され始め、学習型社会の気運が高まってきたといえよう。

以上の「社区教育委員会」の成立、地方生涯学習条例の制定、「学習型都市」構築の提起のほか、社区教育実験区の設置はその設置プロセスによれば、地方政府の意向の中央政府への吸い上げの道であると考えられる。具体的にいえば、社区教育実験区はある地域で実験的に社区教育を試み、上手く行ったものを中央が取り上げ、中央文件を制定し、全国に広げることを目指して設置されたものである。その設置、拡大の経緯について、中央がまず、社区教育実験区の設置を通じ、選定された地域で試みられた社区教育モデルを吸い上げ、検討した上で、概念や方針といった大枠を作り、他の地方にその実現を呼びかける。地方政府は中央政府の呼びかけに応じて、当該地域に適応する管理システム作りを行い、実行経験をまとめ、中央に報告する。

換言すれば、社区教育実験区の設置は中央政府のモデル地域の指定→地方での実験→中央の検討を通じ他の地方への普及、という循環である。また、教育部は、政策制定者、地方管理者、実践者、理論研究者など社区教育の関係者を集め、「全国社区教育実験工作経験交流会議」を2年間にわたり連続的に開いた上で、政策を制定した。各地域でも社区教育政策を制定する際、活動のまとめ、有識者の意見、住民への調査などを重視している。これにより「社区教育政策の策定は比較的に透明で民主的過程である」[24]という論調もある。

「中央政府の支援や地方政府の支持がなければ、社区教育というものはなかったであろうと思う。中国では、政府の支持・支援がない限り、何も進められないではなかろうか」[25]「現在、我が国における社区教育の発展は主に行政指導者による重視、政府による推進に頼っている。社区教育の推進がうまくいくかどう

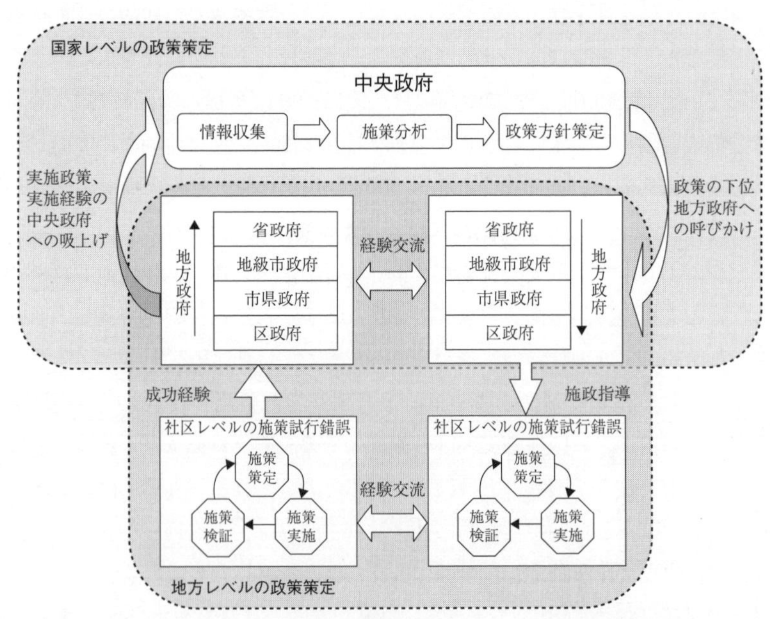

図5-1　社区教育政策策定過程における中央・地方の関係図
（出所）筆者作成

か、主に政府、及び企業・事業組織の態度と認識にかかっている」[26] などという当事者の発言もある。社区教育の成果は政府の行政的な推進と緊密に関わっているとすれば、社区教育における公益性は政府からの支持と介入から離れることはできない。要するに、中央政府からの呼びかけにせよ、地方政府の実践先行にせよ、中国の社区教育の政策展開はこの 2 つのルートの循環によるものではないであろうか（図 5-1）。

利益の調整を出発点にし、お互いの利益の最大化に資することを目的として、経済発展に伴って中央・地方の関係が進化している。社区教育の施策において、社区教育活動を推進する事業は「行政がしてほしい事業を住民にしてもらう」[27] 事業でありながら、住民や地方がしてほしいものを中央政府に政策作成をしてもらう事業である。即ち、一方、中央政府が概念や方針といった大枠を作り、地方にその実現を呼びかけ、地方政府は該方針に応じ、具体的な実行条例、管理システムなどを作り、また、中央政府はその経験を吸い上げ、検討や施策分析を通じ、策定したものをまた全国に広げる。もう一方、地方政府や、住民の自発的な行為による「地域ができること」あるいは「住民ができること」を中央政府が吸い上げ、良いと思ったものを政策に反映させ全国レベルの規範として、ふたたび地方政府に普及する。前述（第 4 章）によれば、政策策定の経過で地域間の経験交流も行い、地域における施策も策定 ― 実施 ― 検定を行っている。以前の中央政府からの一方的なコントロールより、地方は地方分権によりある程度自らの意見や要求を中央政府に反映する道があるようになったと見受けられる。

このほか、教育政策の宣伝モデルは以前の単一的な内部広報（教育部 → 省教育庁 → 市教育局 → 県教育局）と違い、テレビや新聞などのメディアも教育政策の広報に重要な役割を果たすようになった。特に 2008 年 5 月 1 日に実施された『中華人民共和国政府情報公開の条例』（中華人民共和国政府信息公開条例）では、国務院各部委、省級人民政府各級人民政府および県級以上の人民政府部門は本行政機関の政府情報公開に関する事業を展開することが規定されている。かつ、政府情報公開の範囲、方式、および監督、保障等も定められた。教育部記者会見制度は 2003 年に成立し、2006 年に定例記者会見制度も始まった [28]。即ち、政策の宣伝は行政内部だけでなく、メディア媒体を通じ行われるようになったのである。これに対して、住民たちの意見は間接的に行政に反映されるだけでなく、メディアを通じ、直接中央に反映できるようになった。例えば、『人民日報』などの新聞が地域の社区教育活動を報道したからこそ、社区教育が中央政府に注目されるようになった。

しかし、社区教育政策の展開は中央政府の地方政府への呼びかけでもあり、地方政府の意向と施策の中央政府への吸い上げでもあると考えられるが、地方政府は「上に政策があれば、下に対策がある」という対抗の中で、中央政府の指令と権威を消去する場合もある。それにもかかわらず、中央主導、行政主導の色彩がまだ濃厚であることは否定できない。中央と地方間の権力配分においては、「地方自治は権力が中央に過度に集中することを抑制すること等その存在の意義が中国社会にますます注目されるようになっている」[29] ともされている。そして、社区教育の発展経緯から見れば、政府はかなり重要な役割を果たしたが、「社区教育の活力は住民による自発性の活動からである」[30]。いずれにせよ、社区教育政策決定に民間の意見を大きく取り入れるべきであるといえ、社区教育の政策策定では中央政府に地方の実情・相違を重視することが求められ、地方自治の社区教育のあり方は今後も模索されることが必要となろう。

第2節　社会変容を巡る社区教育政策決定過程における施策目的・利益主体の変動

前述の社区教育政策は、社会・経済変動、政治の流動下における中国社会の変化に伴い、その政策決定過程の目的も変動している。そして社区教育政策策定において、中央レベルからみれば、教育部だけではなく、国務院、民政部、中宣部などの施策も関連しているように見える。即ち、社区教育政策決定に関与しているのは多種の中央機関である。社区教育政策を巡る政策決定過程の目的と社区教育施策における利益主体は社会変容に伴いどのように変動しているか。このことを念頭において、政策決定過程の目的変動と利益主体の変化から中国社区教育施策の動向を探求する。

1. 社会の変容と社区教育施策目的の変化

中国建国から現在に至る60数年間、中国政府は改革開放を通じ、社会主義市場経済建設を媒介とし、中国社会の「4つの現代化」の実現を図り、遅れた農業国から近代化された工業国への脱皮を目指してきた。このような中国社会では、住民生活に最も近い社区の展開計画が進められ、その中で社区における住民向け教育、学習機会の提供が強く求められている。一方で、政府は社区に関するさまざまな政策を制定・実施し、調和の取れた地域社会づくりを目指している。社区教育に関する政府の施策や地域住民の活動は社会の変容に伴い、常に発展しており永久に不変ということはありえない。即ち、「単位制度」の崩壊に伴い、中国における人民の生産や生活を支えていた社区教育政策は、社会の諸変革により変化してきた。ここでは社区教育の施策目的を社会の変容との関わりで捉えてみたい。

(1) 改革開放による「単位制度」崩壊下の政治思想の統合

前述のように、「単位制度」の形成は経済上の現象だけではなく、政治の現象にも関わっている。「単位」は生産システムの基本的枠組みを構成するとともに、政治的・社会的・経済的意味を合わせ持ち、中国の権力構造、社会構造を規定するものとなった。「単位」の原形は中国共産党が革命の根拠地で最初に実施した経済、社会と文教機関における軍事共産主義分配制度としての「供給制度」であるといわれる。就職している住民は「単位」に依存し、就職していない住民のみが街道の管理下に置かれた（国家は統一的な計画を通じて都市住民の全員雇用の確保に努力したため、就職していない都市住民はかなり少なかった)。その結果、住民はほとんど地域ではなく職場（「単位」）に所属し管理された。居住地域としての街道は多くの住民にとって無意味となり、街道の権力も次第に萎縮していった。計画経済制度の下で、国は生産手段の唯一の所有者であり、生産手段の社会配分・マクロ的社会調達ができる。

また、「単位」では、リーダーの最終決定権はあくまでも政府に握られ、「単位」の監督と行政事務の中核を担当する「党支部」が各「単位」に設置されている。このことにより、「単位」組織そのものは国家の統治の基礎または手段となっていた。国の制度によって生産資源の配分を実現した「単位」は計画経済体制の下で国家に制御される一方、一人ひとりの労働者は「単位」に深く依存せざるを得なかった。即ち、政府がこの「単位」を通じて個人のアイデンティティまで浸透する垂直的関係が形成されているといえる。

しかし、毛沢東からの政治体制の変動、鄧小平主導の「政治路線の転換」（階級闘争第一から経済建設第一へ）に従い、市場メカニズムの導入、財政・人事の分権化が進められた。こうして、都市の経済体制改革においては、党と国家の経済に対する直接的な管理を、政府から分離するという間接的な管理に転換することが求められた。市場経済の導入と都市化・産業化の進展により国有企業の効率性の欠如という弱点がますます明らかになり、「単位制度」が揺らぎ始めた。

「単位制度」の解体の下では、「単位」が原則として維持されているものの、そこに付与されていた財源が枯渇し、配給制度の停止などによって中国都市部では、多くの失業者が生まれ、人間関係の希薄化をもたらし、「単位制度」の改革を通じて、治安維持、社会保障、雇用機会の創出などが求められるようになった。一方で、「街居」機能の強化により、国有企業の雇用調整などの改革に伴い、「街居」を通じて都市住民を統合し、社会安定の確保を図ろうとするようになった。

民政部では「単位」福祉の弱体化を補完するため、都市部の社会福祉体制改革の新たな対策として「社区服務」（1986）を提唱した。1987年には民政部が大連の民政部工作現場座談会で初めて「政府の指導に従い、社区における住民を動員し、互助的なサービス活動を行い、社区の社会問題を当地域内で解決することである」という「社区服務」の構想を提起した。さらに1987年9月に「全国社区工作座談会」には、「社区服務」とは「社区において住民の物質面と精神面に提供する社会福祉事業と社会サービス事業である。その目的は人間関係の調停と解決、及び社会矛盾を緩和し、調和のとれた社会環境を創造することである」と明記されている。この2つの定義は社区服務の目的は社会問題を解決し、調和のとれた社会環境を作ることにあるといえるであろう。この目的実現のため、「社区服務」は住民のニーズに応じる草の根的組織を設置し、従来の社会構成を改革した。「社区服務」に関する政策展開の経緯・目的・役割を分析してみれば、政府が主導性を持っていた「社区服務」は社会の安定を目指して、青少年向けの徳育の展開と校外居場所の創出を含め、多面的なサービスを行ったことが分かる、これらの社区サービスは社区安定の維持を目的として行われているといえよう。即ち、「単位制度」の崩壊に伴い、改革開放以後、計画経済から市場経済への転換によって、民主集中制の下での中国共産党中央による一元的支配が弱体化し、従来の「単位」（民衆の所属する機関・企業・組織）を中心としたセーフティネットが解体されたのであるとすれば、中国共産党は統治を強化するため、社会の基層組織としての社区を通じ、個人への支配を達成するしかない。民政部による「社区服務」の施策に基づき、一般住民及びマイノリティへの福祉サービスを通じ、統治するのは当時の政府の意図であったといえよう。実施された福祉サービスにはこのような政治目的が含まれていると考えられる。実はこの政治目的は教育部による校外教育の内容を見たとき、より一層明確に把握できる。

一方、教育の実況では、1988年から1989年にかけて、『教育研究』をはじめとする各雑誌でも取り上げられた教育危機論というたぐいの論説上には、教育・知識・人材を軽視する誤った思想が依然として存在し、読書無用論、受験競争の過熱化などの問題が次々と現れてきた。特に、1980年から本格的に開始された「一人っ子政策」により、「弱愛」（溺愛）、「過保護」は子供の成長や人格形成に影響をもたらし、自己中心的で、社会性に乏しい未成年が自分勝手な理由から犯罪に走ってしまうケースも年々増加している。また、中国の青少年を取り巻く環境は変化し、メディア、各種娯楽施設を通じてさまざまな情報が入手できるようになった。反面、青少年犯罪の増加やモラルの低下が社会問題として取り上げられるようになった。この一連の教育問題に応じて、小中学校の徳育は議論され、注目を集めたが、青少年を育成する受け皿として、学校外の生活領域を構築していくことが大きな課題になってきたのである。

このような事態打開のために中央レベルでは、一連の教育政策を実施している。中共中央が発表した『教育体制改革の決定』（1985年）は当時の教育のあり方を見直しただけでなく、管理体制を改革するために、学校の自主権を拡大する「簡政放権」の実施を打ち出した。また1985年の中国共産党中央委員会から出された『青少年青をより強化し、青少年犯罪を防止することに関する通知』では「青少年の理想、道徳、紀律及び法律意識の教育を強化する必要がある」と指摘されている。続けて、中共中央は1986年の『全国少年児童学校外教育に関する会議のまとめ』において「学校外教育は社会主義精神文明の宣伝に対して、極めて重要な役割がある」と強調した。

さらに、小中学校の徳育強化のため、1988年の『中共中央の小中学校の徳育を強化・改革することに関する通知』において、小中学校の徳育の内容、推進方法などについて、小中学校の徳育事業の基本任務と基本内容として、すべての児童・生徒を愛国心・社会的公徳心・文明の習慣を持ち、法律・紀律を守る公民に育てることを基本任務とし、その基本線は愛国、愛人民、愛労働、愛科学、愛社会主義との五愛であるとまとめた。

党・政府の影響力の浸透により、社区教育現場でも社区における徳育資源を活用し徳育の社会化を進めることが見られた（第2章第3節）。具体的内容として、市政府の責任者、軍人、専門家、中国の現代化に取りくんでいる労働模範、有識者（障害者を含む）、長年教育事業に携わってきた教育者、定年後の幹部や高級技術を持った労働者・教師などによって構成される社区カウンセラー（社区辅導員）が、革命的伝統に関する公講演会を開催し、先端的な科学技術を教えるなどの活動を行った。また、革命史の史跡見学、科学技術活動、労働実践向けの教育基地を組織して提供し、そして青少年の発達を巡る社会環境の整備に努めたのである。

地方分権の手段を通じ、社区における校外青少年の徳育を推進し、社会主義精神文明の宣伝や五愛の思想教育を達成するのは当時の教育の様相である。換言すれば、中央レベルの教育政策も校外徳育の強化を通じ、青少年の政治思想の統一を目指しているといえよう。

要するに、中央レベルの政策としての「社区服務」及び一連の教育施策は改革開放による外来思想の輸入に注意を払い、「単位制度」解体の下での社区への統治強化を通じ、社会安定、思想統一の目的を実現するためである。即ち、共産党と政府は自分の権威や影響力を維持するため、民衆の思想統一という政治的意図から政策を策定し実施したと思われる。

(2) 戸籍制度緩和・失業者増加の下での経済発展方策

低迷する国民経済再建のため、鄧小平はどう改革開放を推進するかを考えた際、まず、住宅問題に注目した。中国では、「単位」社会を打破する諸制度の一環としての住宅制度改革は、1990年代から2000年代初期にかけて、「単位」が提供する社宅社会から、「商品房」が自由に売り買いのできる商品としての住宅社会へと、変わっていった。このような住宅の所有状態及び住宅の管理システムを徹底的に変革する住宅改革を通じ、人々の生活スタイルは根本的に変容していくこととなった。住宅所有権の集団から個人への移行は、都市住民の自分自身の職業や所得水準に応じて居住空間を個人の意思で自由に選択できる住宅空間の再配置をもたらした。

また、この都市居住空間の再配置により、住民構成が変容してきた。近隣で出会うのは職場の同僚や上役ばかりという社会から、隣は血縁でもない、また同じ職場を持っている人でもない社会へと変化した。また、1980年代の初め、生産請負制により農村から多くの余剰労働力が、就業機会を見つけるため都市に殺到した。このため、1984年に政府は、人口移動を若干緩和した法律（『農民の郷鎮への移住に関する通知』）を公布し、戸籍制度改革の第一歩を踏み出した。これにより、農民が県の下にある行政単位の「郷」や「鎮」に移住することができるようになり、この措置は新中国の戸籍制度史上画期的な改正と評価されている。このように1980年代以降、戸籍制度の制限は緩和されつつあり、1990年代に入ってから大きな前進が見られる。

特に、1997、1998、2001年の3つの改革案は、いずれも中小都市の戸籍改革を目的に、これまでにない大胆な改革内容を打ち出している。戸籍移転が緩和されるとともに、市場経済が発展し、都市の労働力需要が日増しに膨大するのに伴う人口の合理的な流動は、もはや拒むことのできない一つの潮流となっていく。そこでは、労働者が怒濤のように激しく揺れ動きながら農村部から都市部へ流れ込み、経済発展の遅れた地域から進んだ地域へ移動することが1990年代の人口移動の特徴であると指摘されている。そして、1990年代半ばから、アジア金融危機と国有企業改革の進展等に伴い、過剰労働力の問題が急速に顕在化してきた。さらに農村から都市への労働力移動が、主に出稼ぎ労働者の形で活発になり、都市部の人口増大をもたらしてきた。

一方、当時の朱镕基総理により掲げられた「3大改革」（国有企業、行政、金融の3分野における改革）の目標の下で、企業再編の過程で従業員の中から大量のレイオフ人員や失業者が発生した。失業問題は中国指導部にとって、農村部の貧困問題、蔓延する汚職・腐敗などと並んで克服すべき最重要課題の一つとなっている。2002年には都市部失業登録率が4.6%に増え、かつてない高い数値となっている。過剰労働力の問題に対して、中国政府は余剰人員削減方法として、

「下崗」（レイオフ）という中国特有の制度を実施した。こうして急増する下崗労働者に対して、「下崗職工」かれらを受け皿として教育訓練・就職活動を行う場所が求められるようになった。

要するに、「単位」の社会的機能の転換に拍車をかけたものとしては、住宅制度改革が見過ごせない。「住宅改革」により、知人同士の居住生活共同体は見知らぬ者同士によって構成される居住生活共同体となり、「単位」の社会的機能の崩壊に伴い、社会の構成員が一定の社会組織に固定して従属する管理体制は打破され、都市部空間構成は大きく変化することになった。大量の失業者・流動人口の急増は中国社会にきわめてネガティブな影響を与え、ライフラインの混乱・治安悪化・社会不安といった深刻な問題を引き起こした。このような背景のもとに、都市部における従来の社区が急速に大きく変化し始め、それが流動人口・失業者などさまざまな人々の受け皿へ変わることが望まれるようになった。

遠く故郷を離れ、都市に来ている出稼ぎ者の就職・生活、及びその子女の教育をどのように保障するのか、都市戸籍保有者と農村戸籍保有者間の差別をどのようになくすかなどの問題解決のために、どのような有効な社会管理手段を構築するのか。これに対して、民政部は「社区服务」を発展させる手立てとして「社区建设」（1991 年）の構想を提起した。その後の各地方の政策遂行上の重要な指針として扱われている中共中央弁公庁、及び国務院弁公庁により発布された『23 号文件』（2000 年）は社区建設の大号令といわれる。この文件では、都市部の社区建設の推進が、「改革開放と社会主義現代化建設の切実な要求である」「基層文化生活を繁栄させ、社会主義精神文明建設を強化するする有効な措置である」「都市の基層政権を強固にし、及び社会主義民主政治建設を強化する重要な道程である」という 3 つの側面が掲げられた。人口の大規模流動と失業者増に伴い、政府は社区に失業問題解決、再就職訓練の展開に大きな役割を果たすことを期待し、一部の都市の市政府においては、街道における経済組織と「街道弁事処」とを正式に分離させるなどの重要な管理体制改革を取るようになった。都市管理体制改革の主要点は「1 つの確立」（「街道弁事処」が管轄区域におけるすべての責任を負う地位を確立すること）、「2 つの賦与」（「街道弁事処」に対する指導権あるいは計画立案の調整権賦与、管轄区域における各管理機構に対する業務監督権賦与）及び「3 つの分離」（政府と企業の分離、政府と社区の分離、政府と企業の分離の実施）であった。この改革には、「街道弁事処」が一級の政府と変わりつつある一方で、政府によって地方分権が推進される側面もある。社区建設は中国都市部社会管理を改めて構築するプロジェクトであるといわれ、都市部社区の機能が強化され、社区建設の実行主体は「街道弁事処」や「居民委員会」になった。『23号文件』と「社区建設」によれば、「街居」機能の強化と「3つの分離」の実施はいずれも人口の大規模流動、失業者増によってもたらされた社会問題を解決し、「改革開放と社会主義現代化建設」を推進するためであると考えられる。

一方、中央政府は教育改革を経済改革の一環として位置づけ、1992年10月に公表された『中国共産党の第14回代表大会の報告書』（『中国共産党14期全国代表大会報告書』）の中で、教育改革について次のように述べている。「科学技術の進歩や経済の繁栄及び社会の発展は、根本からいえば労働力の資質の向上と人材の育成によって決定される。われわれは教育を優先して発展させる戦略的地位に置かなければならない。全民族の思想・道徳と科学文化の水準を高めるように努めることはわが国の現代化を実現する根本的な大計である」。この教育改革論の背景としては、上述の社会背景のほか、「受験教育」から「資質教育」への転換、及び「生涯教育」の受容がある。当時の中国教育界では、まず、「学び優なれば則ち仕える」の儒家文化の影響を受け、また「一人っ子政策」（1979年）の実施によって「受験教育」がますます氾濫し、「受験勉強」の過熱化が助長されていた。

これに対して、1990年代半ばに教育界は「全民族の素質を高めよう」と呼びかけ始め、政策的にも「素質教育」の実施などに努めている。また、中国における生涯教育理念の導入は「文化大革命」が原因で先進諸国より20年遅れ、改革開放政策の実施に伴い、1980年代初期から受容され始めた。これらの動向と事実から、中国政府がただ、ユネスコの成人教育推進国際委員会においてポール・ラングランにより提起された「生涯教育」理念を単純に導入しただけではなく、中国教育総体改革のために生涯教育システムの構築を着実に進めていたことがわかる。1990年代に入り、『中国教育改革と発展綱要』（1993年）、『教師法』（1993年）、『教育法』（1995年）、『職業教育法』（1996年）、『21世紀に向けた教育行動計画』（1998年）などが相次いで制定されたことに伴い、生涯教育体系の枠組みが形成されたといえる。

資質教育と生涯教育の理念に基づき、党中央と国務院により公布された『中国教育改革和発展綱要』の冒頭では、「教育を優先的に発展する戦略的地位に必ず置き、全民族の思想道徳と科学文化水準を高めることに努力する。それはわが国の現代化を実現するための根本的な大計画である」という教育発展の基本方向が明言されている。そして、在職訓練、学歴教育、及び継続教育が「成人教育」の重点として提起されている。この『綱要』では、「教育が必ず社会主義現代化の建設に貢献し、生産労働と結びつき、徳育・知育・体育の全面にわたって発達した社会主義事業の建設者と後継者を育成しなければならない」ために、青少年の資質教育を強めるべきであると論じられている。

その後『中華人民共和国教育法』（1995 年）は生涯教育体系の構築、校外教育や校外教育施設の設置強化を明記し、第 11 条で「国家は社会主義市場経済の発展及び社会の全面の進歩の必要に対応し、教育改革を推進する」と強調した。さらに、国務院が批准した教育部の『21 世紀に向けた教育振興行動計画』（1999 年）は、「2010 年までに、生涯学習体制を基本的に確立し、国の知識創造体系および現代化建設のために十分な人的支援及び知的貢献を行う」ことを提言した。

『行動計画』では具体的には基礎教育の普及と質向上、高等教育の教育・研究水準向上と経済発展への貢献促進、遠隔教育の発展などを通じた農村部や成人の教育機会拡充、教育投資の確実な拡大が目標されている。この他、第 15 回党大会第 5 回総会（5 中全会）で通過した『中共中央、国民経済と社会発展の「第十次 5 カ年計画」綱要』（「十五 2001 ～ 2005」）（2000 年）は農業の基礎的地位の強化と向上、都市化の積極的且つ妥当な推進、科学技術の進歩と創造の促進などの 16 条を目標に掲げ、「教育の発展は現代化に向け、世界に向け、将来に向け、改革と創造の道を歩まなければならない」と強調した。

最後に、教育部職成教育司が初めて公布した『一部地域における社区教育の試行展開に関する通知』（2000 年）においては、社区教育を「一定の区域内における各種教育資源を十分に活用・開発し、社区メンバー全体の資質と生活の質向上に重点を置きながら、地域の経済建設と社会発展を促進する教育活動」、「生涯教育を実現する重要な形と学習型社会を構築する基礎」として捉え、その「全員、全面、全行程」の基本的特徴が明確にされた。そして、社区教育実験に関する具体的な要求については、社区教育を社区建設の一部として、「地域の実情に応じる」「社区の特色を生かす」「教育活動を多様化する」「教員の養成を強める」「評価制度を設ける」「定期に教育部職成司に報告する」などとされた。

「社区建設」、『23号文件』及び一連の教育政策、社区教育に関する規定からみれば、社区教育の目的は上述の社会背景を受けて、「社会主義現代化の建設」、「地域の経済建設と社会発展」を促進することに繋がっていることが看取できる。即ち、1990年代の社区教育と社区建設は基層組織の強化、精神文明の建設以外に、経済発展をより一層強調しているといえよう。そこには、資質教育と生涯教育理念の導入に基づき、中国政府が行った教育を通じ経済発展を促進する意図と主張が窺える。

(3) 都市化進展・格差拡大における民生重視

中国では、保健・医療の改善とともに、1978年の改革開放以降の約30年間にわたる本格的な人口抑制政策としての「一人っ子政策」の影響で少子高齢化が急速に進んだ。また、大規模な人口流動、特に貧困地域から経済的発達地域への流動により、地域的な人口高齢化も齎された。したがって前述のように、2000年、中国では65歳以上の高齢者数が総人口の7%に達したため、中国もついに「高齢化社会」に突入したとして、内外から大きな注目を集めた。高齢者向けの介護施設、高齢者向けの公的社会保障・福祉制度の発達がまだ不十分な状況において、如何に高齢・人口減少の社会転換に対応するのか、如何に高齢者向けの文化・教育を豊かにするかも、問われている。このほか、「単位制度」の影響により、住民管理が相対的に遅滞している都市部では、社区の新しい管理モデルをつくり上げる必要に迫られている。また、1978年から始められた改革開放政策、「先豊論」(豊かになれる人や地域が先に豊かになる)によりもたらされた地域経済格差の拡大に対して、中央政府は「西部大開発」の戦略、「科学的発展観」の下において経済発展維持の方針を打ち出し、政治の基本原則として「人本主義」(庶民を大事にする)を明確した。

しかし、それにもかかわらず地域経済の格差は依然として拡大した。東部地域と西部地域の経済格差だけではなく、各省の経済格差、農村と都市間の経済格差も拡大している。さらに経済格差の拡大だけではなく、子どもの受ける教育や進学率が、各地の経済・社会文化の発展の不均衡、親の所得格差の影響を受け、「教育格差」につながっているとして社会問題視されている。政府予算からの支出、教師の実態、及び教育を受ける人口比率（教育を受ける程度）の教育資源の配置の側面からみれば、中国の教育に都市教育と農村教育の二元化が生じた。都市と農村間で異なる二元的経済構造及び二元的教育構造は多くの問題や矛盾を引き起こし、社会的な問題になっている。

また、第16回党大会（2002年）では、工業化と並行して情報化の推進が強調された。中国政府は調和のとれた社会の建設、国民経済発展の加速、国民生活の質向上、情報化を推進する上でインターネットの普及が必要不可欠であることを十分に認識している。したがって「政府主導型の情報化」に基づき、インターネットのインフラ建設と整備が推し進められ、中国のインターネットは急速な発展の道を歩み出した。とりわけ、中国政府は、教育情報化を国民経済と社会情報化の重要分野と位置づけ、国の投資によって1980年代から教育情報ネットワークの構成に努めてきた。このように、中国の都市化も推進されているものの、制度の未整備、都市部の用地拡張、生活様式の転換などの問題が残っている。したがって、農村人口から都市人口への変化や都市の発展・充実化の過程の中で、「新市民」への生活行為規範教育、職業教育及び娯楽教育などが求められている。

高齢化の問題、地域的な教育・経済格差の拡大、情報化・都市化の進展に伴い、中国政府は基礎的な地域構造の社区へと編成替えを急速に推進するようになった。2002年の第16回党大会以降、街道・社区の党建設工作の組織的な改革が本格化した。街道における人民代表大会工作委員会の増設（2000年）、「居民委員会」から「社区居民委員会」への改組は基層行政組織が住民の意見を吸い上げ、政策を提言する役割を持つ組織に改革しようとする意識によるものである。また、高齢化・情報化・都市化の進展に応じ、社会の安定を脅かしているこのような地域間の経済・教育の格差を縮小するため、既存の学校制度を越える教育改革を求める動きに連動し、あらゆる学習資源を活用し、個々の人間の持つ潜在能力を最大限に発達させることが可能な社会が求められるようになってきた。こうして社区教育の発展がその一つの重要な解決案として推進されるようになってきた。

中国では、2002年の第16回党大会の報告において調和の取れた社会構築のために、「学習型社会」が提起されて以来、生涯教育体系の構築・学習型社会形成の推進が中国社会での共通認識となり、政府と人民大衆が共に進める計画となっている。中央政府はあくまでも一人ひとりの「学びたい」という自発的な意思によって行われる生涯学習を通じ、社会に参画できるような活動を推進するなど、住民の主体的な学習活動を助長・促進していくための支援や環境整備に重点を置いた施策の展開に努めている。生涯教育体系、学習型社区構築の政策理念から見れば、いままで、経済の重点的発展を強調してきた中央政府は、「人本主義」を尊重し、住民の声に耳を傾ける意識が強く持つようになったといえよう。

『憲法』『教育法』『中国教育改革和発展綱要』（1993年）、『21世紀に向けた教育振興行動計画』（1999）では生涯学習や生涯教育、さらに学習型社会などに関連する規定が明文化にされている。2002年第16回党大会の報告では「学習型社会」を概念化し「学習型社会の形成」を提言し、2003年の第16回党大会第3回総会、第4回総会で出された教育部による「2003年～2007年教育振興行動計画」（2004年）および2007年の「国家教育事業発展の『十一五』計画綱要」、第17回党大会の報告ではさらに「学習型社会を建設する」目標を確立し、学習型社会構築の内実の具体化を強調した。

このような状況で社区教育が学習型社区の構築の核心として大いに進められていくのである。特に教育部『全国教育事業第十次五カ年計画』（2002年）では、教育構造の調整と生涯教育体系の構築の重要性が強調され、社区教育試行地点の拡大が掲げられていた。2004年の『職業教育・成人教育工作要点印刷配布に関する通知』『社区教育工作推進に関する教育部の若干の意見』では大いに社区教育を推進し、社区教育が住民要求との緊密性を重視するだけでなく、「党及び政府による統一的指導」、「社区による自主活動」、「大衆の広範な参画」という管理体制と運営メカニズムの形成を強める機能を担った。これらの文書・政策・規定は社区教育の政策の進化、社区教育実験区数の拡大を助け、「住民自主活動」の展開や学習化社会建設への大きな推進力となったに違いない。

住民の自治を謳う一方で、住民の自治意識の未成熟に対して党の優位性は如何に発揮されるか。「学習型社会」と生涯教育の理念の下で、地方政府は如何に社区教育を推進するか。この段階では国民経済と社会発展に強く結びつけられている社区教育は学習型社会構築の中核として、学習型社会構築の推進のため、各種学習型組織の創建が注目されている。各級の政府が積極的に中央政策に一歩先んずる形で、社区教育育成訓練基地の建設、施設の整備をしながら、実際に地域に根ざした形で、一連の生涯教育、学習社会に相関する政策を展開し、かつ行政上の指導や住民参与の改善を進めてきた。北京市西城区の場合、市の「学習型都市」に関する政策策定に基づき、区は「学習型城区」構築のための具体的な規定・計画・政策を打ち出した。そこでは、社区教育の管理システム、運営体制については、「区→街→居」（区政府→「街道弁事処」→「社区居民委員会」）の三層管理の形成に伴い、「区レベルの社区教育委員会→街道レベルの社区教育委員会→「社区居民委員会」レベルの社区教育主任」の三層社区教育指導システムを構築し、その体制の下で市民学校（社区学院）・街道レベルの社区教育学校・「社区居民委員会」レベルの社区教育育成訓練センターによる社区教育ネットワークと遠隔教育ネットワークが縦横に入り混じっている住民ための生涯学習の枠組みが初歩的に形成されている。

西城区では党・政府の指導体制による「区→街→居」三層社区教育管理ネットワークが構築され、その要としての区レベルにおける社区教育管理強化のために、区政府は住民自治の原則に基づいて社区教育協会を育成援助し、社区教育弁公室を設置した。社区教育の指導・推進は区政府代表としての区社区教育委員会が行なうため、行政当局の主動的地位に関しては疑問の余地はない。つまり、社区教育委員会の政府的色彩が社区教育に参加する住民の主体性、社区教育の幅広い参加に負の影響を与えることは避けられないが、住民自治組織を導入し、いわば、社区教育協会の組織・編成と、さらに「居民委員会」から「社区居民委員会」への転換を含め、多様なアクターを行政政策に取り入れる仕組みの創造を試みているところが注目される。また、情報化の進展により、ウェブサイト、社区教育ホームページの作成を通じ、社区教育サービス関連情報が宣伝され、住民の学習要求を調査する新しいルートも切り開かれている。

さらに、多様な社区教育活動の展開からも民生への重視を見取できることができる。例えば、西城区で展開された「市民学習週」と「十、千、百」の活動、「市民教育終身学習得点カード」などの動きを始め、失業者再就職のための育成訓練や、高齢者むけの教育活動などが社区教育の活動として大変重要な位置を占めており、住民個人の要求にこたえるとともに、政府が地域との連携を保つ上でも重要である。この他、既述（第４章）で社区学院の職能について重点的に分析したが、それによると、社区学院は学歴教育、社区教育、資格育成訓練を通じ、新たな地域課題や生活課題に対応したさまざまなモデル的事業を展開し、社区学校への普及をはかり、理論的研究と計画の策定、社区教育事業の指導者の育成などを行うことが主な役割とされる。つまり、三層社区教育施設の活動内容、運営方法よりも、住民の要求に応じる色彩が濃くなっていると見ることができる。このように、住民の要求に応じて、「地域の絆づくり」の推進につなげ、経済から民生の重視へ変化しているのが2000年代の社区教育の特徴である。

総じていえば、中国社区教育施策の目的は経済、政治、民生に関わっているが、社会の変容により、その重点は「政治→経済→民生」になる趨勢が見られる。

2. 社区教育施策における利益主体の変化

社区教育施策における中央政府と地方政府の関係について前述のように分析したが、それにより、中央政府と地方政府の関係が各自の利益の実現にも深く関係していることが読み取れる。中国において、中央政府と地方政府の根本的な利益は一致しているといえるが、その間に相違性がほとんどないとは断言できない。北京西城区の社区教育実践内容を見ても、特に地域性が強い社区教育の実施においては、各地方政府は中央の方針を貫く際に、各自の利益最大化を実現するため、中央政府と共通の利益となる事業等を運営するとともに、地域密着性の事業も行うことが窺えた。中央政府と地方政府の対決の中で、社区教育目的の重点は政治から経済へ、また民生に転換されると分析したが、社会の変容に伴い、社区教育施策における利益主体はどのように変化しているのであろうか。

また、社区教育を行った結果、どのようなことが起こるかについては、個人に与える影響と社会に与える影響の両面がある。発展途上国の中国においては、社区教育の実施を通じ、個人と社会の期待や実現を望む所は社区教育の効果と一致するのであろうか。社区教育の実施利益主体の転換に対する分析を通じ、社区教育の果たした経済・政治・社会の効果も検証できるであろう。

これらを念頭におき、社区教育の利益主体が、社区教育主体の認識、態度と意識を体現することができることも考え、社区教育の利益主体の転換に対する探求に基づき、社区教育施策の動向をさらに探ってみたい。また、社区教育政策は社会公共事業に関わり、社会意識形態からの影響を受けるに違いない。社区教育の利益主体は社会意識形態の影響を受け、社会変容に従い転換されているといえる。以下では社区教育施策動向を明確にするため、社区教育の利益主体の転換と社会変容について論じたい。

(1) 国家利益を主とする初期社区教育の展開

イデオロギー重視の毛沢東の経済政策に対し、鄧小平は1978年、「政治路線」の転換を主導し、開発戦略として市場メカニズムの導入を進め、財政・人事の権限を地方に授ける分権化に着手した。こうして、改革開放の実施、市場経済の導入と都市化・産業化の進展により国有企業の効率性の欠如という弱点がますます明らかになり、「単位」と国家の間に存在している強い依存関係が根底から揺らぎはじめた。1984年、都市部における経済体制改革が本格化し、「単位」が徐々に包摂できなくなった福祉の機能は社区に移さざるを得なかった。その結果、「街道弁事処」と「居民委員会」の役割が重要視されるようになった。

しかし、文化大革命以後の政治状況は複雑かつ困難なものであった。1978年の第11回党大会第3回総会では、鄧小平は経済改革を行うため「祖国統一」、「思想の開放」、「民主と法制」などのスローガンを提起した。それにもかかわらず、1978年から1979年にかけて党の指導に対する不信感に起因した政治批判や「民主化」運動などが出現した。その後、改革開放路線は目覚しい成果を挙げたが、インフレや官僚腐敗が横行し国民の不満が積もっていった。そして、1989年にいたって天安門事件が勃発した。共産党は民主的改革を強調しながら、社会主義精神文明の建設を提唱し始めた

また、改革開放政策の展開、及び西欧物質文明の流入などにより、人々の価値観念、論理観念、生活様式などが変化し、社会主義社会や共産党の理念への信念が薄くなる趨勢となってきた。人々の社会本位から個人本位に移っていく価値観や、不健全な文化娯楽活動などは青少年に悪影響をもたらした。これに向けて、教育行政当局は青少年の学校徳育教育を重視し始めた。一方、国家財政の困窮による教育費不足による教育の質の低下、教師の待遇の劣悪化、読書無用論、受験競争の過熱化などの問題が次々と現れてきた。1980年から本格的に開始された「一人っ子政策」により、子供への「溺愛」「過保護」が彼等に対し自己中心的、社会性欠如などの悪い影響をもたらした。しかし、学校においては、当時の詰め込み式の教育法、時代遅れの教育内容および社会から切り離された閉鎖的運営方

式は社会変化に直面し、実態を改善せざるを得ない状況にあった。このような指摘の中で、青少年への徳育指導は再構築する必要に迫られ、学校教育への社区からの参与が求められてくる。

このような社会背景の下に、『教育体制改革の決定』（以下『決定』と省略）（1985年）と『中共中央の小中学校の徳育を強化・改革することに関する通知』（以下『通知』と省略）が公布された。『決定』は当時の教育のあり方を見直し新しい教育方向を示し、基礎教育の実施を教育体制改革の重要な一環として扱ったばかりではなく、学校の教育理念・内容・方法に関する問題を強く指摘した。例えば、『決定』では、「小学校段階から児童・生徒に対する独立生活と思考能力の育成不足・愛国心（祖国の繁栄のために献身する志）不足・マルクス主義思想に関する教育の不足」が強調された。

その後、公布された『通知』（1988年）は小中学校の徳育を推進するため、学校だけではなく、全社会の協力が必要であると述べ、そして徳育の推進方法を定めた。その中で小中学校における徳育の基本任務については、「愛国心、社会的公徳心、文明習慣」の体得を強調し、基本内容については、「愛国、愛人民、愛労働、愛科学、愛社会主義」を示した。この『決定』と『通知』を始めとする一連の中央政策からみれば、中央政府が学校外教育の重要性を強調し、社会からのサポートを呼びかけていることが分かる。

このほか、萌芽期の社区教育活動は、知育を重視し徳育を軽視するなどの教育思想を是正するため、青少年の校外徳育が主として実施された。1980年代末、中央政府は「社区教育委員会」の誕生が「小中学校の教育を推し進めた」[31]という点を認識し、社区教育の目標を学校教育の改革推進と徳育の強化に設定した。地方政府は中央政府の政策方針に基づき、現場で社区教育活動を実施し、政府主導式の社区教育が発芽したのである。その支援内容としては、学校の基礎建設の強化と、校外教育資源の開発の強化であった。北京西城区の事例に示されたように、青少年校外教育を推進するための愛国教育基地、国防教育基地、革命伝統基地などの教育基地が設置されたことを通じ、社区教育の内容は個人貢献、「愛国愛党」などの党の基本路線教育・愛国教育・集団主義と社会主義に関する思想教育、歴史教育と中国国情教育を強化するものであるといえる。このことによって、1980年代の社区教育の政策策定及び実践活動は国家利益を主体としたものであることが分かる。

また、民政部の「社区服務」(1986年)は、従来の「単位」を中心としたセーフティネットの解体、都市部住民のライフスタイルの変化に直面し、都市部の経済体制の改革に対応するための都市部の社会福祉体制改革の新たな対策である。社区服務事業の展開は中国社会保障体系の整備及び社会化サービス業体系の発展に対して欠かせない準備過程として都市部の居民日常生活に積極的に役立ててきた。その目的は「人間関係の調整と解決、及び社会矛盾を緩和し、調和のとれた社会環境を創造することである」[32]と記されている。前述の社区服務に関する論述により、社区服務は地域サービスの潜在力を掘り起こし、住民のニーズに応じる草の根的組織を設置し、従来の社会構成を改革したといえるが、住民の自発的な行為ではなく、政府が主導性を持った政策として社区安定を図るのが最大の目的であると思われる。言い換えれば、民政部に提起された社区服務は国・中央の利益を実現するために制定された政策であろう。

即ち、社区教育の萌芽期において、『決定』『通知』及び「社区服務」などの一連の中央政策は国家の安定を図り、社会主義精神文明を宣伝する重要な役目を果たすものとして認められると同時に、社区住民に対する福祉サービス、青少年への徳育を通じ、中央政府の政権の安定、共産党の思想の次世代への宣伝を達成するためであったといえよう。あるいは、1980年代の社会背景の下で、社区教育施策の利益主体は国にあったといってもよい。当時、国の利益イコール党の利益であるため、中央集権の下で、社区教育は党の利益の体現であると考えられる。

(2) 地方利益、集団利益を目指す社区教育への転換

改革開放政策の開始以降、中国社会は経済的のみならず、政治的、法的、そして文化的な変動が散見されるようになった。擬似大家族としての「単位」により従業員やその家族メンバーの出産から死ぬまですべての生活要求に対する供給を担うという仕組みが崩壊したことに伴い、住宅所有権が集団から個人へ移行し、数十年間続いてきた住宅福祉制度にも終止符が打たれた。また、1990年代以降の戸籍制度の改革により、職業・住居の選択自由はある程度実現できた。しかし住宅の市場化及び「単位」体制の崩壊に伴い、機能組織だった「単位」社区は純粋な地縁組織である街道社区に移行していった。

また戸籍移転の緩和、市場経済の発展、都市の労働力需要が日増しに膨大する

のに伴い、労働者が激しく揺れ動きながら怒濤のように農村部から都市部へ流れ込んできた。このような人口の大規模な流動は都市のインフラ建設、農村余剰労働力の解決や都市労動力不足の解決、サービス産業の発展、消費市場の拡大に重要な役割を果たした。しかしながら、他方ではこの人口流動により中国社会にライフラインの混乱、「下崗」（レイオフ）の急増などのようなネガティブな現象が発生した。さらにいえば、戸籍制度の緩和、住宅制度の市場化、大規模な人口流動が社会の安定を脅かす中で、どのように社会保障制度を整備するのか、どのように外来人の帰属意識を呼び起こすのかなど、現代都市社会の管理手法が問われていった。

こうした背景の下、国は「小さな政府、大きな社会」というスローガンを掲げ、ますます多様化・高度化する住民のニーズに対して、国の一方的な対応には限界があることを明言した上で、省県及び社区でも遂行可能な役割の分担を明確にしようとした。具体的には民政部は地域の機能拡充をするため、地方への権限移譲を図る目的で、新しい都市事業としての「社区建設」を呼びかけた。これを教育政策の側面からみれば、1980年代の教育体制改革では、九年制義務教育の制度の確立、基礎教育の管理権限の移譲、教育部の職能転換が明確にされ、1990年代には、中国の教育は「教育産業化」という新しい時期に入っていく。それとともに、利益集団ごとの分化が急速に進んだ。特に、地方自治・地方分権により、利益の主体が多元化され、国から地方への利益転換の可能性が示された。こうして地方の利益意識が急速に高まったほか、さまざまな伝統的な社会組織と集団の間に独自の利益意識が急速に形成された。

1）地方自治・地方分権による利益転換の可能性

都市部では、企業・事業組織は「単位」との紐帯を失いつつあり、政府との関係も過去の経済、組織など各方面で高度に一体化された状態から相互に独立した利益主体へと転換していった。このような状況を受けて民政部は都市部基層の社会管理を強化し、基層権力と居民自治組織の建設を推進することを目的として「社区建設」の理念を提言した。

1996年３月に、当時の総書記江沢民が第八期全人代四回会議で、社区建設活動を促進するために、「街道弁事処と居民委員会の作用を十分に発揮しよう」と呼びかけた[33]。この講話をきっかけとして一部の都市における管理体制の改革が始まった。上海、北京の市委、市政府は「1つの確立」、「2つの賦与」、「3つの分離」を実施し、「2つのレベルの政府、3つのレベルの管理」体制を模索した。この改革には、「街道弁事処」が一級の政府へ変わりつつある側面がある一方で、政府による地方分権が推進される側面もある。1980年代中頃、政府がかつて市の1級レベルの権限を順次区の1級レベルへ委譲していったが、1990年代中頃に始まった改革は、さらに一歩進んだもので、市と区という2つのレベルの権限を街道に委譲させるものであった。また、社区建設の大号令といわれる『23号文件』(2000年)では都市社区建設推進について、「都市の基層政権を強固にし、社会主義民主政治建設を強化する重要な道程である」「社区サービス及び管理を強化することにより、党と人民大衆との繋がりをより一層密接にする」と掲げられている。中国都市部社会管理を改めて構築するプロジェクトである社区建設の推進により、基層社会の中で、「単位制」と「街居制」の影響力が逆転し、都市部社区の機能が強化され、政府機能が上級政府から次第に下級の政府に移された。即ち、地方政府や「街道弁事処」の機能が強化されたことに伴い、地方と集団は当時から独自の利益意識を有していたが、以上のような状況で過去の国を唯一の利益主体とする関係を地方や異なる集団の利益関係へと転換させる可能性がでてきた。

このように、社区建設内容の一部として捉えてきた社区教育についても、その施策からみれば、地方の利益に対する要求がより明確になったといえる。

2) 教育政策における地方利益主体の体現

実は、社区教育は地域経済建設と地域発展を促進する教育活動として次第に政策主体として共同認識されるようになった。社区教育の目標が社区建設と繋げられ、社区教育実験区では、各種類の教育活動が行われるようになった。こうして社区教育活動は従来の学校外の青少年徳育に止まらず、「社区教育資源を有効に活用し、青少年の校外教育、在職・レイオフ職員の育成訓練、青年教育、社会公徳、職業道徳、美徳教育などの教育活動を広く展開し、科学知識を普及させる」[34] ものとなった。そして、社区住民に提供した就職のルート・技能訓練、弱者層向けの育成訓練は地域の経済発展を進め、社会秩序の安定にも有意義な活動であると考えられる。つまり、社区教育は1980年代の青少年のための徳育、政治思想教育、愛国主義教育に止まらず、その活動内容、対象も広くなった。そこでは、教育政策の内容をみても、地方分権は一層明確になり、国から地方への利益主体転換の兆しが見て取れる。

社区教育と教育行政の地方分権について、中共中央が発表した『教育体制改革の決定』(1985年) は地方政府の教育事業、特に義務教育に対する管理責任を強調した。1986年の『中華人民共和国義務教育法』では、義務教育普及のために、地方行政の教育事業を発展させるための責任と任務が規定された。さらに、その後の『中国教育の改革と発展綱要』(1993年) においては「中央と地方の関係について、中央と省 (自治区、直轄市) の分級管理と分級責任担当の管理体制をさらに確立する」「各地区はそれぞれの実情により各自の地方的な教育法規の制定を進める」ことが明確にされた。教育行政の地方分権がさらに確立されたことにより、地方の教育に関する管理権力と範囲がある程度確保されたと読み取られる。例えば、『教育法』(1995年) において、第19条では「各レベルの人民政府、関係行政部門及び企業、非営利事業体は多様な措置を採用し、就職前の公民に対する職業学校教育又は各種の形態の労働就職訓練を大いに発展させ、これを保障しなければならない」とし、第14条は「国務院及び地方各レベル人民政府は各レベル政府の責任を分担して管理し、責任を負う原則に基づき、教育の指導及び管理を行う」ことが強調されている。

また、『一部地域における社区教育の試行展開に関する通知』(2000年) では、社区教育実験に関する具体的な要求について「地域の実情に応じる」「社区の特色を生かす」と明示されている。この社区教育実験区設定には地域性への重視や地域政府への利益転換を明確にしているといえよう。「全国社区教育実験工作交流会」(2001年11月) では社区教育は「地域経済建設と社会発展を担う教育活動」として捉えられた。そして、中央政府の一連の政策・規定に基づき、地方政府が地域性に応じながら策定した政策は以前より多くなった。例えば、前述したように、北京市政府及びその教育部門は社区教育の発展を促進するため、『社区教育の発展推進に関する意見』(『関于推進社区教育発展的意見』)、『社区教育を発展し学習化社区建設先進区・県の評価指標体系の構築を促進することについて』などの一連の地域的政策を制定した。さらに西城区政府も『教育行政の法律執行協調工作制度の決定』『西城区社区教育工作評価指標体系』等を制定した。これらにより、地方分権の下で地方政府が権力範囲を広げただけでなく、地域政策や規定を通じ自らの利益達成を目指していると見ることができる。

(3) 個人的利益実現を求める社区教育の芽生え

大規模な人口流動、住宅制度の改革、戸籍制度の緩和により、社区教育政策は国家利益や地域利益以外にも個人の学習ニーズを満たすことを重視し始めた。1990年代は89年の民主化運動の挫折を受け、一層の高度経済成長を目指した「社会主義市場経済体制」が推し進められるなど、市場経済化改革の時期であった。この市場経済化は、中国経済の高度成長を生み出し、2001年のWTO加盟を契機にさらに、中国社会に大きな変化をもたらした。2000年代に入り中国は、少子高齢化問題の深刻化、教育格差の拡大、情報化・都市化の進展という未曾有の状況に直面し、既存の学校制度を越える教育改革を求める動きに連動し、あらゆる学習資源を活用して個々の人間の持つ潜在能力を最大限に発達させうる社会が求められてきた。保健・医療の改善、「一人っ子政策」、人口移動の影響を受け、中国では、1982年、65歳以上の高齢者人口が総人口の約4.9%を占め、2000年になると、その比率が総人口の7.4%になり、高齢化社会の仲間入りをすることになった。今後中国で高齢者問題がさらに深刻な社会問題になることは容易に想像できる。

『全国規模で都市社区機能拡充を推進することに関する民政部の意見』(2000年)の第3項では「現在の住民委員会では流動人口問題・レイオフされた労働者の問題・高齢者対策・治安活動・一人っ子政策等の直面する問題に対応できておらず、そこには責任と権限が統一されていない、職責や任務が不明確、管轄範囲が狭すぎる、スタッフが高齢化している、スタッフの処遇条件が低いなどの問題が存在している」と指摘されている。また、政府による差別的な政策、地理的条件、市場経済に関わる諸制度の未整備、適切な企業ガバナンスの欠如、党幹部・官僚の腐敗などにより齎された地域間の経済・教育の格差が社会の安定を脅かしている。

その中で教育の不平等を解消するための「教育機会の公平性・平等性」、「教育権」をめぐる論争が起きてきた。一方、都市部での大規模な流動人口の滞在が長期化、固定化するに伴い、流動人口、農民工の育成訓練や農民工子女に対する義務教育も迫られるようになった。高齢者人口の増大、社会の安定を脅かしている教育格差、「農民」から「市民」への転換・社会経済の展開などによる都市住民・

「新住民」の学習要求多様化に直面し、社区教育の政策策定の利益主体は個人の要求を重視せざるを得なくなった。また、情報化の急速な進展は、個人の意志と要求を政府や行政に伝達できる新たなルートを提供した。このような事実を踏まえた上で、次に、中央レベルの政策と実際の現場における社区教育活動内容の考察を通じ、個人的利益浮上の兆しを分析する。

1）中央レベル政策における個人的利益の強調

都市では「社区建設」が進められる中で基層の管理方式の改革が図られた。この社区とは地域社会構成員の利益共同体を意味している。1995 年の『教育法』第 8 条は社会組織と個人の教育への義務を定めた。さらに『一部地域における社区教育の試行展開に関する通知』（2000 年）では社区教育を再検定する際に、「社区メンバー全体の資質と生活の質向上」を目指して、社区の経済建設を促進すると定めた。「全国社区教育実験工作交流会」（2001 年）では社区教育の今後の任務として「異なったタイプの人々に広汎な教育訓練活動を展開する」ことが強調された。さらに、2002 年の第 16 回党大会は「人民は望ましい教育機会を享有し」「全民学習、生涯学習という学習型社会を形成する」という目標を打ち出した。このような学習型社会構築の理念により、住民の教育権利が一層強められ、住民の利益も重視されたことが考えられる。その後の第 16 回党大会第 3 回総会、第 4 回総会でも「全民学習」「学習型社会の構築」がさらに明確に示された。『2003 年～ 2007 年教育振興行動計画』（2004 年）では「人々の多様な形式とルートによる生涯学習参加を奨励」し、「従業員の転職及び失業人員の教育・訓練を強化」し、「積極的に社区教育を推進」することが明記された。このように「学習型社会」「学習型社区」の内実が政策において具体化されたことに伴い、住民の多様化した学習要求・養成訓練要求を満たすことが重視されるようになったのである。また 2004 年の『全国社区教育模範区の推薦を求める通知』と『社区教育工作推進に関する教育部の若干の意見』の内容から、現職訓練、再就職訓練、高齢者教育、青少年校外教育、特殊教育、弱者層に対する生活技能訓練、流動人口向けの社区生活適応訓練などの多様な内容・形式・レベルの教育・養成活動が注目されたことがわかる。

また、党中央は「都市部・農村部の社区を秩序ある管理、完備されたサービス、文明調和を備える社会共同体に建設する」（2007 年）こと[35]を明確に示した。

また、そこでは、このような調和のとれた社区の建設は「全体社会メンバーの思想道徳の資質いかんによるものである。共通した理想信念、良好の道徳規範がなければ、社会の調和を実現できない」[36]と明示され、「労働者、農民、知識人、他の労働者及び全体人民の思想道徳資質と科学文化資質を高めつつあることは党の中国における先進的生産力発展を代表する第一任務である」[37]と、中央政府は国民の教育を第一任務として扱っている。

地方レベルの社区教育政策においても個人的利益の体現がより一層明らかにされている。2000年12月に北京市教育委員会によって公布された『社区教育展開の首都学習型社区建設を促進することを全面的に推進する意見について』は「社区構成員のますます成長している精神文化の要求を満たすための学習型社区を形成する」と明確に示した。2007年の『中央北京市委、北京市人民政府の首都学習都市構築に関する決定』は市民の多様化した学習要求を満足させるために、社区教育を大いに発展させ、「人を以って基本とし（人間本位主義）、首都市民の全面的な発達を根本的目的として、市民の思想道徳、科学文化と健康資質を高める」と明示した上で、具体的な目標として「基本的に0～6歳の学齢前教育の需要を満たし、6歳以上の人口平均の教育を受ける年限が12年になり（中略）全市従業員の就職前の育成訓練率が90%になり（中略）30%以上の住民が社会文化生活教育を受ける…」「市民学習の基本権利を保障し市民の生涯教育の要求を満足させる」ことなどを規定した。

2）個人的利益を求める社区教育活動の芽生え

社区教育の現場をみると、一方では、住民の学習支援活動が多様な分野で既に実施されている面もある。例えば、第4章で述べたように、調査を通じて明らかになった事実を中心に、北京市西城区で社区教育の現場に何が起こっているかを再度みてみよう。そこでは社区教育管理体系と管理が強化され、「政府が主導し、主として教育部門が管理し、関連部門が協力し、社会が支持し、社区の自主活動を行い、住民が参加する」とした社区教育管理体制と運営メカニズムが初歩的に形成されるようになっていた。

また、社区教育の対象は幼児から高齢者までであるため、多様な教育が行われている。具体的には年齢によって早期教育、校外教育、リカレント教育、高齢者教育、対象によって外来人口、女性、障害者など、また内容によって医療、健康、家庭、旅行、法律など、多様な学習活動に役立つ20あまりの社区教育関連項目欄が準備されている。社区教育三層教育組織の「龍頭」としての西城区社区学院は、生涯学習社会と調和の取れた社会の構築を目指し、地域住民全体が気軽に参加できる形で、人間力向上などを中心に社区教育カリキュラムを総合的に提供する拠点となることを積極的に意図しつつ事業を推進している。例えば西城区の第33中学校では、青少年が社会生活に適応していくための能力を培っていくために、自然観察、昆虫採集、野菜作りなどの自然に触れる活動が展開され、また、中学生の「居民委員会主任見習い」活動などは青少年の社会参加意識を高め、青少年の社会化に積極的な働きかけをしていると思われる。近年、社区住民に対する育成訓練は向上しつつ、西城区における2004年から2006年にかけての社区教育育成訓練を受ける人数に関する統計によれば、その教育比率が高まっている趨勢も見られる。

また、社区教育政策はもともと、社会的弱者に教育機会を保障し、すべての人々が生涯にわたり学ぶことを促すことにもその役割を果たしている。ここで、高齢者と農民工への社区教育活動の事例を通じ、社区教育政策がすべての人、とりわけ社会的弱者層の学習機会を保障にしていることに関し説明する。

まず、高齢者対象に制定された政策と実施活動について事実を述べてみる。「中国は既に高齢化社会に入った」というような現状認識の下、中央政府の対応も始動した。1999年10月22日に行われた「中国高齢化対策委員会」[38] 第1回全体会議において年金制度、社会保障制度や福祉施設の充実等のほかに、社区における高齢者向けサービスを充実させ、加速すべきだということが盛り込まれた。福祉サービスの社会化を図るにあたっては2000年2月に民政部、国家計画委員会、国家経済貿易委員会などが取りまとめた『社会福祉の社会化を加速実現することに関する意見』（『关于加快实现社会福利社会化的意见』）を国務院が批准し地方の政府など関係各部署に通知しその実行を求めていた。そして2001年3月に取りまとめられた第十次5カ年計画（2001年～2005年）の第六篇第18章第3節では「高齢化の趨勢を重んじ家庭での介護を支援する。高齢者向けサービス施設の建設に力を入れ、高齢化対策事業・産業を発展させる」と記載された。第十一次5カ年計画が策定された（2006年）後、高齢者に対するサービスネットワーク整備の具体策が次々と発表され、各地域が積極的に社区の機能拡充に取り組むようになった。2006年5月に国務院でまとめられた『社区服務の活動の強化と改善に関する意見』（『関于加强和改進社区服务工作的意见』）では地方の行政機関などの関係機関に着実に社区サービスを実行するよう求めていた。

西城区では高齢化率が先陣を切って高く、不安定な社会福祉サービス提供機能や旧来の家族・地域の変容が人々の老後生活に大きな不安をもたらした。ここでの高齢者対策には重要な地域課題として社区による高齢化社会への対応のための新しい社区教育体制と地域福祉の一体的取組みが迫られた点にその特徴がある。政府は、高齢化社会における「社区」に関するさまざまな政策を制定・実施し、安心な老後生活を送れるような地域社会を目指している[39)]。高齢者の自己実現の課題に取り組もうとしている「老年活動センター」は、高齢者の学習要求に応じて適切な学習機会を提供することに努めている。

また、高齢者に生きがいのある充実した生活を実現することができるよう、高齢者のボランティア活動など社会参加活動、高齢者支援事業を促進している。各全国教育実験区では社区老年大学を高齢者社区教育の実施場として映画鑑賞、文芸、演劇、保健活動、さらにはコンピュータの日常操作に関する知識を教えている。西城区では「老いても学ぶことができ、老いても楽しく生きることができ、老いても貢献することができる」ようにという教育理念を貫き、区政府は1.2億元を支出し、高齢者サービスセンターを建設、街道ごとに「高齢者活動中心」「居民委員会星光の家」を設置している。住民の生涯学習機会を増やし、生涯学習人口を増加させる新たな工夫も試みられている。

次に、都市化の進展により住民が多元化し、特に「農民工」と「農民工子弟」に対する教育の実施も迫られている。北京市の流動人口状況は、流動人口数が増大し[40)]、滞在時間が長くなり、「地方負責、分級管理」の義務教育財政体制が児童の教育を受ける機会の平等を制約する趨勢にある[41)]。流動人口のすべての子女が公立学校に入れるわけではないため、「農民工子弟学校」（打工子弟学校）は流動人口の子女の義務教育に重要な役目を果たしている。しかし、「農民工子弟学校」は生徒の基礎知識が不ぞろいで、教師と児童・生徒の流動性が大きい、教学設備が粗末、また教学レベルが低いなどの問題に直面している。農民工は子女の教育を重視しているが、働く時間が長く子女を教育する暇がなかなか取れない。そこで、区政府やNPOは区内の大学生や定年になった教師を動員し、社区教育施設を利用し、放課後指導の形を取って、農民工子女向けの教育を支援している。農民工対象の社区教育は内容と形式が多様である。

例えば、映画・将棋などの娯楽活動を通じ、社区教育を行うところは少なくない（西城区の新街口街道は「社区流動人口の家」を設立し、定期的に映画を放映し、流動人口のためのパーティを行う）。また、農民工社区教育はその目標により、知識や技能に関する「補償式教育」、市民規範に関する「自己コントロール教育」と人の全面発達を目指す「解放式教育」に分けられ[42]、内容により、「権益教育」（労働に関する法律教育）、「組織方法教育」（人間関係、社会分析）及び「意識教育」（人生哲学など）[43]に分けられる。現在、農民工社区教育機構は社区の労働組合により運営される農民工学校と農民工NPO（農民工　研究所、広東東莞農民工プロジェクト弁公室）がある。そこでは、農民工教育や高齢者教育を社区教育の内容として捉えられただけではなく、その教育方法としては住民の参加、学習内容の自由な選択を重視するようになった。社区教育の内容と対象の多様化、弱者層向けの教育の重視からみれば、社区教育政策は規範化、制度化していくものと思われる。

概していえば、以上の調査により、教育政策、社区教育政策の形成過程において国・党の利益が貫かれている（例えば、愛国主義教育を例に、1999年の『21世紀に向けた教育振興行動計画』では「愛国教育、集団教育、社会主義思想教育、紀律教育」などを更に強化した）が、地方における社区教育施策は国、地域に不利益が出ないよう十分に配慮しながら、個人の自己実現のサポートを行っているといえよう。

これまで、社区教育政策形成過程において、どのような教育関係団体がどの程度の影響力を持ちえているか、誰の利益を実現するためであるのかの検証を行ってきた。社区教育政策実施過程における利益の主体要素について、既述の社区教育政策の策定経緯と現場実施の事業内容により、中国においては今、国家（中央）利益主体から、地方利益・集団利益、さらに個人利益に対する重視への転換が見られた。具体的にいえば、社区教育政策策定は萌芽期において、「個人の利益よりも国民全体の利益を大切にすべきだ」とされ、「個人の自由、個人の利益に対して、全体の利益が優先される政治原理」である、「個人は全体に服従すべきだという美名」の下に、国や党の利益を最優先した。しかし、1990年代の地方分権化の後、地方政府にかなりの自由裁量の余地が生まれ、それぞれ独自の政策を展開する度合いが高くなったと考えられる。また、教育・経済格差が社会安定を脅かし、高齢化などに伴い、人間本位主義の提唱の下、社区教育政策は、個人の利益を主体に個人の学習ニーズを充足させ個人の学習権を保障する方向へ転換せざるを得なかったといえよう。

しかし、教育政策形成過程においては、教育関係団体や個人が重要な要素の一つとして、一定の役割を果たしていることが期待されている。即ち、社区教育事業への住民参加の具体化が求められているのである。社区教育政策策定者において政府の職員と社区のエリートが多数を占めるのは事実である。社区教育政策策定の利益主体の関与・働きかけは、意見表明の形で存在し、その影響力は政策形成及び政策実施を積極的にリードするという性質のものではなかったが、政策形成・実施過程においてそれは無視できない存在となっている。現在、中国の社区教育政策はおおよそイコール「エリート」プラス「権力」であるといえよう。社区教育政策の受益者は基本的には社区の住民であるとすれば、今後、社区教育実施の積み重ねを通じ、社区教育が個人・社会の双方にとり有益で調和的な存在になるような理想的な目的のもとで、社区住民の自主的な学習権保障を社区教育政策の最終的な目標として行うべきであろう。

第3節　住民参加型社区教育の胎動

何よりも高度経済成長政策が民衆の生活と労働を巡る矛盾を深め、それが反面教材となり住民の社会的関心はいやおうなしに深められた。また、情報化社会といわれるマスコミの急速で広範な発展も住民意識の形成に何からの寄与をしている。社区教育へ参加する住民層も、一面では価値観が多元化されているが、同時に、他面では社会的関心、とりわけ自分の生活と密接に結びついた事柄への関心を深めつつある。住民は社会的責任を担いながら社会公益活動に参加するだけではなく、管理層に自分なりの意見を聞き取ってもらいたいのである。社区は社会の細胞であり、調和のとれた社区の構築は調和の取れた社会の建設の基礎になっていると思われる。調和のとれた社区の構築には、政府行政の「主導性」と住民参加の「主体性」とを結びつけることが求められている。2004年6月第16回党大会第4回総会では「社会建設と管理を強化し、社会管理体制の新機軸を打ち出す」という方針が出され、2007年の第17回党大会報告では「党中央委員会が指導し、政府が責任を持ち、社会が協力し、大衆が参加する社会管理システムを健全化する」と呼びかけた。

既述のように、社区教育に関する政策策定の過程は「上から下へ」という国家的統制や個人の権利意識の高まり、社会における利益の多元化と意識の多様化が絡み合っている。中国教育部は、「社区教育は特定の地域範囲内で、社区住民の資質を高め、住民生活の質の改善のために、各種の資源を組み合わせて、地域経済の建設と社会発展を推進する教育活動である」と定義している。これにより、社会性と住民中心性は社区教育の基本的な特色であるといえよう。そのため、社区教育は「教育社会化と社会教育化」を強調しなければならないし、社区教育活動は社区内の各種教育資源を統合し、必ず社区住民の参加を基礎に展開しなければならない。

教育・育成訓練内容にはすべての住民を対象とした多様性（出稼ぎ農民訓練、再就職訓練、高齢者福祉的な教育など）が反映されている。社区教育は住民のニーズに応じ、地域づくり、国家政策となった「全民学習」の学習型社会の構築、生涯教育システムの建設の有力な道筋として注視されている。また、社区教育は地域経済発展と住民生活の質の向上を求め、社区建設の有力な手段として位置づけられることが一層明確にされた。今後、自由・民主を踏まえた住民参加による社区教育の展開が注目されるが、確かに今までの社区教育の実際の変動を検討すると、住民参加型の社区教育の萌芽は僅かだが、現れている。

社区教育への住民参加には施設や事業の運営への直接参加に加え、参加主体の育成・支援などを通したものまで幅広い取組みと理解が必要であるが、制度の制限や中国共産党一党制などの特殊な国情が考慮されなければならない。そこで筆者は「住民参加」を社区教育事業の目的策定時、さらに活動運営時という当初段階からの個人的意見の反映、及び非党・非政府の社会民間組織の仕組みづくりなどを通した社区教育事業運営への直接参加として定義しておこう。次に、社区教育に関する政策文書の内容、組織機能の変遷、事業運営の方法・内容の面から住民参加の胎動を探る。

1. 教育施策、教育理念と住民参加

1980年代、中国は改革開放という経済構造の変容に応じた国家構造改革に着手する。それは、「単位制度」による福祉政策の解体に伴う、社区政策重視の方向への転換であった。この転換においては「上から下へ」の一元的国家的統制が緩和されるにともない、社区教育政策も次第に民主化され、住民の利益を考えるようになった。言い換えれば、社会参画を促すための施策が重視され、その上で社区住民の参加や生活水準・資質の向上が強調されることになる。住民自身の要求に基づく教育の統治形態がまだ作り出されていないにもかかわらず、前述の社区教育政策を分析すると、そこに住民参加の兆しを読み取ることができる。そして、1990年代以降特に2000年代に入って顕著になるのは社区住民の職業能力開発と就職育成訓練であり、地方分権による地方権利の拡大に従い、住民の自己形成が国家的な関与から切り離されて進行しつつあることである。それに伴い、中央レベルの社区教育理念として推進された学習型社区、学習型社会の理念及び地域レベルの社区教育政策策定萌芽期の「教育社会化」「大教育観」の教育理念の中に、住民参加の意識が次第に包含されるようになったとみられる。ここで、社区教育施策と社区教育理念から中国社区教育における住民参加についての共同認識を抽出してみよう。

(1) 中央・地方の施策における住民参加の提唱

2000年11月、民政部は国務院に『全国に都市社区建設の推進に関する意見』(『23号文件』)を提出した。この『23号文件』では、社区の画定については「社区資源の開発と社区住民自治が便利なように、かつ地域性、帰属感等の社区教育構成要素を考慮し」、今のところ一般的に社区体制改革の後に規模調整された「居民委員会」の所轄区を指すというふうに「社区の範囲」を説明し、「社区建設を推進し、社区住民自治組織の役割を発揮させ、社区の住民が法により自己管理ができるよう保証すること」を押し出した。また、社区建設を行政主導の事業としながらも、その主体が住民自身になるべきこと、住民の地域帰属意識の形成、住民自治の醸成、社区内の全住民の自発的参加が必要であることを強調した。

地域における社区教育実践は、住民主体の理念に基づくものでなければならない。地方政策と社区教育理念からいえば、前述のように、1980年代西城区は既に「教育社会化、社会教育化」の理念を提唱し、1993年から教育社会化を現代

教育の重要な特徴として位置づけ、しかも教育は全社会の責任に任されるだけでなく、住民共同参加の活動であり、住民は教育を行う者でもあり、同時に教育を受ける者でもあることを強調していた。

全国社区教育実験区をより一層広く展開するために、2001年11月教育部は北京で「全国社区教育実験工作経験交流会議」を開催した。この会議には教育行政部門の社区教育責任者、全国社区教育実験区政府の教育行政部門責任者、さらに専門家・学者・研究者が参加した。この会議では、社区教育が多様な教育資源の充分な活用・開発による社区全員の資質と生活の質向上を目的に一定地域内の経済建設と社会発展を担う教育活動であることが確認された。同時に、大中都市の都市部或いは県レベルの市単位における社区教育実験事業は、一定規模の教育資源を利用・開発することと、比較的高いレベルでの教育に関する統一的な計画・指導も可能であるだけでなく、比較的多数の部門や団体の社区教育参加も可能であることが示された。

また、この会議は次の4点を今後一時期の社区教育実験事業を推進するための任務として定めた。①異なったタイプの人々への教育・育成訓練の展開、②学習型組織の幅広い創立、③社区教育資源の十分な活用・開発と創造、④社区教育管理体制と運営機構の構築がそれである。言い換えれば、会議は社区住民の多様な教育要求を満足させること、部門や団体の社区教育への広汎な参加、社区教育要員形成に際してはボランティアを加えその働きを十分発揮させることなどが強調された。社区教育の財政問題解決のためには、政府、社会、企業・事業組織、個人がそれぞれによる若干の資金拠出という方法が示された。

教育部の『社区教育工作推進に関する教育部の若干の意見』（2004年）では、「党及び政府による統一的指導、教育部門による主管、関係部門の協力、社会の積極的支持、社区による自主活動、大衆の広範な参画」という管理体制と運営メカニズムを形成するとされ、社区教育の推進主体としての住民の位置づけが明記されている。ここでは、大衆とは一部の地域エリートや学者のみを指すのではなく、弱者層も含めた住民すべてを指す。

さらに、この『意見』では社区教育事業の展開を保障するため、社区教育に関する管理・運営体制、職員体制、経費捻出方法の確立、検査・評価事業の展開、宣伝・理論研究の推進を実行すべき措置として提案した。「専門職員を基本にしながら、兼任職員、ボランティアを配置する社区教育の職員体制の確立、職員の待遇問題に言及するだけでなく、社区内の行政職員・専門家・学者などから構成される社区教育専門家諮問委員会を設立する」という提案は注目されている。各地教育行政部門は社区教育職員体制を確立し、一定の専任職員を根幹に社区教育の要求に対応できる兼任職員及びボランティアを主体にした管理体制と社区教育職員体制を樹立すべきであることも示された。

また専任職員の確保は主に現有教育行政管理職員・教師の中からの統一的配置により解決し、街道では専任職員が社区教育工作を分担しあう。兼任職員は社区教育工作の実際的要求に応じて決定し、社区内の教師、専門家、各機関と起業の要員、大学・中学・専門学校在学生の積極性を十分に発揮させ、表彰・奨励制度を創設し、彼らを社区教育活動の重要な力とするとされている。

さらに、教育部は全国社区教育実験区の点検・実施に対して、広く社区教育管理人員と専門家を招集し、社区教育専門家諮問委員会を成立させ、実験区社区教育の実験的指導工作に参加してもらうことを明確にした[44]。これにより、社区教育の政策主体は範囲が広められ、すべての社区居民を対象とすることが政策文献に取り入れられていることが窺える。とはいえ、この公文書には、権威性を持つ社区教育関係法の立法機関について言及されていない。この点では、社区教育政策の合法性は確固としたものとなっていないと考えられる。

(2) 学習型社区の理念と住民参加

21世紀に入り、社区教育実験の事業の全国各地における推進に伴い、学習型社区の建設も展開されるようになった。2001年から2010年にかけて教育部は前後4回、98の「全国社区教育実験区」を設置し、68の「社区教育実験区」を確認した。2011年の現在、全国各地でも400余りの「省レベルの社区教育実験区」(「省級社区教育実験区」) が定められ、北京・天津・上海などの大都市を「龍頭」とし、東部沿海の経済的先進地域を「主幹」とし、中部・西部地域を重点的に発展させるという情勢となっている。

『中華人民共和国憲法』の第46条では「中華人民共和国公民は教育を受ける権利と義務がある」と規定されていた。さらに『教育法』(1995年) の第41条では「国家は学校及びその他の教育機関、社会組織が措置を講じ、公民に生涯教育を受ける条件を整備することを奨励する」と生涯教育の推進が明確に謳われた。

その後、2001年、江沢民は「生涯教育体系を構築し、学習型社会を形成する」ことを呼びかける。また『2002～2005年の全国人材隊列建設企画に関する綱要』（2002年）は「学習型都市」「学習型社区」「学習型組織」を構築し学習型社会の形成を促進することを示した。2002年の第16回党大会の報告では、更に「全人民の学習、生涯学習という学習型社会を形成し、人間の全面的発達を促進する」ことをいくらかゆとりのある社会建設（小康社会）の目標の一つとして提言した。上記の2004年の『社区教育工作推進に関する教育部の若干の意見』では、社区教育の原則について、社区教育が社区建設、学習型社区の構築と密接不可分な関係にあり、住民要求との緊密性が重視されるだけでなく、社区教育を社区建設、学習型社区・学習型社会の一環として捉えることが強調されている。

これにより、この2004年の『意見』は社区教育を国家の目標と繋げ、社区教育の長期目標を学習型社会及び生涯学習社会の構築に見定めたと考えることができる。2005年10月開催の第16回党大会第5回総会で、胡錦濤総書記は「各種教育の強調発展を促進し、学習社会を建設する」呼びかけを提出し、学習社会の理論的研究と実践的探索を進めることを提案した。2007年の第17回党大会の報告（中国共産党第17回代表大会）では、さらに「教育は民族振興の礎石であり、教育公平は社会公平を構築する基礎である。遠隔教育と継続教育を展開し、全人民の学習、生涯学習という学習型社会を建設する」ことを明確にした。

ここでは「学習型社区の建設は学習型社会構築の一部」として強調されている。この「学習型社区」の概念について、中国の学術界ではさまざまな論調が有る。例えば、葉忠海は「学習型社区とは社区生涯教育ネットワークと学習型組織を土台として、社区全成員の学習基本権力と生涯学習への要求を満たし保障することを通じ、社区全成員の資質と生活の質を向上させ、社区を持続的に発展させる新型社区である」[45]と主張する。黄雲龍は「学習型社区とは一定の地域をベースとして社区生涯教育体系を利用し、社区住民の生涯学習の展開を通じ、社区の発展と社区住民の資質の向上を促進する社会共同体である」[46]と論じる。陳乃林は「学習型社区は学習者を中心として、生涯学習システムの下で社区全成員の多様化し個性化した学習要求を満たし、社区全成員と社区の全面的な発展を促進する新型社区である」[47]と主張している。

また、学習型都市社区建設研究サブグループによる定義は次の通りである。

「学習型社区は学習を社区発展促進の手段とし、社区教育体系と普遍的な組織的学習を基礎に、多様な教育学習活動への住民の広範な参加を通じ、社区住民の資質と生活の質を向上させ、社区の持続的な発展を進める新型社区である」[48]。以上のいずれの概念においても、学習型社区の構築は社区住民の学習権保障、生活の質及び資質の向上、社区住民の広汎な参加と繋がっていることが読み取れる。

社区教育の発展は学習型社区建設ための核である。学習型社区は社区教育の発展に前進の方向と目標を提供している。陳乃林は学習型社区の基本目標について以下のようにまとめた[49]。

①社区内で全面学習、生涯学習の共同意識と雰囲気を形成する。

②各種の教育資源の整合と開放を共に享受することを実現し、社区全成員の多様な学習要求を満たす。

③社区全成員の生涯学習の指導機構、保障システム、組織ネットワーク及び情報提供用のネットを構成する。

④各種の学習型組織が普遍的に設置され、社区の組織と成員に持続的な学習を続けさせていくことができる

⑤住民の社区生涯学習への認知度、合意度、参加度、満足度がわりあいと高い。

⑥社区成員の精神文明と生活の質が普遍的に高められる。

⑦社区文明が進歩し持続可能な発展の程度が高い。

これにより、社区教育への広範な住民参加、学習者を中心とした学習型社区の建設、社区教育の推進主体としての住民の位置づけ、国の関与の縮小によって住民の自主性の獲得などが図られていることなどが挙げられるが、住民参加による教育政策作りという大きな課題はまだ展開されていないといえよう。しかし、社区教育政策の展開や教育理念の転換において、住民参加の芽生えが見られる。今後、住民要求の組織化をどう推進していくか、住民参加による具体的な教育政策をどう作り出していくかという新しい課題が突きつけられていると考えられる。

社区教育の政策、理念における住民参加を、言葉の上だけのものに終らせるのではなく、各々の地域で実行に移していくことが大切である。次に、教育構想、政策策定から実践展開への過程で、社区教育は住民参加をどのように前面に押し出す形で展開してきたかを検討しよう。

2. 社区教育組織機能の変遷と住民参加

社区教育組織機能の変遷により、住民参加に優れた環境が提供されたといえるが、逆に、住民の積極的な社区教育参加の要求と多様化した学習ニーズに応じ、社区教育に関連組織はそれなりにその機能を転換せざるを得なくなったともいえる。『中華人民共和国憲法』では自治権を２つに分けている､1つは民族区域自治、もう一つは基層住民（群衆）自治である。前述のように社区教育の施設は基本的に「区→街→居」という三層システムに相応する「社区教育学院」、「社区教育学校」、「社区教育教学点」の３つのレベルから構成されている。圧倒的に多い「社区教育教学点」の所属する「社区居民委員会」は住民自治組織として社区教育の展開では不可欠なものである。「社区教育委員会」、及び「社区教育協会」などの組織もその機能や構成により住民参加を実現させている。

したがって、次に、社区教育に関連する「社区居民委員会」と「社区教育委員会」などの機能の変遷経過とその組織の主旨を分析しながら、住民参加の兆しを抽出する。

(1)「居民委員会」の変革による住民自治の強化

「社区居民委員会」は都市部社区建設の実験と模索において非常に重要な役割を果たしている。その構成員の素質は直接社区管理、社区サービスのレベル及び社区の発展に影響を与えている。そこで、社区がどのような方式で社区居民委員会構成員を選任するかは、社会各界に注目されるものである[50)]。

「社区居民委員会」の前身は「居民委員会」である。前章で述べたが、1954年に公布された『城市居民委員会組織条例』では「居民委員会」が「大衆自治組織」とされているだけであった。1978年、中国第５回人民代表大会で新憲法を採択し、そこで改めて「街道弁事処」は区政府の出先機関とされ、「居民委員会」は大衆的な自治組織とされた。「居民委員会」は「街道弁事処」の支援・指導を受けながら、地域の多様な課題解決のための職務を遂行するものとされていた。しかし、「単位制」の施行により、「街道弁事処」と「居民委員会」は地域組織としての役割をあまり果たさなくなった。

1980年代に入り、改革開放、人口の流動化、「単位」社会の崩壊、失業者の増加、住宅制度改革・戸籍制度の緩和による人間関係の変化などの一連の社会問題が次第に現れてきた。そのため、中国政府は問題解決対象の主体を社区に移し、都市の末端出先機関としての「街道弁事処」と住民の自治組織の「居民委員会」が重視されるようになった。

1980年代後半に入ると「居民委員会」の自治的組織としての性格を取り戻そうとする動きがいくつか出てきた[51]。「居民委員会」は住民自己組織・自治組織であるといいながら、「居民委員会」の設立、廃止、規模調整は市・区の人民政府が決定するものとされている[52]。法による「居民委員会」の「自治性」が民衆に認められず、「居民委員会」の幹部は「住民のリーダー」というより、むしろ「政府組織の足」と言ったほうがよいという意見がある[53]。

1989年12月に通過した「居民委員会組織法」には、都市の住民が法により自身の問題を処理すること、住民自治の原則に基づき「居民委員会」を設置することが明記されている。ここでは、旧組織法で規定された「大衆自治組織」の上に「自己管理、自己教育、自己服務」という内容が新たに付け加えられた。「居民委員会」委員の選出方法は「住民グループにより選出される」規定から、「住民による直接選挙」に代わった。

また、政府組織との関係については、旧組織法では「住民の意見を区政府と『街道弁事処』へ反映する」と規定されていたが、1989年の「居民委員会組織法」では「居民委員会」が政策の立案に参加できること、つまり行政へ提案権の付与が定められた。新組織の変化を見てみると、「居民委員会」は自治性が強められ、政策策定へも関与できることが示されている。

しかし、人口流動、レイオフ従業員の増加、社会治安などの社会問題に直面し、都市部の「居民委員会」は管理およびサービスにおいて力不足の状態にあり、職責・権限の不統一、スタッフの高齢化、業務条件の劣悪さなどの問題が存在している。1990年代後期、特に2000年に民政部によって『全国において都市社区建設推進に関する意見』が公布され、「社区居民委員会」の名称が使われるようになり[54]、さらに1989年の「3つの自我」の上に「自我監督」が追加され、「社区居民委員会」の職能範囲の拡大、住民選挙制度の強化、及び「居民委員会」スタッフのレベルの向上も図られた。

また、「1990年代後半、居民委員会の活動には単に行政に指導され、行ったということだけでは説明しきれない部分、つまり自発性に基づく地域の共同管理という部分が存在した」[55]ともいわれた。しかし、「居民委員会」の直接選挙が実施され基層政府の民主化や住民参加の実践が推し進められたといえるが、現実には、そのとおりに実施されているところもあるが、まだ形式主義の直接選挙を行っているところもある[56]。また、実際の社区教育委員会は大規模の人口流動、人口高齢化によって増加した仕事量、職員・幹部の質の低下・待遇の低さ・高齢化などの問題を抱え、特に住民の自治組織のはずではあるが、基層政府の足となっている所も多い。

「社区居民委員会」の住民自治性を維持するため、さらに2010年11月、中国共産党中央弁公庁及び国務院弁公庁が『都市部居民委員会建設事業の強化と改善に関する意見』（『関于加強和改進城市社区居民委員会建設工作的意見』）を公布した。ここでは、「社区居民委員会」の指導思想、基本原則、目標任務、職責、組織体系、関連組織との関係、サービス施設、職員・幹部の採用などについて規定されている[57]。この『意見』は、初めて「社区居民委員会」が居民自治の組織者、推進者及び実践者として重要性を高めていることを認めた。

また第9条では「社区居民委員会」の専門的なサービス機構を規範とすることを規定した。人口が多い、社区管理業務が重い管轄区では「社区居民委員会」の附属委員会を健全化させ、居民小組長、ビル長・ビル棟長などを設置することを提起した（社区居民自治の拡大のために、及び住民自治に提起した新しい要求）。これは「社区服務站」「社区工作站」「社会工作站」などと呼ばれる専門サービス機構としての社区服務ステーション[58]を設置するものである。その主な職責は、政府から社区までの社会管理と公共サービスの職能を引き受け、主な目的は「社区居民委員会」の負担を減らし、「居民委員会」の自治と住民へのサービス機能を高めることである[59]。「社区居民委員会が実質の『議』の機関となり、その下に社区服務ステーションが『行』の機関として設けられている」[60]。

「社区服務ステーション」の設立は「社区居民委員会」の負担を減らしたばかりではなく、「社区居民委員会」の住民自治組織としての機能を保障したんのではないだろうか。過去は、「社区居民委員会」は「街道弁事処」からの煩雑な業務で手が回らないため、住民の要求を十分に満たすことができないところが多かった。「社区服務ステーション」は「街道弁事処」からの指示を引き受け、事業を行うが、「社区居民委員会」は「街道弁事処」の指導を受け、住民活動の展開や住民の意見と要望の反映を行い、直接社区服務ステーションを指導する」と

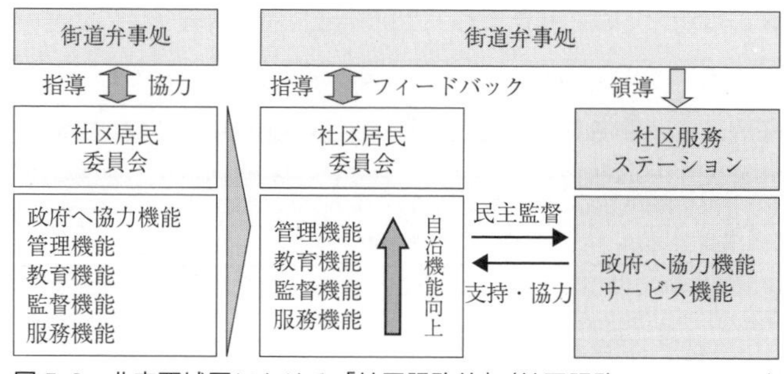

図 5-2　北京西城区における「社区服務站」(社区服務ステーション)の位置づけ

(出所) 北京西城区社区弁公室主任へのインタビュー及び「西城区社区服務站主要職責」(内部資料) をもとに筆者作成

(注) 西城区「社区服務站」(社区服務ステーション) の職責について以下のようにまとめられている。
社区労働就業・社会保障工作、社会事務の管理工作、社会治安工作への参加、社区法律サービスの提供、社区の健康管理とサービス工作、社区教育と文化体育活動への協力、社区公益サービスを組織、住民便宜サービスを提供、高齢者活動の展開、社会情報と住民要望の収集、その他。

される[61]。北京西城区では、「社区服務ステーション」と「街道弁事処」、及び「社区居民委員会」の関係は図 5-2 に示したとおりである。従来の「政府の足」としての「居民委員会」体制からの脱皮を図ったものといえよう。これにより、社区服務ステーションは「街道弁事処」からの事業分担を通じ、政府の「住民サービス先行」ではなく、「計画性・行政性」の政策システムを転換し、「社区居民委員会」の自主権を強化し、「社区居民委員会」の「自治」機能を回帰させることができると思われる。「ここでは、小政府、大社区が標榜されており、住民参与の度合いを高めているとされている」[62] という指摘もある。

(2)「社区教育協会」などの社区教育組織成立による住民参加促進

まず、社区教育委員会の成立経緯からみれば、1988 年の『中共中央関于改革和加强中小学德育工作的通知』では「都市部において区や街道を通じ社区 (社会) 教育委員会などの社会的組織を模索しながら実験的に設置する。」と規定され始めたが、その以前に、現場 (例えば、北京西城区、1986 年成立した上海市普陀区真如中学社区教育委員会) では社区教育委員会の設置に着手した所もあった。真如中学社区教育委員会は社区教育推進母体と評価され、その後上海をはじめとして全国にその状況を発信するようになった。例えば、それによって1988年3月に上海閘北区新疆路街道社区教育委員会が発足し、同年4月には同じく上海長寧社区教育委員会が続けて創立された。1990年代に、全国の多くの都市部で区、街の「社区教育委員会」が設置されたことによって、社区教育はだんだん統一的管理の形式をとるようになってきた。

北京市西城区を事例としてみれば、1995年に区の「社区教育区委員会」が成立し、社区教育の対象が青少年から区民全員へと広がるようになった。「社区教育委員会」の構成員は主に社区の政府官僚、教育部門代表、街道住民代表、企業事業者代表、労働組合代表などである。前述したように、西城区における社区教育の管理体制は校外教育調和委員会制→区社区青少年教育指導班組織制→区社区教育委員会制へと発展してきたのであった。1990年代に「区→街→居」の三層管理の形成に従い、「区レベルの社区教育委員会→街道レベルの社区教育委員会→社区居民委員会レベルの社区教育主任」の三層社区教育指導システムが初歩的に形成された。三層「社区居民委員会」の職能は表5-4のようである。区政府レベルの社区教育委員会の下に「社区教育事務局」が設置され、事務局の職員は主に在職或いは定年退職した学校の校長である。また、街道社区教育委員会組長は、例えば月壇街道では弁事処の社区事業を担当する副主任に担われ、街弁事処の関係職員及び教育の仕事を担当する社会知識人やリーダーが構成員の一部として、定期的に社区教育を研究し、社区教育のスケジュールの制定や企画を行う。

「社区教育委員会」の成立は社区教育の管理を統一しただけでなく、管轄区内の社区教育に関する計画・管理・調整・組織などの職能に基づき、政府官僚以外

表5-4　西城区の「社区教育委員会」の職能

各層社区教育委員会	職　能	構成員
区社区教育委員会	計画、決定、投入、指導	区内の各街道・30以上の事業企業の代表
街道社区教育委員会	計画、管理、調整、組織	企業、事業部門の責任者、小中学校の校長
社区教育主任	宣伝動員、組織実施、社区教育活動展開	警察、定年した幹部・校長・知識人など

（出所）2009年現場聞き取りにより筆者作成

の社区有識者を社区教育の管理に参加させるようになったと考えられる。

また、「社区教育協会」は「政府行政部門は社会大衆組織と共に社区教育及び学習型社区の構築を推進する」道を探索しているといわれる。その成立も社区教育への住民参加の一例として最も注目されるべきである。北京市西城区では「社区教育協会」は区内の民間成人教育関係者、及び社区教育関係者の呼びかけにより 2001 年 11 月 5 日に成立し、民政部門から社団法人として正式に認可された[63]。社区教育の推進に伴い、月壇、豊盛、西長安街などの街道では相次いで社区教育協会が結成された。区政府は住民自治の原則に基づいて社区教育協会を育成援助し、社区教育弁公室を設置した。この協会は民間人に主導される社会団体として、党・政府と社区教育工作者を結ぶ掛け橋であり紐帯であると思われる。社区教育協会は住民が社区教育の主体であり、住民参加が社区教育の不可欠なものであるという認識を有する上で、成立した組織である。

同時に、協会は社区教育管理部門の相談役とアシスタントとして、社区教育展開において重要な役割を果たしている。例えば西城区の社区教育政策・理論・実践研究は主に西城区教育委員会、西城区社区教育協会、西城区社区学院などの組織により進められている。協会は主に社区教育理論研究、実践調査、学習型社区の評価、社区型社区教育理念の宣伝及び学習型組織構築の指導などを展開する。かつ、全区の社区教育工作者、社区教育機関及び社区教育関連部門を広範に連携させ、国外の社区教育組織とも積極的に交流することを通じ、地域の社区教育の視野や実践を広げている。

この社区教育協会は「人間本位主義」「住民にサービスを提供すること」を原則とし、社区教育の推進に極めて重要な意義を持っている。その意義は、この協会が、住民は社区教育の主体であり、住民参加なしには社区教育が成り立たないという考えを基底に据えている点にある。協会は主に社区教育管理運営の社会化の研究と実践を進め、この協会の発足は社区教育の推進体制が単一的な政府主導型から政府と社会組織共同推進型に転換しつつあることを意味しているといえる。即ち、2001 年に成立した社区教育協会は社区教育管理の社会化、及び住民や社会組織の社区教育への参加を強化したと説明できる。または、社区教育協会の成立により、政府教育部門が社会教育団体と協力して社区教育を管理する新しいパターンが形成されたといえよう。

3. 社区教育実践における住民参加の動向

地方分権の進展によって、自治体の主体性・自主性が求められるといわれるが、それは、住民それぞれがもつ個性的な能力を活かし、主体的に行政に関わり、行動していくことが求められるようになってきたことを意味する。ところで、社会的距離の拡大は都市化の必然的結果であるといわれる。それに対して中央政府は、調和の取れた社会を構築するというスローガンを打ち出した。それ以来、社区においても、調和の取れた社区を建設しようと努力している。このようにして都市化によりもたらされた「異質化」の社区住民の相互親睦が図られた。現場で住民の社区参加も前述の政策策定、組織機能の変化に従い、すでに日程にのぼっている。「官弁NGO」「半官半民のNGO」「草の根のNGO」の台頭から住民の社区参加の兆しが見られるが[64]、ここでは、街道レベルの「社区教育学校」の運営と社会組織の社区教育との関わりから社区教育における住民参加の動きを見てみたい。

(1)「社区教育学校」の運営と学習を軸とした住民参加

2004年教育を主管する副区長と区教委の指導者が、西城区の各街道の社区教育状況に関して4カ月間の調査を行った。既存の社区教育中心は居民の学習要求を満たすことができないという調査結果であった。これにより、区政府は社区教育学校を作ることを決め、『関于成立社区教育学校促進学習型城区創建工作的通知』（2005年）を公布した。社区教育学校はその地域の特色に応じ、住民の学習要求を満たすことを目的にし、極めて重要な役割を果たしている。区政府も社区教育学校の建設を重視し、先の『通知』を公布しただけでなく、校舎改造のため3,500万元を割り当てた。さらに、その後毎年定期的に運営経費を支給している。

表5-5からみれば、社区教育学校の経費は主に区政府支出金、街道支出金と社区教育学校の自己資金調達（主に寄付金、授業料等）から成り立っていることがわかるが、社区教育学校の運営は公的支援によるものであるといえる。このような行政的資金支援の下では、住民参加については「形だけの参加」「参加のレベルが低い」と推測しやすい。実のところ、社区教育学校は「社区に立て、社区に頼り、社区にサービスを提供する」（立足社区、依靠社区、服務社区）という運営原則に基づき、どのように住民参加を推進しているのであろうか。

表 5-5　西城区社区教育学校経費に関する表（万元）

	市区支出金	街道支出金	自己投資（自筹经费）	合　計
2006 年	186.54	2,694	38	2918.54
2007 年	338.32	1,685	45.09	2068.41
2008 年	308.33	2,101	59.64	2468.97

（出所）内部資料である『環海地区社区教育協作組織第四届検討会文集』西城区教育委員会・西城区社区学院、2009 年、p.106 により筆者作成

1）調査による住民状態、学習活動の把握 ― カリキュラムの設置

7 つの社区教育学校は西城区教委と所在管轄区の「街道弁事処」により二重に管理されている。各街道では教委、「街道弁事処」、管轄区内の社会企業・事業代表、住民代表からなる「社区教育（管理）委員会」（管委会と略称される）が成立している。管委会は主に社区教育学校の方針、工作目標、カリキュラムの設置、運営方式を制定し、社区教育学校の運営事業と実績を監督し評価する仕事を担っている。即ち、住民代表は社区教育学校の運営と監督に参加できるといえる。

これについては、前述の徳勝社区教育学校の「多ルート、サービス項目の透明化、住民需要の調査、カリキュラムの設置」という事業運営メカニズムからも若干見られる。社区学校は街道内の全部の「社区居民委員会」とお互いの状況を把握する上で、街道社区建設弁公室と管轄区内の「社区居民委員会」とが協力するシステムをとっている。また、社区教育学校は学校の設備、施設、カリキュラム及び活動の時間、及び住民に提供できるサービス内容を「社区居民委員会」の主任会議で説明し、主任の意見を聞き取り修正する、と規定されている。住民の要求を把握するために、社区教育学校は 22 の「社区居民委員会」にアンケート表を配り、調査を行う。その上でカリキュラムを作成する。この運営メカニズムによると、社区教育学校は住民自治組織と緊密な関係を持ち、大衆を代表する「社区居民委員会」の主任が社区教育学校の運営にある程度参加することができるものと考えられる。

既述の徳勝（街）社区教育学校のカリキュラムは区の実情によって教育資源を統合し、地域なりのカリキュラムを用意している。社区学院・社区教育学校のカリキュラム編成は、住民の要求に応じて区の現有資源を統合しながら変化してい

る。また、学院の教師・大学の研究者・企業の代表などで構成される課程づくりグループもあり、カリキュラム編成の研究プロジェクトもある。カリキュラムの編成の仕方は、まず全国的な経済・教育のマクロな調査とミクロな社区の発展実態調査・住民へのアンケート調査を行い、課程づくりグループ員の検討を通じて、社区教育委員会・社区学院・社区学校の評価と審査に合格した後、実施するという方式になっている。つまり、調査→カリキュラム設計→報告→評価・審査→実施という教学・研究・実際を結合するプログラムを通じて、カリキュラムが具体化されているのである。

このように、社区教育学校のカリキュラム設置では住民の学習調査にとどまらず、それを契機に住民の意見を聞き取り、住民の視点から評価するなど、地域課題の意識化への手がかりをつかむ学習が展開されていった。言い換えれば、住民の社区教育学校、社区学院もカリキュラムの設置においても、住民参加の兆しが見られる。

2）職員コーディネーターと住民の協働

そして、社区教育施設における住民参加には施設職員と市民との協働が住民参加を支える一つの柱として必要である。地域の人材や個性ある団体を活かしながら住民参加を展開していくという意味において、職員はコーディネーター的な能力が要求される。社区教育学校の教師は招聘された正規学校の兼任教師、定年者や在職者の兼任教師に分けられる。2006年から2008年にかけての西城区の7つ社区教育学校の教師構成からみれば、招聘された専任教師の比率が上がっているのがその趨勢である（表5-6参照）。教師の質や能力が向上しているといえよう。

一方、西城区の社区教育の専任教師は表5-7のように社区学院、社区教育学

表5-6　西城区７つの社区教育学校の教師構成

<table>
<tr><td>年</td><td colspan="3">2006年</td><td colspan="3">2007年</td><td colspan="3">2008年</td></tr>
<tr><td rowspan="2">教師構成</td><td rowspan="2">招聘された専任教師</td><td colspan="2">兼任教師</td><td rowspan="2">招聘された専任教師</td><td colspan="2">兼任教師</td><td rowspan="2">招聘された専任教師</td><td colspan="2">兼任教師</td></tr>
<tr><td>定年者</td><td>在職者</td><td>定年者</td><td>在職者</td><td>定年者</td><td>在職者</td></tr>
<tr><td>人数</td><td>63</td><td>35</td><td>28</td><td>123</td><td>66</td><td>57</td><td>142</td><td>67</td><td>75</td></tr>
</table>

（出所）内部資料である『環海地区社区教育協作組織第四届検討会文集』西城区教育委員会・西城区社区学院、2009年、p.102により筆者作成

表 5-7　西城区における社区教育管理幹部及び専任教師の構成

社区教育管理幹部	①社区学院の管理者、7 つの社区教育学校の管理者　②各「街道弁事処」社区建設弁公室の幹部　③ 152 の社区教育委員会の教育専管　④区教委と他の職能局における教育管理幹部
社区教育専任教師	①社区学院の教師　②各街道（7 つ）の社区教育学校の専任教師　③学校により社区へ派遣教師

（出所）2009 年西城区社区教育弁公室のスタッフへのインタビューにより筆者作成
（注）このスタッフの話によると、2009 年まで社区教育専門管理者と教師は全部で 458 人であった。このほか各社区教育学校と社区居民委員会市民学校でも募集した教師が 550 人いる。専任・兼任の教師は合わせて 1000 人ぐらいいるということである。

校の専任教師以外に学校から社区への派遣教師を含めている。社区教育活動指導者として教育部門により派遣された小中学校の教師は定期的に交替するため、相対的に安定している。社区学院は 2004 年 4 月「社区教育教師ボランティア団体」を組織したが、さらに、社区学院は学校で社区学院、社区教育学校の社区教育機能を宣伝し、社区教育組織の影響力を広げようとした。その後、管轄区内の学校は社区教育施設と協力するため、「学校が教師を社区に派遣する活動」（「教師下社区」）を展開した。青少年教育の社区指導教師に関して筆者の西城区三十三中学校に対する調査によると、学校の教師は社区教育の主要な戦力となっていることがわかる。教師たちは社区講座の専任講師、「社区教育委員会」の担当者を務める形で社区教育実践に参加している。教師は青少年の社会参加に対して関心を持ち、注意を向け、彼らと積極的に接触していくことが必要とされている。そのためには、教師の社区青少年育成活動への参加が最も有効な手段として実施されている。社区教育学校の学校からの派遣教師は住民の学習を事業の中心とし、その意味では講座などの経験をもとに社区教育の新たな参加主体になり、住民参加に結びつく点が特徴的である。

また、社区教育施設などが主催する活動やイベントの運営に、住民がボランティアとして生き生きと参加している。例えば、西城区社区学院の「市民講英語」（市民が市民に英語を教える）の科目では、学校から派遣された教師以外、ボランティアも自ら支援している。西城区 150 余りの市民学校の英語クラスは西城区の各小中学校と「手をつなぐ」（手拉手）活動を実施している。

また全区で 300 余名の小中学生が 152 の市民学校で英語の「小教師」として社区教育活動に参加している[65]。ボランティアの質を向上するため、社区学院は全区社区教育の担当者・幹部及びボランティアの訓練を担当し、定期的に訓練クラスを開催する。さらに、2007年、西城区政府が全区で実施した「十・百・千」のプロジェクトでは毎年、1000名以上の教師を組織し、ボランティアとして社区を支援させることが規定された。現在、50余りの学校、2000名の教師のボランティアは「十・百・千」活動に参加し、一年間に行った育成訓練は150項目以上に達している。

そして、2003年から毎年10月に開催している「市民学習週」[66]は、多様な学習機会の保障、および住民の学習への積極的参加を呼びかける一環として、「英語サロン」「法律知識普及」「書道展覧」などを用意し、住民に学習を楽しんでもらう活動となっている。「市民学習週」では、区教委、社区学院や社区教育学校などが社区ボランティアスタッフという住民から公募したスタッフと一緒になり当日までの企画の検討や前日・当日の運営などを行っている。

社区教育施設・事業運営における住民参加は知識の深まりやその地域・住民への理解などを不可欠とすることから、学習と密接な繋がりがあるといえよう。

(2) 社会民間組織の社区教育への参加

社会民間組織の社区教育への参加について、西城区で実施した「0～3才児童の早期教育」の例を挙げよう。

図5-3のように、これは民営機構である北京幸福泉児童発展研究センター（以

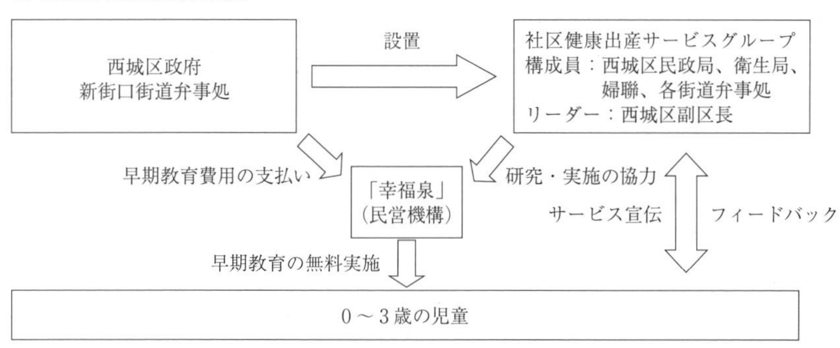

図5-3　「政府が公共サービスを購買する」モデルの一例：「0～3才児童の早期教育」実施のプロセス
（出所）西城区社区教育委員会へのインタビュー（2009年12月）の整理により筆者作成

下「幸福泉」と略称する）と西城区新街口街道により実施された社区教育事業であり、相関機構の協力・社会団体の参与・専門家の指導の下で政府により推進され、社区の家庭に向けて実施されたものである。この社区教育事業は最初、西城区科学技術委員会により立ち上げられた「社区児童潜在能力開発プロジェクト」から発展し、西城区人口計画委員会に組織されたものである。事業のプロセスについて、研究を立ち上げた科学技術委員会はプロジェクトの研究経費を新街口街道へ割り当て、新街口街道がこの研究プロジェクト経費を管理し、プロジェクトの研究と実施を担当する「幸福泉」が、街道で実費請求をすることになっている。

即ち、西城区政府は「幸福泉」に事業活動経費を支払い、「幸福泉」は技術研究と専門性に関するサービスを担当し、研究結果に基づき、社区家庭に対して無料で０～３才の教育関係資料、児童の健康・妊婦出産の指導を行う（ただし、市民が幸福泉の持続指導を依頼する場合は、自費負担になる）。さらに「幸福泉」の研究指導に協力するため、西城区は、西城区民政局、婦女聯合会、各「街道弁事処」などの区政府部門を網羅する構成員からなる「健康出産のための社区サービス小組」を設置した。このやり方は「幸福泉」研究の進捗状況・研究結果及び市民への指導の専門性を有効に保障したといえる。

行政が市場メカニズムの導入を通じ、行政自身が気を配れない事業活動を有効に実施するこの一例から、政府は非行政組織[67]・企業・民間団体・個人などを活動に参加させ、公共事業やサービスを提供していることが分かる。一方、社区教育に参加する民間非企業組織は政府や社会組織との協調を重視、活動の実施は政府に代わり、社会組織により展開されるようになった。政府は主に理念の指導、財政的な支援を通じ、社会組織が社区教育に参加するよう積極性を引き出している。したがって、政府は社区教育実施の権力を行政以外の組織・社区居民に移譲していき、「行政コントロール型」の社区教育の形態は改変されているといえよう。このように政府が社区サービスや社区教育事業を企業・事業・民間機構に委嘱し、展開する形は「政府が公共サービスを購買する」（政府購買公共服務）といわれている。

要するに、著しい経済発展、都市化、少子高齢化、情報化等がもたらした大規模な人口流動化、人々のライフスタイルの変化、価値観の多様化の中で、人々は物質的な面での豊かさに加え、精神的な面での豊かさを求め、多様な学習機会の充実、自己実現などを求めるようになってきている。単に学習するだけではなく、その学習方式や内容設定に意見を出したり、自分なりの学習成果をボランティア活動などに生かしたりしたいと考える人も多くなってきている。これに対し、社区教育行政は豊かな内容の学習機会を確保するとともに、政策の策定、社区教育組織への改革等を通じ、住民の参加型学習活動を促進する動きを示しているのである。また、社区教育の現場でも、学習を軸として住民の参加を呼びかけ、実施する兆しが若干見えてきた。即ち、以上の社区教育の政策・理念の内容、社区教育組織機能の変遷（「社区居民委員会」の機能変遷、社区教育協会の成立など）、現場での社区教育（社区学校、社会民間組織を例として）は住民参加との関わりからみれば、2000年代の社区教育において、住民参加の胎動が現れてきたといえよう。

しかし、この動きは「住民ができること」「地域ができること」「行政が行うこと」を、住民と行政が話し合うことでお互いの役割を明確にし、地域のかかえる課題を協働して解決するという正式な住民参加にはまだまだなっていないことを認識しなければならない。北京西城区の事例でみたように、住民はボランティアを組織化し、社区教育活動に参加し、意見を提供していたが、実際に参加する住民はやはり一部に限られていた。また、行政運営における住民とのパートナーシップや社区教育住民参加論などにおいて不充分な点がまだ多い。施設への住民参加は利用者アンケートや、意見反映などを通じた形式的な参加にとどまり、事業創造の段階において住民が実質的な影響を及ぼしてはいない。施設職員や住民が共に地域課題を明らかにするような調査活動は社区教育協会及び社区教育委員会に限られ、広い枠組みでの意見交換会の実施もまだ行われていない。ボランティア団体、NPO等の多様な住民参加の主体が現れてきたが、行政組織や施設職員とともに社区教育を創り上げる協働の主体になるような支援のあり方もまだ見られない。社区学院においてはボランティアの養成を実施しているが、ボランティア団体などが自主的に事業を提案し運営ができるように行政部門と連携をとりながら成長しようとする側面が、この調査では見られなかった。

社区教育施設における事業は、住民のニーズに応じた企画と運営が重要である。施設の運営ならびに事業の企画・実施過程においても、住民が利用しやすい施設環境の整備や、住民の意向を反映させるための制度的仕組みなどが必要であろう。社区教育職員のノウハウが先行する場合もあるものの、職員には基本的に住民の参加を促進する形での事業運営が必要であり、ボランティア団体、NPOなどの住民の活動を支援・促進することが必要である。したがって、専門職員と住民ボランティアとの協働のあり方、住民を参加させる情報提供の具体的方策の検討・実施、運営への住民参加を促進する制度づくり、イベントや活動に対応するボランティアの養成、住民参加の理論研究などが今後の課題になるであろう。住民参加の促進を通じて、新たな社区教育の魅力を再発見するような試みが模索されるべきではないかと考える。

第4節　社区教育政策における問題点

社区教育政策策定について、中央と地方との関係、施策目的・利益主体の変動及び住民参加型社区教育の兆しを分析した上で、「政府主導型」の社区教育政策策定の経緯から、社区教育政策における問題点を抽出したい[68]。

1. 法整備の必要性

国務院により批准された教育部の『21世紀に向けた教育振興行動計画』では「社区教育実験の事業を展開し、生涯教育体系を構築、完成しつつあり、全国民の資質の向上に努める」という要求を出し、第16回党大会後の国務院により批准された教育部の『2003～2007年教育振興行動計画』では社区教育についてより詳しい要求が提言された。しかし、社区教育の実践の広まりにもかかわらず、社区教育に確かな位置づけを与える法律はまだ一部もない。

現在の社区教育の運営は主に行政管理に基づいて行われ、社区教育の政策は若干の行政部門の規定や通知により行われているのが現状である。この行政管理は規範化されておらず、規定も雑多である。社区教育の法律が制定されるまでは、社区教育の施策体系は不安定にならざるを得ないであろう。このことにより、社区教育の統一的な企画、多様な組み立て、他の教育部門との有効的な連携などの面での確かな安定性はまだ確立されていない。いずれにしても社区教育の立法化を通じ、各レベルの政府、組織の職責を明確にする必要がある。言い換えれば、中国の社区教育には関連法規が欠如しているため、各レベルの政府が直接社区教育に関与する段階にあり、社区教育推進の安定的・持続的な保障が非常に弱いのが現状である。各社区指導者の熱意によって策定される社区教育政策はそれぞれ異なっており、これでは社区教育の安定した発展は難しいと考えられる。

既述のように、社区教育の先進地である福建省と上海市は各自の生涯教育関係の地方条例を制定したが、これにより社区教育は多少発展・推進できると考えられる。しかし、これは地方的条例であり、その地域にしか適応できないし、社区教育に関連する項目はごく少ない。全国範囲での生涯教育法及び社区教育に関する法律法規が求められている。現代においてこの面における法制化とその完成度は国家における民主主義のレベルを評価する基準のひとつとなっている。社区教育が発展するには、合理的な行政管理、十分な資金援助、充実した活動内容などだけではなく、法律面の保障も重要であると思われる。法律の制定が社区教育の継続的で健全な発展を確保する重要な保障であるといえるからである[69]。

中国において、社区教育は、政府が直接干渉する段階にある。政策・法律に基づいた指導はめったになく、社区教育の保障は非常に弱いといえる。公的な法制度による保障もないので、社区教育は社区リーダーの熱意によって推進されている。ただ、リーダーによってそれぞれの制定された社区教育政策は異なり、社区教育の安定した発展は難しいと考えられる。例えば、中国では社区学院の設立と管理に関する法規が全くないため、社区学院の設立基準を混乱させている。「社区学院」「社区教育大学」及び「社区大学」など、名称が統一されていないだけでなく、社区学院設立の実力がないにもかかわらず、無理やり設立したため、運営体制の不健全さや教師の不足を来たし、本来の役割をあまり果たせていない区もある。また、西城区を例にしても、指導者の認識度により社区教育への投資や施設の整備などは格差が大きい。2007年に200万元を社区教育に投入した徳勝「街道弁事処」に対して、同区のある街道の投入は10万元足らないという現実がある[70]。そして、1986年にシステム化・制度化された中国の成人教育は、法制度化がなされなかったため、「自然発生・自然消滅」という現状となっている。このことは、法制度の重要性を明らかにしていると考える。

また、初期の社区教育を振り返ってみると、それは法制度を欠如したまま建設が始まった日本の初期公民館が必ずしも十分に発展しなかった事実と似ているところが多くあるといえる。例えば、前述した晏陽初がおこなった平民教育は、校式教育、社会式教育及び家庭式教育という3つの教育方式によって、農民の知識力、生産力、健康力、団結力を強めるものであった。しかし、中国で当時推進された「平民教育」は途中で挫折した。それは何故か。政治・経済面に原因があるのはいうまでもないが、関連する法律がなかったことも一因といえよう。法整備がなされていれば、このような現代社区教育と似た教育活動が根づいていたかもしれない。

したがって、社区教育の地方自治性に基づく、社区教育に関する法制度を制定することが、社区教育の展開と社区教育の質を保障するための重要な課題であるといえよう。特に、生涯学習法や社区教育法の制定が切に求められていると考える。

2. 管理体制と運営メカニズムに関する規定の不明確さ

まず、中央レベルの政策では管理体制と運営メカニズムに関する規定が明確ではない。2000年4月の『一部地域における社区教育の試行展開に関する通知』では社区教育の管理体制を「初歩的に形成する」「初歩的に社区教育の良好な運営メカニズムを形成し、社区教育の持続、有効な展開を進む」と規定されたが、管理体制と運営システムの具体的な内容に言及されていなかった。しかし、2001年11月に開催された「全国社区教育実験工作交流会」では、「社区教育管理体制と運営メカニズムの構築」について、特に「政府が計画的に始動し、教育部が主管し、関連部門が力を合わせ、地域が積極的に支持し、社区が自主的に活動し、大衆が広く参加する」という社区教育管理モデルを提言し、「実験区政府は社区教育を政府の重要事業に取り入れ（中略）社区教育の実験事業を労働者、青年、女性及び関工委[71]などの団体の社区教育と融合し、相互に促進する」「各級教育行政部門は社区教育実験の事業をさらに強化し、当地人民政府と協力しながら社区教育の発展企画を制定し、実施する」などのように各政府部門の連携を呼びかけていた。その後、2004年12月の『社区教育工作推進に関する教育部の若干の意見』では社区教育に対する意見が多面的に盛り込まれ、社区教育管理体制と運営メカニズムに対しては、以下のように提言された。「党の統一的指導、教育部門の主管、関連部門の協力、社会の積極的支持、社区の自主的活動、大衆の幅広い参加」という管理システム・運営機構を形成し、それに応じた管理機構・職員・経費を整え、社区教育をさらに健全に発展させること、「社区教育工作指導機構の事務局は教育行政部門に置く。『意見』の後に出された教育部や民政部による政策文書では、社区教育の管理体制と運営メカニズムに関する規定が見られなかった。

また、2000年の『23号文件』では、社区建設を強化する5つの任務を示し、その中で社区文化については「社区文化事業を積極的に推進し（中略）多様な、有益な文化、体育、科学普及、教育、娯楽の活動を展開する」と規定した。「社区服務」と「社区建設」に関する規定により、民政部では社区教育を社区建設の一部として捉えていることが窺える。要するにこれらの文書において、管理モデルと運営機構の形成についてはひととおりの提言はなされたが、具体的な実施方法と実施細則は規定されていなかったといえよう。これらのことから、社区教育は社会学、政治学、教育学に関わるものとして、社区建設、精神文明建設及び教育発展などの側面から推進されているといえる。

また、社区教育管理メカニズムは混乱である。社区教育の指導機構は教育行政部門に置くと規定されたが、現場では宣伝部や民政部に置かれている地域もある。調査対象としての北京では、社区教育は主に教育部門により指導されるが、上海では宣伝部の精神文明建設委員会や他の部門との連携により指導される。例えば、『本市における社区教育の強化に関する意見』（『関于加強本市社区教育工作的意見』）は上海市教育委員会と上海市精神文明建設委員会弁公室、上海市民政局により配布されている。また、社区教育は教育委員会に代わり主に精神文明弁に指導されるため、社区教育が全民のための教育性、住民学習の保障という機能を失いつつある。さらにここでは「党の言葉を発する器官」（党の代弁者）になっていく危惧もあると考えられる。社区教育は「地域経済の建設と社会発展を推進する教育活動」として住民の資質と生活の質の向上を目的としており、教育関連部門の関わりが重要であるといえよう。施設の管理からみれば、矛盾もある。例えば西城区社区学院は西城区旅行局オリンピック向け専門職員の訓練基地として、オリンピック成功のために専門職員にマナー・英語などの訓練を実施していた。オリンピックの直前、旅行局は市政府に指示された任務を仕上げるために積極的に社区学院と協力したが、経費不足の現状ではオリンピック後にも、この積極性を維持できるかどうか疑問視されている。

そして、地方レベルの政策でも、社区教育管理体系と運営メカニズムに関する具体的な実施方法と細則が規定されないため、管理体制と運営メカニズムは明確ではない。第1に、社区教育の専門管理機構は政府の教育行政部門との関係が明確ではない。社区文化、社区衛生、社区体育、社区サービスはそれぞれに対応する文化、衛生、体育、民政部門に管理されているのに対し、社区教育は経済、社会、科学技術などと緊密な関係を持つことによって、管理職責はその他の組織部門と重なり合う場合もあり、管理範囲は確定されにくくなる。例えば、社区教育各教育機構はさまざまな部門の管轄を受けている。西城区の三層社区教育機構からみれば、区レベルの文明市民学校の管理委員会は精神文明弁により推進され、「党口」(党委のシステム)に属し、全区の三層文明市民学校の管理及び各部門との協調事業を担当する。その責任部門は区文明弁、区教委、社区学院であり、社区学院は各街道レベルの文明中心校を指導する。街道文明市民中心校の任務は中心校の校務管理委員会の指導の下で、街道社区弁により実施される[72)]。このほか、街道社区学校、街道社区服務中心は社区教育の職能を持っているものの、前者は「区教委」に、後者は「街道弁事処」にそれぞれ属している。

第2に、社区教育機構の機能が重複しているところが多く、資源の無駄遣いをしている。例えば、各街道では社区教育学校と社区市民学校の2つの主要な教育機構が存在している(社区服務中心も同じような社区教育活動を実施している街道もある)。2つの社区教育機構は同じ学習者に向け、類似な教育活動を行っているため、施設、教師、学習者の側面でお互いに負担をかけるだけでなく、不要の競争をもたらす。即ち、西城区、ないし全国の社区教育実験区では、3層の管理体制と社区教育の学校ネットワークが設置されているが、規範的な管理体制がまだ不明瞭で、管理機能の不明確な状況下では、社区教育の展開が制約されるばかりではなく、政府の計画実施にも悪影響を与えている。これらの問題を考慮し、政府の管理と住民の自治管理権限をどのように調整するか、政府の管理をどのように明らかに規定するかは今後の課題である[73)]。

今後の行政管理体制の新たな構築について、より高いレベルの社区教育管理機構のような綜合調整的な組織を設置することを提案したい。

社区教育が一定の規模まで発展した後に、どのように民主的な行政管理体制を構築するかは、社区教育の正常な発展を保障する極めて重要な措置である。まず、現在の中国では、経済組織、非政府・非営利組織という2つの基盤は、まだ十分に育っていない。各地の経済、教育事業の発展の不均衡と地方政府、民衆の社区教育の機能・社区発展に対する認識の落差は、中国社区教育事業の発展における地域格差をもたらした直接的な原因となっている。

また、上述のように、社区教育はまだ発展の初期段階にあるため、縦と横の管理ラインの不明確、業務上における指導の不徹底、規範的な管理体制の不明瞭、管理機能の不明確化によって、社区教育の展開が制約されるばかりではなく、政府の計画推進にもマイナスに影響している。さらに、「単位人」から「社会人」への転換に直面して、政府は無理のない管理を強化するため、その管理機能を再点検する必要がある。したがって、政府は最も下部の組織である区レベルの社区教育実施状況を把握し、管理を強化するため、各区の間、学校と社区組織の間を結び、社区教育事業を無駄なく綜合的に展開できるように調整する、より高いレベル（市・省レベル）の管理機構の設置が不可欠であろう。

3. 評価機能の欠如

社区教育政策についての評価の結果、評価に関する情報の公表は効果的、効率的な行政の推進に資し、社区教育行政についての説明責任を果たす。まず中央政策における社区教育の評価に関する規定を見てみよう。『教育部関于在部分地域開展社区教育実験工作的通知』（2000年）では、「各実験区は社区教育の事業に対して監督・評価制度を制定」することを規定して以来、多くの中央レベルの社区教育関連政策で社区教育の評価制度の制定を呼びかけていた[74)]。その中で『教育部関于推進社区教育工作意見』（2004年）では、教育部は「計画的に社区教育実験事業に対する検査・評価を行う。具体的には教育部は管理者と専門家を組織し、全国社区教育実験区に対し検査と評価を行い、効果が顕著である実験区を表彰する。省（自治区、直轄市）も地域の社区教育事業への評価を行う上で、定期的な検査、評価及び表彰制度を形成する。社区教育の管理者と専門家、学者を広範に受け入れ、社区教育専門家諮問委員会を成立し、実験区の社区教育実験への指導を参加させる」という意見を出した。

さらに教育部弁公庁『全国社区教育模範区の推薦を求める通知』（2004年12

月）により、全国社区教育実験区と各省レベル・市レベルの教育行政部門に指定された「省・市級社区教育実験区」は「全国城区の四分の一」を占めていることが明らかとなった。教育部はこれらの実験区の中で、典型的模範を選出し、全国に広げることを目標とし、この通知では、社区教育模範区を選出するため評価内容と基準を多項目にわたって示した。特に、第1項目では現職訓練、再就職訓練、高齢者教育、青少年校外教育、特殊教育が教育・養成活動として例示され、従来の政策の重点とされていた技術人材養成からその領域が拡大されていて注目される。第3項目において、各種教育・訓練機関、文化・体育・科学技術施設の住民への開放状況、区・県における社区学院ないし社区教育センター、街道・郷鎮における社区学校、「社区居民委員会」における社区教育拠点の建設状況、さらに進んで、教育経費拠出方法（常住人口の一人当たり1元を基準として社区教育ための専門経費を設ける)、及び専任・兼任の組み合わせによる職員体制の整備状況などを推薦基準としている。

『社区教育模範区の評価基準（試行）に関する通知』（『社区教育示範区評估標準（試行）的通知』）(2010年）では、より一層具体的な模範区の評価基準が提起された。例えば、教育経費については常住人口の一人当たり2元を基準とした。また、地域の格差によりそれぞれの評価基準を定めた。社区教育を受ける人口比率を例にすれば、東部地域では50%、西部地域では30%に達することを規定した。都市部では失業者と出稼ぎ者向けの育成訓練比率について、東部地域は70%、西部地域は50%に及ぶ。そして農村部に対し、具体的な評価基準を制定した[75]。これにより評価基準が次第に高くなっていくことが窺える。

これらの教育部の政策規定、要求に基づき、各地も地域の実情と特色に応じ、自分なりの細則と実施方法を制定した。西城区を例にとれば、『北京西城区街道弁事処の社区教育事業に対する評価指標システム』（『北京西城区街道弁事処社区教育事業評価指標体系』1999年)、『学習型社区先進的街道の選出に関する通知』（『関于評選創建学習型社区先進街道的通知』2005年）などが挙げられる。これらには、評価体系を重視し、指標以外の要素を無視する一面もある。また、中央レベルの政策における評価体系は不完全で、それに基づき制定された地域レベルの評価体系もまだまだ不十分である。これらの条文には、直接「行政の評価」「施設の評価」「資源統合の評価」などの文言は見られず、これらをもって完全な評価の実施に関連する規定であるとは考えにくい。社区教育資源の統合の側面では、中央レベルの政策では規定されず、地方でも具体的な細則も備えていない。西城区では区教委、社区学院、「街道弁事処」の社区教育資源統合に関する賞罰や激励の規定が欠けている。学校の運動場やプール、教室の開放等は前より進んではいるが、学校開放にいまだに慎重な学校もあるなど、学校により取り組みが異なっている。施設を社区住民に開放することを区政府と契約した小学校は90%を超えたが、実際に施設を開放した学校は10カ所しかない。高度化した人々の学習ニーズに対応するためには、大学等の高等教育機関との連携が不可欠である。しかし、西城区内の2つの大学（外交学院と北京市建築工程学院）は社区教育にあまり関わっていないのも実情である。一部の大学や小中学校では社区教育の育成訓練を実施しているが、区教委の要求に基づいた長期的な資源統合の体制はまだ形成されてはいない。とすれば、いまだ学校教育と社区教育の連携は不十分といわざるを得ない。それだけではなく、後述する社区教育専門職員の育成、社区教育経費の確保なども政策における評価制度の整備不足のため、保障できない状況もある。

これらの事実から、「政策評価機能の欠如」を問題点として指摘できる。政策評価の導入については次のように提言したい。中央や地方における評価機能の強化について、評価の客観性を確保するため、評価指標の体系化や評価の数値化・計量化等の評価手法を開発していく必要があること、及び評価結果の公開について、評価の迅速化や情報の公開を積極的に進める必要があると考える。政策評価については、政策評価を行う観点、評価手法、評価結果の政策への反映、政策評価の組織・方法、政策評価の実施要領、政策評価の結果等の公表なども求められるであろう。有識者による政策評価の手法等に関する研究会を開催し、政策評価に関する基本的な考え方の整理や政策評価の指標・手法等の案の策定に着手することが期待されているといえよう。

4. 専門職員育成の規定と実践とのギャップ

まず、専門職員に関する政策規定と実践とのギャップを見てみよう。

すでに、「専門職員」[76] について触れたいくつかの政策文書について言及した。例えば、『一部の地域において社区教育の試行を展開することに関する通知』（以下『通知』と略称）（2000年）、『全国社区建設実験区の実施方案』、『社区服務の強化と改進に関する国務院の意見』、『全国における都市社区建設の促進に関する民政部の意見』（2000年11月）、『学習型社区の構築を促進するには首都教育現代化を先に実現する必要がある ― 全国社区教育実験事業の経験交流会議における講話』（北京市教委副主任の李観政、2001年）、『社区教育工作推進に関する教育部の若干の意見』（以下『意見』と略称）（2004年）などが挙げられる。『通知』では「管理職員を健全にし、教師の養成を強化する。社区教育管理職員は区（県）、街道（郷鎮）、「社区居民委員会」（村）の教育関連部門と職員で構成され、社区教育の管理、組織及び協調の事業を担当する。（中略）管理職員と教師への育成訓練を強化し、社区教育の管理と教育レベルを高めることを期する」ことが提起された。

さらに、『意見』では「各地の社区行政部門は社区教育要員体制を強化しなければならない。一定の専任職員を根幹に社区教育の要求に対応できる兼任職員及びボランティアを主体にした管理体制と社区教育職員体制を樹立する。（中略）社区教育の職員の待遇の課題を解決し、職務、職名、給料及び研修の側面で他の教育職員と平等に見るべきであり、社区教育職員の規範を制定し、育成訓練を展開し、大学に依頼し、社区教育職員の育成訓練を高めるため社区教育職員向けの育成訓練センターを設置すべきである」と規定されている。これらの政策文書では専門職員向けの規定がないが、社区教育職員の専門化と職業化に政策的な保障を提供しているといえる。これらの文書に基づき、各地で社区教育職員の専門化に挑戦した。例えば、ハルピンの「社区教育講師団」[77]、北京西城区の「教師下社区」などの模索では、小中学校の教師を社区教育職員として活用することは社区教育職員の資質を高めたと考えられた。

しかし、一方現場では小中学校の教師が社区教育職員になることには一連のいくつかの問題が起こっている。一時的な社区教育職員としての小中学校の教師は「街道弁事処」と教育委員会の二重管理を受けるため、評価の面では混乱を起こしやすい。前述したように、身分転換が困難と思っている教師が多い。また、社区教育職員の特徴については「高齢者が多い」「学歴が低い」「専門知識が不足」とまとめられている[78]。上海社区職員への調査結果によると、その職業態度は積極的であるが、コンピュータや外国語の能力が低く、専門的なノウハウが不足であるとされている[79]。また本研究の対象である西城区では社区学院や社区学校の専門教師の人数と質がアップしていく趨勢が見られるにもかかわらず、「社区学院と社区教育学校に一部の固定的な専門教師がある以外、他の社区教育機構は主に兼任教師とボランティアに頼っている」「社区教育教師の規定を制定したものの、社区教育教師に関する完全な統合メカニズムを設定していないため、教師の人数はまだ不足である。

しかも、社区教育職員の全体からみれば、退職後に自分ができるすべてを尽くし社区教育事業に貢献する定年者が多い」[80]ともいわれている。社区教育の教師だけではなく、専任職員や兼任職員もそうである。特に、「社区居民委員会」の社区教育職員の構成はその年齢層が低くなり、学歴層がアップされているが、総体的にいうと年輩者や低学歴者がまだ多い。例えば、西城区六部口社区居民委員会では2000年以降、党委副書記の平均年齢は30代になっているが、14人の職員（社区服務站の職員を含め）には50代以上が半数を占めている[81]。職員育成訓練の側面では、社区学院は大きな役割を果たしているが、筆者の社区教育職員へのインタビューと職員育成訓練の座談会への参加を通じ、就職前の育成訓練より就職後の系統的な学習が欠けていると窺える[82]。

中国では、社区教育に関する専門講座を設置する大学はめったにない。ある社区学院で社区教育という専門学部が設置されてはいるが、この専門を選択する住民は多くはない。大学の教師、社会著名人、学者を招聘するのには一定の支障がある。その原因について、2点挙げられる。1点は社区教育の宣伝が不足なので、社区教育に関心を持つ人はまだ少ない、2点は社区教育の資金が不足しているので、多様な活動や講座に必要な教師が集められないことである。そのため、社区教育の専門職員の育成は困難な状態にある。前述の社区教育発展の社会背景に関する分析によると、中国で社区教育の発展は大きく期待されているのであるが、社区教育の専門職員育成の難しさは社区教育の発展を妨げることにもなりかねない。したがって、既存施設の有効利用と学習者の要求に応じるために、専門職員を育成することは大きな課題となっている。また、地域には多様な分野において、専門的な知識・技能や豊富な経験を有する人々が存在している。こうした人々を社区事業等の指導者や助言者として、活躍させることも望まれる。

5. 財政支援規定の不明瞭と各地資金投入の格差

各地における社区教育の展開実情から見れば、財政支援は社区教育発展の基礎と前提であるといえる。社区教育の経費保障は社区教育事業の展開に直接的な影響を与えている。2000年以来、教育部は政策文書で社区教育経費の保障を社区教育実験区事業の推進に取り入れている。例えば『在部分地区開展社区教育実験工作的通知』(2000年)では「投入保障を強化する」ことを社区教育実験区への要求として扱い、「全国社区教育実験工作交流会」(2001年)では「政府、社会、企業・事業、個人がそれぞれ若干の拠出を行う」という社区教育の財政問題を解決する方法を提言した。さらに『関于推薦全国社区教育示範区的通知』(2004)年では「社区教育模範区は多ルートな社区教育経費拠出手段を持ち、常住人口の一人当たり1元を基準として社区教育のための専門経費、及び社区内企業・事業組織の職員社区教育経費を設ける」ことを全国社区教育模範区選出の標準として示した。

社区教育経費に関する規定が詳しいのは『意見』(2004年)であるといえる。この意見では「政府の援助と市場メカニズムの相乗作用を十分に発揮し、政府、社会、企業・事業組織、個人がそれぞれ若干の経費を捻出するという方法により政府支出を主に多様な方面から拠出する社区教育の経費保障機構をつくる」ことを提案した。ここでは主に3つの側面からの経費拠出が強調されていた。①政府の財政的な支援を主とした多ルートの社区教育経費保障メカニズムであること、②国・省レベルの社区教育実験区では社区常住人口1人あたり少なくとも1元を基準に社区教育経費を支出すること、③社会組織や個人からの経費を捻出することがそれであり、特に経済発達地域ではこの基準を踏まえ、経費支出を上乗せする。「社区内各種の企業は職員・労働者の労賃総額の1.5%から2.5%を職員・労働者の訓練に当てる規定を確実に設け、現職訓練を積極的に展開する」「学習者個人の利益となる部分が比較的高い訓練では、国の関連規定に従って経費を徴収する」とされている。しかし、現実に現在、社区教育の経費拠出方法は単一なものであり、主に街道の投入によっているのである[83]。また、中央財政予算教育事業経費に関する規定の中には社区教育経費の規定がない。中国においては、政府の教育に投入した資金は全面的に非常に不足していると指摘されているが[84]、とすれば社区教育への財政支援はもっと少ないことが予想され得るであろう。政府の資金投入不足によって、基礎教育の面ではその発展が大きく阻害されてきた。この基礎教育の弱さは、社区教育で補う必要があるということを意味してこよう。総じていえば、この経費投入不足により社区教育の進みが制約されていると考えてもよいであろう。

一方、何の法律の保障もないにもかかわらず、一部の実験区は区なりに社区教育特別経費を設けている。地域的な経済格差と教育格差のもとで、全国的にみれば、社区教育の経費投入と管理が異なることにより、経済的に発達した地域と遅れた地域（東部、中部、西部に分けられる）、実験区と非実験区の不均衡な局面が形成されている[85)]。しかも、教育部の政策においては、社区教育経費に関する特別項目を設置していないため、各地の社区教育経費投入はそれぞれ異なるばかりでなく、社区教育経費の総体的な投入が不足していることも事実である。

西城区では、表 5-5 によれば、社区教育学校への政府財政的な支出は 80％以上になっている。社区教育は社会公益事業として、主に政府の投入によるのは当然のことであるが、固定的な経費拠出メカニズムや統一的な投入計画がまだ形成されていないため、各街道の経費支援は格差が大きいし、投入ルートや経費の利用も不安定である。経費投入メカニズムの未形成については主に次のことが指摘されている。①区財政編成年度予算では社区教育経費を単独に設置していないこと、②各街道も社区教育に関する予算を設置していないこと、③社区教育の施設などへの単独支出項目を設置していないこと、④社区教育経費の使用に関する規定を設置していないこと、がそれである。

また、社区教育には非営利であることを基礎に、円滑な運営の実施が期待されている。現在では、学習者からの学費収入を増やす方向で「受益者負担」の方針が明示されているが、社区教育において学費を多く徴収すると、社区学院の「社区性」と「公益性」を抑制するばかりでなく、学習者の学習意欲を高めるのにも有益ではないことはいうまでもない。学費の増加により、入学者数が減り、その結果さらに経費不足になるという悪循環に陥る恐れがあるからである。西城区社区学院のＺ主任は「教育費の私的負担の増加は家計を圧迫し、教育機会の均等、とりわけ低所得層の教育機会に影響を及ぼす可能性があると考えながら、有限の経費を利用し、できる限り多くの活動を実施することに努力するしかない」と発言している。

要するに、中国においては社区教育展開のために、「政府の補助、社会の寄付金、企業の支援金、個人の利用料」によってその経費を賄うことが提唱されているが、現実には、公的補助に依拠することしかできない社区は多いのである。中国で公的補助は社区に納入される税金によって賄われているので、社区教育の発展は地域経済と深く関係している。即ち、人口や産業の集中、経済格差の拡大化に伴い、社区教育は経済の進んでいる地域では充実され、生産力の低い地域では無視される状態になっている。総体的に中国では近年、政府による教育経費投入額は次第に増加していく趨勢にあるが、その投入先は政府が重点的な発展対象としている基礎教育と高等教育に向けられている。したがって、現実には社区教育への財政支出が増える傾向はなかなか見えてこない。地方行政の安定を確保するとともに、財政力の乏しい地方公共団体に対して財源調整による個別地域への国の支援も必要である。社区教育の発展経緯により、政府の主導性が強いと考えられるが、政府は主導的に社区教育を推進する一方で、市場の社区教育への貢献力を弱化したのではないかと考えられる。

地域間格差の解消・教育機会均等実現のために、社区教育も地方政府、企業、住民などの多元的なルートを通じて収入を増やす工夫をしていかねばならない[86]し、経費増加のためには、今後、企業支援のルートを通じて収入を増やす工夫もしていかねばならない。とすれば、例えば投資法規の制定、企業との連携などが必要であろう。生涯学習の必要性が強調されている今日、社区教育の重要性も日に日に増しているといえる。活動の足場となる財源が不十分であれば、その目的を達成することはできない。したがって、中国において政府からの資金支援は必要不可欠であろう。全般的な公的財政支援の必要があるだけでなく、個別の地域への支援も必要である。経済格差の状況下にあって、すべての地方公共団体がその必要な財源を地方税だけでまかなうことは大変困難である。そこで、地方行政の安定を確保するとともに、国民の負担を軽減するため、国が財政力の乏しい地方公共団体に対して、その必要とする財源を調整しながら用意しなければならないであろう。

以上の社区教育政策における問題点以外に、まださまざまな課題が挙げられる。例えばボランティア、学習活動内容の体系化などに関する規定が不足していることなどはその一例である。公徳心・公共心などの意識向上を望みながら、ボランティアによる小学生の社区教育参加を幅広く促すことは切実な問題である。さらに今後、地域において多様な分野で専門的な知識・技能や経験を豊かに持つ人々を社区教育事業等の指導者や助言者として活躍させるなど、一般人ボランティアの参加も必要であると思われる。生活文化振興のための学習を体系化する必要がある。中国においては、資質の向上や、文化の普及などの生涯学習を行うべきであると提唱されているが、現状では社区在職者の職業訓練やリストラされ失業中の労働者の再就職訓練や資格取得、高齢者の余暇活動などを多く展開しているため、人的能力開発への過度な傾斜を予感させる。

しかしながら、職業教育を社区教育の範囲に入れるのは、科学技術の発展により、職業教育の必要性が高められている時代の潮流に応じたやり方であるといえる。特に社区で職業訓練を行うのは、単独では職業教育が困難な中小企業に役立っている。また、住民サービスの分野におけるビジネス・チャンスと雇用機会の創出という経済効果に対する期待も、「社区」建設推進の動因の一つとなっている。しかし、社区教育の目的は社会的安定促進とともに、それと深く関わる職業技術・技能の訓練、生活文化の振興など、総じて、国民の能力向上に寄与することにあるので、今後、その活動内容の組織化に一層の工夫が求められると考える。

注

1）ここの第1節は馬麗華「中国社区教育政策策定過程における中央・地方の相互作用～中央・地方という政府間の関係文書に関する分析を手段として」『日本公民館学会年（8）』日本公民館学会、2011年、pp.64～75の一部である。

2）中央政府は中華人民共和国中央人民政府と意味が同じである。

3）中国に地方自治体は存在しないので、地方政府は地方にある国家機関である。また、「中華人民共和国憲法」（1982年制定、1988年、1993年、1999年、2004年修正）は「地方各級人民代表大会と地方各級人民政府」の節において「地方政府」と表現される。

4）当該地方に関する法規として制定する必要がある場合、上級政府の行政法規の規定及び法律を、当該行政区域の実情に応じて執行するための具体的な規定が必要な場合では、地方人民代表大会、地方人民代表大会常務委員会及び地方政府が地方の立法権を行使することができる。しかし、地方立法主体の権限は中央により授与され、一定の範囲内においてのみ行使できる、また、上級政府の批准を得るだけではなく、中央の監督と審査を受けている。

5）『毛沢東選集』第5巻、人民出版社、1977年p.275により。毛沢東は1956年4月25日「論十大関係」を題として講演を行った。「論十大関係」とは、ソ連盲従主義批判、中国独自の社会主義を築こうという呼びかけである。毛沢東はこの講演では中央政府と地方政府の矛盾を解決するため、地方への権限下放を主張した。

6）格日楽「中国の地方制度における自治の必要性について〜地方の現状と課題の視点から〜」『一橋法学』第9巻第1号、一橋大学大学院法学研究科、2010年3月、p.241。

7）陳雲・森田憲「中国における分税制下の中央地方関係〜立憲的地方自治制度の進め〜」『廣島大學經濟論叢33（1）』広島大学、2009年7月24日、p.5。

8）呉国光・鄭永年『論中央地方関係 — 中国制度専型中的一個軸心問題』牛津大学出版社、1995年、p.3。

9）『週刊東洋経済』第6178号（2008年12月13日）、pp.90〜91。

10）社区教育施策における中央・地方との関係について、澤地和歌子の博士論文『社区建設にみる中国の政策ネットワーク・マネジメント〜基層社会管理システム再構築の視角から〜』（法政大学、2007年）と于燕燕『社区自治与政府職能転変』中国社会出版社、2005年を参考した。澤地は中央・地方各レベルの社区建設を通じ、都市部の基層社会管理システムの再構築について論じ、新しいシステムの中でアクターの役割や相互作用の変化を分析した（p.2）。そのなかで中央レベルでの社区服務、社区建設の全国的展開に至までの政策形成におけるマネジメントは「トップダウン的かつ政府が計画・設計・先導する色彩が濃厚であった」が、居民委員会というアクターの政策形成への参加していることで、マネジメントの性質が性格的に変容してきていると論じている（pp.123〜124）。于によると2002年の「第4回北京都市管理会議」では各レベルの政府機関の改革と「行政事務を簡潔化し権限を下に放す」が強調された（p.38）。本書の社区教育政策の実施プロセスから中央・地方の相互作用に関する考察を通じ、政府行政の主導性がまだ濃厚であることを析出した。これにより社区レベルの施策試行の段階において全体的にいえば行政が意思決定をする上で、参考のために住民の意見を聞くことにとどまっているといえよう。

11）主に社区服務、社区衛生、社区文化、社区環境、社区治安の推進を含めている。

12）黎昕主編『中国社区問題研究』中国経済出版社、2007年1月、p.84を参照のこと。

13）袁允偉「生涯教育の思想と社区教育、街道教育委員会 — 上海市の動向を中心に」『東アジア社会教育研究（2）』、1997年、p.39。

14）呉遵民（千野陽一訳）「中国社区教育の理論と実践」『東アジア社会教育研究（9）』、2004年、p.6。

15）牧野篤は社区教育展開の第2期の「地域社会の教育事業体としての社区教育」では社区教育委員会が1995年前後から教育事業体としての独自の教育機関を持ち、「普通教育・職業教育・成人教育を統合しながら、地域住民の生活安定のための教育サービスを提供する教育事業体へと展開し、教育ネットワークとしての実体を持ち始めたのである」と指摘した。

日本公民館学会編『公民館・コミュニティ施設ハンドバック』エイデル研究所、2006 年 3 月、pp.394 ～ 395。

16）2004 年 3 月 14 日第十回全人代第二次会議で採択された憲法修正案（第 46 条の 1）は教育を受ける権利を公民の基本権利と義務として規定した。これは初めて法律で国家が人権を尊重、保障することを明確にした。

17）陳宜安（白メイ訳）「立法を通じて学習型社会を推進する～福建省終身教育立法に関する若干の基本問題～」『東アジア社会教育研究（13）』、2008 年、pp.34 ～ 44 を参照のこと。

18）黄欣、呉遵民（千野陽一訳）「国際的視野からみた上海市生涯教育地方立法」『東アジア社会教育研究（15）』、2010 年、pp.36 ～ 40 また、次のように指摘した。「この条例は生涯教育実践の現実的基礎となり有効な手立てとなるという点では十分でなかったため、具体的に生涯教育を実践に移すことになると、明らかに原則・理念に偏り、現実性に乏しすぎるという問題を持っていた」「政府関連部門との有効な意思疎通と協調を欠き、制定過程においても法の権威性と応用性との有機的結合という問題を解決できなかったため、理念性が強く、実施可能性との隔たりが多いいという欠陥から免れることはできなかった」。

19）同上書、p.40。

20）2010 年 5 月北京西城区社区教育協会会長である Y さんへのインタビューによる。Y さんはそこで、「国家レベルの生涯教育法は 2012 年まで公布されるであろうと願っているね」と発言している。

21）「小区」とは外観が類似した建物がある程度広い面積内に規則正しく建てられ、内と外の区別が明確である「団地」だと理解してよい。2000 年以降に建設された小区の特徴として以下の 4 点を挙げることができる。①全体を囲む塀と警備用のゲートが設けられ「ゲーテッド・コミュニティ」形式が主流であること。②規模が大きいため、同じ小区内でも建設の時期にずれがあり、でき上がった建物の販売、入居が開始してもなお別の建物が建設されることが多く、小区への入居に時間差が生じていること③「箱売り」（内装は一切せずに、コンクリート打ちっ放しの状態）で販売で行なわれることが一般的であり、内装材料の生産と販売、内装工事が一大産業に成長していること④小区の自治組織として「小区業主委員会（所　有者管理組合）が開発業者と不動産管理会社によって組織され、小区の公共事務に当たっていること。社区を「行政型社区」と呼ぶならば、小区は「契約型社区」である。小区は市場ベースであるのに対して、社区は行政ベースであり、地理的範囲も社区のほうが広く、小区を管轄下に収めようとしている。以上の小区に関する説明は李研焱「都市：基層管理体制の変動とコミュニティ形成」飯田哲也・坪井健共編『現代中国の生活変動』時潮社、2007 年 4 月、pp.89 ～ 90 による。

22）内部資料である『社区教育研究』北京市西城区社区教育委員会・北京市西城区社区教育教会、2008 年第 1 期、p.20。

23）趙麗芬「成長中の中国経済とその国際化の進展」『高崎経済大学論集』第 47 巻第 3 号、

2004年、p.89。

24）周嘉方「『我国推進社区教育実験過程的政策研究』結題報告」『湖北大学成人教育学院学報』第28巻第1期、2010年2月、p.19。

25）2009年8月10日西城区社区教育弁公室職員へのインタビューによる。

26）黄雲龍『社区教育管理与評価』上海大学出版社、2000年、p.22。

27）東北大学の石井山竜平は日本における官民パートナーシップに対して、日本文部科学省主導で取り組まれてきた「地域の教育力向上」や「学校支援」を巡る事業では「行政がして欲しい事業を住民にしてもう」事業でありながら、行政の関わりはあくまで「組織の立上げ段階」に限定されており、その後は「自立してもらう」として行政は手を引くことが前提とされていると示した。また、日本社会教育における官民関係の特質について、石井山は①目標設定における行政主導性、②行政の関与は事業を立ち上げる時のみという関与の限定性、と提起した（『東アジア社会教育研究（15)』、2010年、p.87)。

28）2005年、教育部は記者会見以外に、記者招待会、独占インタビューなどを行った。2006年からは教育部は定例の記者会見制度を実施したが、具体的にいえば教育部のスポークスマンが教育改革と相関政策を発表し、記者の質問に答えるという形をとるようになっている。2007年、「経済困窮の学生への援助」を広めるため、教育部は記者会見を教育部のホールから学校へ移して実施した。寧夏、陝西、河南などでも記者会見をも行った。さらに2008年には、教育部スポークスマン弁公室は中国教育テレビと協力し、政策宣伝ための記者会見をテレビ番組として公衆と直接的に対話を行った。

29）格日楽「中国の地方制度における自治の必要性について～地方の現状と課題の視点から～」『一橋法学』第9巻第1号、一橋大学大学院法学研究科、2010年3月、p.246。

30）郭添財「政府只能提供部分協助和政策支持社区教育、活力来自居民（見解)」人民日報、2009年9月2日。

31）沈勉栄・劉軍「改変中心城市教育由政府包局面、上海前面実施社区教育新体制組織社会力量参与教育管理互為依靠双向服務」『人民日報』、1988年9月11日（3)。

32）1986年9月に武漢で開催された「全国社区工作座談会」において規定されたものである。この他、この座談会で「社区服務」の概念、目標、任務内容などがより一層明確に規定された。

33）江沢民は1999年天津市の社区建設を視察した際、社区建設を強化するには、党の群衆路線を貫き、基層政権の建設を強めるのは必要であることも呼びかけた。

34）民政部により提案された『全国社区建設模範都市の基本標準』（全国社区建設示範城基本標準）による。

35）胡錦濤「高挙中国特色社会主義偉大旗帜、為奪取全面建設小康社会新勝利而奮闘 ― 在中国共産党第十七次全国代表大会上的報告」『人民日報』、2007年10月25日（1 － 3)。

36）胡錦濤「在省部級主要領導幹部提高構建社会主義和谐社会能力専題研討班上的講話」『人民

日報』、2005年6月27日（1）。

37）江沢民「在慶祝中国共産党成立八十周年大会上的講話」『人民日報』、2007年7月2日（1）。

38）中国は1982年3月に「高齢化に関する世界会議・中国委員会」（「老龄问题世界大会中国委员会」）を発足させ、1985年に現在の「中国高齢化対策協会」（「中国老龄协会」）となり、国務院直属の機関として高齢化対策事業に関わる問題を調査研究し政策提言を行うようになった。1999年10月になると「中国高齢化対策委員会」（「中国老龄工作委员会」）が設立され、副首相、李嵐清氏が初代委員長を務めた。2000年8月に『高齢化社会への対応を強化することに関する中国共産党中央委員会と国務院の決定』（『中共中央、国务院关于加强老龄工作的决定』）という政策が発表された。

39）教育の一方、政府が高齢者への福祉サービスにも取り込んでいる。中国民政部のホームページに掲載されたものにより、北京市では「9064」戦略を定めた。2020年に90%は家庭での介護、6%は地域コミュニティでの介護、4%は施設での介護を実現するのである。社会化改革を推進力とし、介護サービスの均等化を目標に掲げて高齢者へのサービスを改善していく。そのために次のような施策を行う。①高齢者サービス補助を実施すること。60歳以上の高齢者で低収入、老人のみの世帯などの条件を満たしている高齢者には50～250元の介護サービス補助金を支給する。対象者は18万人に上ると推定される。②高齢者優待サービスを行うこと。60歳以上の高齢者は博物館参観料などを無料とする。65歳以上の高齢者は公共交通や公園入場料を無料とする③北京市では2008年から、社会保障が得られない60歳以上の高齢者には毎月200元の福祉年金を支給する介護サービス施設の拡充に予算投入を増やすこと。

40）例えば、2000年の人口国勢調査により、北京市の流動人口は211.3万人、その中で、西城区の流動人口は22.1万人、北京市流動人口総数の10%を占め、西城区人口総数の30%を占める。年齢と言えば、20歳～40歳の人は一番多い、教育を受ける程度について、中学卒業生は47.9%、高校生は23.9%、専門学校以上の人は11.5%である。内部資料である西城区人口計生委の陳雅近「西城流動人口典型調査分析報告」2009年8月27日による。

41）韓嘉玲「北京市流動人口中的児童生活及権益保障現状」『中国首都発展報告』社会科学文献出版社、2004年、pp.275～283。

42）甘柄光等編『社区工作理論与実践』中文大学出版社、1994年、p.235。

43）莫泰基、郭凱儀、梁宝霖『香港社区工作反思与前瞻』中華書局、1995年、p.143。

44）千野陽一訳・解説「社区教育展開に関する二つの中国教育部公式文書」『ESD環境史研究：持続可能な開発のための教育』東京農工大学農学部環境教育学研究室・青少年教育研究室・環境文化史研究室・科学技術論研究室、2007年9月、pp.9～10を参照のこと。

45）葉忠海「論学習化社区創建的若干基本問題」『成人教育』、2004第1期、p.6。

46）黄雲龍『社区教育管理与評価』上海大学出版社、2000年、p.138。

47）陳乃林『現代社区教育理論与実験研究』中国人民大学出版社、2006年、p.157。

48）学習型社会建設研究プロジェクト組『学習社会建設的理論与実践 ― 学習社会建設研究子課題課報告集』高等教育出版社、2010 年、p.141。

49）陳乃林『現代社区教育理論与実験研究』中国人民大学出版社、2006 年、p.166。

50）王華、李奮発「城市社区居民委員会直接選挙研究」『厦門特区党校学報』、2008 年第 3 期、p.31 により。ここでは社区居民委員会の選挙について以下のように議論されている。社区居民委員会の選挙とは、居民委員会の主任、副主任及び委員の選挙である。直接選挙には 2 つの意味がある。一つは居民大会により選挙される、つまり社区の全体居民の投票により選挙されるものである。もう一つは候補者の推薦、正式候補者の確定から居民委員会の主任、副主任と委員までの選挙過程は選挙者が民主・自主の投票方式に基づき進められ、どの行政機関、社会団体及び個人でも干渉することができない。

51）前述したように『中華人民共和国憲法』第 111 条「都市と農村は住民の居民地域により成立された居民委員会、又は村民委員会は基層の住民自治組織である」と規定されている。

52）居民委員会に関する研究では、居民委員会の基層大衆的自治組織でもある一方、「行政補完組織」、「政府行政協力組織」でもあると批判する学者が多い。例えば、森谷健「『都市居民委員会組織法』と居民委員会の性格及び活動 ― 上海市連雲居民委員会の事例から～」『群馬大学社会情報学部研究論集』創刊号 1995 年、pp.129 ～ 142；徐永祥『社区発展論』華東理工大学出版社、2001 年など。

53）于傑「城市社区自治中居委会職能的転変」『中共青島市委党校青島学院学報』2009 年第 3 期、p.33。

54）范耀登等『城市社区管理』中国社会科学出版社、2010 年、p.6。

55）黒田由彦、南祐子編著『中国における住民組織の再編と自治への模索』明石書店、2009 年、p.36。

56）例えば、「中国の都市部の末端自治組織である社区居民委員会の委員を選ぶ住民の『直接選挙』が 17 日北京で行われた」、これは人民日報インターネット版（日本語版http://j.people.com.cn/home.html）の「北京ではじめての『町内会役員選挙』行われる」と題とした記事（2002 年 8 月 18 日）による。

57）例えば、社区居民委員会の主要な職責について、基層政府、市政サービス機構に対する監督活動を展開することを強調した。住民の基層政府または派出機関の仕事への監督を強化するため、社区居民委員会が住民自身利益に関連する公共政策の公聴会を組織する。

58）北京で設置された社区服務ステーションは 50㎡不足の面積で、様々なサービスを網羅するところである。文化活動室、図書室、社会保障・労働就業等に関する窓口が設置されている。また市政府は『北京市社区服務站人力資源和社会保障工作職責（試行）』を公布し、より一層社区服務ステーションの機能と職員保障の規則を規定した。

59）人民ネット http://politics.people.com.cn/GB/1026/13171298.html（2010 年 10 月 26 日閲覧）

60）李明伍「中国都市部の社区における「自治」と「第三の手」」『文教大学文学部紀要第 24 － 2 号』文教大学文学部紀要委員会、2011 年 3 月、p.52。

61）北京西城区社区弁公室主任の W さんへのインタビューによる。W 主任はさまざまな例を挙げたが、例えば、「低保戸」（最低生活保障世帯）は最低生活保障を申し込む際、最初は社区居民委員会に申請したが、現在「社区服務站」がその街道弁事処の仕事を引き受けた。社区服務站の構成員は住民に選挙されたのである。

62）李明伍「中国都市部の社区における「自治」と「第三の手」」『文教大学文学部紀要第 24 － 2 号』文教大学文学部紀要委員会、2011 年 3 月、p.53。

63）内部資料である『社区教育研究』北京市西城区社区教育委員会・北京市西城区社区教育協会、2005 年第 2 期、p.17。

64）中国で使われる「NGO」や「NPO」には、意味的には「官弁NGO（政府が設立に関わったNGO）」「半官半民のNGO（政府が組織に強い支配力と影響力があるNGO）」が多く含まれるからである。中国におけるNGOの概念は複雑で、最も多く用いられる用語は「民間組織」「NGO」「NPO」であり、他にも「社団」や「社会仲介組織（中間組織）」などの用語がある。李妍焱編集『台頭する中国の草の根NGO ～市民社会への道を探る』恒星社厚生閣、2008 年、p.10。

65）内部資料である『社区教育研究』北京市西城区社区教育委員会・北京市西城区社区教育協会、2009 年第 1 期、p.83。

66）西城区は 2003 年から国内で「市民学習週」を創始して以来、連鎖反応を引き起こした。2005 年教育部と中国成人教育協会は全国の 10 の都市で「第 1 回全民終身学習活動周」を行った。これは 2009 年 9 月社区教育弁公室スタッフへのインタビューによる。

67）非行政組織の社区への参加については、徳勝街裕中西里社区での住民インタビューによると、徳勝街裕中西里社区では社区党委構成員、小中学校の指導者、居民代表、「楼長」、「院長」などに構成された「小区シンクタンク」ができている。このシンクタンクは 2 カ月ごとに検討会を行い、主に住民を代表し街道弁事処に意見を提供する。私見には、このシンクタンクは社区居民委員会の機能と重なっているところがある。徳勝街裕中西里社区の中に社区居民委員会、小区シンクタンク、業主委員会という 3 つの組織が併存する状況になっている。これらの複数の性格を異にする組織がいかに関係を維持していくかが問われている。

68）以下の社区教育政策の問題点に関する内容は馬麗華「公民館から中国都市部社区教育への示唆～日本社会教育における公民館の役割とそれを支える要因を視点として～」『日本公民館学会年（5）』日本公民館学会、2008 年、pp.61 ～ 72；周嘉方「『我国推進社区教育実験過程的政策研究』結題報告（続）」『湖北大学成人教育学院学報』第 28 巻第 2 期、2010 年 4 月、pp.7 ～ 11；周業勤・秦钠「社区教育中『社区性』的缺席与在場」『探索与争鳴』2010（3）、pp.47 ～ 49；小林文人・末本誠・呉遵民『当代社区教育新視野 ― 社区教育理論と実践の国際比較』上海教育出版社、2003年、pp.23～28等を参照のこと。

69) 先進国が生涯学習や社区教育の立法を重視し、法律の整備を通じて政府、教育機関、社区、民間組織などの社区教育における責任、社区住民の学習権利、義務、目標などを規定している。アメリカの『生涯学習法』(1976年)、日本の『生涯学習振興法』(1990年)、韓国の『平成教育法』(1999年) などが挙げられるが、ここでは社区教育の立法について法律に基づき行われている日本の社会教育を挙げたい。公民館は、社会教育法によって、社会教育施設として法的に位置づけられている。一方で、公民館は地方自治振興の立場にあった内務省からも歓迎され、内務省の支援を受けて全国に急速に普及していったという経緯もある。社会教育法が制定された1949年6月には、公民館の設置する市町村の割合は40%を超えていた。

70) 2009年9月、西城区社区教育学院の行政職員へのインタビューによる。

71)「中国関心下一代工作委員会」の略称である。

72) 2009年9月社区学院の院長であるTさんへのインタビューによる。

73) 馬麗華「中国の社区における青少年教育の現状と課題～北京市西城区に焦点を当てて～」『生涯学習・社会教育学研究 (31)』、2006年、p.60及び韓民「北京市社区教育の実践と施策～西城区の社区教育実験を中心に～」『東アジア社会教育研究 (10)』、2005年、p.34を参照のこと。

74) 例えば、『全国教育事業第十個五年計画』では「今後、政府は立法、割当金、企画、評価、情報サービス、監督と必要な行政手段を通じ教育へマクロな管理を行う」、『全国社区実験工作経験交流会議紀要』では「各級の教育行政部門は社区教育実験を指導し、評価と検査を行う」必要があるため、教育部の全国社区教育実験事業への重要な四つの措置を示し、その中で「社区教育実験事業に対する評価、まとめ及び宣伝を展開する」と規定している。

75) 例えば、農民の技術育成訓練比率は30%以上などである。

76) 政策文書では「社区工作者」について主に「社区専門職員」「兼職者」と「ボランティア」に分けている。「社区専門職員」は社区内の各サービス機構の職員、社区サービス団体の職員からなり、「兼職者」は民政部門、社会福利事業組織、街道弁事処主管部門の職員からなり、「ボランティア」は住民、社区内小中学校の教師、学生から構成されている。

77)「講師団は社区の教学任務を担当すること」、小中学校の教師を社区に参加させることは現在の社区教育の積極的な試みであると評価できる。陳乃林主編『現代社区教育理論与実践研究』中国人民大学、2006年、p.84。

78)『構建21世紀社区工作者素質教育工程一対「無锡市社区工作者資質」的調研報告』(1997年)、『上海市基層城市社区工作者素質和培訓研究総報告』(2000年) を参照のこと。

79) 葉忠海『創建学習型城区的理論和実践』上海三聯書店、2005年、p.306。

80) 2008年5月、西城区社区学院Z主任へのインタビューによる。

81) 2009年9月、六部口社区居民委員会のZ主任へのインタビューによる。この社区居民委員会では職員が 7 人であり、主任 1 人、副主任 1 人、委員 5 人構成される。主任と副主任は月に 1000 元以上の給料があり、委員は給料がない、5 人の委員はすべて 50 代以上の方であるが、一方、副主任は 20 代の方である。

82) ある街道では、社区教育職員に対して、集中学習、グループ討論、大会交流などの形式を通じ、月に一回ぐらいの育成訓練を行っている。

83) 大都市の社区教育実験区では大体「街道、社会、個人」による経費拠出になっている。ただし、学習者の学費は非常に低い、学習者は毎学期 30 ～ 50 元、最大 150 元を学費として払っている。政府により提唱された救助型の教育活動は原則的に学費を徴収しない。

84) 例えば、国家の 1 人あたりのGDPが 300、500、600 ドルになる場合、それぞれの平均教育予算はGDPの 3.2%、3.5%、4%になるべきであるとされている。近年、数値の面においては、財政的教育経費の投入額はだんだん増えている傾向が現れているのに対して、一人あたりのGDPの比率という面では、減少してきていることは無視できない。1985 年は 3.3%、1991 年は 3.1%、1995 年は 2.41%となっている。1997 年、中国の一人あたりのGDPは 836 ドルになったが、教育につぎ込んだ資金はGDPの 2.49%にすぎなかった。これらのデータは王学雷「中国にある社区教育」『成人教育理論と実践 4 — 社区教育概論』中国社会科学出版社、2002 年、p.233 による。

85) 例えば、東部地域における実験区では、一人当たりの社区教育経費は 5 元になり（上海嘉定区新城街道）、西部地域における実験区では国規定に従い、社区教育投入経費は 1 人 1 元を基準に支出している。

86) 例えば、多くの社区では企業と住民から寄せられる資金は極めて少ないのが現実である。

終章

本研究の成果と残された課題

第1節　本研究の成果

住民生活との密接な結びつきは社区教育の特徴のひとつである。また、中国の社区教育政策は中国の社会構造と国家目的に深く関係しているし、社区教育の実態は民衆の要望と国家の意図を強く反映している。牧野篤は「経済措置としての国家が成立して後の、国家制度としての教育制度は、国家の道具でありながら民衆の道具でもあり、その場において、国家の意思と民衆の意思とが一致し合い、またせめぎ合いつつ、教育の現実を作りだしている」[1)]と中国の改革開放期における教育の特質を指摘している。この指摘は社区教育の場合においても同様であると考えられる。社会変動を背景に、社区教育の政策動向と実践における住民の教育要求との間に齟齬が生じたことを明らかにすることは社区教育政策展開の特質の一端を析出することにつながると思われる。

本書では改革開放後、特に1980年代以降の中国の社区教育政策をマクロの視点から考察し、行政主導型の社区教育政策の問題とその意義を把握し、社区教育政策においても住民参加という意識が萌芽しているという点を確認した。つまり、共産党政権の強制的支配下にあっても、社区教育政策が必ずしも徹底した「上命下服」のものではないという現実の下で、社区教育政策の特徴を探るため、歴史的視点から社区教育の展開過程を捉え直しつつ、施策における中央政府と地方政府の関係、政策決定過程における施策目的・利益主体の変化及び住民参加型社区教育の胎動検討の上で社区教育政策の問題点を明らかにしようとした。

本研究の成果は、以下の3点にまとめられよう。

第1に、政策形成と政策実施との間に溝ができやすいという点を押さえながらも、中国の統治構造下における社区教育政策の実施には、基本的に上意下達型・政府主導型の構造が維持されている事実を確認できた。

1950年代以降、Community Education（「社区教育」に類似）がアメリカやイギリスなど欧米で発展されてきた事実に目を向けながら、1980年代に中国独自の状況から社区教育が生成されたという視点の提起によって、中国の実情に密着した社区教育理論及び実践の発展が可能になるのではないか。こうして、中国における社区教育政策の歴史的特徴を考察する中で、社区教育理念の形成経緯を明らかにすることによって、政府主導型の社区教育政策の意義と問題点を把握した。

社会経済の発展に伴い、社区教育政策の意図が変わっても、政府主導型の権限配分構造はあまり変化してはいない。前述のように、1980年代、社会構造の変動、とりわけ基層組織の機能構造の変遷（「単位制度」の崩壊、社区の形成）においては、知識重視・徳育軽視などの一連の社会問題が次々と現れた。これに応じ、教育部は『教育体制改革の決定』（1985）を通知し、1988年の『中共中央の小中学校の徳育を強化・改革することに関する通知』では「愛国心」「公徳心」「文明の習慣」の育成を提起した。中国ではこれらの公式文書を下敷きに、教育を実行していく中で、青少年の徳育も校外の社区で展開することが認められたといえる。中央政府の呼びかけにより、また、各級政府・党委および関連部門の推進の下で社区青少年教育を切り口として社区教育は展開された。

1990年代は市場経済へ移行する経済体制の大きな変革期にあり、大量の農村人口が都市に流れ込み、あらためて共同体の再建が求められ始めた。『中国教育の改革と発展綱要』（1993年）における「社区教育組織」設立の呼びかけに伴い、北京西城区では「区社区青少年教育指導班組織」が設置され、校外青少年教育だけでなく、社区教育の組織、管理メカニズムの構築もすでに日程にのぼってきた。

2000年代、中国の経済展開が加速された一方、社会治安の低下、経済・教育の格差の拡大などの現象が目立つようになった。これらの事実を背景に、『2002～2005年の全国人材隊列建設企画に関する綱要』（2002年）では「社区教育を大いに促進」し、「学習型社会を構築する」ことを強調し、第16回党大会（2002

年）では学習型社会の形成と「社区教育の実験を積極的に推進する」ことを提示した。これに従い、同年、北京市教育委員会が前後して『街道社区教育中心の設置に関する通知』及び『北京市模範社区教育センター建設標準の印刷配布に関する通知』を公布し、北京市第9回党大会でも「第16回党大会の学習型社会構築の精神を貫」き、「学習型社会を建設し、首都教育の現代化を推進する」ことを戦略目標に掲げた。

概していえば、これらの文書・規定により、中央政府からの「上から下へ」の指令、誘導、呼びかけを受け、地方政府が中央政府による文書をブレークダウンし自分なりの政策を策定したという政府主導型の施策のあり方が窺える。とすれば中央レベルの社区教育政策規定は地方レベルの社区教育活動の一層深い展開と生涯教育システムの構築・学習型社会建設への大きな推進力となったといえる

第2に、社区教育政策策定過程における中央・地方の相互作用という視点からの分析により、社区教育行政はトップダウン型の政策実施によって展開される一方、自主性も未成熟で住民参加の意識も不十分であるにもかかわらず、地方レベルの住民団体の一定の動向を背景に、地方政府からのボトムアップが政策実施プロセスに及ぼす影響があったことを確認できた。

政策実施は実施する側（中央・地方政府）と実施される側（地域住民）との間に、ある種の合意もしくは価値の共有がなければ円滑に進まない[2)]。しかしながら、例えば、全国社区教育実験区の設置数、省レベルの社区教育実験区の設置数及び現場における多様な社区教育活動などを考えると、トップダウン型の政策実施の有効性の高さを考えても、当時の政策実施がボトムレベルで着実に受容されていたことが推察されるのである。社区教育政策文書に関する分析をもとに、社区教育政策策定について、権力構造論における国家対地方という対立的捉え方、また社会経済環境から政策をめぐる一方的な垂直的政府間関係という捉え方に立つのではなく、中央政府から地方政府への呼びかけ、地方政府からのボトムアップという相互作用の視点からその分析を行い以下の2点を指摘してみた。

まず、一次元的政治体制の下でも社区教育政策の形成には中央政府の地方政府への呼びかけと、要望吸い上げを目指す中央政府に対する地方政府の姿勢と意図のふくらみ、さらには、微弱とはいえ住民の政策参加・実施参加の胎動の現れを指摘した。特にその中では政策を実施する地方政府が中央政府の方針に沿い、そ

の基準に上積みすることによって、創意工夫をこらした社区教育政策の形成に資してゆく経緯が窺える。このことは、共産党の一党独裁の下でも、人間本位という要請の下で調和の取れた社会の構築を目指し、「地方分権」と、市場経済の進行に伴い、政府の機能は基層社会管理システムの再構築を通じて以前のトップダウン的な「計画・先導」から「呼びかけ」と「誘導」へと転換されている。このことが中国社会構造の変化につながっているといえよう。ついで、一連の政策[3]及び学習を軸として住民参加の兆しが見られるとしたが、にもかかわらず社区教育政策策定には中央主導、行政主導の色彩がまだ濃厚であることは否定できない事実であることを指摘した。

第3に、社会変容を巡る政策決定過程における施策目的・利益主体の変動とともに、住民参加型社区教育の胎動が現れていることも確認できた。

教育現象においてこそ、「その社会を構成している国家の意思と、それを利用して自らの生活を向上させようと民衆の意思とがどのような関係を形成しているのか」という線で「社会の構造の一端」を読み解ける[4]。これに基づき、社区教育の現象と政策動向から施策の目的や施策の利益主体の変化を析出し、中国社会の構造及び国家の意図と民衆との関係をみようとした。そこでは、社区教育政策決定過程において、どのような目的を持って施策が行われているのか、どのような教育関係団体がどの程度の影響力を持ちえているのか、誰の利益を実現するためのものであるのかに関する検証を行うことができた。既述の社区教育政策の策定経緯と現場実施の事業内容により、中国社区教育施策の目的は経済、政治、民生に関わっていることが理解できるが、社会の変容により、その偏重は「政治→経済→民生」になるという趨勢を抽出することもできた。

また、教育政策、社区教育政策の形成過程において国・党の利益が貫かれているが、社区教育の施策は国家（中央）利益主体から、地方利益・集団利益、さらにいえば個人利益重視へと転換される姿を初歩的に描きだすことができた。要するに、社区教育政策策定における国家と民衆との関係は市場経済の進展と社会の成熟化、それに学習型社会への展開という社会の構造的な変化と関わりを持ちつつ、従来のいわゆる内務政策が上命下服型の強権的な民衆管理から、経済発展のもたらす諸問題・矛盾を回避するための民衆の参加を促すことによる管理へと展開・移行しつつあるといえよう。

住民参加の胎動については、まず、教育部・民政部による社区教育関係政策と社区教育実態に関する研究から政府関与の有効なメカニズムと住民参画の拡大の可能性を見いだすことができた。中国では、「単位人」から「社会人」への転換に面して、独自の「街居制」の下で政府は自身の統制を強化するようになった。一方、政府の社区教育への投入資金の相対的減少につれて、政府の主導的な管理機能が弱まっていくのに対して、しだいに住民の自治能力は高まってきている。このことが政府の関与と権限の移譲に踏み込み、地域住民の自己決定権を拡充し、あらゆる階層の住民参画の拡大によって民主主義の活性化をもたらした可能性について、さらに検討した。また、社会教育組織機能の変遷と社区教育の実践活動の分析から住民参加胎動の現状を一定程度明確化できた。

しかし、政策策定への住民参加を促進する制度づくり、住民の学習権保障の意識はまだまだ乏しい。いずれにせよ、「社区教育の活力は住民による自発性の活動から」[5] とすれば、住民が自己決定権をもって社区教育の発展に活力を注ぎ込むことが必要であり、社区教育政策決定に住民の意思を反映させ、民間の意見を大きく取り入れるべきであるといえよう。今後、住民の学習活動による「政府主導的」社区教育の「住民主導的」社区教育への変革が一つの当面する課題となるであろう。

第2節　本研究の課題

本研究には、住民からの意見や学習者の変化に添いながら社区教育政策の在り方をどう追求していくかを検討する課題が内包されていた。本研究では、社会変動は政策策定に影響を及ぼすこと、基本的には「上位下達」型の中央政策の内容は地域や住民の要望などを配慮しながら地方政府の施策を規定することを考察することで、社区教育政策は政府主導型から住民参加型へゆるやかな移行が行われていくことを把握した。

しかし、残された課題の一つとして、住民参加型の社区教育は具体的にどのように行われているのか、制限されているところはどこにあるかなどについては十分に検討できなかったことがある。中国の社区教育政策は常に、共産党の政治的意図と当時の社会・経済的状況に左右されている点を考慮すると、住民の教育権・学習権への認識から社区教育政策を検証するという課題が今後必要であると思われる。「国民の学習権の保障」という理念を実現させると同時に、住民の自由な学習内容の選択機会及び住民の自覚的参加を重視すべきである。社区教育活動へのさまざまな形での政府主導が強められる中で、住民の社会参加への自覚や社会の情報化・民主化によって、社区教育の内容編制や講師の選定などを巡って、社区教育行政と住民の間に新たな矛盾を克服する実践の中から、社区教育の自治ともいうべき思想が成長しつつあるように思われる。この点を踏まえると、社区教育政策における住民自治・住民参加のあり方を考察することが今後の大きな課題の一つであると考えられる。

本書では、北京西城区を研究対象として、社区教育政策の実施プロセスを論じる際に、中央レベルの政策と地方レベル政策との融合性を検討した。しかし、北京は首都として政治的な大都市であるという理由で中央レベルの政策をよく貫いていると考えられる。地方政府は「上に政策あれば、下に対策あり」という対抗関係の中で、ときには中央政府の指令と権威を換骨奪胎することがあるともされている。しかし、首都北京にある西城区地方政府では、そのことはかなり困難ではないかと思われる。言い換えれば、住民運動も少なく、住民要求の成長も遅れていると推測されるこの地区では中央政府の社区教育行政の枠内に地方社区教育が閉じ込められがちであるともいえる。したがって、研究対象選択の制限から、中央レベルの政策と地方レベルの政策との齟齬については十分に議論が行われなかった。したがって、2つ目の残された課題として、実際に、住民参加意識が高まりつつある今日、民と官の相互協力による社区教育政策の推進の現実とその具体的内容の究明が必要であると思われる。言い換えれば、政府主導型の社区教育政策の批判的検討と住民団体を活用する官民協働を構築するための議論を展開することが今後検討すべき重要な課題であるといえよう。

本書は、社区教育政策をマクロの視点から行政主導型の社会教育政策の特徴及び問題点を考察し、住民参加型への試みが現れることを検証した。しかし、本書ではそのマクロの視点から今日の教育格差・経済格差の拡大という問題に対応する社区教育政策としての役割は検討できなかった。これが残された3つ目の課題である。その点でいえば、特に、今日の教育格差の拡大と社会的教育疎外層向けの学習支援の問題を克服するために、社区教育の教育機会の保障を促す必要がある。また、産業化・工業化の過程で農村から都市へ流動した労働者の増加などを背景に、都市化の進展に必要な人材育成、例えば職業技術教育を中心とする社区教育政策の在り方も考察すべき重要な課題であると考えられる。一方、社会経済構造の今日的変化を背景に、一例としてひき逃げされた2歳児女児を助けようともせず15人が見て見ぬふりをするという現象に端的に示された道徳心の荒廃状況の広まり[6]の中で、職業技術教育以外にも、社会状況の変貌に見合った新たな道徳教育の展開重視という方向での社区教育政策見直しも急務である。

最後に残された4つ目の課題は、都市部中心の「全国社区教育実験区」では充実した施設と設備などが、豊富な財源によって急速に整備されているが、農村部の社区教育はほとんど進んでいない状態である現在、中国農村部の社区教育政策・実施構想などの具体化に関する研究である。いうまでもなく、本書は、中国都市部における社区教育政策については一定の研究を積み重ねてきたが、中国農村部の社区教育政策の研究についてはまったく目を届かせていないからでもある。

注

1）牧野篤『中国変動社会の教育～流動化する個人と市場主義への対応』勁草書房、2006年4月、p.1。

2）2009年9月19日の社会教育学会全国研究大会（大東文化大学）で国立教育政策研究所の笹井宏益が発表された「戦後社会教育草創期における社会教育行政の分析～公共政策の視点から～」を参考のこと。笹井は日本戦後草創期の社会教育行政の公共政策論的分析では公共政策の構造における政策実施のプロセスについてトップダウン・アプローチとボトムアップ・アプローチを利用して当時社会教育行政を分析した。

3）『全国に都市社区建設の推進に関する意見』（2000年）、『全国社区教育実験工作経験交流会議の紀要』（2001年）、『教育部の社区教育推進に関する若干の意見』（2004）などの政策文書、及び「学習型社会」の理念により住民参加の提唱、社区教育の推進主体としての住民の位置づけの要求が多面的に強く窺える。

4）牧野篤『中国変動社会の教育～流動化する個人と市場主義への対応』勁草書房、2006年4月、p.1。

5）郭添財「政府只能提供部分協助和政策支持社区教育、活力来自居民」『人民日報』2009年9月2日。また、『意見』（2004年）では社区教育の推進主体としての住民の位置づけが明記されている。

6)「私たち皆が（現場に遭遇する）赤の他人になりうるのだ」『人民日報』2011年10月18日、及び「人心荒廃嘆く中国」『毎日新聞』平成23年10月19日。

参考文献

中国語著書・論文

著書

・北京市朝陽社区学院社区工作研究室編『関注民生 — 社区教育研究報告』当代中国出版社（北京)、2009年。
・北京市農村工作委員会・北京市農村経済研究中心編『北京郊区職業教育実践与探索』中国農業出版社、2004年6月。
・陳乃林主編『現代社区教育理論与実験研究』、中国人民大学出版社、2006年。
・陳偉東『社区自治 — 自組織網絡与制度設置』中国社会科学出版社、2004年。
・董華主編『成人教育理論と実践4 — 社区教育概論』中国社会科学出版社、2002年。
・董伝明等著『成人教育史』海南出版社、2003年。
・方明等編『観察社会的視角 — 社区新論』、知識出版社、1991年10月。
・方輪・胡艷曦『城市社区教育資源開発与整合』広東省出版集団広東人民出版社、2009年8月。
・費孝通『郷土中国』生活・読書・新知三聯書店、1985年。
・高翔主編『中国社会科学学術前沿』（2008～2009）社会科学文献出版社、2009年。
・高志敏等著『成人教育社会学』、河北教育出版社、2006年7月。
・黄雲龍『社区教育管理与評価』上海大学出版社、2000年。
・何金暉『中国城市社区権力結構研究』華中師範大学出版社、2010年8月。
・教育部職業教育・成人教育司編『推動社区教育工作的新発展 — 全国社区教育実験工作経験交流会議材料汇編』、人民教育出版社、2002年。
・金一鳴主編『教育社会学』河北教育出版、1996年。
・黎昕主編『中国社区問題研究』中国経済出版社、2006年。
・雷潔琼主編『転型中的城市基層社区組織』、北京大学出版社、2001年。
・黎熙元主編『現代社区概論』中山大学出版社、2007年。
・李漢林『中国単位社会 — 議論、思考与研究』、上海人民出版社、2004年。
・李路路・李漢林『中国的単位組織 — 資源・権力与後患』浙江人民出版社、1998年。
・李学紅主編『社区教育機構標準化建設研究』上海科学普及出版社、2010年9月。
・厉以賢『社区教育的理論与実践』四川教育出版社、2000年。
・厉以賢『学習型社会的理念与建設』四川教育出版社、2004年。
・劉立徳・謝春風主編『新中国掃盲教育史綱』安徽教育出版社、2006年12月。
・馬金東主編『終身教育体系下社区教育実践研究』高等教育出版社、2011年6月。
・民政部基層政権和社区建設司　組織編写『全国和谐社区建設理論与実践　地方創新』中国社会出版社、2009年。
・汝信、陸学芸、李培林主編『社会藍皮書　2009年中国社会形勢分析与予測』社会科学文献出版社、2008年12月。

・蘇民・劉瑞麗『社区教育』当代中国出版社（北京）、2003年1月。
・時正新・朱勇『中国社会福祉和社会進歩報告（1998）』社会科学文献出版社、1998年。
・石彤『中国社会転型時期的社会排済ー以国企下崗失業女工為視角』北京大学出版社、2006年。
・唐忠新『中国城市社区建設概論』天津人民出版社、2000年。
・田玉栄主編『非政府組織与社区発展』社会科学文献出版社、2008年。
・王雷『中国近代社会教育史』人民教育出版社、2003年。
・王青山、劉継同『中国社区建設模式研究』、中国社会科学出版社、2004年。
・王邦佐『居委会与社区治理ー城市社区居民委員会組織研究』上海人民出版社、2003年。
・呉遵民『現代国際終身教育論』上海教育出版社、2003年。
・呉群刚・孫志祥『中国式社区治理ー基層社会服務管理創新的探索与実践』中国社会出版社、2011年。
・小林文人・末本誠・呉遵民『当代社区教育新視野ー社区教育理論和実践的国際比較』上海世紀出版集団・上海教育出版社、2003年。
・学習型社会建設研究課題組『学習型社会建設的理論与実践ー学習型社会建設研究子課題報告集』、高等教育出版論、2010年。
・徐永祥『社区発展論』、華東理工大学出版社、2000年。
・謝唯和『教育活動的社会学分析』教育科学出版社、2000年。
・謝明『政策透視ー政策分析的理論与実践』中国人民大学出版社、2004年。
・謝立中『当代中国社会変遷導論』河北大学出版社、2000年。
・謝国東・頼立『和谐社会的構建与成人教育的使命』中国人民大学出版社、2008年。
・夏建中『社区工作』中国人民大学出版社、2005年。
・徐勇・陳偉東『中国城市社区自治』武漢出版社、2002年。
・楊応崧等『各国社区教育概論』上海大学出版社、2000年。
・楊団『論社区公共服務』華夏出版社、2002年。
・陽徳山編著『深入学習「三個代表」重要思想186個関健詞解読』人民日報出版社、2003年。
・葉立安等編『社区教育簡明課程』華東師範大学出版社、1998年。
・葉忠海『社区教育学基礎』上海大学出版、2000年。
・葉忠海『21世紀初中国社区教育発展研究』中国海洋大学出版社（青島）、2006年。
・葉忠海・朱濤『社区教育学』高等教育出版社（北京）、2009年8月。
・于燕燕主編『北京藍皮書ー中国社区発展報告（2008～2009）』社会科学文献出版社、2009年。
・于燕燕『社区自治与政府職能転変』中国社会出版社、2005年。
・楊光斌・李月軍『当代中国政治制度導論』中国人民大学出版社、2007年。
・袁振国主編『教育政策学』江蘇教育出版社、2001年。
・張人傑主編『国外教育社会学基本文選』華東師範大学出版社、1989年。
・張楽天主編『教育政策放棄的理論与実践』華東師範大学出版社、2002年。

・鄭杭生主編『中国社会発展研究報告 2007　走向更加有序的社会：快速転型期社会矛盾及其治理』中国人民大学出版社、2007 年。
・鄭杭生編『社会学概論新修』、中国人民大学出版社、1994 年。
・朱永新主編『中国教育藍皮書（2004 年）』高等教育出版社、2005 年。
・朱光磊『当代中国政府過程』、天津人民出版社、2002 年。
・中国教育与人力資源課題組『从人口大国迈向人力資源強国』高等教育出版社、2003。

論文

・陳乃林「建設区域性学習型社会的実証研究報告 — 以江蘇為個案」『成人教育学刊』2010 年 10 月、pp.11 ～ 19。
・陳乃林「関于社区教育項目的概念及其本質特徴的思考」『成人教育』2009 年 9 月第 272 期、pp.16 ～ 19。
・鄧文勇「美区社区教育的発展特点及其啓示」『成人教育学刊』2010 年 11 月、pp.57 ～ 61。
・董勇・王河江「政策分析視角下的当代中国社区教育」『新西部』2007 年第 16 期、pp.117 ～ 119。
・范伝偉・黄雲龍「政府介入社区教育論」『上海教育科研』1996 年第 9 期、pp.11 ～ 13。
・傅松涛「全国社区教育検討会総述」『教育研究』1994 年第 1 期pp.28 ～ 30。
・黄鴻鴻「発展社区教育的意義与策略」『中国成人教育』2001 年第 4 期、pp.9 ～ 10。
・黄雲龍・范伝偉「社区教育発展中政府行為的調査与研究報告」『上海師範大学学報』（哲学社会科学版）1999 年第 10 期、pp.71 ～ 77。
・姜雷・陳敬良「論社区（村）自治的基層政権建設」『理論与実践』2011 年第 2 期、pp.68 ～ 69。
・雷少波「社区教育資源的開発及価値思考 — 改善学校教育的教育社会学分析」『教育理論与実践』2001 年第 7 期、pp.8 ～ 10。
・劉複興「政府的基本教育責任～供給『公平』的教育政策」『北京師範大学学報』（社会科学版）2008 年第 4 期、pp.7 ～ 12。
・劉偉能「社区服務的理念、功能和特色～為社区服務発展十年而作」『中国社会工作』1997 年 2 月、pp.7 ～ 9。
・劉愛霞「教育政策概念的界定和社区教育政策的特徴分析」『終身教育与学習』終身教育与学習出版社、2009 年、pp.42 ～ 43。
・劉継同「由辺縁到主流：国家与社区関係的歴史演変及其核心議題」『理論研究』2004 年第 1 期、pp.12 ～ 14。
・李平「国内社区教育研究綜述」『遼寧教育研究』2004 年第 11 期、pp.45 ～ 47。
・林小英・侯華偉「教育政策工具的概念類型：対北京市民弁高等教育政策文本的初歩分析」『教育理論与実践』2010 年 9 月、pp.15 ～ 19。

・蘇民「面向21世紀社区教育模式探索」『北京成人教育』2007年第7期、pp.13～16。
・王華、李奮発「城市社区居民委員会直接選挙研究」『厦門特区登校学報』2008年第3期、p.31～35。
・王雷「高等院校如何参与建設学習型社会」『終身教育』2005年第3期、pp.18～23。
・呉遵民「関于完善現代国民教育体系和構建終身教育体系的研究」『終身教育』2004年第3期、pp.17～23。
・楊黎明「関于創建上海市『学分銀行』的理論与実践研究」『成人教育学刊』2009年第7期、pp.19～26。
・楊団「社区服務」『現代企業導刊』1992年10月、pp.27～30。
・翟博「人類教育発展史上的奇跡―改革開放30年中国推進全民教育的奮進歴程」『教育研究』2009年第1期、pp.3～11。
・張文豊「近三十年我国社区教育研究進展之文献計量分析」『成人教育学刊』2010年10月、pp.40～45。
・朱涛「終身教育：構建学習型社会的依托」『終身教育論壇論文集』2004年、pp.32～35。
・周嘉方「『我国推進社区教育実験過程的政策研究』結題報告」『湖北大学成人教育学院学報』第28巻第1期、2010年2月、pp.16～19。
・周嘉方「『我国推進社区教育実験過程的政策研究』結題報告（続）」『湖北大学成人教育学院学報』第28巻第2期、2010年4月、pp.7～11。

日本語著書・論文

著書

・E. ハミルトン著、田中雅文・笹井宏益・廣瀬隆人訳『成人教育は社会を変える』玉川大学出版、2003年。
・エデュアード・リンでマン著、堀薫夫訳『成人教育の意味』学文社、2005年。
・小川利夫・新海英行『GHQ社会教育政策：成立と展開』大空社、1990年。
・王智新『現代中国の教育』明石書店、2004年。
・黒田由彦、南祐子編著『中国における住民組織の再編と自治への模索～地域自治の存立基盤～』明石書店、2009年。
・小林文人・佐藤一子編著『世界の社会教育施設と公民館～草の根の参加と学び～』エイデル研究所、2001年。
・佐藤一子『現代社会教育学～生涯学習社会への道程～』東洋館、2006年。
・澤地和歌子『社区建設にみる中国の政策ネットワーク・マネジメント～基層社会管理システム再構築の視角から～』（博士論文、法政大学、2007年）。
・首藤明和・落合恵美子・小林一穂編著『分岐する現代中国家族～個人と家族の再編成～』明石書店、2008年。

・荘司雅子『世界の社会教育』柳原書店、1959年。
・新田照夫『生涯学習と評価：住民自治の主体形成をめざして』大学教育出版、2008年。
・田多英範編『現代中国の社会保障制度』流通経済大学出版会、2004年2月。
・千野陽一『現代社会教育論』新評論、1976年。
・中野謙二著『中国の社会構造～近代化による変容～』大修館書店、1997年3月。
・日本社会教育学会編『学校・家庭・地域の連携と社会教育』（日本の社会教育第55集）2011年9月。
・牧野篤『「わたし」の再構築と社会・生涯教育～グローバル化・少子高齢社会そして大学』大学教育、2005年。
・牧野篤『中国変動社会の教育～流動化する個人と市場主義への対応～』勁草書房、2006年4月。
・牧野篤『民は衣食足りて～アジアの成長センター～中国の人づくりと教育』、綜合行政出版、1995年3月。
・若林敬子『現代中国の人口問題と社会変動』新曜社、1996年10月。

論文

・伊藤彰男・康鳳麗「日本と中国における地域教育（社区教育）の比較研究A」『三重大学教育学部附属教育実践総合センター紀要25』三重大学、2005年pp.1～8。
・上田孝典「中国における地域教育施設：少年宮と社区学校を中心に」『公民館学会年報』日本公民館学会、2010年、pp.18～29。
・小川利夫・橋口菊・大蔵隆雄・磯野昌蔵「わが国社会教育の成立とその本質に関する一考察（二）～地方自治と社会教育」『教育学研究』日本教育学会編集、1957年第24巻第6号、pp.19～37。
・小川利夫・橋口菊・大蔵隆雄・磯野昌蔵「わが国社会教育の成立とその本質に関する一考察（一）～地方自治と社会教育」『教育学研究』日本教育学会編集、1957年第24巻第4号、pp.1～17。
・顧錫培・趙信炜・符湘林（詹萍 訳）「2007年上海市徐匯区徐家匯街道社区教育における実践報告」『東アジア社会教育研究（13）』東京・沖縄・東アジア社会教育研究会、2008年、pp.29～33。
・賈燕妮「中国の学校と社区の連携による『素質教育』の推進：天津市和平区における社区教師制度を手がかりにして」『教育学論集』第7集、筑波大学大学院人間総合科学研究科教育基礎学専攻、2011年、pp.51～72。
・韓民「北京市社区教育の実践と施策～西城区の社区教育実験を中心に～」『東アジア社会教育研究（12）』東京・沖縄・東アジア社会教育研究会、2005年、pp.32～40。
・倉沢進「社区建設―中国コミュニティ政策（1）、（2）、（3）、（4）、（5）」第一法規『自治研究』81（5）、2005-05、pp.59～72；81（6）、2005-06、pp.50～64；81（10）、2005-10、pp.3

〜 18；81（12）、2005-12、pp.96 〜 110；82（8）、2006-08、pp.34 〜 48。
・倉沢進「中国の社区建設と居民委員会」、コミュニティ・自治・歴史研究会『ヘスティアとクリオ』(6)、2007-12、pp.5 〜 22。
・呉遵民（千野陽一 訳）「上海市生涯教育推進の道筋とメカニズムに関する研究」『東アジア社会教育研究（13)』東京・沖縄・東アジア社会教育研究会、2008 年、pp.16 〜 28。
・呉遵民（千野陽一 訳）「中国社区教育の理論と実践」『東アジア社会教育研究（9)』東京・沖縄・東アジア社会教育研究会、2004 年、pp.30 〜 38。
・呉迪「社区教育の基層単位としての社区居民委員会の性格に関する考察〜武漢市の事例を手がかりに〜」『日中社会学研究（17)』日中社会学会、2009 年、pp.46 〜 62。
・小林平造・Shin Sen「現代中国における「学校外教育」の研究」『鹿児島大学教育学部研究紀要 教育科学編 58』鹿児島大学、2006 年、pp.249 〜 266。
・小林文人・上田孝典等「現代中国における社区教育の躍動〜上海市閘北区等調査第一次報告(2009) 〜」（フィールド・ノート）『東アジア社会教育研究（14)』東京・沖縄・東アジア社会教育研究会、2009 年、pp.190 〜 217。
・肖蘭・農中至「中国における社区教育の学習講座内容に関する〜考察：上海市閘北区の 8 街道 1 鎮を中心に〜」『社会教育研究年報』第 25 号、名古屋大学大学院社会・生涯教育研究室、2011 年 3 月、pp.95 〜 106。
・新保敦子「中国における社区教育の現状と課題〜上海の社区学校に焦点を当てて〜」『学術研究　教育・生涯教育学編（54)』早稲田大学教育学部、2005 年、pp.1 〜 11。
・新保敦子「中国の生涯教育施設の発展と現代化〜補習教育から学習社会実現へむけて〜」小林文人・佐藤一子編著『世界の社会教育施設と公民館〜草の根の参加と学び〜』エイデル研究所、2001 年、pp.187 〜 200。
・真水康樹「北京市における『街居街』の沿革と変容〜 90 年代『社区』建設の位相〜」『法学新報 110（3・4)』中央大学法学会、2003 年、pp.823 〜 861。
・夏建中（鈴木未来訳）「現代中国の都市におけるコミュニティ管理組織の歴史、構造及び機能」『立命館産業社会論集』立命館産業社会学会、2001 年 9 月、pp.175 〜 189。
・末本誠「中国の社区教育施設」『平成 22 年度「生涯学習施策に関する調査研究」、公民館の活用方策に関する調査研究報告書』財団法人ユネスコ・アジア文化センター（ACCU)、2011 年 3 月 10 日、pp.32 〜 41。
・千田忠「社会教育計画化と住民の学習過程：アクション・リサーチによる住民参加過程の分析」『社会教育研究』16、1997 年 3 月、pp.33 〜 59。
・千野陽一「社区教育展開に関する二つの中国教育部公式文書」『ESD 環境史研究：持続可能な開発のための教育 6』東京農工大学、2007-09、pp.4 〜 10。
・中国生涯学習研究フォーラム「中国・生涯学習をめぐるこの 1 年の動き ― 政策の歴史的経緯と北京・上海の社区教育」東アジア社会教育研究『東アジア社会教育研究（15)』東京・沖縄・

東アジア社会教育研究会、2010年、pp.12 ～ 20。
・陳宜安（白メイ 訳）「立法を通じて学習型社会を推進する ― 福建省終身教育立法に関する若干の基本問題」『東アジア社会教育研究（13）』東京・沖縄・東アジア社会教育研究会、2008年、pp.34 ～ 40。
・陳綺華（千野陽一訳・解説）「学習型社区へのひたむきな前進～上海市真如鎮に置ける生涯学習実践～」『持続可能な開発のための教育（ESD）研究』（通刊8号）東京農工大学農学部環境教育学研究室水資源計画学研究室・森林経営学研究室、2010年、pp.8 ～ 18。
・鄧俊「中国の都市コミュニティにおける社会福祉システムについての一考察～社区服務の背景および成立過程～」『鹿児島国際大学社会福祉学会誌　ゆうかり』第9号、2010年3月20日、pp.4 ～ 6。
・中田スウラ「現代中国における地域教育活動の展開～北京市『社区』教育・承徳市成人（農民）教育活動を中心に～」『日本社会教育学会紀要（32）』日本社会教育学会、1996年、pp.114 ～ 123。
・長田洋司「現代中国都市基層構造の変化と社会的ネットワーク形成」『日中社会学研究（16）』日中社会学会、2008年10月、pp.112 ～ 131。
・葉忠海（呉迪 訳）「21世紀初期における中国社区教育発展の目標、重点及び特色」『東アジア社会教育研究（13）』東京・沖縄・東アジア社会教育研究会、2008年、pp.10 ～ 15。
・白雪晴「中国の社会教育の歴史と理念」『現代社会文化研究26』新潟大学現代社会文化研究科、2003年、pp.111 ～ 127。
・久井英輔「生涯学習研究における研究主題・研究手法の動向～本学会年報・論集における研究成果の検討を中心に～」『生涯学習研究30年 ― 軌跡と展望』日本生涯教育学会年報第30号、pp.19 ～ 35。
・方明生「現在中国都市部における子供の生活の諸問題～生活綴方教育研究の一つの出版点として～」『名古屋大学社会教育年報』1998年10月、pp.121 ～ 150。
・牧野篤「『単位』社会主義から個人市場主義へ～中国都市部成人教育変容の背景～」『名古屋大学大学院教育発達科学研究科紀要（教育科学）（第50巻第1号）』、名古屋大学、2003年9月、pp.45 ～ 70。
・牧野篤「中国における『学校と地域社会との連携』に関する一考察 ～上海市『教育の総合改革』と『社区』教育の展開～」『名古屋大学大学院教育発達科学研究科紀要（教育科学）（第44巻第2号）』、1998年、pp.27 ～ 48。
・牧野篤「中国における教育の地域化に関する一考察～上海市『社区』教育の試みを一例として～」『中国研究月報49（1）』社団法人中国研究所、1995年1月、pp.1 ～ 18。
・牧野篤「中国成人高等教育の動向と課題」『名古屋大学教育学部紀要（教育学）』第45巻第1号、1998年、pp.81 ～ 98。
・牧野篤「中国成人高等教育の動向と課題」『名古屋大学大学院教育発達科学研究科紀要（教育

科学）（第45巻第1号）』、名古屋大学、1998年、pp.81～96。
・牧野篤「中国都市部社会のセーフティネット・『社区』教育に関する－考察～上海市の『社区』教育を一例として～」、『名古屋大学大学院教育発達科学研究科紀要（教育科学）（第50巻第2号）』、名古屋大学、2004年3月、pp.1～26。
・牧野篤「日本教育の受容から見た『改革と開放』期の中国社会に関する一考察ノート」『名古屋大学大学院教育発達科学研究科紀要（教育科学）（第46巻第1号）』、名古屋大学、1999年、pp.39～51。
・牧野篤「日本社会の変容と社会教育学研究の課題～領域論・主体論から自我論への展開に向けて（試論）～」『名古屋大学大学院教育発達科学研究科紀要（教育科学）（第51巻第1号）』、2004年、pp.1～59。
・馬麗華「中国都市部における社区教育の発展と課題 ～社区教育と学校教育との関係に着目して～」『東京大学大学院教育学研究科紀要45』東京大学教育学研究科、2006年、pp.335～343。
・馬麗華「公民館から中国都市部社区教育への示唆～日本社会教育における公民館の役割とそれを支える要因を視点として～」『日本公民館学会年（5）』日本公民館学会、2008年、pp.61～72。
・馬麗華「社区教育展開の萌芽期における基盤形成～1980年代の民政部「社区服務」政策を中心に」『東アジア社会教育研究（15）』東京・沖縄・東アジア社会教育研究会、2010年、pp.41～61。
・馬麗華「中国の社区における青少年教育の現状と課題 ～北京市西城区に焦点を当てて～」『生涯学習・社会教育学研究（31）』東京大学教育学研究科生涯学習基盤経営コース2006年、pp.53～62。
・馬麗華「中国社区教育政策策定過程における中央・地方の相互作用～中央・地方という政府間の関係文書に関する分析を手段として」『日本公民館学会年（8）』日本公民館学会、2011年、pp.64～75。
・馬麗華「中国都市部における『社区学院』の動向に関する考察～北京市西城区社区学院を事例に～」『生涯学習・社会教育学研究（33）』東京大学教育学研究科生涯学習基盤経営コース、2008年、pp.55～65。
・横山宏「中華人民共和国における人民文化館」『文学研究科紀要（35）』（哲学・史学編）、早稲田大学大学院文学研究科、1989年、pp.51～66。
・李研焱「都市：基層管理体制の変動とコミュニティ形成」飯田哲也・坪井健共編『現代中国の生活変動』時潮社、2007年4月、pp.86～107。

北京西城区の主な内部資料

・北京市西城区社区教育委員会、北京市西城区社区教育協会『社区教育実験与学習化社区建設』中国档案出版社、2002年。
・楊文玉・鄭玉氷主編『教育社会化、社会教育化』北京市西城区文教弁公室、1998年。
・北京市西城区社区教育委員会・北京市西城区城区教育委員会『建設全国社区教育示範区 — 北京・西城』。
・北京市西城区学習型城区建設領導小組弁公室・北京市西城区教育委員会『学在西城 — 西城区市民終身学習服務基地手冊』2009年5月。
・『北京市西城旬2009年市民学習週活動手冊』(西城区社区教育委員会、2009年)。
・北京市西城区社区教育委員会・北京市西城区社区教育協会『社区教育研究』(内部資料)、2004年～2010(年2冊)。
・北京市西城区学習型城区建設領導小組弁公室・北京市西城区教育委員会『創建学習型社区経験文選』。
・北京市西城区社区教育協会『学習型社区教育網絡建設研究与示範項目研究報告書』2008年7月。
・北京市西城区教育委員会編『80万双手共建学習家園』2006年12月。
・北京市西城区教育委員会編『社区青少年公民意識教育与学習項目研究成果報告書』2011年7月。
・北京市西城区社区教育委員会・北京市西城区社区教育協会『2006年北京西城学習型組織建設与発展研討会論文専集』2006年5月。
・北京市西城区社区教育委員会・北京市西城区社区教育協会・西城区社区学院『北京市西城区社区教育大鋼(2004～2006)』。
・『金融街少年宮金融街社区教育学校2006年12月～2007年10月工作回顾』2007年。
・楊文玉主編『社区教育和社区発展文集』北京市西城区政府文教弁公室、2000年。
・西城区教育委員会・西城区社区学院『環渤海地区社区教育協作組織第四届研討会文集』2009年。

紀要・年報・年鑑等

・国家統計局『中国統計年鑑』と『中国人口統計年鑑』(中国統計出版社)の各年版。
・中国成人教育協会・上海外国語大学『学習型社会建設国際検討会暨中日韓首届終身学習論壇』(論文集)、2010年11月26日～28日。
・『中国教育年鑑』編輯部編『中国教育年鑑』(中国大百科全書出版社)の各年版。
・東京・沖縄・東アジア社会教育研究会「社区教育」研究調査団『中国上海・無錫・蘇州「社区教育」調査報告書』、2002年11月。

主なホームページ

中国民政部網：www.mca.gov.cn
中国中央政府網：www.gov.cn
中国民間組織網：www.chinanpo.gov.cn
中国社会工作網：www.csww.cn
中国城市社区網：www.cucc.org.cn
中国教育部網：www.moe.edu.cn
中国社区教育網：www.ccedu.org.cn
中国社区志願者網：www.cnvolunteer.org
中国志願者網：www.zgzyz.org.cn
学習型西城網：www.westcityedu.com

あとがき

本書は、多くの方々のご指導とご支援により完成しました。ここに衷心よりお礼を申し上げます。

まず、未熟な筆者に絶えずご指導とご鞭撻を賜った、恩師である牧野篤先生に心より感謝と敬意を表します。牧野先生のご指導を通して、社会教育学に関する研究方法を系統的に学ばせていただき、常に知的な刺激が与えられました。また、日本に留学して最初に、研究の道へと導いてくださった恩師佐藤一子先生には大変お世話になりました。温かく見守ってくださったことに感謝いたしております。さらに、適切かつ貴重なご指導、ご助言をしてくださった、李正連先生、新藤浩伸先生には、紙面を借りて尊敬と感謝の念を表したいと存じます。そして、本書の作成過程において、非常に有益なご助言をくださった根本彰先生、白石さや先生、勝野正章先生にも心よりお礼を申し上げます。

ほかにも多くの方からご指導やアドバイスをいただきました。執筆の後期段階では、千野陽一先生が、80歳を超えるご高齢にもかかわらず、全体的な事項から細部に至るまで、多大の助言と援助を賜り、日本語の表現までお直しくださったことは、本書作成のための発奮材料となりました。ここにそのご厚情に対して深く感謝申し上げます。また、貴重なアドバイスや励ましのお言葉をくださった小林文人先生、上田孝典先生、黄丹青先生および中国フォーラムの皆さんにお礼を申し上げたく存じます。そのほか、さまざまな面で親切に助けてくださった先輩後輩の方々、ご協力くださった研究室の古壕典洋氏、歌川光一氏、中村由香氏および友人である木村勇様、佐藤紀先生にも厚く感謝申し上げます。

本書は、中国北京西城区において行ったフィールド・ワークを踏まえたものです。いろいろとご紹介とご連絡の労をおとりくださった友人の王冬氏と、大変お忙しい中、インタビューを快くお引き受けくださり、こちらの質問に丁寧にお答えくださった西城区外弁の滕新華元主任、西城区社区教育協会の楊文玉先生、西城区社区学院の張秀琴元院長をはじめ、西城区社区学校の先生方、事務の方々および学習者の皆さんには、厚くお礼を申し上げます。そして、本研究にとって貴重なデータを提供してくださった北京、上海、江蘇、河北、河南など各省市の地方政府教育庁、社区学院、および社区学校のスタッフの方々にも深謝申し上げます。

また、これまで育児を協力してくれた両親と、本書の執筆を支えてくれた夫に心からの謝意を記しておきたいと思います。

最後に、本書の刊行に際して、大学教育出版代表取締役社長 佐藤守様、編集部の中島美代子様にご尽力をいただきました。厚くお礼を申し上げます。

2016年3月

著者

■著者紹介

馬　麗華（マ・レイカ）

華東師範大学教育学部　講師
博士（教育学）
2012年3月東京大学大学院教育学研究科　博士学位取得
2012年10月より　現職

主な著書・訳書
『海外老年教育』（編著、副主編、同済大学出版、2014年）
寺田盛紀著『日本職業教育 ― 比較与就職過程視角下的職業教育学』（共訳、人民教育出版社、2014年）
朱永新著『苦境と超越 ― 現代中国教育評論』（共訳、牧野篤監訳、東方書店、2013年）、ほか

中国都市部における社区教育政策

2016年6月30日　初版第1刷発行

■著　　者――馬　麗華
■発 行 者――佐藤　守
■発 行 所――株式会社大学教育出版
〒700-0953　岡山市南区西市855-4
電話(086)244-1268(代)　FAX(086)246-0294
■印刷製本――モリモト印刷(株)
■D　T　P――林　雅子

ISBN978-4-86429-399-0